| 普通高等院校精品教材 |

主　编　张培峰　刘原嫒
副主编　严小欧　潘海霞　张娜娜

大学生健康教育教程

清华大学出版社
北京

内 容 简 介

本书共分九章，主要介绍健康与健康教育，营养与健康，睡眠与健康，大学生的心理健康，生殖健康与性健康，远离物质滥用、艾滋病与无偿献血，运动与健康，常见疾病与防治，意外伤害与急救等知识，以帮助大学生提高健康素养，树立正确的健康观念，将所学到的健康知识内化于心、外化于行，在日常生活中能够增强健康意识，强身健体、心态积极，在遇到意外伤害和应激事件时，能够助人和自救。

本书的编写，以应用性为主，通俗易懂，适合通识类课程教学使用。各章正文之前列出了"学习目标"帮助学生了解学习内容，给老师备课和教学提供思路；章节开篇均以案例导入课程，激发学生兴趣，提高学习效率；正文中设置了互动小测试、拓展阅读、课后思考等模块，引导学生内化、掌握健康知识，培养学生独立获取信息、分析和解决问题的能力。

本书是根据国家教育部印发的《大学生健康教育基本要求》而编写的正式教材，适用于全国普通高等院校开设选修课或专题讲座，也可供大学生及其同龄人自己阅读。

本书封面贴有清华大学出版社防伪标签，无标签者不得销售。
版权所有，侵权必究。举报：010-62782989，beiqinquan@tup.tsinghua.edu.cn。

图书在版编目(CIP)数据

大学生健康教育教程/张培峰，刘原媛主编. —北京：清华大学出版社，2020.9（2024.10重印）
普通高等院校精品教材
ISBN 978-7-302-56211-5

Ⅰ.①大… Ⅱ.①张…②刘… Ⅲ.①大学生-健康教育-高等学校-教材 Ⅳ.①G647.9

中国版本图书馆 CIP 数据核字(2020)第 149243 号

责任编辑：刘志彬
封面设计：李伯骥
责任校对：宋玉莲
责任印制：杨 艳

出版发行：清华大学出版社
网　　址：https://www.tup.com.cn，https://www.wqxuetang.com
地　　址：北京清华大学学研大厦 A 座　　邮　编：100084
社 总 机：010-83470000　　邮　购：010-62786544
投稿与读者服务：010-62776969，c-service@tup.tsinghua.edu.cn
质量反馈：010-62772015，zhiliang@tup.tsinghua.edu.cn

印 装 者：三河市龙大印装有限公司
经　　销：全国新华书店
开　　本：185mm×260mm　　印　张：17.25　　字　数：388 千字
版　　次：2020 年 9 月第 1 版　　印　次：2024 年 10 月第 7 次印刷
定　　价：49.00 元

产品编号：089206-01

编 委 会

主　任：刘学民（成都文理学院董事长）

副主任：高华锦（成都文理学院党委书记）

　　　　唐小林（成都文理学院校长）

编写组成员（以姓氏笔画为序）

王　东　邓晓明　冯府龙　朱　姗　刘原媛　严小欧

李　林　张　觅　张娜娜　张培峰　周康梅　孟祥龙

袁久斌　徐　艳　黄顺俊　潘海霞

前 言

大学生是社会中一个特殊的群体,他们是社会新技术、新思想的引领者,是国家培养的高级专业人才。大学生群体朝气蓬勃、活力四射,是推动社会进步的栋梁,是社会主义现代化事业的建设者和接班人。他们的年龄普遍在 18~22 岁,这个阶段是青春期向成年期过渡的关键阶段,可是随着社会生活水平的提高和人们生活方式的改变,大学生对自身的健康问题越来越不重视,出现随心所欲的状态。

近几年,很多大学生的健康问题都出现了明显的两极分化,一部分营养过剩而另一部分又营养不良。这个情况,和我们从各类网络平台及新闻媒体报道上获取的信息很一致,营养过剩的学生不太关注营养和健康,而营养不良的学生大多盲目减肥导致体质太差。

2019 年国务院颁布了《中国食物与营养发展纲要(2021—2035 年)》《健康中国行动(2019—2030 年)》,同时《国务院关于实施健康中国行动的意见》于 2019 年 7 月 15 日对外公布,明确提出人民健康是民族昌盛和国家富强的重要标志,《国务院关于实施健康中国行动的意见》提出,到 2030 年,我国全民健康素养水平要大幅提升,健康生活方式基本普及,居民主要健康指标水平进入高收入国家行列。为实现这些目标,要坚持全民参与、共建共享。

健康,一直以来都是我们非常关心的问题,高校健康教育课程对大学生的教育引导任务任重而道远。编写《大学生健康教育教程》一书的目的是向大学生普及健康行为与生活方式、疾病防控、心理健康、生长发育与青春期保健、安全应急与避险等知识,提高大学生的健康素养。

本书的编写,以应用性为主,通俗易懂,适合通识类课程教学使用。各章正文之前列出了"学习目标"帮助学生了解学习内容,给老师备课和教学提供思路;章节开篇均以案例导入课程,激发学生兴趣,提高学习效率;正文中设置了互动小测试、拓展阅读、课后思考等模块,引导学生内化、掌握健康知识,培养学生独立获取信息、分析和解决问题的能力。

在编写过程中,我们参考了国内外文献资料及近期众多专家、学者的研究成果,在此一并致谢!

由于时间紧、任务重，加之编者水平有限，书中难免有疏漏和不妥之处，敬请广大读者给予批评指正，以便再版修订。

编　者
2020 年 4 月

目　录

第一章　健康与健康教育　1
学习目标 …… 1
第一节　健康概述 …… 1
第二节　影响健康的因素 …… 5
第三节　大学生健康教育 …… 9
第四节　塑造自主自律的健康行为 …… 14
课后思考 …… 17

第二章　营养与健康　18
学习目标 …… 18
第一节　营养与大学生健康 …… 18
第二节　食物与营养素 …… 19
第三节　大学生的健康膳食 …… 49
第四节　保健食品与健康 …… 57
课后思考 …… 66

第三章　睡眠与健康　67
学习目标 …… 67
第一节　睡眠的重要意义 …… 68
第二节　睡眠：一个困扰现代人的大问题 …… 70
第三节　睡眠健康 …… 71
课后思考 …… 74

第四章　大学生的心理健康　75
学习目标 …… 75
第一节　身心健康才能自我和谐 …… 75
第二节　发展积极的心理品质才能快速成长 …… 93
第三节　正视问题才能跨越障碍 …… 126
课后思考 …… 133

第五章　生殖健康与性健康　134
学习目标 …… 134
第一节　女性生殖系统及卫生保健 …… 134

第二节　男性生殖系统及卫生保健··· 142
第三节　生殖健康与保健策略·· 147
课后思考··· 155

第六章　物质滥用、艾滋病与无偿献血　156

学习目标··· 156
第一节　远离烟酒··· 157
第二节　远离毒品··· 164
第三节　预防艾滋病·· 170
第四节　无偿献血··· 178
课后思考··· 183

第七章　运动与健康　184

学习目标··· 184
第一节　体育运动对健康的影响··· 184
第二节　体育锻炼的基本原则·· 186
第三节　大学生的运动健身指导··· 188
课后思考··· 198

第八章　常见疾病与防治　199

学习目标··· 199
第一节　生命体征的观察及护理··· 199
第二节　生活中常见症状及处理··· 202
第三节　生活中常见疾病·· 204
第四节　常见传染病与防控·· 221
第五节　急性中毒处理·· 235
第六节　日常生活中的安全用药··· 237
课后思考··· 244

第九章　意外伤害与急救　245

学习目标··· 245
第一节　急救特点及原则·· 246
第二节　气道异物梗阻的急救·· 252
第三节　创伤的急救·· 254
第四节　动物咬伤的急救·· 256
第五节　环境及理化因素损伤的急救··· 259
课后思考··· 264

参考文献··· 265
后记··· 267

第一章 健康与健康教育

> **学习目标**
> 1. 掌握影响健康的主要因素
> 2. 掌握对大学生进行健康教育的意义
> 3. 理解现代健康的概念
> 4. 了解健康知识的重要性
> 5. 了解健康促进的方法

案例导入

某大学大三学生王某,坐在教室里看书时,总担心会有人坐在身后并干扰自己,有着强烈的不安感,以至于只能坐在角落或者靠墙而坐,否则无法安心看书;对同寝室一位同学收音机外放的行为非常反感,有时简直难以忍受,尤其是中午睡午觉时总担心会有收音机的声音干扰自己,从而睡不着觉,休息不好,但又不好意思跟其发生正面冲突,因为他觉得为这样的小事发脾气,可能是自己的不对。王某长时间地不能摆脱这种心理困境,很是苦恼,严重影响了自己的日常生活和学习。即将毕业,心中一片茫然,担心找不到理想的工作,有时候也懒得去想这个问题,怕增添烦恼。学习一般,在班上成绩为中游水平,当看到其他同学都在准备考研究生,自己也想考,但是又不能集中精力学习。他缺乏自信,生活态度比较消极,认为一切都糟透了;家在农村,经济状况一般,认为自己有责任挑起家庭的重担,但又觉得力不从心。

第一节 健康概述

一、现代健康的概念

健康是一个复杂、多维、综合且不断变化的概念。随着社会的发展、医学模式的转变和科学技术的进步,人们对健康的认识不断深化,健康的概念也随之发生相应的变化。长期以来,人们把健康简单理解为无病、无残、无伤,或者身体强壮及精力充沛并有良好的劳动效能。20世纪中后期,人们对健康的认识有了质的飞跃,认为人的健康除了受生物因素的制约,也受心理和社会因素的影响。为此,《世界卫生组织宪章》提出健康的定义是:"健康不仅是指机体没有疾病或虚弱,而且是指身体、心理和社会适应的完美状态。"

1989年，世界卫生组织(WHO)进一步完善健康的新概念，即"健康不仅是没有疾病，而且包括躯体健康、心理健康、社会适应良好和道德健康"。这一定义把健康的内涵扩展到了一个新的认识境界，这一概念揭示了健康的本质，对健康认识的深化起到了积极的指导作用，得到了全世界的广泛认同。

（一）现代健康观的特点

1. 体现了将个体视为其生理、心理和社会功能完整的思想，重视人的精神心理活动过程对生理功能和社会环境适应状态的影响，是生物—心理—社会医学模式在健康概念中的体现。

2. 将健康置于人类自然与社会的大环境中，充分认识到个体的健康状态受环境中一切与其相互作用的事物的影响。

3. 把健康看成是一个动态的、不断变化的过程。因此，健康可以有不同水平。

4. 将健康与人类生产性和创造性的生活联系起来，揭示健康不仅是医务工作者的目标，而且是国家和社会的责任，是人类共同追求的目标。

（二）现代健康观的内涵

从WHO提出新的健康定义以来，生理、心理、社会和道德健康内涵得到进一步的明确和深化。

1. 生理健康：又称为躯体健康，是指机体结构完整和躯体功能良好的状态，生理生化指标正常，具有良好的健康行为和习惯，对致病因子有较强的免疫力，对伤病有较强的自我修复能力。生理健康是健康人的基础和最重要特征之一。

2. 心理健康：可分为情绪、理智和心灵健康。情绪健康表现为情绪、情感稳定和心情愉快；理智健康表现为沉着、冷静、有效地认识、理解、思考和做出决策；心灵健康又称为精神健康，表现为心胸坦荡、举止自然、有爱心、乐观、积极向上等。

3. 社会健康：主要是指具有较好的社会环境适应能力和角色胜任能力，既能克服困难和挫折，适应环境，与外部世界良性互动，又能调适自我，愉快、有效地承担自己应当承担的各种社会角色，包括职业角色、婚姻家庭角色、社交角色等。

4. 道德健康：道德可简单解释为懂得做人的道理和具备应有的品德。道德健康是指能用社会规范的细则和要求支配自己的行为，能为人类的幸福作出贡献，表现为思想高尚、有理想、有道德、守纪律。其强调通过提升社会公共道德来维护人类的健康，要求每个社会成员不仅要为自己的健康承担责任，更要对社会群体的健康承担社会责任。

拓展阅读

世界卫生组织明确健康的10项具体标准

1. 精力充沛，能从容不迫地应付日常生活和工作的压力而不感到过分紧张。
2. 处事乐观，态度积极，乐于承担责任，不挑剔。
3. 善于休息，睡眠良好。
4. 身体应变能力强，能适应外界环境的各种变化。

5. 能够抵抗一般性感冒和传染病。

6. 体重适当，身材均匀，身体各部位比例协调。

7. 眼睛明亮，反应敏锐，眼睑不发炎。

8. 牙齿清洁，无龋齿，齿龈颜色正常，无出血现象。

9. 头发有光泽，无头屑。

10. 骨骼健康，皮肤、肌肉富有弹性，走路轻松有力。

二、亚健康

亚健康状态又称"次健康"或"第三状态"。它是指个体处于健康和疾病之间的一种状态，临床检查无明显疾病，但身体各系统的生理功能和代谢能力降低。亚健康的常见的表现是疲劳易倦、焦虑烦躁、头痛失眠、胃口差、便秘、口苦、出虚汗、经常感冒、口腔溃疡、人际关系不协调、家庭关系不和谐、性功能障碍等，但是各项医学检查均未发现异常。人体亚健康状态具有动态性和两重性，如能及时调控，可恢复到健康状态，否则容易发展成疾病。

这些表现可以通过强化营养、心理、伦理等对人体健康的正面影响因素，积极促进个体由亚健康向健康转化。此外，亚健康状态需要与疾病的无症状现象相区别，后者虽然没有疾病的症状和体征，但存在病理改变及临床检测的异常，本质上为疾病，如"无症状缺血性心脏病"。从某种意义上说，人体亚健康状态可能是疾病无症状现象的更早期形式。

互动小测试

亚健康自测

1. 脑力和体力超负荷。生活和工作节奏的加快，竞争的日趋激烈，使人的脑力及体力长期超负荷运作，身体的主要器官长期处入不敷出的非正常负荷状态。

2. 心理失衡。工作任务繁重、人际关系紧张、婚姻出现问题和家庭冲突等，造成人的心理压力不断增加，精神过度紧张，进而影响神经、内分泌的调节，以及身体各系统的正常生理功能。

3. 人的自然衰老。由于人体器官的老化，表现出体力不支、精力不足、社会适应能力下降等现象。

4. 疾病前期。某些疾病，如心脑血管疾病、肿瘤等发作前期，人体各器官系统虽然没有明显病变，但已经有某些功能性障碍，出现亚健康症状。

5. 人体生物周期中的低潮时期会出现焦虑、情绪低落、注意力不集中、食欲下降等亚健康。

随着社会的发展，生活节奏的加快，很多年轻人工作压力大、过度疲劳、习惯不良、营养失衡等，造成亚健康的人逐渐增多。据近些年来调查发现，现代人群中符合WHO健康标准者仅占15%，病人占15%，亚健康者高达70%。因此预防和纠正亚健康，是21世纪健康工作的重要内容。亚健康症状评分见表1-1。

表 1-1 亚健康症状评分

	经常(5分)	偶尔(3分)	很少(1分)
你经常打哈欠吗			
你会失眠吗			
你喜欢把腿放在高处吗			
你周日的晚上会有上学恐惧症吗			
不愿意跟上级或者熟人见面			
晚上能多晚睡就多晚睡			
经常坐着发呆			
爬楼梯时时常绊到脚			
不是很渴就想不到去喝水			
怎么也想不起朋友的名字，或者到嘴边的地名突然忘了			
体重突然下降或上升，觉得无所谓			
便秘，或者一有风吹草动，肚子就不舒服			

结果分析：12~23分，健康状况良好；24~41分，令人担忧，需要注意；42~60分，比较糟糕。

三、健康的意义

（一）健康对个人的影响

健康是人生存、生活的基本和基础需要，是促进人全面发展的必然要求，也是理想和追求的前提。正如古希腊的一位哲学家所说："如无健康，知识无法利用，文化无从施展，智慧不能表现，力量不能战斗，财富会变成废物。"人们常说："健康是1，事业、地位、爱情、金钱……都是0，只要有了1，你可以在后面任意加0。"

这里，我们来讲一个案例：朱丽（化名）家境贫寒，她好学上进，凭借自己的勤奋努力，成功地从一所中专院校被保送到武汉某所大学外语系，并且通过勤工俭学，减轻家庭负担，成为家人的骄傲和同学羡慕的对象。正当她畅想着未来的工作和生活时，一段异国恋情使她感染上艾滋病，也使她灿烂如花的青春和人生蒙上了重重的阴霾，被学校劝退、找工作被拒绝、被房东赶出房门……整个世界仿佛因此坍塌。这个女生最终选择站出来公开自己的故事，以警醒大学生，使他们认识到健康对其未来和人生的重要性。她说，很多大学生认为疾病离自己很遥远，而当疾病真正到来、健康不复存在的时候，才知道你对未来的规划、对工作的设想，原来都这么容易被疾病所击败。

（二）健康对社会的影响

健康是经济社会发展的基础条件，是全面建成小康社会、基本实现社会主义现代化的重要基础。实现国民健康长寿，是国家富强、民族振兴的重要标志。党和国家历来高度重视人民健康。中华人民共和国成立以来特别是改革开放以来，我国健康领域改革发展取得显著成就，医疗卫生服务体系日益健全，人民健康水平和身体素质持续提高。2018年我国人均预期寿命已达77岁，总体上优于中高收入国家平均水平，为全面建成小康社会奠定了重要基础。

拓展阅读

《"健康中国2030"规划纲要》

《"健康中国2030"规划纲要》是推进健康中国建设的宏伟蓝图和行动纲领。坚持以人民为中心的发展思想，以提高人民健康水平为核心，以体制机制改革创新为动力，以普及健康生活、优化健康服务、完善健康保障、建设健康环境、发展健康产业为重点，把健康融入所有政策，加快转变健康领域发展方式，全方位、全周期维护和保障人民健康，大幅提高健康水平，显著改善健康公平。到2030年具体实现以下目标：

人民健康水平持续提升。人民身体素质明显增强，人均健康预期寿命显著提高。

主要健康危险因素得到有效控制。全民健康素养大幅提高，健康生活方式得到全面普及，有利于健康的生产生活环境基本形成。

健康服务能力大幅提升。优质高效的整合型医疗卫生服务体系和完善的全民健身公共服务体系全面建立。

健康产业规模显著扩大。建立起体系完整、结构优化的健康产业体系。

促进健康的制度体系更加完善。有利于健康的政策法律法规体系进一步健全，健康领域治理体系和治理能力基本实现现代化。

第二节 影响健康的因素

人们生活在自然环境和社会环境中，其健康自然受到多种复杂因素的影响。目前，被一致公认的因素主要包括：行为与生活方式的因素、生物学因素、环境因素、心理因素、医疗卫生服务。

一、行为和生活方式的因素

行为和生活方式是影响现代人健康和寿命的最主要原因。世界卫生组织指出："影响人类健康的因素，行为与生活方式占60%，遗传因素占15%，社会因素占10%，医学因素仅占8%，气候因素占7%。"由此可见，要健康和长寿，60%可以通过我们自己科学合理的生活方式和行为来实现。常见不良行为和生活方式有抽烟、酗酒、吸毒、不良饮食习惯（节食、偏食、暴饮暴食等）、不良性行为（性生活过度、性滥交）、缺乏运动、长期熬夜、不遵守交通规则等。

健康的生活方式应从儿童和青少年开始，因为高血压、糖尿病、冠心病、痛风等现代文明病是当前影响人类健康的主要疾病，尽管大多数发病在中年，但许多与之有关的不良生活方式在儿童、青少年时期就已经形成，从而为今后患病埋下祸根。

拓展阅读

复旦女教师于娟：为啥是我得癌症？

于娟，复旦大学优秀青年教师，一个两岁孩子的母亲，乳腺癌晚期患者，2011年4月19日凌晨三时许辞世，年仅32岁。患病期间，于娟把自己患癌症前的生活写成《癌症日记》发到了博客上，引发千万网友关注。其中，一篇回顾患癌症前的生活如下：

健康真的很重要。在生死临界点的时候，你会发现，任何的加班，给自己太多的压力，买房买车的需求，这些都是浮云。如果有时间，好好陪陪你的孩子，把买车的钱给父母亲买双鞋子，不要拼命去换什么大房子，和相爱的人在一起，蜗居也温暖。

第一，我没有家庭疾病史；第二，我的体质很好；第三，我刚生完孩子喂了一年的母乳；第四，乳腺癌患者都是45岁以上人群，我那时只有31岁啊。那是什么原因呢？

一、习惯问题之饮食习惯

1. 瞎吃瞎喝

我是个从来不会在餐桌上拒绝尝鲜的人。基于很多客观原因，比方老爹是厨子之类的优越条件，我吃过很多不该吃的东西，不完全统计，孔雀、海鸥、鲸鱼、河豚、梅花鹿、羚羊、熊、麋鹿、驯鹿、麂子、锦雉、野猪、五步蛇诸如此类不胜枚举。除了鲸鱼是在日本的时候超市自己买的，其他都是顺水推舟式地被请客。然而，我却必须深刻反省，这些东西都不该吃。

2. 暴饮暴食

我是个率性随意的人，做事讲究"一剑在手，快意恩仇"，吃东西讲究大碗喝酒大口吃肉。我的食量"闻名中外"，在欧洲的时候，导师动不动就请我去吃饭，原因是老太太没有胃口，看我吃饭吃得风卷残云很是过瘾，有我陪餐讲笑话她就有食欲。另外，我很贪吃。

3. 嗜荤如命

得病之前，每逢吃饭若是桌上无荤，我会兴趣索然，那顿饭即便吃了很多也感觉没吃饭一样。

二、睡眠习惯

我平时的习惯是晚睡。其实，晚睡在我这个年纪不算什么大事，也不会晚睡晚出癌症。我认识的所有人都晚睡，身体都不错，但是晚睡的确非常不好。回想十年来，自从没有了本科宿舍的熄灯管束（其实那个时候我也经常晚睡），我基本上没有12点之前睡过。

三、突击作业

这一部分，我不知道算作作息习惯还是工作习惯。

得病后光头（于娟丈夫）和我反思之前的种种错误，认为我做事从来不细水长流，而惯常如男人一样，"大力抡大斧"地高强度突击作业是伤害我身体免疫机能的首犯。其比喻是：一辆平时就跌跌撞撞一直不保修的破车，一踩油门就彻天彻夜地疯跑疯开半个月。一年搞个四五次，就是钢筋铁打的汽车，被这么折腾着开，开个二十几年也报废了。

……

生不如死、九死一生、死里逃生、死死生生之后，我突然觉得，一生轻松。不想去控制大局小局,不想去多管闲事淡事,我不再有对手,不再有敌人,我也不再关心谁比谁强,课题也好,任务也罢,暂且放着。世间的一切,隔岸看花,风淡云清。

二、生物学因素

(一)病原体感染

病原体包括病原微生物和寄生虫,前者分为细菌、病毒、衣原体、支原体、螺旋体、立克次体、真菌七大类,后者常见的有蛔虫、钩虫、血吸虫、绦虫、疟原虫、阴道毛滴虫、隐孢子虫、弓形虫等。病原体常引起传染病、寄生虫病和感染性疾病。

20世纪中期以前,人类疾病和死亡的主要原因之一就是病原微生物引起的各种传染病。在各种感染性疾病中,以细菌和病毒引起者最多。常见的细菌性疾病有肺结核、肺炎、扁桃体炎、尿路感染、阑尾炎、皮肤疖、痈、伤口化脓、败血症等。常见的病毒性疾病有甲肝、乙肝、流感、腮腺炎、麻疹、水痘、带状疱疹、乙脑、狂犬病、艾滋病等。此外,一些新的病毒性传染病还在不断出现,如SARS、埃博拉出血热、人感染高致病性禽流感、新型冠状病毒等。病毒性疾病一般发生率高、传染性强、传播范围广、死亡率高、缺乏有效防治药,所以病毒是威胁人类健康的重要生物学因素,临床上对病毒性疾病非常重视。

目前,尽管现代医学已经找到了控制此类疾病的方法,如预防接种、合理使用抗生素等,但病原微生物的危害依然存在,肺结核、肝炎、艾滋病等传染性疾病也依然是危害我国人民健康的主要因素。

拓展阅读

疫苗的作用

疫苗接种多数时候是一种可以激起个体自然防御机制的医疗行为,以预防未来可能罹患的疾病,这种疫苗接种特称为预防接种。由于需要以疫苗防范的疾病非常多,因此为简化繁复的接种程序,有些实验室致力发展多效疫苗,而目前已经使用的至少有"白喉、百日咳、破伤风混合疫苗"(简称"白百破",Di-Te-Per)以及"麻疹、腮腺炎、德国麻疹混合疫苗"(MMR)。由于并非所有疫苗都可同时施打,因此新生儿需接受的疫苗种类仍相当烦琐。疫苗不仅可以使接种者罹患该疾病的发病率下降,当一种疫苗所对付之疾病仅感染单一物种时,要消灭病原便有其可行性。例如天花在自然界仅感染人类,当几乎所有人都接种疫苗后,天花无法继续传播,亦无法于其他动物之间蔓延,因此世界卫生组织于1980年宣布天花灭绝。而后逐渐有许多国家取消相关疫苗的接种。

(二)遗传因素

遗传不仅影响人的生物学特征、先天气质、活动水平和智力潜能,还是人类健康的重要决定因素。已有研究发现,越来越多的疾病与遗传基因有关。目前,发现的遗传性疾病多达3 000多种。除先天愚型、色盲、血友病、白化病等经典遗传病之外,现在还发现许多严重影响人类健康与生活质量的常见病如高血压、糖尿病、痛风、抑郁症、精神分裂症、近视、乳腺炎等，也与遗传因素有关。

遗传主要影响胎婴儿的生长发育，对人类的生存与发展、对个人和家庭的生活有较大影响，因此加强婚前技术指导，开展遗传咨询、孕产前检查、遗传病筛选等很有意义，能最大限度地控制遗传病与出生缺陷发生。

（三）年龄、性别、种族

不同疾病在不同年龄阶段人群中的分布是不同的，如婴儿由于尚未完全发育成熟，对疾病的抵抗力低，容易患病；高血压、冠心病等疾病通常发生在40岁以上的成年人，但近几年研究发现发病呈年轻化趋势。

不同疾病在不同性别人群当中，发病率也不相同。例如，胃溃疡、血栓闭塞性脉管炎、痛风等，男性比女性更常见；而骨质疏松症、系统性红斑狼疮及自身免疫性甲状腺疾病多见于女性。

另外，有些疾病在某些种族中更容易发生，如亚洲人骨质疏松症的发生率高于欧洲人。皮肤癌、老年痴呆症的发病率白色人种较高，而前列腺癌、乳腺癌等疾病在黑色人种中的发病率高于白色人种。

三、环境因素

环境是人类赖以生存和发展的重要条件和基础，良好的环境可以帮助病人康复和促进健康。它包括自然环境和社会环境。

（一）自然环境

自然环境包括阳光、空气、水、土壤等，是人类赖以生存和发展的重要物质基础。如果不加以保护，会威胁人类的健康。例如，工业废气中的烟尘、氯气、二氧化硫等会刺激上呼吸道，使呼吸系统疾病发病率增加；放射性污染会造成胎儿畸形、基因突变等；饮用水和食物中含有高浓度的氟时，会引起氟骨病、氟斑牙；土壤中碘缺乏可导致地方性甲状腺肿大；高强度的噪声损害听觉和令人烦躁不安，影响睡眠和学习工作。

（二）社会环境

社会环境是指人们生存及活动范围内的社会物质、精神条件的总和，包括社会政治经济、文化教育、风俗习惯、职业环境、人际关系等。其中经济因素对健康起着重要作用，通常低收入人群较少寻求医疗保健服务，高收入人群更倾向于实施健康促进和疾病预防的行为。人们的文化教育背景决定了人们的生活习惯、信念、价值观和健康意识，一般来说，受教育水平高的人群更注重健康。另外，职业环境中存在的有害因素，如劳动制度不合理，劳动强度过大以及劳动环境中的物理、化学或生物有害物质等，都会影响健康。此外，人际关系也同样影响健康，比如稳定的婚姻和亲密的家庭关系有利于家庭成员的健康，而离婚或家庭暴力则会给家庭成员带来身心伤害。

四、心理因素

心理因素主要通过情绪和情感发挥作用来影响人的健康，良好的心理情绪状态不仅有利于疾病的治疗和身体的康复，而且还可能发挥药物难以达到的治疗效果。而长期的极度紧张、焦虑、压抑、烦恼、愤怒等，往往导致生理机能的异常，如月经失调、神经性皮炎、偏头痛等。"喜伤心、怒伤肝、思伤脾、忧伤肺、恐伤肾"，很好地总结了心理情绪反应对人体健康的影响。

拓展阅读

影响人体健康的心理因素

1. 身心交互作用：人的心理活动是在生理活动基础上产生的，而情感和情绪的改变反过来又会导致人体器官生理和生化指标的改变。个体身心的交互作用和情绪反应可对健康产生积极或消极的影响。长期或短期的应激反应会引起人的情绪反应，从而影响机体的功能。如长时间的忧伤可增加疾病的易感性，并可能影响免疫系统的功能，导致疾病发生，例如，癌症、自身免疫性疾病。

2. 自我概念：个体对自己的看法或认识，包括个体对自己躯体、需要角色和能力的感知。个体对自我的感觉称为自尊，对自己躯体的感知称为体像。自我概念会影响个体认识和处理各种情况的态度和方法。如有些体重并未超标的女性，因自认为肥胖而限制食量，导致机体的营养需求得不到满足而影响健康。

五、医疗卫生服务

医疗卫生服务是维护和促进健康的重要保障。医疗卫生服务体系是指社会医疗卫生机构和专业人员为达到防治疾病、促进健康的目的，运用卫生资源，采用医疗技术手段向个体、群体和社会提供医疗卫生服务的有机整体，包括对人群进行健康教育、开展预防接种、妇幼保健、定期体检、政府向人民群众提供良好的医疗卫生保健机构和基本的治疗药物等措施。医疗卫生服务的内容及质量与人的健康息息相关，如重治疗轻预防、健康教育缺乏等，都会直接危害人的健康。

第三节　大学生健康教育

健康教育是通过社会教育活动传播健康知识和技能，全面提高公民的健康素质，帮助人们树立健康观念，形成健康的行为，从而达到最佳的健康状态。世界卫生组织提出了"人人为健康，健康为人人"的全球战略目标，而健康教育是实现这一目标的重要策略之一。

一、健康对大学生的意义

（一）健康与学业促进

在大学阶段学生的主要任务就是学习，而健康是影响学业的重要因素之一。只有身体健康，学生才能承受繁重的学习任务，才能不断地拼搏，取得良好的学习成绩。周恩来总理说过"只有身体好才能学习好、工作好才能均衡地发展"。而健康情况不佳，对大学生的学业有不同程度的不良影响。比如经常感冒、头痛，使得大学生不能专心学习，严重影响他们的学习效率。由此可见，健康是大学生取得学业成就的前提条件，身体健康和心理健康为大学生的学习成功及生活高质量奠定了坚实基础。

拓展阅读

《2020中国大学生健康调查报告》

近日，《中国青年报》发布了《2020中国大学生健康调查报告》（以下简称《报告》）。《报告》调查对象涵盖不同城市、不同年级的12 117名大学生，从身体健康、心理健康、生活状态、健康诉求四个维度对当代中国大学生的健康状况和健康意识进行了全方位的解读。

《报告》显示，一方面，大学生总体健康水平良好，对健康需求的关注度较低；另一方面，相对宽松的校园生活和健康的校园环境推动大学生在无意识中被动参与了很多有助于身体健康的养生行为。

这些大学生的健康哲学自成一派，多数大学生正在"无意识养生"。调查发现，大学生对自己整体的健康现状较为自信。数据显示，88%的大学生健康自评分数超过了6分的及格线，总体健康自评平均分为7.4分，其中半数大学生打分更是达到8分及以上。但大学生们普遍对健康抱有更高的期待，理想值高达8.9分，面对学业、生活和就业的压力，其健康现状与理想还存在一定差距。

而在细分维度上，《报告》显示，相比女生，男生对自己的健康状态更为自信，无论是心理健康还是身体健康，男大学生都比女大学生评分高0.4分。在关于大学生生活状态的具体探究中发现，这可能与他们各自的生活习惯有关。男生有31%的人几乎每天都会运动，女生仅占16%。

同时，除了喝酒以外，女生出现各类饮食问题的比例均比男生更高。面对美食，女生往往难敌诱惑，一边高呼减肥，一边管不住嘴是当代女大学生的普遍群像。尤其是甜食零食吃太多、吃撑到胃难受这两个问题，女生中出现的比例均比男生高一倍以上。管不住嘴的女大学生普遍对自己的身材不自信，这也呼应了女大学生运动频率低这一现象，管住嘴、迈开腿才能保持好身材。

大学生的三大健康困扰：皮肤、情绪、睡眠。

大学生脱离了高中相对规律的生活，迎来了丰富多彩、全新的大学生活，开始独立管理自己的生活与健康，没有老师和家长在身边协助，他们需要自己掌控健康状态。大学的学习、生活环境，让大学生有着他们独特的健康困扰。《报告》显示，86%的大学生表示，在过去一年中出现过健康困扰。其中，排名前三的分别是皮肤状态不好、睡眠不足和情绪问题。31%的男生表示在过去一年中有过皮肤困扰，这一数据在女生中更是超过半数，达到了54%。而在睡眠方面，34%的男生和47%的女生都有过睡眠困扰，尤其是大四之后，越来越多的大学生选择主动晚睡，硕士博士中有一半人睡眠不足。有79%的大学生上床后不会立刻睡觉。同时调查发现，60%的大学生会主动采取行动改善自身健康状况，但相比饮食和运动，尝试过改善睡眠的大学生比例最低。

丰富的社交生活和各种电子产品是他们早睡的最大障碍。在大学生眼里，上床从来不等于睡觉，大学生们会利用这段时间进行丰富的娱乐活动，看剧、聊天，一旦玩起手机，再想睡觉可能已是两小时之后。68%的大学生在23点到24点之间入睡，有18%的大学生在24点以后入睡。

此外，值得注意的是，《报告》还显示，大学生也展现出了对于心理健康的广泛关注，且对心理健康现状的评分超出了身体健康。32%的大学生认为自己心理健康状态非常好，高于9分。当然，这并不意味着没有压力，进入大学后的大学生们发现，"上了大学就轻松了"只是一句谎言，他们会面临来自同龄人更为激烈的竞争，以及进入社会前的各种准备。这种竞争给他们带来的压力是多方面的。据调查，近九成大学生最近一年都有过心理困扰，涉及学业、人际关系、就业规划等各个方面。在各类心理压力中，最困扰大学生的是学业压力，60%以上的大学生最近一年都被这一问题所困扰。紧跟其后的困扰是人际关系和性格，大学中的人际交往相比以往会更加复杂，面对的不仅仅是自己的同班同学，还有来自社团、学生组织的同学和老师，怎样处理这些关系是他们常常要思考的问题。

60%的大学生为健康付出行动，多数大学生在"无意识养生"。面对期待与现实的落差，大学生们可不只是想想就算了。60%的大学生都采取过行动改善自己的生活状态，31%的男大学生几乎每天都会运动，女学生通常以改变饮食为主。面对心理压力时，91%的大学生尝试解决。

除此之外，健康的校园环境也推动了大学生参与诸多"无意识养生"行为，客观上弥补了他们对健康关注的缺失，是保障他们健康状况良好的有力因素。以心理健康为例，大学生处在相对丰富且简单的社交生活中，面对压力时，有45%的大学生选择向同学/朋友倾诉。同学和朋友不仅陪伴在身边，还能从同龄人的角度感同身受，接纳负面情绪，提供意见。

每周体育课和随时随地能接触到操场、篮球场也是大学生独有的优势。《报告》显示，60%的大学生会为了身体健康而运动，跑步则是大学生最普及的运动方式，有70%的人选择跑步为常做的运动方式，其次是羽毛球和篮球。相比之下，职场人士的运动场景相对单一，大都为下班后的健身房，且通常会因为工作太累，而只想休息。

《报告》还发现，43%的大学生表示曾在课堂上睡着过，这也是其他圈层人士羡慕的一点，毕竟在办公室补觉，恢复精力，并不是一个很现实的选择。

（二）健康与职业发展

大学毕业就面临着择业，而健康对大学生未来职业发展有重要影响。首先，健康状况影响择业。某些职业会对身体健康状况有明确要求，如飞行员对视力有要求。也有些用人单位虽没有明确提出对健康的要求，那些不健康的应聘者也有可能在其他环节遭到淘汰。另外，健康的身体，有利于个人职业良好的发展。现代社会竞争异常激烈，工作负荷较大，还面临着巨大的心理压力，必须具有良好的身心状况，才能在职业生涯中不断进取，在竞争中脱颖而出。

著名的财经作家，2009年度"中国青年领袖"吴晓波先生在给中国劳动关系学院一位大学生的回信中指出，关于未来职业的规划和选择，不应该取决于这个职业是否赚钱，或父母是否希望自己从事；而应该取决于自己对未来的规划，即自己想成为一个怎样的职业人，过上怎样的人生。

新东方创始人俞敏洪先生也指出，一个人要找到好工作由两个要素组成：过硬的专业知识加上综合素质。而综合素质主要包含五种，即"诚信""踏实""沟通能力""创新能力"和"无私"。他认为，年轻人如果能将这几点记在脑中，不仅能成功就业，未来的发展也会勇往直前。而说到底，这几点素质无一不是以健康的身心状态为基础的。

二、大学生健康教育的意义

在高校开展大学生健康教育，有助于大学生素质的全面发展。首先，健康教育较为系统地向大学生提供各种与日常生活相关的健康知识，可以帮助大学生清楚地认识和了解自身机体的正常功能以及危害健康的各种因素，从而帮助大学生树立正确的价值观并奠定较为扎实的健康认知基础。其次，大学生健康教育有利于发展大学生促进健康的意识和责任感。最后，大学生健康教育有助于大学生掌握正确健康的生活技能，如学会急救、避险、防病等，提升有益于健康的行为能力，从而学会更好、更有效地管理自己的健康。

大学生健康教育还能促进整个社会健康知识的普及，是社会主义文明建设的基础。通过健康教育提高学生自身的健康素质，同时经由他们将卫生知识辐射到家庭和社会，影响周围人群，从而形成人人重视健康的社会氛围和风尚。这对于提高全民族的健康素质、增强综合国力具有重要现实意义。

拓展阅读

花1元钱给健康教育，可节省100元的抢救费

"九五"国家重点攻关项目《社区人群的高血压防治》研究得出科学结论：花1元钱给健康教育，可节省100元的抢救费。在中国，1元的健康教育投资可节省8.59元医疗费用，投资效益比是1∶8.59；而临床实践表明，若到了疾病的中晚期，由于治疗费用呈几何级数增长，这个比例则变成1∶100。

美国疾病控制中心研究指出："只要少量的卫生资源投入到改善人们不良生活方式的健康教育与健康促进中，其成效就是巨大的。"如美国男性公民不吸烟、不过量饮酒，其期望寿命可延长10年，而每年数以千亿美元的临床医疗技术的投资却难以使全美人口平均期望寿命增加一年。

三、大学生健康教育的目标和基本要求

大学生健康教育是以大学生为主要对象，以传授健康知识、提高健康意识、选择健康行为为核心内容的健康活动，其总体目标是预防疾病、意外伤害，保证顺利完成学业；其基本要求是增进大学生的卫生保健知识，增强大学生维护健康的责任感和自觉性，促使大学生自觉选择健康的行为和生活方式、提高自我保健及预防疾病的能力、改善和提高生活质量。

拓展阅读

《普通高等学校健康教育指导纲要》

《普通高等学校健康教育指导纲要》是为贯彻落实《"健康中国2030"规划纲要》对学校健康教育提出的工作要求，加强高校健康教育，提高高校学生健康素养和体质健康水平而制定的法规。高校健康教育是中小学健康教育的延续和深化，是全民健康教育的重要组成部分。高校健康教育内容主要包括健康生活方式、疾病预防、心理健康、性与生殖健康、安全应急与避险五个方面：

（一）健康生活方式

目标：树立现代健康意识，掌握健康管理和健康决策的基本方法，养成文明健康的生活方式，提高自觉规避、有效应对健康风险的能力。

核心内容：现代健康的概念；高校学生面临的主要健康问题和影响因素；健康决策和健康管理的基本原则；饮食行为与健康，中国居民膳食指南及其应用，日常生活常见的食品安全隐患与防范（食品安全五要素）；睡眠与健康，睡眠不足与睡眠障碍的危害，劳逸结合，规律作息，预防网络成瘾；运动与健康，科学锻炼原则及方法、运动负荷的自我监测；烟草危害及戒烟策略，毒品（新型毒品）危害及禁毒，物质滥用（酗酒、滥用镇静催眠药和镇痛剂等成瘾性药物等）的危害及防范；环境卫生与健康。

（二）疾病预防

目标：增强防病意识，掌握常见疾病的预防原则和常规措施，提高防控传染病和慢性非传染性疾病的能力。

核心内容：常见传染病（如流感、肺结核、病毒性肝炎等）的预防；慢性非传染性疾病（如高血压、糖尿病、肿瘤等）的基本知识、预防原则和常规措施；抗生素滥用对健康的危害，在医生指导下使用抗生素；定期进行健康体检的意义和项目选择；常用的健康指标、正常范围，测定身体健康状况的常用方法（如测量腋温和脉搏、血压等）；正确选择必要、有效的保健与保险服务。

（三）心理健康

目标：树立自觉维护心理健康的意识，掌握正确应对学业、人际关系等方面的不良情绪和心理压力必需的相关技能，提高心理适应能力。

核心内容：心理健康的概念；心理健康与身体健康的关系；学生心理发展特点和相关社会因素；抑郁症和焦虑症的表现，自我心理调适与技能，促进积极情绪与缓解不良情绪的基本方法；维护良好人际关系与有效交流的方法；心理咨询与服务利用，常见心理问题或危机的辨识与求助；珍爱生命。

（四）性与生殖健康

目标：树立自我保健意识，掌握维护性与生殖健康的知识和技能，提高维护性与生殖健康的能力。

核心内容：性与生殖健康的基本知识；友谊、爱情、婚恋、家庭与伦理道德；优生优育与适宜有效的避孕方法；非意愿怀孕和应对措施；常见生殖健康问题与自我保健方法；

无保护性行为对生殖健康的影响；常见性传播疾病和预防；艾滋病的传播、流行与控制，易感染艾滋病的高危行为和预防措施，艾滋病咨询检测和服务，不歧视艾滋病感染者和病人；预防性侵害的方法和技能。

（五）安全应急与避险

目标：树立安全避险意识，掌握常见突发事件和伤害的应急处置方法，提高自救与互救能力。

核心内容：突发事件与个人安全防范，意外伤害（触电、溺水、中暑、中毒、运动创伤等）的预防、自救与互救的基本原则和方法；无偿献血基本知识，无偿献血是公民的义务；休克、晕厥、骨折等急症的现场救护原则，心肺复苏、创伤救护（止血、包扎、固定、搬运）等院前急救技能；动物（犬、猫、蛇等）抓伤、咬伤后的应急处置；防范网络安全风险，甄别不科学、不健康信息的技能与方法；实验、实习等场所安全要求与防护技能，注意个人防护，避免职业伤害；旅行卫生保健的基本要求，规避旅行中的健康与安全风险的基本措施和策略。

第四节　塑造自主自律的健康行为

影响一个人健康的因素很多，但最主要的因素是自身的行为和生活方式，所以养成良好的健康行为对健康至关重要。塑造自主自律的健康行为要注意以下几方面。

一、合理膳食

大学生处于青春发育后期向成年期过渡的阶段，生长发育尚未完全停止，新陈代谢旺盛，消化吸收能力强，加之活泼好动、运动量大、脑力活动量大等，需要消耗足够多的食物来提供能量和维持生长发育和健康，因此，合理的膳食、均衡的营养对大学生的健康极其重要。然而，大学生由于相对独立的生活、用餐自由、缺少营养学基本认识，普遍存在饮食结构不合理、进餐无规律、偏食、节食等现象，进而对学习、身体等影响较大，因此，学习营养学知识是十分必要的。

《"健康中国2030"规划纲要》提出要普及健康生活——引导合理膳食：制订实施国民营养计划，深入开展食物（农产品、食品）营养功能评价研究，全面普及膳食营养知识，发布适合不同人群特点的膳食指南，引导居民形成科学的膳食习惯，推进健康饮食文化建设。建立健全居民营养监测制度，对重点区域、重点人群实施营养干预，重点解决微量营养素缺乏、部分人群油脂等高热能食物摄入过多等问题，逐步解决居民营养不足与过剩并存问题。实施临床营养干预。加强对学校、幼儿园、养老机构等营养健康工作的指导。开展示范健康食堂和健康餐厅建设。到2030年，居民营养知识素养明显提高，营养缺乏疾病发生率显著下降，全国人均每日食盐摄入量降低20%，超重、肥胖人口增长速度明显放缓。

二、控烟限酒

现代研究证明,烟草中的有害物质对人体的多个系统有广泛而持久的毒理作用,会造成许多脏器的渐变性受损,如长期吸烟会损伤支气管黏膜的纤毛,形成慢性肺炎,继而发展为肺气肿甚至肺癌;同时冠心病、高血压、脑血管病及周围血管病的患病率和死亡率也显著高于不吸烟的人。此外,妇女在怀孕期间,无论直接吸烟还是被动吸烟,都会影响胎儿发育,容易诱发胎儿畸形。

长期大量饮酒会损伤神经系统,易引起急性胃炎和胃出血,损伤肝脏。另外,长期过量饮酒之后还会使人情绪不稳定,易激动,常与人发生冲突,引起暴力、醉驾肇事等。

因此,大学生处在人生的关键时期,应该养成控烟限酒的好习惯。《"健康中国2030"规划纲要》指出,加强限酒健康教育,控制酒精过度使用,到2030年,15岁以上人群吸烟率降低到20%。

三、促进心理健康

人的心理健康和身体健康是密切相关、互为依存的。无论身心哪方面出现病症,另一方面都会受到影响。例如,有些学生在考试期间,因过度紧张、焦虑甚至恐惧,加之熬夜、睡眠质量差、饮食不规律等,出现急性胃炎、急性胃溃疡等病症。所以,良好的心理素质是大学身心健康、人格健全的重要标志和成家立业的坚实基础。

四、适宜运动

适宜的运动可以促进身体发育,提高自身免疫力,促进血液循环,有助于预防心血管等慢性疾病的发生、预防肥胖、塑造和保持身材等。然而,现在大学生体育锻炼的现状却不容乐观。根据对30个省(自治区、直辖市)参加2014年全国学生体质与健康调研的大学生进行体育锻炼与生活方式问卷调查结果显示,我国19~22岁学生中,仅有15.8%的学生每天锻炼1小时以上。大学生在上体育课时仅有4.4%表示会大汗淋漓、很累,有20.7%表示会出汗、比较累。世界卫生组织报告,缺乏体育锻炼已成为全球第四大死亡风险因素。从长远来看,在大学阶段养成良好的体育锻炼的习惯会为今后的幸福生活打下坚实的基础。

拓展阅读

运动已成为生活的一部分

2020年一场肆虐全球的新冠肺炎疫情,又把中国工程院院士、国家呼吸系统疾病临床医学研究中心主任钟南山推到台前,继17年前英勇抗击SARS之后,年过八旬的钟院士作为国家卫健委高级别专家组组长,再次站在了狙击新冠肺炎战役的前线。日日夜夜为疫情防控奔波忙碌,84岁的钟院士依旧神采奕奕,身体健硕,身心状态丝毫不输年轻人,这与他的生活习惯分不开。

钟南山从小便喜爱竞技运动,足球、篮球、跑步都是他的兴趣所在。在北京医学院

(今北京大学医学部)读书期间,他参加学校运动会曾创下几项纪录,至今无人能破。1959年,他还作为一名非职业运动员参加首届全国运动会,在400米栏项目中以54.2秒的成绩打破了当时的全国纪录。

几十年来,钟南山从未停止过锻炼。甚至在出差时,他也会带上拉力器,在休息之余做拉力运动。即使没有带运动器材,他也会做俯卧撑、仰卧起坐、原地高抬腿等。

"锻炼对身体健康有非常关键的作用,能让人保持年轻心态。"时至今日,钟南山在日常看病、门诊、查房、会诊、科研等繁忙的工作之余,仍坚持每周锻炼3次以上,每次锻炼约1个小时,"锻炼就像吃饭一样,已成为我生活的一部分"。

由于工作繁忙,钟南山的锻炼如今都是在家里进行。钟南山的老伴、国家女篮前队员李少芬特意为他布置了一个简易家庭健身房。10多平方米的家庭健身房里,跑步机、动感单车、双杠、拉力器、哑铃等简单健身器材挤满了房间。"现在因为年纪大了,我很少参加竞技运动。"钟南山说,现在他的运动方式是先在跑步机上跑步或原地骑单车20~30分钟,锻炼下肢。然后在单双杠上做引体向上和杠上撑起,锻炼上肢,还会在床上做仰卧起坐,锻炼腹肌。有时还会出去游泳、打球。

几十年如一日地坚持锻炼,让钟南山看上去比实际年龄小很多,也没有出现老年人常有的视听障碍、反应迟缓、记忆力衰退、腰腿疼等问题,"除了不能再参加运动量大的竞技比赛外,感觉年龄对我没有太大影响,我现在还可以承担日常工作,这跟坚持身体锻炼有很大关系"。

"我年轻时是把跑步作为竞技运动,年纪大了会慢跑健身。我没有跑过全程或者半程马拉松,不过经常会跑5公里左右的距离。"钟南山曾在接受媒体采访时表示,"城市居民最好的运动方式是步行,游泳也非常不错,实在没条件可以做室内器械运动,年长者适合练太极。"他强调,人很容易"死在嘴上,懒在腿上",要坚持每天锻炼半个小时到一个小时,走路是最简单、最经济、最有效的办法。

五、减少不安全性行为和毒品危害

不安全性行为和毒品会增加感染传染性疾病的机会,不仅影响个人健康,还危害社会健康。另外,毒品不仅损害健康,还会影响正常判断,诱发犯罪,影响社会安定。《"健康中国2030"规划纲要》指出,应以青少年、育龄妇女及流动人群为重点,开展性道德、性健康和性安全宣传教育和干预,加强对性传播高危行为人群的综合干预,减少意外妊娠和性相关疾病传播。大力普及有关毒品危害、应对措施和治疗途径等知识。作为大学生,应该早早养成良好的生活习惯,不做不安全性行为,杜绝任何毒品的诱惑。

拓展阅读

年轻人不安全性行为增多

近些年来,物质生活的丰富、生活方式的多样、人口流动和性信息的广泛传播,导致年轻人的性观念日益开放,性行为方式也有了一定改变。由不安全性行为导致的种种问题有所增加,年轻群体性生活安全受到挑战。不安全性行为分两方面,一个是过程不安全,另一个是选择的性伴侣不安全。过程不安全,是指肛交、口交、性行为前饮酒吸毒、不使用或不正确使用安全套等;选择的性伙伴不安全,如陌生性伴侣、临时性伴侣、商业性伴侣、不固定及多性伴侣等。

在多种不安全性行为中,不使用安全套最为普遍。中国疾病预防控制中心一项对全国31万名大中学生进行的调查显示,2010—2015年,15~17岁学生首次发生性行为时未使用安全套的比例高达60.2%。很多年轻人在性行为过程中,抱有贪图方便和侥幸心理,被一时欲望拉入深渊,导致后患无穷。

六、提高突发事件应急能力

生活中的意外随处可见,如动物咬伤、煤气中毒、烫伤、骨折、突然晕厥、心肌梗死等,面对突如其来的伤害和突发疾病,很多人由于缺乏必要的突发事件应急能力,常常惊慌失措、手忙脚乱,错失挽救生命的宝贵时间;还有部分人由于没能掌握正确有效的急救知识,抢救方法不当,留下终身遗憾。在现代社会,急救已不单单是医护人员的事,而是所有公民均应掌握的基本技能。大学生作为现代社会的重要一员,要学习一些基本的急救常识,以提高突发事件的应急能力。

课后思考

1. 什么是健康?为什么说"无病即为健康"的说法不正确?
2. 简述亚健康的定义、常见表现、预防方法。
3. 影响健康的常见因素有哪些?其中对现代人健康和寿命影响最大的是什么?
4. 哪些不良生活行为对健康有影响?其中吸烟、酗酒、节食偏食、不良性行为对健康各有哪些主要影响?
5. 个人的寿命与健康取决于哪些方面?各占的比例是多少?
6. 哪些疾病的发生与遗传因素有关?如何控制遗传病和出生缺陷的发生?
7. 何为健康教育?大学生进行健康教育最主要的意义是什么?

第二章　营养与健康

> **学习目标**
> 1. 了解合理营养对健康的重要性
> 2. 掌握7种基本营养素
> 3. 掌握合理营养平衡膳食的基本生活技能和基本食品卫生常识
> 4. 了解影响个体食物选择的因素

案例导入

苗苗（化名）是温州一所大学的大一学生，身高158cm，原先体重45.5kg。苗苗对这样的体形不满意，决定减肥。早餐吃两片吐司喝点水，中餐吃一根黄瓜、一个西红柿，晚餐不吃。减肥期间，饿了就喝水。除了严格控制饮食，她每天还去健身房，每次至少运动3小时。随着体重下降，苗苗发现身体出现变化：月经量明显减少，到了后来干脆就不来月经了。

到医院后，医生发现她的雌激素等多项指标明显低于正常值，诊断是过度运动、节食减肥导致的功能性下丘脑性闭经。像苗苗这样减肥不当而严重损害健康的并非个例，目前大学生中存在很多因盲目节食而造成营养失衡的情况。

第一节　营养与大学生健康

一、我国大学生的营养与饮食状况

2014年全国学生体质与健康调研结果显示：城乡学生营养不良检出率进一步下降；中小学生身体素质继续呈现稳中向好趋势，大学生身体素质继续呈现下降趋势；肥胖检出率持续上升。

虽然大学生营养不良检出率呈下降趋势，但现状依旧不容乐观。造成大学生营养不良问题的关键因素不是食物匮乏或膳食来源不足，主要是不健康的饮食行为，如不吃早餐，偏食，挑食，过多吃零食、油炸食品、烟熏烧烤类食物，肉类、奶类、水果、蔬菜摄入量不足，用饮料代替白开水等。另外，由于缺乏营养知识及对体形美的错误认知等原因，很多学生采用不科学的控制体重（减肥）行为，也是导致营养不良和低体重的重要因素。为此，我国出台了促进学生营养与健康的政策和措施，为青少年健康饮食行为习惯的养成提供政策和环境保障。

二、合理营养对大学生的意义

（一）合理营养是健康的保障

营养、健康及受教育是一个人成长和发展的三大基石。三者之间相互影响，其中营养是其他二者的重要保障。营养素可以促进青少年的生长发育、组织代谢的更新，调节生理功能，还可以给学生的学习等活动提供能量支持。大学生的饮食行为和生活方式，不但影响目前的健康状况和学习能力，对其终生的生活方式都会产生影响。例如，患有进食障碍的人，容易不孕、不育，而且后代还有可能出现出生缺陷，如无脑儿、脊柱裂等。而青年学生养成的不健康的饮食习惯和饮食行为，如偏食、挑食、节食及不健康的控制体重的行为很可能会造成其本身营养不良，从而影响国家的人口质量。

（二）膳食不合理导致慢性非传染性疾病的发生

目前，慢性病，如心脑血管疾病、糖尿病、肿瘤等，已经成为人类健康的第一杀手。中国目前有慢性病患者2.6亿名，如果不进行有效控制，到2030年，还将增加1.23亿名。不健康饮食行为、超重、肥胖已被世界卫生组织列为造成慢性病的共同危险因素。2011年，联合国大会政治宣言倡导通过健康生活方式，包括减盐、健康饮食等，防控慢性病，到2025年，将全球由于慢性病导致的早亡(70岁之前的死亡)率降低25%。

不健康的饮食行为是造成全球疾病负担的重要原因之一。2016年全球疾病负担研究结果表明不健康饮食是早死的第二大高危因素，仅次于吸烟。不健康的饮食包括：水果摄入量不足，高盐膳食，膳食中缺乏坚果和全谷物，蔬菜摄入量不足，缺乏来自于海产品食物的不饱和脂肪酸。

第二节　食物与营养素

一、营养、营养素和能量

人类为了维持生命必须从外界摄取食物。通常把机体摄取、消化、吸收和利用食物中的养料以维持生命活动的整个过程称为营养，把食物中存在的对人体有生理功效的各种物质称为营养素。人体所需的营养素有四十余种，可概括为蛋白质、糖类、脂类、矿物质、维生素、水和膳食纤维七大类。各类营养素均具有特定的功能，但在代谢过程中又密切联系。人体每天都要通过食物摄入多种营养素。一些营养素在体内代谢过程中还会产生能量，供人体利用。

二、营养素的功能、来源及其缺乏与过量的危害

（一）糖的功能、来源及其缺乏与过量的危害

糖类由碳、氢、氧三种元素组成，又称碳水化合物。按其化学结构的不同，可分为：

单糖，包括葡萄糖、半乳糖、果糖等，可直接被人体吸收利用；双糖，包括蔗糖、乳糖、麦芽糖等，需分解成单糖才能被吸收；多糖，包括淀粉、肝糖原、肌糖原、纤维素与果胶等。平时人类摄入的糖类主要是淀粉，经消化转变成葡萄糖才能被吸收利用。

▶ 1. 生理功能

（1）供给热能和储存能量：在日常的膳食中，糖是最主要、最经济的能源物质，人体每天所需的热量60%～70%来自于糖，每克糖在体内可产生4cal(16.7kJ)的热能。多余的糖以肝糖原和肌糖原的形式储存起来，一旦机体需要能量，糖原即迅速分解为葡萄糖。此外，糖还可以在缺氧或无氧的情况下，通过酵解供给少量的热能，这是蛋白质和脂肪所没有的特性。糖在体内释放能量和发挥功能均较快，而且大脑及神经系统除葡萄糖外，不能利用其他物质供能，所以血液中葡萄糖是神经系统唯一的能量来源。

（2）构成机体组织的重要生命物质：糖是构成机体组织的重要物质，例如，所有神经组织和细胞中都含有糖，核糖和脱氧核糖参与核酸的构成，是生物遗传的物质基础。

（3）维持脂肪正常代谢和保肝解毒：糖能够维持体内脂肪的正常代谢，并参与肝脏解毒功能。糖分解过程中生成的葡萄糖醛酸，是体内的一种重要结合解毒剂，在肝脏中能与许多有害物质如细菌毒素、酒精、砷等结合，以消除或减轻其毒性或生物活性。当肝糖原储存不足时，肝脏的解毒功能会下降。

（4）节约蛋白质：机体在摄糖量足够时，可以防止体内和膳食中的蛋白质转化为葡萄糖，起到节约蛋白质的作用。

（5）增强肠道功能：淀粉多糖类如纤维素和果胶、功能性低聚糖等抗消化的碳水化合物，虽不能在小肠消化吸收，但刺激肠道蠕动，增加了结肠内的发酵，发酵产生的短链脂肪酸和肠道菌群增殖，有助于正常消化和增加排便量。

▶ 2. 食物来源

粮谷类与薯类富含淀粉，是中国居民糖类的主要来源。以糖类占总热量的60%计算，健康成年人来自淀粉的热能约为50%，其余10%来自蔗糖、麦芽糖、乳糖、果糖等。果糖主要来自水果、蜂蜜、水果糖；蔗糖主要来自甘蔗、甜菜；乳糖主要来自奶及奶制品。常见食物碳水化合物含量见表2-1。

表2-1 常见食物碳水化合物含量 (g/100g)

食物名称	含量	食物名称	含量	食物名称	含量	食物名称	含量
粉条	83.6	木耳	35.7	葡萄	9.9	番茄	3.5
粳米（标二）	77.7	鲜枣	28.6	酸奶	9.3	牛乳	3.4
籼米（标一）	77.3	甘薯	23.1	西瓜	7.9	芹菜	3.3
挂面（标准粉）	74.4	香蕉	20.8	杏	7.8	带鱼	3.1
小米	73.5	黄豆	18.6	梨	7.3	白菜	3.1
小麦粉（标粉）	71.5	柿子	17.1	花生仁	5.5	鲜贝	2.5
莜麦面	67.8	马铃薯	16.5	南瓜	4.5	猪肉	2.4

续表

食物名称	含量	食物名称	含量	食物名称	含量	食物名称	含量
玉米	66.7	苹果	12.3	萝卜	4.0	黄瓜	2.4
方便面	60.9	辣椒	11.0	鲫鱼	3.8	冬瓜	1.9
小豆	55.7	桃	10.9	豆腐	3.8	鸡蛋	1.5
绿豆	55.0	橙	10.5	茄子	3.6	鸡肉	1.3

▶ 3. 缺乏与过量的危害

糖摄入不足会出现低血糖症状。早期表现为心悸、乏力、出汗、饥饿感、面色苍白、恶心呕吐等，严重时由于大脑缺乏能量供应，出现意识模糊、精神失常、肢体瘫痪、大小便失禁、昏睡、昏迷等症状。

膳食中糖摄入过多，会转化成脂肪储存于体内，使人肥胖并进而增加患高血压、动脉硬化、糖尿病等相关疾病的风险；儿童长期高糖饮食，会造成体内钙质代谢紊乱，影响骨骼的生长发育；多吃糖又不注意口腔卫生的青少年，容易患龋齿和口腔溃疡。

▶ 4. 碳水化合物的膳食参考摄入量

人体对碳水化合物的需要量，常以可提供能量的百分比来表示。由于体内其他营养素可转变为碳水化合物，因此其需要量尚难确定。在1988年，中国营养学会曾建议我国健康人群的碳水化合物供给量为总能量摄入的60%～70%。根据目前我国膳食碳水化合物的实际摄入量和FAO/WHO的建议，《中国居民膳食营养素参考摄入量》中的碳水化合物适宜摄入量为占总能量的55%～65%。对碳水化合物的来源也做出要求，即应包括复合碳水化合物淀粉、非淀粉多糖和低聚糖等碳水化合物；限制纯能量食物如糖的摄入量，提倡摄入营养素/能量密度高的食物，以保障人体能量和营养素的需要及改善胃肠道环境和预防龋齿的需要。

(二) 蛋白质的功能、来源及其缺乏与过量的危害

蛋白质在体内含量高、分布广、种类多，功能重要而复杂，是一切生命的物质基础。蛋白质由碳、氢、氧、氮等元素构成，这些元素按一定结构组成氨基酸，氨基酸再作为蛋白质的基本组成单位。食物蛋白质中所含的氨基酸有二十多种，其中八种在人体内不能合成，必须从食物中直接获取，称为必需氨基酸，如亮氨酸、色氨酸、苯丙氨酸、赖氨酸等。

▶ 1. 生理功能

(1) 构成机体组织，维持其生长、更新和修复：此为蛋白质最主要的生理功能。人体的每个组织——毛发、皮肤、肌肉、骨骼、内脏、大脑、血液、神经、内分泌等都是由蛋白质组成，所以说饮食造就人本身。蛋白质对人的生长发育非常重要。

(2) 构成人体必需的酶、激素、血浆蛋白，维持机体正常的新陈代谢和各类物质在体内的输送。比如，载体蛋白可以在体内运载各种物质，血红蛋白输送氧、脂蛋白输送脂肪；白蛋白维持机体内的渗透压的平衡及体液平衡；免疫细胞和免疫蛋白参与免疫反

应等。

（3）提供热能：当机体需要时，蛋白质可以被代谢分解，释放能量。1g 蛋白质在体内约产生 4kcal 的热量。

▶ 2. 食物来源

（1）动物性食物：包括肉类（畜、禽、鱼）、蛋类、奶类等。其中，肉、蛋、鱼中蛋白质含量高（10%～20%），利用率也高，尤其是鸡蛋蛋白。肉类食物含蛋白质最多的是鸡肉，每 100g 含 23.3g。牛奶一般含蛋白质 3%～3.5%，是婴幼儿除母乳之外蛋白质的最佳来源。

（2）植物性食物：包括豆类、菌藻类、薯类、谷类、坚果类等，其中以大豆中含量最高，每 100g 黄豆含 36.3g 蛋白质，并含有其他多种活性成分，是唯一能够代替动物性蛋白的植物蛋白，也是素食者最主要的蛋白质来源。大豆蛋白含有丰富的异黄酮，这是一种类似荷尔蒙的化合物，可抑制因荷尔蒙失调所引发的肿瘤细胞生长。食用菌也是"瘦身族"的主要蛋白质来源。芝麻、瓜子、核桃、杏仁、松子等干果类的蛋白质的含量均较高。常见食物蛋白质含量见表 2-2。

表 2-2 常见食物蛋白质含量 （g/100g）

食物	蛋白质	食物	蛋白质
小麦粉（标准粉）	11.2	黄豆	35.0
粳米（标一）	7.7	绿豆	21.6
籼米（标一）	7.7	赤小豆	20.2
玉米（干）	8.7	花生仁	24.8
玉米面	8.1	猪肉（肥瘦）	13.2
小米	9.0	牛肉（肥瘦）	19.9
高粱米	10.4	羊肉（肥瘦）	19.0
马铃薯	2.0	鸡蛋	13.3
甘薯	0.2	草鱼	16.6
蘑菇（干）	21.1	牛奶	3.0
紫菜（干）	26.7		

由于奶、蛋、肉和大豆中的蛋白质富含必需氨基酸，品质优良，在维持人体健康和促进儿童、青少年生长发育中起重要作用，故称为优质蛋白质。

拓展阅读

怎样提高蛋白质的营养价值

各类不同种类蛋白质混合食用时，所含氨基酸互相补充、取长补短，改善了必需氨基酸含量和比例，从而使混合蛋白质的生物效价提高，称为蛋白质的互补作用。

米、面粉所含蛋白质缺少赖氨酸，豆类蛋白质缺少蛋氨酸、胱氨酸，人乳、牛乳、鸡蛋中的蛋白质含量较低，但它们所含的必需氨基酸量基本上与人体相符，营养价值较高。食用上述混合性食物，再补充适量的动物性蛋白质，可提高膳食中蛋白质的营养和利用率。例如单食用玉米的生物价值为60%、小麦为67%、黄豆为64%，若把这三种食物按比例混合后食用，则蛋白质的利用率可达77%。

混合食用中应注意所搭配的食物生物学种属越远越好；搭配的种类越多越好；基本原则是：粗细搭配、荤素搭配、粮菜同食、粮豆混食。

▶ 3. 缺乏与过量的危害

蛋白质缺乏症在各年龄人群中都有发生，常见症状为儿童生长发育迟缓、营养不良、体质下降、贫血、智力发展落后等；成人疲乏无力、消瘦、肌肉萎缩、伤口和骨折愈合能力差、抵抗力差，而易患肺结核等传染病，严重者还会引起肝大、全身水肿等。

过多蛋白质，尤其是动物蛋白质摄入过多，会伴随较多的脂肪和胆固醇的摄入，增加肝、肾的负担，大量的蛋白质会导致机体脱水、脱钙、痛风。高蛋白对水和矿物质代谢不利，有可能引起泌尿系统结石和便秘。

（三）脂类的生理功能、来源及其缺乏与过量的危害

脂类是脂肪和类脂的总称，由碳、氢、氧三种元素组成。其中脂肪是由一分子甘油和二分子脂肪酸组成的三酯酰甘油，又称中性脂肪或甘油三酯，占脂类的95%。人体储存的脂类中甘油三酯高达99%。通常所说的脂肪包括脂和油，常温情况下呈固体状态的称"脂"；呈液体状态的叫作"油"。日常食用的动、植物油，如猪油、菜籽油、豆油、芝麻油等均属于脂肪和油，也就是说，日常的食用油就是脂肪。类脂是与脂和油很类似的物质，种类很多，主要有：卵磷脂、神经磷脂、胆固醇和脂蛋白等。

甘油三酯中的脂肪酸根据其碳链上双键数目与不饱和程度可以分为饱和脂肪酸、单不饱和脂肪酸、多不饱和脂肪酸。不饱和脂肪酸中由于双键的存在可出现顺式及反式的立体异构体。天然的不饱和脂肪酸几乎都是以不稳定的顺式异构体形式存在。其中有几种不饱和脂肪酸是机体不可缺少的营养物质，但在体内又不能合成，必须由食物供给，称为必需脂肪酸，目前已知的主要有亚油酸和α亚麻酸。人体摄入α亚麻酸后，可以代谢出二十碳五烯酸（EPA）和二十二碳六烯酸（DHA），这两种物质在深海鱼油中含量很高，具有降低胆固醇、甘油三酯和血液黏稠度，预防心脑血管病的功能，老年人长期服用，能减少脑血栓和老年痴呆等患病率。此外DHA也是神经细胞生长及功能维持的一种主要元素，是大脑和视网膜的重要构成成分，对胎儿、婴幼儿智力和视力发育至关重要，因此又被称为"脑黄金"。

拓展阅读

反式脂肪酸对人体有什么影响

反式脂肪酸是不饱和脂肪酸的一种，利用氢化的过程将顺式结构改变，可呈固体或半固体状，性质较稳定，不易变质，容易运送。

食物包装上列出的成分，如果有代可可脂、植物黄油（音译麦淇淋，又名人造黄油）、氢化植物油、氢化脂肪、精炼植物油、氢化菜油、氢化棕榈油、固体菜油、人造酥油、雪白奶油或起酥油的，即表明含有反式脂肪酸。

世界卫生组织《预防和控制非传染病：实施全球战略》报告反复重申要逐步消除反式脂肪酸。研究报告指出：每增加2%的反式脂肪热量摄取，排卵障碍性不孕的风险将增加72%，冠心病的风险会增加1.9倍，而增加15%的饱和脂肪酸摄取才能得到类似效果。摄取反式脂肪与饱和脂肪酸会促进阿尔茨海默病的发生发展。多吃反式脂肪的人，情绪易怒，行为也较有攻击性。联合国粮农组织和世界卫生组织建议，饮食中反式脂肪应低于每天摄取热量的1%。以一个每日消耗2 000cal的成人而言，相当于每天摄取不超过2g。

▶ 1. 生理功能

（1）供给能量：脂肪属高热量物质，在三大能源物质中发热量最高，每克脂肪在体内氧化产生的能量大约9kcal。脂肪也是储存体内过剩能量的一种方式，人体摄入的多余能量都以脂肪的形式储存起来。

（2）促进脂溶性维生素的吸收：脂肪是脂溶性维生素A、D、E、K的载体，可促进脂溶性维生素和胡萝卜素的吸收。

（3）维持体温和保护内脏：皮下脂肪是很好的绝缘物质，可阻止体内热量散发，维持体温，起保温防寒作用。分布于皮下、腹腔、肌纤维之间的脂肪作为填充衬垫，可以保护和固定脏器，避免机械摩擦和位移。

（4）构成身体成分和人体组织细胞：正常人按体重计算含脂类约14%～19%，胖人约含32%，过胖人可高达60%左右。绝大部分是以甘油三酯形式储存于脂肪组织内。脂肪组织所含脂肪细胞，多分布于腹腔、皮下、肌纤维间。这一部分脂肪常称为储存脂肪，因受营养状况和机体活动的影响而增减，故又称之为可变脂。一般储脂在正常体温下多为液态或半液态。皮下脂肪因含不饱和脂肪酸较多，故熔点低而流动度大，有利于在较冷的体表温度下仍能保持液态，从而进行各种代谢。机体深处储脂的熔点较高，常处于半固体状态，有利于保护内脏器官，防止体温丧失。类脂包括磷脂和固醇类物质，是组织结构的组成成分，约占总脂的5%，这类脂类比较稳定，不太受营养和机体活动状况影响，称为定脂。类脂的组成因组织不同而有差异。人体脂类的分布受年龄和性别影响较显著。例如，中枢神经系统的脂类含量，由胚胎时期到成年时期可增加一倍以上。又如，女性的皮下脂类高于男性，而男性皮肤的总胆固醇含量则高于女性。

细胞膜、内质网膜、线粒体膜、核膜、神经髓鞘膜以及红细胞膜是机体主要的生物膜。脂类，特别是磷脂和胆固醇，是所有生物膜的重要组成成分。生物膜按重量计，一般含蛋白质约20%，含磷脂50%～70%，含胆固醇20%～30%，糖和甘油三酯的含量甚低或无。此外，胆固醇还是胆汁酸、维生素D、性激素、前列腺素、肾上腺皮质激素等生物活性物质的前体物，是机体不可缺少的营养物质。

此外，脂肪还可增加膳食的美味和增加饱腹感；具有内分泌作用，构成参与某些内分泌激素。

2. 食物来源

脂类的食物来源主要是植物油、坚果、动物性食物。必需脂肪的最佳食物来源是植物油类，要求其不低于总脂肪摄入量的50%。胆固醇只存在于动物性食物中，还可在体内组织合成。常见食物的脂肪含量见表2-3。

表2-3 部分食物的脂肪含量　　　　　　　　　　　　　　　　　　　(g/100g)

食物名称	脂肪含量	食物名称	脂肪含量
猪肉（脖子）	60.5	鸡腿	13.0
猪肉（肥）	90.4	鸭	19.7
猪肉（肥瘦）	37.0	鸭（北京填鸭）	41.3
猪肉（后臀尖）	30.8	鲅鱼	3.1
猪肉（后蹄膀）	28.0	鳊鱼	6.3
猪肉（里脊）	7.9	草鱼	5.2
猪肉（肋条肉）	59.0	带鱼	4.9
猪肉（奶脯）	35.3	大马哈鱼	8.6
猪肉（瘦）	6.2	大黄鱼	2.5
猪蹄爪尖	20.0	海鳗	5.0
猪肝	3.5	鲤鱼	4.1
猪大肠	18.7	鸡蛋	11.1
牛肉（瘦）	2.3	鸡蛋黄	28.2
牛肉（肥瘦）	13.4	鸭蛋	18.0
牛肝	3.9	核桃	58.8
羊肉（瘦）	3.9	花生（炒）	48.0
羊肉（肥瘦）	14.1	葵花子（炒）	52.8
羊肉（冻，山羊）	24.5	南瓜子仁	48.1
鹌鹑	9.4	松子（炒）	58.5
鸡翅	11.8	西瓜子仁	45.9

可见，除食用油脂含约100%的脂肪外，动物性食物以畜肉类含脂肪丰富，且多为饱和脂肪酸，猪肉含脂肪量在30%~90%之间，仅里脊和瘦猪肉脂肪含量低于10%；牛、羊肉含脂肪量比猪肉低很多，如牛肉（瘦）脂肪含量仅为2%~5%，一般动物内脏除大肠外含脂肪量皆较低，但蛋白质的含量较高。禽肉一般含脂肪量较低，多数在10%以下，但北京填鸭例外。鱼类脂肪含量基本在10%以下，多数在5%左右，且其脂肪含不饱和脂肪酸多，所以老年人宜多吃鱼少吃肉。蛋类以蛋黄含脂肪量高，约为30%，但全蛋仅为10%左右，其组成以单不饱和脂肪酸为多。

3. 缺乏与过量的危害

脂肪摄入不足，会影响生长发育和身体机能，导致消瘦、生长发育迟缓、记忆力下降、生殖障碍、内分泌紊乱等；脂肪摄入过多，会造成身体肥胖和血脂增高，进而引起脂肪肝、冠心病、高血压、动脉硬化、糖尿病等。

4. 膳食参考摄入量

中国营养学会在制定《中国居民膳食营养素参考摄入量》时，参考各国不同人群脂肪RDA，结合我国膳食结构的实际，提出成人脂肪适宜摄入量（AI），见表2-4。

表2-4　中国成人膳食脂肪适宜摄入量（脂肪能量占总能量的百分比，%）

脂　肪	SFA	MUFA	PUFA	胆固醇（mg）
20～30	<10	10	10	<300

注：SFA为饱和脂肪酸；MUFA为单饱和脂肪酸；PUFA为多饱和脂肪酸。

（四）维生素的功能、来源及其缺乏与过量的危害

维生素是一大类化学结构和生理功能各不相同的微量低分子有机化合物，人体内一般不能合成，必须从食物中摄取。尽管维生素既不是机体的结构材料，也不能提供能量，但却在人体物质代谢、维持正常生理功能方面起着重要作用。

维生素种类很多、化学结构差异很大，可分为脂溶性维生素和水溶性维生素两大类，前者只能溶于脂肪及有机溶剂，包括维生素A、D、E、K，在食物中常常与脂类共存；后者能在水中溶解，有B族维生素和维生素C。

脂溶性维生素

1. 维生素A的生理功能、来源及其缺乏与过量的危害

维生素A又称视黄醇，主要存在于哺乳动物和咸水鱼的肝脏中。许多植物如胡萝卜、番茄、绿叶蔬菜、玉米含类胡萝卜素物质，如α胡萝卜素、β胡萝卜素、γ胡萝卜素、叶黄素等。其中有些类胡萝卜素具有与维生素A相同的环结构，在体内可转变为维生素A，故称为维生素A原。

（1）生理功能

①维持正常视觉功能：合成视紫红质，维持眼睛在黑暗环境中的视力。缺乏维生素A时可降低眼暗适应能力，严重时可致夜盲。

②维护上皮组织细胞的健康：缺乏时，上皮组织干燥、增生、过度角化，抵抗微生物感染的能力降低。皮脂腺及汗腺角化时，皮肤干燥，容易发生毛囊丘疹和毛发脱落。

蟾皮病（鸡皮病）：皮肤干燥变粗、脱屑，全身出汗减少，继而发生丘疹，丘疹多见于上臂和大腿的后外侧，开始为针尖大小，触之稍硬，以后丘疹变黑，变大，呈簇状排列，状似鸡皮，故称鸡皮病或蟾皮病。

③促进生长与繁殖：维生素A还是丘脑、脑垂体等重要内分泌腺所需要的营养成分。当其不足时，身体不能对卵巢发出正常的分泌激素的指令，致使卵巢功能低下，雄性激素相对增加，皮肤容易长粉刺，影响皮肤的美观。另外，还会影响精子的生成。

(2) 缺乏与过量的危害

维生素 A 缺乏易导致夜盲症、眼干燥症、角膜软化、皮肤干燥与毛囊角化、抵抗力下降等现象。

摄入过多可以引起维生素 A 过多症，维生素 A 过量会降低细胞膜和溶酶体膜的稳定性，导致细胞膜受损，组织酶释放，引起皮肤、骨骼、脑、肝等多种脏器组织病变。脑受损可使颅压增高。骨组织变性引起骨质吸收、变形、骨膜下新骨形成，血钙和尿钙都上升。肝组织受损则引起肝脏肿大，肝功能改变是因摄入富含胡萝卜素的食物（如胡萝卜、南瓜、橘子等）过多，以致大量胡萝卜素不能充分迅速地在小肠黏膜细胞中转化为维生素 A 而引起。因摄入的 β 胡萝卜素在体内仅有 1/6 发挥维生素 A 的作用，故大量摄入胡萝卜素一般不会引起维生素 A 过多症，但可使血中胡萝卜素水平增高，致使黄色素沉着在皮肤和皮下组织内。停止大量摄入富含胡萝卜素的食物后，胡萝卜血症可在 2～6 周内逐渐消退，一般没有生命危险，不需特殊治疗。

(3) 食物来源

维生素 A 在奶品、蛋黄、猪肝、海产品、胡萝卜、小白菜、南瓜、菠菜、紫菜、柿子椒、花生等食物中含量丰富，见表 2-5、表 2-6。

表 2-5　含维生素 A 丰富的食物　　　　　　　　　　　　　　　（mg/100g）

食物名称	VA 含量	食物名称	VA 含量
鸡肝	15.27	羊肝	8.97
牛肝	5.49	鸭肝	2.67
猪肝	2.61	河蟹	1.788
鸡心	0.91	鸡蛋	0.31
鸡翅	0.068	猪腰	0.041
奶油	1.042	牛奶	1.066
酸奶	0.026		

表 2-6　含胡萝卜素丰富的食物　　　　　　　　　　　　　　　（mg/100g）

食物名称	胡萝卜素含量	食物名称	胡萝卜素含量
菠菜	13.32	小白菜	5.33
胡萝卜	4.81	金针菜	2.63
紫菜	2.42	南瓜	2.40
莴苣叶	0.72	海棠	0.71
柿子椒	0.62	甘薯	0.21
西瓜	12.00	哈密瓜	0.92
柑橘	0.82	青豆	0.75
花生	0.45	番茄	0.38
豆油	0.52	芝麻酱	0.19

2. 维生素D的生理功能、来源及其缺乏与过量的危害

目前已知的维生素D至少有10种，但重要的是维生素D_2（麦角骨化醇）和维生素D_3（胆钙化醇）。维生素D_2是由紫外线照射植物中的麦角固醇产生，但在自然界的存量很少。维生素D_3则由人体表皮和真皮内含有的7-脱氢胆固醇经日光中紫外线照射转变而成。

(1) 生理功能

① 调节钙磷代谢，促进钙磷吸收。

② 促进骨骼和牙齿的正常生长与钙化。

③ 促进皮肤代谢，促进肠道吸收钙磷。

(2) 缺乏与过量的危害

维生素D缺乏症：佝偻病，儿童方颅、肋骨串珠、鸡胸、囟门闭合迟缓；成人可出现骨软化症（成人脊柱弯曲）、骨质疏松症、手足痉挛症、易抽筋。

维生素D缺乏原因：晒太阳少、摄入量不足、吸收不良（肠道阻塞，胆囊切除）等。

维生素D过多危害：维生素D过量会引起高血钙，尿钙过高导致肾结石、肌肉萎缩、关节炎、动脉硬化、高血压；会引起轻微中毒，呈现腹泻、口渴、体重减轻、多尿及夜尿等症状。严重中毒时则会损伤肾脏，使软组织（如心、血管、支气管、胃、肾小管等）钙化。

(3) 维生素D供给及食物来源

维生素D供给及食物来源见表2-7。

表2-7 维生素D供给及食物来源

	鼓励经常而适当的阳光照射	
阳光不足	鱼肝油 维生素D强化奶	维生素D
其他来源	主要：海水鱼 次要：肝/蛋黄	

一般说来，只要能经常接触阳光，不会造成维生素D缺乏。牛奶为主食的婴儿，应适当补充鱼肝油，并经常接受日光照晒，有利于生长发育。

3. 维生素E的生理功能、来源及其缺乏与过量的危害

维生素又称生育酚，易于氧化，故能保护其他易被氧化的物质（如维生素A及不饱和脂肪酸等）不被破坏。

(1) 生理功能

① 抗氧化作用：人的衰老与组织中脂褐质的堆积呈直接的比例关系，缺乏维生素E的动物，这种色素的堆积也比正常者高。维生素E等抗氧化剂能抵抗自由基的侵害，可使衰老过程减慢。

② 维生素E能保持红细胞的完整性。另外，维生素E是辅酶Q合成的辅助因子，也与血红蛋白的合成有关。

③ 与性器官成熟及胚胎发育有关：维生素E与精子生成和繁殖能力有关，但与性激

素分泌无关。

(2) 缺乏与过量的危害

维生素 E 缺乏时，常伴随不育症、习惯性流产、溶血性贫血、衰老、长色斑等。

(3) 食物来源

维生素 E 只能在植物中合成，所有高等植物的叶子和其他绿色部分均含维生素 E，绿色植物维生素 E 含量高于黄色植物。维生素 E 含量相对较高的食物有：植物油、坚果、芦笋、肉类、蛋类、青菜、燕麦片、马铃薯、海产品及西红柿等。

▶ 4. 维生素 K 的生理功能、来源及其缺乏与过量的危害

(1) 生理作用

维生素 K 是促进血液凝固的化学物质之一，是形成凝血酶原不可缺的物质。

(2) 缺乏与过量的危害

维生素 K 作为凝血因子，吸收、利用出现障碍会影响一系列凝血因子生成，严重时出现出血症状，此系维生素 K 缺乏症。

(3) 食物来源

肠道细菌合成占 50%～60%，食物占 40%～50%。绿叶蔬菜含量高，其次是奶类及肉类，水果及谷类含量低。

水溶性维生素

▶ 1. 维生素 B_1 的生理功能、来源及其缺乏与过量的危害

维生素 B_1 又称硫胺素或抗神经炎素，为无色结晶体，溶于水，在酸性溶液中很稳定，在碱性溶液中不稳定，易被氧化和受热破坏。在现代医学上，维生素 B_1 制剂对脚气病和多种神经炎症有显著疗效。

(1) 生理功能

① 构成辅酶，维持体内正常代谢(主管糖类新陈代谢)。

② 促进胃肠蠕动。

③ 保护神经系统。

(2) 缺乏与过量的危害

维生素 B_1 缺乏可导致糖代谢、脂肪代谢与水代谢障碍；胃肠功能紊乱，胃肠运动降低，消化液分泌减少，发生便秘或下痢；维生素 B_1 缺乏还可引起脚气病，多发生在我国南方及东南亚一带。

拓展阅读

孙思邈巧治"脚气病"

相传，在唐时长安城内，有几个富翁身患一种奇怪的疾病，症状就是脚胫日趋浮肿，浑身肌肉酸痛麻木，身倦乏力。很多医生都束手无策，于是请孙思邈诊治，仍不见转机。孙思邈难揭其谜，也终日感到不安。

有一天，严太守也患上此病，请孙思邈治疗，为了查明病因，他住进严府中仔细观察

了十几天,只见严太守的贴身家僮也同样精神萎靡不振,下肢浮肿,只是比严太守稍轻些。孙思邈百思不得其解,他又到厨房内调查,厨师说严太守不喜欢大鱼大肉,但他对粮食精制特别讲究,派人将米面反复加工精碾细磨后才作为主粮食品。

随后,孙思邈又去拜访了其他几位同样症状的富翁,发现都有同样习惯喜食精粮,此时他已领悟出其中的玄妙了。孙思邈立即建议严太守将每日主食全改成粗粮糙米,并且将一些细谷糠、麦麸皮煎水服用,半月之后这种疑难病竟神奇地康复了,病人精神好转,浮肿全消退了。消息一传出,长安城内外市民一片震惊,赞扬孙思邈真是天下神医!

(3) 食物来源

主要存在于种子外皮及胚芽中,米糠、麦麸、黄豆、酵母、瘦肉等食物中含量最丰富,此外,白菜、芹菜及中药防风、车前子也富有维生素 B_1。维生素 B_1 易溶于水,在食物清洗过程中可随水大量流失,经加热后菜中维生素 B_1 主要存在于汤中。如菜类加工过细、烹调不当或制成罐头食品,维生素会大量丢失或破坏。维生素 B_1 在碱性溶液中加热极易被破坏,而在酸性溶液中则对热稳定。含维生素 B_1 丰富的食物见表2-8。

表2-8 含维生素 B_1 丰富的食物　　　　　　　(mg/100g)

食物名称	胡萝卜素含量	食物名称	胡萝卜素含量
黄豆	0.83	富强粉	0.18
绿豆	0.78	猪里脊	0.54
黑芝麻	0.74	鸡心	0.46
小米	0.67	猪腰	0.32
炒葵花子	0.43	猪肝	0.20
标准粉	0.40	鸡蛋	0.15
玉米面	0.30	牛奶	0.02
红小豆	0.25	蒜苗	0.17
大米	0.22	菜花	0.13

▶ 2. 维生素 B_2 的生理功能、来源及其缺乏与过量的危害

维生素 B_2 又称核黄素。

(1) 生理功能

① 促进生长,促进细胞再生和发育,血细胞每天都要进行更新。

② 维护皮肤和黏膜的完整性。

③ 促进蛋白质、脂肪、碳水化合物的代谢。

(2) 缺乏的危害

维生素 B_2 缺乏,易出现:

① 口角炎:口角乳白、裂开、出血、结痂。

② 唇炎:初期,唇黏膜水肿、皲裂、直纹增加。严重时,唇黏膜萎缩。

③ 舌炎：舌中部出现红斑，边缘清楚，舌尖部蕈状乳头和后部的轮廓乳头肥大，引起舌肿胀，呈青紫色，并出现皱褶和裂纹。长期缺乏可引起中部萎缩，包括乳头消失和舌裂隙加深。

④ 阴囊炎：阴囊皮肤出现渗液、糜烂、脱屑、结痂、皲裂及合并感染，另外还会有浸润、增厚及皱褶深厚等变化，可分为干性、湿性和化脓性 3 种。女性可能会有阴瘙痒、阴唇皮炎和白带过多等。

⑤ 皮肤：表现为脂溢性皮炎，常发于皮脂腺分泌旺盛处，如鼻沟、脸颊眉间、胸部及身体各皱褶处等。

(3) 食物来源

肠道细菌可以合成维生素 B_2，但为数不多，主要依赖食物供给，常见瘦肉、牛奶、肝、绿叶蔬菜、蛋、鱼类、糙米等。含维生素 B_2 丰富的食物见表 2-9。

表 2-9　含维生素 B_2 丰富的食物　　　　　　　　　　(mg/100g)

食 物 名 称	维生素 B_2	食 物 名 称	维生素 B_2	食 物 名 称	维生素 B_2
猪肝	2.41	黑芝麻	0.30	紫菜	1.10
猪腰	1.39	鲜豌豆	0.29	冬菇	0.92
鸭肉	0.34	炒葵花子	0.26	芹菜叶	0.20
鸡心	0.26	芝麻酱	0.16		
鸡蛋	0.26	鲜玉米	0.12		
羊肉	0.26	炒花生仁	0.10		
牛肉	0.24				
黄鳝	0.20				
猪肉	0.14				

▶ 3. 维生素 B_6 的生理功能、来源及其缺乏与过量的危害

维生素 B_6 是制造抗体和红细胞的必要物质，摄取高蛋白食物时要增加它的摄取量。

(1) 生理功能

① 参与氨基酸代谢。帮助色氨酸转换为烟酸。

② 参与糖原和脂肪酸代谢。

③ 其他功能：防止各种神经、皮肤的疾病；缓解呕吐；减缓夜间肌肉痉挛、抽筋麻痹等各种手足神经炎的症状；是天然的利尿剂。

(2) 缺乏的危害

维生素 B_6 缺乏症状：脂溢性皮炎（包括头皮脂溢，多屑）；小细胞性贫血，癫痫样惊厥和精神错乱。

(3) 食物来源

酵母、肝、瘦肉及谷物、卷心菜等食物中均含有丰富的维生素 B_6。

▶ 4. 维生素 B_5 的生理功能、来源及其缺乏与过量的危害

维生素 B_5 又称烟酸、抗癞皮病维生素、维生素 PP。

（1）维生素 B_5 生理功能

① 维生素 B_5 是辅酶Ⅰ与辅酶Ⅱ的组成成分，是人体蛋白酶的重要辅酶。

② 维护皮肤、消化系统及神经系统的正常功能。人体缺乏维生素 B_5 可引起癞皮病，发生神经营养障碍，临床表现以皮炎、腹泻及痴呆为特征，医学上称为"三D"症状。

③ 参与血糖控制：维生素 B_5 是葡萄糖耐量因子的组成成分，具有加强胰岛素的功能。

④ 可以扩张末梢血管和降低血清胆固醇水平。

（2）维生素 B_5 缺乏的危害

维生素 B_5 缺乏导致癞皮病。

（3）维生素 B_5 食物来源

体内所需的维生素 B_5 有一部分可从色氨酸转变。维生素 B_5 广泛存在于动植物中，动物的肝脏、瘦肉、花生、豆类、粗粮及酵母含量较多。以玉米为主食易发生缺乏，可用碱面处理以防癞皮病的发生。

▶ 5. 叶酸的生理功能、来源及其缺乏与过量的危害

（1）生理功能

① 参与 DNA 形成：叶酸是细胞繁殖中生成必要的 DNA 等物质所不可缺少的。妊娠初期胎儿的细胞分裂很旺盛，所以叶酸有非常重要的作用。怀孕的女性应注意叶酸的摄取，以保障胎儿的健康。

② 降低中风和心脏病的发病率。

③ 参与蛋白质代谢并预防口腔溃疡的发生。荷兰科学家研究发现，服用大剂量叶酸，可以改善老年人的记忆力。

（2）缺乏的危害

当叶酸缺乏时，某些氨基酸的互变受阻，使红细胞形成过程中的核酸合成障碍，红细胞的发育和成熟受阻，引起巨幼红细胞性贫血。另外，叶酸缺乏时容易引起胎儿神经管畸形。

（3）食物来源

叶酸富含于菠菜、西兰花、白菜等绿色蔬菜及动物肝脏中。此外，还在大豆、豇豆、蚕豆等豆类，以及淡红色的小虾、小沙丁鱼等小鱼小虾中；在柑橘、草莓、香蕉、葡萄柚中含量也较高。

拓展阅读

妊娠初期，若母体内缺乏叶酸，会影响胎儿神经管发育，引起脊柱裂、无脑儿等严重畸形，所以，现要求妇女从怀孕前3个月起，每天服0.4mg叶酸片，直到孕满3个月为止。准备怀孕妇女在孕前3个月开始至怀孕后3个月内，一般持本人相关证件，可到社区

或妇幼保健院免费领取叶酸。

▶ 6. 维生素C的生理功能、来源及其缺乏与过量的危害

维生素C又称抗坏血酸，是最不稳定的一种维生素，由于它容易被氧化，在食物储藏或烹调过程中，甚至切碎新鲜蔬菜时都能被破坏。微量的铜、铁离子可加快破坏的速度。因此，只有新鲜的蔬菜、水果或生拌菜才是维生素C的丰富来源。它是无色晶体，易溶于水，水溶液呈酸性，化学性质较活泼，遇热、碱和重金属离子容易分解，所以炒菜不可用铜锅和加热过久。

（1）生理功能

① 参与细胞间质的形成，降低毛细血管脆性，防止出血。

② 解毒、抗癌、抗炎作用。

③ 增强抗病能力，促进伤口愈合。

④ 抗氧化作用。

维生素C缺乏症：缺乏维生素C时，则会发生坏血病。这时由于细胞间质生成障碍而出现出血、牙齿松动、伤口不易愈合，易骨折等症状。服维生素C对预防感冒和抗癌有一定作用。

（2）缺乏的危害

维生素C缺乏时，常出现牙龈出血和肿胀、皮肤瘀斑，严重者患坏血病；疲劳、抵抗力下降等症状。

拓展阅读

1519年，航海家麦哲伦率领船队从南美洲东岸启程向太平洋进发。三个月后，一场灾难突然降临，很多船员患上了一种怪病：他们全身弥漫性出血，很多人不治身亡。大家只能眼睁睁地看着一个个伙伴被葬身大海，却无计可施。当船队到达目的地时，200多名船员只活下来35人。麦哲伦船队遭遇的这场劫难，后来被称为"坏血病"，截至18世纪中叶，坏血病先后夺取了数十万欧洲水手的生命。

1747年，英国军医詹姆斯经过实验推断出，水果能够治疗坏血病。于是，他推荐英国水兵在大海上航行时，尽量多带一些柑橘、柠檬，包括柠檬汁。从此，远洋船队再没有爆发过坏血病。普普通通的柠檬宛如仙丹妙药一般，使越洋远航的人们摆脱了坏血病的梦魇。

1912年，波兰科学家丰克经过千百次的试验，终于从米糠中提取出一种能够治疗脚气病的白色物质。这种物质被丰克称为"维持生命的营养素"，简称维生素。

（3）食物来源

维生素C主要存在于新鲜蔬菜和水果中；柿子椒、番茄、菜花及各类深色叶菜类；水果中柑橘、柠檬、青枣、山楂、猕猴桃等以及一些野菜、野果含量丰富。常见食物来源见表2-10。

表 2-10　含维生素 C 丰富的食物　　　　　　　　(mg/100g)

食物名称	维生素 C	食物名称	维生素 C
枣	297	苦瓜	125
草莓	35	甘蓝	73
橙	22	土豆	40
红果	19	小红萝卜	33
		鲜毛豆	29
		白萝卜	27
		白菜	21
		菜花	17
		菠菜	15

拓展阅读

维生素缺乏常见病

维生素 A(视黄醇)——夜盲症——来源动物肝脏。

维生素 B_1(硫胺素、抗脚气病维生素)——脚气病——来源五谷。

维生素 B_2(核黄素)——口炎、眼炎、皮肤病——动物内脏、蛋黄、奶、鳝鱼。

维生素 PP(烟酸、维生素 B_5、抗癞皮病维生素)——癞皮病——动物肝、肉类、花生、豆类。

维生素 B_6(吡哆醇、抗皮炎维生素)——蛋白质氨基酸代谢异常——内脏、瘦肉、蛋黄、大豆、坚果、香蕉、米糠、乳粉。

叶酸——核酸蛋白质合成受阻——绿色蔬菜、水果。

维生素 B_{12}(钴胺素、抗恶性贫血维生素)——恶性贫血——肉类、内脏鱼类、蛋类。

维生素 B_3——头痛、呕吐、疲劳、白发——肝脏、酵母、蛋黄、豆类。

维生素 D(钙化醇、抗佝偻病维生素)——软骨、骨松、佝偻病——海鱼、蛋黄、肝。

维生素 K(凝血维生素)——出血——蛋黄、肝、大豆、花生、芝麻,〔过多会出现血栓〕。

(五) 矿物质

人体内存在的矿物质有几十种,约占体重的 5%,分为常量元素、微量元素。每日膳食需要量都在 100mg 以上的,称为常量元素,如钠、镁、钙、钾、磷、氯等。体内的元素含量小于体重 0.01% 者,为微量元素。维持人体生命活动不可缺少的八种微量元素有铁、锌、碘、硒、铜、钼、铬、钴。微量元素含量虽小,但对维持生命活动、促进健康和生长发育等起重要作用。摄入过量、不足、不平衡或缺乏,都会不同程度地导致人体生理机能异常或疾病发生。常见的矿物质如下:

常量元素

▶ 1. 钙

钙是构成人体的重要组分,正常人体内含有1 000~1 200g的钙。其中99.3%集中于骨、齿组织,只有0.1%的钙存在于细胞外液,全身软组织含钙量总共占0.6%~0.9%(大部分被隔绝在细胞内的钙储存小囊内)。在骨骼和牙齿中的钙以矿物质形式存在;而在软组织和体液中的钙则以游离或结合形式存在,这部分钙统称为混溶钙池。

(1) 生理功能

① 构成机体的骨骼和牙齿,维持肌肉和神经的重要活动。

体内大部分钙磷结合成羟基磷灰石$Ca_{10}(PO_4)_6$,少量与水结合成无定形的磷酸三钙$Ca_3(PO_4)_2$,二者都存在于骨头和牙齿中。骨钙日日更新一部分,幼儿期1~2年全部更新一次,成人10~12年更新一次,35岁为骨钙峰值年龄,40岁后骨钙含量下降,每年流失0.7%,故补钙天天需要、人人需要。天天补充,天天排泄,成人每天摄入食物中的钙盐在肠道以离子形式被吸收,吸收率仅20%~30%,婴儿钙吸收率>50%,老年人为15%~20%。

② 参与血凝过程:钙有激活凝血酶原使之变成凝血酶的作用。缺钙时,血凝发生障碍,人体会出现牙龈出血、皮下出血点、不规则子宫出血、月经过多、尿血、呕血等症状。

③ 维持神经和肌肉的正常活动:血清钙含量不足,可使神经肌肉的兴奋性提高,引起抽搐;血清钙含量过高,则可抑制神经、肌肉的兴奋性。

④ 钙在体内还参与调节或激活多种酶的活性。

(2) 缺乏和过量的危害

我国现有膳食结构的营养调查表明,居民钙摄入量普遍偏低。仅达推荐摄入量的50%左右。因此钙缺乏症是较常见的营养性疾病。主要表现为骨骼的病变,即儿童时期的佝偻病、成年人的骨质疏松症。

过量补充钙,会干扰其他矿物质吸收(如铁、锌、镁、磷等,钙可以明显抑止铁的吸收,高钙膳食会降低锌的利用率),增加肾结石危险等。

(3) 食物来源

奶和奶制品应是钙的重要来源,因为奶中含钙量丰富,吸收率也高。另外,豆类、坚果类、可连骨吃的小鱼小虾及一些绿色蔬菜类也是钙的较好来源。硬水中含有相当量的钙,也不失为一种钙的来源。主要食物来源钙含量见表2-11。

表2-11 含钙丰富的食物 (mg/100g)

食 物 名 称	钙	食 物 名 称	钙	食 物 名 称	钙
虾皮	1 037	木耳	295	炒花生仁	284
牛乳	161	香菇	172	炒葵花子	332
海蟹	207	芹菜(茎)	152	黑芝麻	814

续表

食物名称	钙	食物名称	钙	食物名称	钙
水发海参	236	芹菜（叶）	366	麻酱	1 394
海带（鲜）	445	油菜	148	豆腐干	179
紫菜	422				

▶ 2. 磷

(1) 生理功能

磷对骨骼生长、牙齿发育、肾功能和神经传导都不可缺少。磷是核酸、磷脂和某些酶的组成成分，促进生长维持和组织修复；有助于碳水化合物脂肪和蛋白质的利用，调节糖原分解，参与能量代谢。

(2) 食物来源

磷来源广泛，一般膳食中不易缺乏。

▶ 3. 镁

正常成人体内镁总含量约25g，其中60%～65%存在于骨、齿，27%分布于软组织。镁主要分布于细胞内，血清中镁的含量相当恒定，不能反映体内镁的充足与否。

(1) 生理功能

① 激活多种酶的活性：镁激活多种酶参与体内许多重要代谢过程，包括蛋白质、脂肪和碳水化合物的代谢，氧化磷酸化作用、神经冲动的产生和传递、肌肉收缩等。它几乎与生命活动的各个环节有关。

② 维护骨骼生长和神经肌肉的兴奋性：镁是骨细胞结构和功能所必需的元素，使骨骼生长和维持。镁可影响骨的吸收；当镁水平极度下降时，可使甲状旁腺功能低下而引起低血钙，使骨吸收降低。补充镁后该腺体的功能即可恢复。镁与钙都是骨骼和牙齿的重要组成部分，镁能牢牢地把钙固定在骨骼中，减少钙质的流失，巩固骨骼和牙齿。

③ 舒张血管，松弛神经。

④ 维护胃肠道作用。镁在十二指肠可使括约肌松弛，增加胆汁流出，有利胆作用。碱性镁盐可中和胃酸。镁离子在肠腔中吸收缓慢，促进水分滞留，起导泻作用。

(2) 缺乏的危害

镁缺乏的临床表现以神经系统和心血管为主。会出现心情浮躁、沮丧、消沉、焦虑不安、神经质、肌肉无力、心律不齐、厌食症等，如果是女性的话，还可能引起皮肤粗糙、妇女经期并发症等。成年人每日吃约2个鸡蛋或3个香蕉可满足需要；妊娠期、哺乳期妇女要摄取300～350mg。酒精中毒的人通常有缺镁的现象，常喝酒、喝浓茶和喝浓咖啡的人最好多摄取镁。

(3) 食物来源

镁主要存在于绿叶蔬菜、谷类、干果、蛋、鱼、肉、奶中。谷物中小米、燕麦、大麦、豆类和小麦含镁丰富，动物内脏含镁亦多。常见镁含量丰富的食物及含量见表2-12。

表 2-12　含镁丰富的食物　　　　　　　　　　(mg/100g)

名称食物	大麦	黑米	荞麦	麸皮	黄豆	苋菜	口蘑	干木耳	干香菇	苔菜
含量	158	147	258	382	199	119	167	152	147	1 257

▶ 4. 钾——人体第一重要阳离子

(1) 生理功能

① 钾维持糖、蛋白质的正常代谢。糖原的储存、氨基酸合成、ATP 的转化，钾在其中均起催化作用。

② 维持细胞内液的渗透压。钾使体内保持适当的碱性，有助于皮肤的健康，维持酸碱平衡。

③ 钾维持神经肌肉的应激性和正常功能。

④ 维持心肌的正常功能：心肌细胞内外的钾浓度对心肌的自律性、传导性和兴奋性有密切关系，缺钾可以使心肌兴奋性提高。

⑤ 维持细胞内外正常的酸碱平衡：细胞失钾时，细胞外液中钠和氢离子可进入细胞内，引起细胞内酸中毒和细胞外碱中毒。

⑥ 降低血压。

(2) 食物来源

钾主要来源于植物性食物中，如黄豆、绿豆、豆腐皮、海带、花椒、谷物、蔬菜，水果如香蕉、橘子、柠檬、杏、梅等则含钾丰富。

▶ 5. 氯

氯化钠主要存在于细胞外液、氯化钾主要存在于细胞内液。骨中也有少量的氯存在。脑脊液中含氯比较丰富。除红细胞、胃黏膜细胞有较高的氯以外，大多数细胞内氯的含量都很低。

(1) 生理功能

① 维持细胞外液的容量和渗透压。氯离子是细胞外最多的阴离子，与钠离子一起，占维持渗透压的总离子数的 80% 左右，能调节细胞外液容量和维持渗透压。

② 维持体液的酸碱平衡。

③ 参与血液 CO_2 的运输。当 CO_2 进入红细胞后，在酶的参与下与水结合成碳酸，再离解为 H^+ 和 HCO_3^- 离子被移出红细胞进入血浆，但阳离子不能扩散进出红细胞，血浆中的氯离子等量进入红细胞内。

④ 氯参与胃液中胃酸(HCL)的形成，胃酸促进维生素 B_{12} 和铁的吸收；促进食物消化；刺激肝脏功能，促使肝中代谢废物排出；稳定神经细胞膜电位的作用。

(2) 食物来源

常见镁/磷/钾/氯的摄入量及食物来源见表 2-13。

表 2-13　镁/磷/钾/氯的摄入量及主要来源——DRIs 委员会

	成人总含量/日摄入量(AI)	主要食物来源	备注
镁	约 25g AI：350mg	苔菜/麸皮/荞麦/大麦/黑米/黄豆/木耳/香菇/苋菜	参与 300 多种酶促反应，抑制钾钠通道，缺乏导致胰岛素低和骨质疏松
磷	400～800g，占 1% AI：700mg	瘦肉/鱼/蛋/动物肝、肾/干酪/木耳/银耳/芝麻酱/坚果	肠道中钙+镁+铁+铝，不利磷吸收，维生素 D 促进磷吸收
钾	50mmol/kg，AI：200mg 钾浓度 3.5～5.3mmol/L	紫菜/黄豆/冬菇/豆类/蔬果类/鱼类/肉类	98% 存在细胞内，与血压负相关，钾缺乏糖、蛋代谢受阻
氯	82～100g，占 0.15%， AI：3.4g 血浆氯 96～106mmol/L	主要来自食盐/酱油/腌制品	一般不易缺乏

▶ 6. 钠

(1) 生理功能

① 调节体内水分与渗透压。钠主要存在于细胞外液，是细胞外液的主要阳离子，约占阳离子总量的 90%，与对应的阴离子构成渗透压。维持体内水量的恒定。而钾在细胞内维持细胞内水分的稳定，钠、钾含量的平衡是维持细胞内外水分恒定的根本条件。

② 维持酸碱平衡。

③ 维持血压正常（每日摄入食盐最低需要量 0.5g）。

④ 增强神经肌肉的兴奋性。

(2) 来源与需要量

钠的来源：食物中钠的主要来源是食盐、海产品、咸菜、咸鱼、咸肉、菜汤等。

需要量：世界卫生组织建议每人每天食盐量不要超过 6g（1 克食盐含钠 400mg），长跑运动员、足球运动员钠的需要量每日可略增。钠摄入过量，是高血压的致病因素。

微量元素（人体中含量在 0.01% 以下）

▶ 1. 铁

人体内铁的总量为 4～5g，可分为功能性铁和储存铁，储存铁主要以铁蛋白和含铁血黄素的形式存在于肝、脾和骨髓中。功能性铁存在于血红蛋白、肌红蛋白、血红素酶类、辅助因子中。

(1) 铁生理功能

① 铁参与血红蛋白的形成，负责人体内氧气的输送，并将各组织中的二氧化碳送至肺部排出体外，对机体生存起着极其重要的作用。

② 铁是细胞色素酶、过氧化氢酶以及肌红蛋白的组成成分，在组织呼吸、生物氧化过程中起着十分重要的作用。

③ 铁在肌红蛋白中与一氧化氮结合，生成一氧化氮肌红蛋白，可使肉制品保持鲜红色，在肉制品加工中具有重要意义。

④ 维持正常的造血功能。

⑤ 参与维持正常免疫、促进β胡萝卜素转化为维生素A、肝脏解毒、胆固醇代谢等。

（2）缺乏与过量的危害

血中红细胞数目、红细胞体积或血红蛋白低于正常时，称为贫血；铁缺乏症主要为缺铁性贫血，表现为乏力、面色苍白、头晕、心悸、指甲脆薄、食欲不振等，儿童易烦躁、智力发育差。

铁缺乏症常见于育龄妇女、婴幼儿，因为经期常因铁丢失过多或孕期铁需求量增多而致铁缺乏。贫血的主要原因是铁的利用率不高。

铁过多：铁虽然是人体必需的元素，但也不是越多越好，一次服用大量的补铁剂，可以发生急性中毒，出现呕吐、腹泻，对胃黏膜损伤很大；长期服用补铁剂，过量的铁会逐渐在人体内积累，发生含铁血黄素沉着症，再继续发展，沉积的铁质会使各组织器官发生病变，使其功能受损。

（3）食物来源

膳食铁的来源为动物肝脏、豆类和某些蔬菜，动物血也是铁的良好来源。乌鱼、虾仁、黑木耳、海带、芝麻、南瓜子和绿色蔬菜等食物中铁含量也很高，应用铁制炊具烹调食物也可增加饮食中铁的摄取量。

餐后喝红茶、咖啡不利于铁质吸收，因为其中含丹宁或鞣酸。喝咖啡吃汉堡，抑制铁吸收达35%，喝红茶抑制铁吸收达62%。"辣椒炒猪肝"含铁丰富，利吸收；牛奶是贫铁食物，吸收率不高。含铁丰富的食物见表2-14。

表2-14 含铁丰富的食物　　　　　　　　　　　　　(mg/100g)

食物名称	铁	食物名称	铁	食物名称	铁
海蜇皮	17.6	黄豆	8.3	木耳	6.3
虾皮	16.5	小米	5.6	小白菜	2.1
猪肝	7.9	小红枣	2.7	炒西瓜子	5.9
猪腰	3.9	小麦粉	1.5		
鸡肝	8.5	芝麻酱	10.1		
牛肉	2.3				
鸡蛋	1.2				

▶ 2. 碘

（1）甲状腺素的生理功能

① 参与能量代谢。促进生物氧化并协调氧化磷酸化过程，调节能量的转换，促进分解代谢，增加耗氧量，维持和调节体温。

② 促进体格的生长发育。甲状腺素有促进蛋白合成的作用。

③ 促进神经系统发育；在胚胎发育期和出生后的早期尤其重要，此时如缺乏甲状腺

素，对脑的发育造成严重影响而发生呆小病。

④ 垂体激素作用。

(2) 缺乏与过量的危害

碘缺乏不仅会引起甲状腺肿和少数克汀病的发生，还可以引起更多的亚临床克汀病和儿童智力低下的发生。碘过量的主要危害：较长时间的高碘摄入也可导致高碘性甲状腺肿等的高碘性危害。

拓展阅读

碘盐食用不当，加碘盐成无碘盐

用盐"爆锅"，碘盐受热分解，碘挥发。试验表明：爆锅时放碘盐，碘食用率仅10％。

炒菜中放碘盐，碘食用率达60％。

出锅时放碘盐，碘食用率达90％。

吃凉拌菜放碘盐，碘食用率达100％。

炒菜时加醋，使碘食用率降低。

盛碘盐容器敞口，碘盐中碘容易挥发。

碘盐应放于有色玻璃容器中，加盖保存。

(3) 食物来源

碘的来源：海盐和海产食品（紫菜、干海带、虾皮）、豆腐干、菠菜、核桃、小白菜、杏仁含碘丰富，是碘的良好来源。其他食品的含碘量，则取决于土壤和水中的碘量。我国碘盐出厂标准：$35\pm15mg/kg$。

▶ 3. 锌

人体内锌广泛分布于各组织器官中，其中以肝、肾、肌肉、视网膜、前列腺为高，对生长发育、免疫功能、物质代谢和生殖功能等均有重要作用。

(1) 生理功能

① 催化功能：锌是人机体中200多种酶的组成部分，在按功能划分的六大酶类（氧化还原酶类、转移酶类、水解酶类、裂解酶类、异构酶类和合成酶类）中，每一类中均有含锌酶。

② 结构功能：含锌酶的特殊结构，可以维持细胞的稳定性，当锌缺乏时，会使细胞失锌，引发各种病理现象。严重缺锌时，使创伤的组织愈合困难。

③ 调节功能：锌对激素的调节和影响有重要的生物意义，如锌调节胰岛素释放、参与前列腺素的主动分泌过程等。

④ 锌还与大脑发育和智力有关。锌还有促进淋巴细胞增殖和活动能力的作用，对维持上皮和黏膜组织正常、防御细菌、病毒侵入、促进伤口愈合、减少痤疮等皮肤病变，及校正味觉失灵等均有效用。

(2) 缺乏与过量的危害

锌缺乏的危害：

① 儿童生长停滞，侏儒症，食土癖。

② 暗适应力下降，味觉差。
③ 降低食欲。
④ 性成熟推迟，性器官发育不全，精子减少，月经不正常。
⑤ 皮肤粗糙，干燥。上皮角化，影响伤口的愈合，易感染。

锌摄入过多的危害（成人一次摄入 2g 以上即可中毒）：

① 锌中毒出现恶心、呕吐。腹痛、腹泻等消化道症状。这是由于锌在胃液中易转化为氯化锌，氯化锌对胃有强烈的腐蚀性，可导致胃黏膜充血、水肿、糜烂，甚至引起胃血管破裂出血。
② 锌过多损害肝脏，严重者会有黄疸性肝炎的表现。
③ 锌中毒可致神经元的损伤，胶质细胞的损伤。母体锌含量过高，可致胎儿神经管畸形。成人摄入量见表 2-15。

表 2-15　膳食参考摄入量

	成年男性	成年女性
RNI	15.5mg/日	11.5mg/日
UI	45mg/日	37mg/日

（3）食物来源

含锌食物：贝壳类海产品、动物内脏、红色肉类、干果类、谷物。其中牡蛎和鲱鱼的锌含量甚至超过 1 000mg/kg 以上，可称"含锌食品"之王，应注意选食。豆类较高，谷类次之，但利用率低，谷类发酵后，植酸含量下降，有利于锌的吸收。蔬菜和水果一般含锌较少，牛奶中锌的含量也较低。

▶ 4. 硒

硒和维生素 E 都是抗氧化剂，二者相辅相成，可防止因氧化而引起的衰老、组织硬化，至少也可以减慢其变化的速度；并且它还具有活化免疫系统、预防癌症的功效，是必要的微量矿物质。成人体内硒总量约 3～20mg，均值 13mg。

（1）生理功能

① 构成含硒蛋白与含硒酶：硒进入人体后绝大多数与蛋白质结合，称为含硒蛋白。缺硒可导致脱碘酶活性改变；影响精子的成熟；调节血糖；新发现的硒蛋白也与内分泌激素有关。
② 抗氧化作用：硒是若干抗氧化酶的必需部分，通过消除脂质过氧化物，阻断活性氧和自由基的致病作用。
③ 对甲状腺的调节作用：主要通过三个脱碘酶发挥作用，调节全身代谢。
④ 维持正常的免疫功能：硒可刺激免疫球蛋白及抗体产生，增强机体对疾病的抵抗力等作用。
⑤ 抗肿瘤作用。
⑥ 维持正常生育功能。

（2）缺乏与过量的危害

硒缺乏：

① 克山病：缺硒是克山病发病的重要因素，其症状有心脏扩大、心功能失常、心律失常等。用亚硒酸钠防治克山病，可取得良好效果。

② 大骨节病：也是与缺硒有关的疾病，其主要病变是骨端软骨细胞变性坏死、肌肉萎缩、发育障碍。用硒、维生素E防治大骨节病亦有效。

硒摄入过多：可致中毒，3~4天头发全脱，指甲变形，死亡。

（3）食物来源

一般动物肝及肾、海产品、肉类及大豆是硒的良好来源。我国目前食物中硒供给量一般不足。硒在食物中的存在形式不同，其生物利用率也不同。维生素E、维生素C和维生素A可促进硒的利用。重金属和铁、铜、锌及产生超氧离子的药物可降低硒的利用率。常见食物硒含量见表2-16。

表2-16 每100g食物硒含量 （ug）

猪 肉	花 生	鸡 蛋	鸭 蛋	鹅 蛋
10.6	13.7	23.3	30.7	33.6

拓展阅读

补硒方式

1. 口服亚硒酸钠片，50~100ug/日。

2. 食用硒盐：含亚硒酸钠10~15mg/kg，即10g硒盐提供100μg硒。

3. 食用硒强化产品：硒酵母、硒蛋白、富硒蘑菇、富硒麦芽、富硒大米、富硒茶叶等，主要在缺硒地区使用。

4. 维生素E、维生素C、维生素A可促进硒吸收。

营养学专家提倡补充有机硒，通常有机硒化物的毒性比无机硒化物低。

我国规定：用硒源作为营养强化剂，必须在省级卫健部门指导下使用。

▶5. 铜

各器官组织中的铜浓度，以肝、肾、心、头发和大脑中最高，肝是铜储存的"仓库"，可以调节血中的含铜量。在血红素形成过程中扮演催化的重要角色。

（1）生理功能

铜吸收后，经血液送至肝脏和全身，除一部分以铜蛋白形式储存于肝脏外，其余或在肝内合成血浆铜蓝蛋白，或在各组织内合成细胞色素氧化酶，过氧化物歧化酶、酪氨酸酶等。这些铜蛋白和铜酶在人体中起着以下重要作用：

① 维持正常的造血功能：铜蓝蛋白促进铁的吸收和运输；能促进血红素和血红蛋白的合成。

② 维护中枢神经的完整性：含铜的细胞色素氧化酶能促进髓鞘的形成和维持，缺铜可导致脑组织萎缩、灰质和白质变性、神经元减少、神经发育停滞、嗜睡、运动障碍等。

③ 维护骨骼、血管和皮肤健康。

④ 促进正常黑色素形成，维护毛发正常结构。缺铜时毛发角化，出现具有钢丝样头发的卷发症。

⑤ 保护机体细胞免受超氧阴离子的损伤。

(2) 食物来源

海产品和坚果是铜的良好食物来源，食物中铜的平均吸收率为40%~60%。

▶ 6. 铬

人体的含铬量甚微，人体组织的铬含量随着年龄的增长而降低。因此，老年人常有缺铬现象。

(1) 生理功能

① 促进胰岛素的作用：三价铬是胰岛素正常工作不可缺少的元素。糖代谢中铬作为一个辅助因子对启动胰岛素有作用。

② 促进蛋白质代谢和生长发育：在 DNA 和 RNA 的结合部位发现有大量的铬，提示铬在核酸的代谢或结构中发挥作用。铬对生长发育也是需要的，缺铬动物生长发育停滞。

③ 预防动脉硬化。

缺铬可导致氨基酸合成蛋白质障碍。

(2) 食物来源

铬的最好来源一般是整粒的谷类、豆类、肉和乳制品。谷类经加工精制后铬的含量大大减少。啤酒酵母、家畜肝脏不仅含铬高而且其所含的铬活性也大。红糖中铬的含量高于白糖。蔬菜中铬的利用率较低。维生素 C 促进铬吸收，高糖膳食会增加铬丢失。

▶ 7. 钴

人体全身含钴 1.1mg，含量最高的组织是肝、肾和骨。钴是维生素 B_{12} 的重要组成部分，它必须以维生素分子的形式从体外摄入，才能被人体利用。如直接从体外摄入钴元素，很容易被小肠吸收，但并无生理功能，因为人体组织不能合成维生素 B_{12}。

(1) 生理功能

体内的钴主要作为维生素 B_{12} 的成分而存在，因此，钴的作用主要体现在维生素 B_{12} 的作用中——维生素 B_{12} 在人体内参与造血。维生素 B_{12} 参与体内一碳单位的代谢，参与脱氧胸腺嘧啶核苷酸的合成，维生素 B_{12} 缺乏可导致叶酸的利用率下降，造成巨幼红细胞性贫血。维生素 B_{12} 促进铁的吸收及铁的动员，它还促进锌的吸收，提高锌的活性。钴还可影响甲状腺代谢。

(2) 食物来源

肝、肾、海味和绿叶蔬菜是钴的良好来源。蘑菇含量 $60\mu g/100g$，乳制品和精制谷类食品中的钴含量较低。富含钴的食品有小虾、扇贝、肉类、粗麦粉及动物肝脏。

▶ 8. 氟

正常成人体内含氟总量约为 2~3g，约有 90% 积存于骨骼及牙齿中，少量存在于内脏、软组织及体液中。

(1) 生理功能

氟是牙齿及骨骼不可缺少的成分，少量氟可以促进牙齿珐琅质对细菌酸性腐蚀的抵抗力，防止龋齿，因此水处理厂一般都会在自来水、饮用水中添加少量的氟。据统计，氟摄取量高的地区，老年人罹患骨质疏松的比率以及龋齿的发生率都会降低。

(2) 缺乏与过量的危害

氟的缺乏可导致龋齿。长期摄入低剂量氟（1~2mg/L 饮水）所引起的不良反应为氟斑牙，而长期摄入高剂量的氟则可引起氟骨症。

(3) 食物来源

大部分食品含氟量较高，动物性食物高于植物性食物，海洋食物高于淡水及陆地食品，饮用水是氟的重要来源。

（六）水的功能、来源及其缺乏与过量的危害

水是生命的源泉，是人类赖以生存的最重要的物质之一，人的生命一刻也离不开水。只要有足够的饮水，人不吃食物也可以存活数周，但如果没有水，数日就会死亡。生病时若无法进食，需要补充的首先是水。成年人每日水的生理需要量约为 2 500ml，由食物水、饮用水和代谢水提供。

▶ 1. 生理功能

(1) 构成机体必不可少的材料：水广泛分布在组织细胞内外，构成机体的内环境。血液中含水高达 90%，肌肉含水 70%。

(2) 参与物质代谢和运输：生物体内的一切生化反应都是在有水的环境中进行的，没有水，养料不能被吸收，氧气不能被运送，废物不能被排除，新陈代谢会立即停止。

(3) 调节体液黏度，改善体液组织的循环。

(4) 调节人体体温，保持皮肤湿润与弹性：水能够维持正常体温。水的汽化热很大，1g 水汽化要吸收 2.44kcal 热。汗液的蒸发可散发大量热量，从而避免体温过高。

▶ 2. 缺乏与过量的危害

人体一旦缺水，后果是很严重的。通常缺水超过体重 2% 时，出现口干舌燥，尿量减少；缺水超过体重 6% 时，会感头晕、心慌、烦躁，甚至意识不清、幻视；当缺水超过体重 20% 时，就会有生命危险。

饮水过多和喝得过快对身体也不利，会加重心脏、肾脏负担，特别是患有心脏病、高血压、肾病和水肿的人不能一次大量猛喝，劳动或运动而大量出汗后也不宜一次喝得太多。

（七）膳食纤维

膳食纤维是指不能为人体消化酶所分解的多糖，包括纤维素、半纤维素、果胶和木质素等食物成分。人不能消化膳食纤维，但结肠内细菌的酶能使纤维素、半纤维素和果胶分解。所以，大便中排出的纤维素只有食物中的 20%~70%，人能利用其中的一部分。但其数量是微不足道的。过去曾被认为是无营养价值的废料，直到 20 世纪 70 年代，才发现许多慢性病（如高脂血症、冠心病、肥胖病、糖尿病、便秘、大肠癌）的发生与其摄入量过少

有关，于是现今已将膳食纤维视为两种必需的营养素之一。

▶ 1. 生理功能

（1）在口腔里，增加咀嚼，刺激唾液的分泌。咀嚼时间延长，也增加胃液的分泌。对小肠的吸收也有影响。结肠内细菌的酶能使纤维素、半纤维素和果胶分解，分解产物是氢、二氧化碳、甲酸、乙酸、丙酸和丁酸等，促进肠道蠕动，辅助消化。

（2）通便的功能。增加大便水分、体积，刺激肠道蠕动，加速排便频率。

（3）预防压挤病。肠内过分干结的粪便淤滞，使肠分节运动增强，肠内压增大，导致罹患下肢静脉曲张、痔疮、盲肠炎等，统称为压挤病。

（4）防癌。膳食纤维可预防由某些化学致癌物诱发的结肠癌。

（5）防治胆结石。胆结石的形成与胆汁胆固醇含量过高有关，由于膳食纤维可结合胆固醇，促进胆汁的分泌、循环。因而可预防胆结石的形成。有人每天给病人增加 20～30g 的谷皮纤维，一月后即可发现胆结石缩小，这与胆汁流动通畅有关。

（6）防治高血脂、糖尿病，有降低血脂，预防冠心病的作用。

（7）防治肥胖病。由于富含膳食纤维的食物体积较大，但能量密度较低，有益于减少能量摄入，起控制体重、防止肥胖作用。

▶ 2. 食物来源

膳食纤维在蔬菜、水果、粗粮、杂粮（玉米、小米、燕麦、大麦、米糠）、豆类（黄豆、扁豆、四季豆）、薯类及菌藻类食物中含量丰富。植物成熟度越高其纤维含量也就越多，谷类加工越精细则所含膳食纤维就越少。

三、合理膳食与膳食指南

人体必需的营养素是存在于不同的食物中的，每类食物为机体提供的主要营养素是不同的，没有一种天然食物能满足人体对所有营养素的需要。因此，我们每天要吃多种食物来满足营养需要。只食入单一品种的食物对于营养素的摄取是不利的，长此以往，会造成机体某种类营养物质的缺乏，导致营养不良，从而影响生长发育和身体健康。

合理营养是指人们通过膳食得到保证人体生理需要量的热能和营养素，并且在各种营养素之间建立起一种生理上的平衡。合理营养是健康的物质基础，而平衡膳食是实现合理营养的根本途径。

（一）平衡膳食

通常将由多种食物构成的，营养素种类齐全、比例合理、数量充足的膳食称为平衡膳食。例如，从营养学角度来看，一般将食物分为五大类（也叫五个食物群），即谷类及薯类、动物性豆类及其制品、蔬菜和水果类、纯热能食物。每天的膳食应来自于五大类食物的合理组成，这样的膳食模式就叫平衡膳食。在每个食物群中，还应选择多种多样的食物，互相搭配食用。例如，选择富含维生素和矿物质的水果时，不能只吃一种水果，每天应当吃多种水果，这也叫作同类互换的原则。合理搭配的平衡膳食能够提供每天所需的营养素种类和充足的数量。

拓展阅读

构成五大类食物的分类及其与营养素来源的关系

第一类：谷类及薯类。谷类包括米、面、杂粮，薯类包括马铃薯、红薯等，主要提供碳水化合物、蛋白质、膳食纤维及B族维生素。

第二类：动物性食物，包括肉、禽、鱼、奶、蛋等，主要提供蛋白质、脂肪、矿物质、维生素A和B族维生素。

第三类：豆类及其制品，包括大豆（俗称黄豆）、其他干豆及其制品，主要提供蛋白质、脂肪、膳食纤维、矿物质和B族维生素。

第四类：蔬菜、水果类，蔬菜包括鲜豆、根茎、叶菜、茄果等，水果包括苹果、柑橘、杏、枣等，主要提供膳食纤维、矿物质、维生素C和胡萝卜素。

第五类：纯热能食物，包括动、植物油，淀粉，食用糖和酒类。主要提供能量：植物油。还可提供维生素E和必需脂肪酸。

（二）《中国居民膳食指南》

大学生在饮食生活方面，应遵循《中国居民膳食指南》的6条原则，合理进食，获得充足营养。《中国居民膳食指南(2016)》要点简介如下：

▶ 1. 食物多样，谷类为主

每一种食物都有不同的营养特点，因此只有多种食物组成的膳食才能满足人体对能量和各种营养素的需要。每天的膳食应包括谷类、蔬菜水果类、畜禽鱼蛋奶类和大豆坚果类。建议平均每天至少摄入12种以上的食物，每周25种以上。

以谷类为主，日常膳食中来自谷类食物的能量应达到人体需要能量的一半以上。这样的膳食模式，既可提供充足的能量，又可避免摄入过多的脂肪及含脂肪较高的动物性食物，有利于预防相关慢性病的发生。因此在每天的膳食中，吃饭应以主食和蔬菜为主，肉、蛋、豆腐这些富含蛋白质的食物每天总量应不超过200g。另外，要注意粗细搭配，经常吃一些粗粮、杂粮和全谷类食物：一是要适当多吃一些传统上的粗粮，如小米、玉米、荞麦、薏米、红小豆、绿豆等；二是要少吃精制白米面，因为这些精白米面由于过分加工，表层所含维生素、矿物质等营养素和膳食纤维大部分都流失到了糠麸之中。大学生无论在学校或家里吃饭，都应以米饭、馒头、面条等为主食，在外就餐尤其聚餐时，不能只点肉菜和酒水。

谷类食物含有丰富的碳水化合物，是提供人体所需能量的最经济、最重要的食物来源。我国居民膳食中50%以上的能量、蛋白质、B族维生素、烟酸、锌和镁，40%的铁和30%的钙都是来自谷薯类及杂豆类食物。坚持以谷类为主，特别是增加全谷物的摄入，还有利于降低II型糖尿病、心血管疾病、结直肠癌等的发病风险。

▶ 2. 吃动平衡，健康体重

体重是评价人体营养和健康状况的重要指标，而吃和动是影响体重的两个主要因素。吃得过少、运动过量，由于能量摄入不足、消耗过多，导致营养不良、消瘦、体虚乏力，增加患感染性疾病风险；吃得过多、运动不足，则因能量摄入过量、消耗过少，造成超重、肥胖，增加患慢性病风险。因此鼓励多动会吃，不提倡少动少吃，忌不动不吃。为维持能量平衡保持健康体重，各年龄段人群都应该坚持天天运动。推荐每周至少进行5天中等强度的身体活动，如健步走、跳舞、打羽毛球、游泳等，累计150分钟以上。同时坚持日常身体活动，尽量减少久坐时间，每小时都要起来动一动，如充分利用课间休息做做体操、室内外走一走，或步行上下班等，增加"动"的机会。

▶ 3. 多吃蔬果、奶类、大豆

蔬菜水果是维生素、矿物质、膳食纤维的重要来源，且能量低，对于满足人体微量营养素的需要，保持肠道正常功能以及降低肥胖症、糖尿病、高血压等慢性病的发生风险和预防胃肠道癌症等具有重要作用，由此提倡餐餐有蔬菜，天天吃水果，保证每天摄入300～500g蔬菜（其中深色蔬菜应占1/2），200～350g新鲜水果（不能用果汁代替）。

奶类富含钙，也是优质蛋白质和维生素A、D、B_2的良好来源，其中的乳糖还能促进钙、铁、锌等矿物质的吸收。奶类摄入在促进儿童少年生长发育和成人骨健康等方面起重要作用，男女老少都应坚持天天喝奶，乳糖不耐受者宜喝酸奶。大豆富含优质蛋白质、必需脂肪酸、维生素E，并含有大豆异黄酮、植物固醇等多种植物化合物，有防治高血压、动脉硬化、维护大脑和神经系统正常活动等作用，要经常食用大豆和豆制品，如豆腐、豆干、豆浆、豆芽等都是不错的选择。

▶ 4. 适量吃鱼、禽、蛋、瘦肉

鱼、禽、蛋和瘦肉可提供人体所需要的优质蛋白质、维生素A和B族以及铁、锌等微量元素，是平衡膳食的重要组成部分，但因含较多的饱和脂肪酸和胆固醇，可增加肥胖、心血管疾病的发生风险，摄入量不宜过多。

在各种肉类中，鱼类脂肪量相对较低，且含有较多的不饱和脂肪酸，对预防血脂异常和心血管疾病等有一定作用，可首选；禽类脂肪含量也相对较低，且其脂肪酸组成优于畜类脂肪，可次选；吃畜肉应以瘦肉为主。烟熏和腌制肉风味独特，但制作过程中易遭受多环芳烃类和甲醛等多种有害物质的污染，过多摄入可增加某些肿瘤的发生风险，应当少吃。

有些人不爱吃蛋黄，或担心增高胆固醇不吃蛋黄，其实蛋黄是蛋类中的维生素和矿物质的主要来源，尤其富含磷脂和胆碱，对健康十分有益，尽管胆固醇含量较高，但若不过量摄入对健康是无碍的，因此吃鸡蛋不要丢弃蛋黄。动物内脏如肝、肾等，含有丰富的脂溶性维生素、B族维生素、铁、硒和锌等，适量摄入可弥补日常膳食的不足，建议每月可食用2～3次。

上述食物的推荐量：每周吃鱼虾等水产品280～525g，畜禽肉280～525g，蛋类280～350g，平均每天摄入鱼、禽、蛋和瘦肉总量为120～200g。

▶ 5. 少盐少油，控糖限酒

我国多数居民日常食盐、烹调油和脂肪摄入量过多，成为高血压、肥胖和心脑血管疾病等发病率居高不下的重要因素，因此应当培养清淡饮食习惯，成人每天食盐不超过6g，烹调油25~30g。过多摄入糖可增加龋齿和体重超重发生的风险,推荐每天摄入糖不超过50g,且最好控制在25g以下。儿童少年、孕妇、乳母不应饮酒,成人如饮酒,一天饮酒的酒精量男性不超过25g,女性不超过15g。

▶ 6. 杜绝浪费,兴新食尚

勤俭节约是中华民族的传统美德,虽然我国人民逐步富裕,但是珍惜食物、杜绝浪费、尊重劳动仍然是每个人必须遵守的原则。平时生活中应按需选购食物和备餐,集体用餐时采用分餐制和简餐。选择新鲜卫生的食物和适宜的烹调方式,保障饮食卫生。学会阅读食品标签,合理选择食品。倡导回家吃饭,享受食物和亲情。创造和支持文明饮食新风的社会环境和条件,传承优良饮食文化,树立健康饮食新风。

拓展阅读

中国居民平衡膳食宝塔

中国居民平衡膳食宝塔简称膳食宝塔,又称食物金字塔,是根据《中国居民膳食指南》的核心内容和推荐,结合中国居民膳食的实际情况,把平衡膳食的原则转化为各类食物的数量和比例的图形化表示。

中国居民平衡膳食宝塔,见图2-1,包含了不同人群一天应吃的食物种类和平均摄入量,共分五层,以各层的位置与面积反映各类食物在膳食中的地位和所占比重,其中适用于一般人群的如下:

第一层(底层):谷薯类250~400g。

第二层:蔬菜类300~500g,水果类200~350g。

第三层:畜禽类40~75g,鱼虾类40~75g,蛋类40~50g。

第四层:奶制品类300g,豆类及坚果25~35g。

第五层(顶层):盐<6g,油25~30g,糖50g。

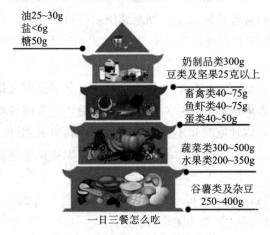

图 2-1 中国居民平衡膳食宝塔

第三节 大学生的健康膳食

一、大学生常见的不良饮食行为

目前，不少大学生由于缺乏营养学知识，不重视合理营养，在饮食消费行为上基本处于盲目状态，对健康造成不良影响。当前大学生中常见的不良饮食行为有以下几种。

（一）节食、挑食或偏食

有些女大学生为了追求漂亮身材，穿时尚衣服，刻意节食减肥或瘦身，如不吃晚餐、长期不吃肉，甚至连续几天只吃蔬菜水果，导致必需氨基酸、脂肪酸、脂溶性维生素等营养素缺乏，引起体内新陈代谢紊乱，抵抗力下降，使原本青春健美的身材变得枯瘦。长期节食瘦身还会造成脱发、贫血、骨质疏松、月经稀少，甚至闭经和厌食症等严重后果。大学阶段是女生精力充沛、求知欲望强、学习最出成绩的时期，需要供给充足全面的营养，以满足日常消耗和保证身体、智力的发育，而且大学时期也是女生生理发育成熟、体形最健美的阶段，是女性的黄金时期。希望女大学生充分认识节食瘦身的危害，切勿盲目追求时髦。体重确实超标的女生，也应该在专业人士指导下进行科学瘦身。

另外，尽管大学生也都知道挑食偏食的坏处，可仍有不少同学不以为然。调查发现，大多数学生很少喝牛奶，没有天天吃水果的习惯，不重视吃豆类及制品；一些学生不爱吃鸡鸭鹅肉和猪肝；一些学生长期只吃几种喜欢的蔬菜……长此下去，很容易造成营养素不均衡，对生长发育不利，例如缺铁性贫血、维生素A缺乏导致的夜盲症。有这方面问题的同学要注意克服，做到食物多种多样，特别对奶类和豆制品的摄入。

节食是指为了减轻体重，使自己吃东西的方式发生改变。大学生中，节食行为非常普遍，是造成营养不良的重要原因。节食是不健康的减肥方法。常见的节食方式有：绝对禁食——一整天或几天都不吃东西；空顿、漏餐——吃饭时间不吃饭，如不吃早餐或晚餐；进食量极少——只吃极少量食物或不吃主食；吃代替餐——只吃市场上卖的营养餐包；吃非食物代用品，如魔芋制品。大学生应了解节食的害处。下面是停止节食行为的理由：

① 食物给我们提供营养物质，让我们能享受生活的乐趣，获得心理和精神上的满足。
② 节食不能减肥，反而会增加体重。
③ 节食有损健康，有时会危及生命。
④ 节食使你的生活变得枯燥乏味。
⑤ 节食的人不漂亮，健康会让你看上去最好。
⑥ 节食让你惧怕食物，剥夺你享受食物的乐趣。
⑦ 学会爱自己和接受自己。

不健康的习惯是导致营养缺乏病流行的重要原因，请你分析一下自己有哪些不健康的饮食习惯。

（二）用饮料代替白开水

当前市场上各种果汁饮料、茶饮料、可乐、汽水、纯净水、矿泉水五花八门，使得年轻一代在饮水种类和观念上发生了很大变化：重口味，轻实质；图方便，怕麻烦。一些学生很多时候是靠喝饮料代替白开水的，这种做法极不可取，长期饮用含糖饮料会引起肥胖和增加龋齿、2型糖尿病的发病危险；过量饮用碳酸饮料与骨折的发生密切相关；长期饮用含合成色素、香精或防腐剂的饮料会加重肝肾的代谢负担；喝汽水类饮料会产生过多气体引起胃部饱胀，导致食欲下降。从健康的角度而言，白开水是最好的饮料，价廉、解渴快，含多种对人体有益的矿物质和微量元素，而且进入人体后立即发挥其调节体温、输送养分和消除废物等功能，因此，建议大学生平时多喝白开水或清茶，少喝饮料。

互动小测试

某高校大四男生小陈，拿到体检报告大吃一惊：体重、血糖超标，还有轻度骨质疏松和脂肪肝。小陈从上小学起就特别爱喝汽水、果汁饮料、可口可乐，一天至少两瓶，基本上用饮料代替了白开水。常喝饮料真的容易患上述病症吗？请从本节内容寻找答案。

（三）烟熏烧烤类食物摄入过多

熏鱼、熏肉、烤羊肉串、烤鱼片等为如今市面上常见的熏制烧烤类食品，以其风味独特为不少大学生所喜爱。烟熏烧烤类食品中含有多环芳烃类有害物，是世界上公认的致癌物，长期摄入可诱发胃癌、食管癌等。

（四）喜欢吃零食

许多受学生青睐的小食品如炸薯条、虾片、炸鸡腿、调味紫菜、巧克力、冰淇淋、奶油蛋糕等，大多属于高脂、高糖、高盐和高味精食品，并含较多添加剂，而膳食纤维以及钙、铁、锌等矿物质以及维生素含量很低，营养价值很低，经常食用容易导致肥胖、龋齿，也会影响正餐，应少吃为佳。

（五）边吃饭边看电脑、手机

如今，电脑和手机已成为大学生不可缺少的学习和生活工具，接触电脑、手机的时间越来越长。很多学生喜欢一边吃饭一边使用电脑、手机，表面看上去珍惜时间，实际上是一种不利于健康的坏习惯。看电脑、手机时，大脑在紧张思考，分散了吃饭的注意力，引起消化液分泌减少和胃肠蠕动减弱，使消化功能下降。久而久之，会引起消化不良和胃肠道疾病。另外，多数同学在上网时吃饭比较随便，甚至胡乱吃几口就放下碗，也容易造成食物摄入不足或者营养素不均衡。

（六）食用无卫生保证的街头食品

目前，街头无卫生保证的食品"琳琅满目"，调查资料表明，学校附近食品店和街头食品摊点整体卫生状况不合格率达70%，持有卫生许可证、健康证的从业人员不到一半，食品污染严重、餐具不消毒、滥用食品添加剂和调料的现象仍较普遍存在。一些小食品加工厂为了扩大销量、降低成本，大量使用色素甚至非食用色素，利用五颜六色的外观来吸引学生，而长期食用色素超标的食品对身体是极为有害的。

二、良好的膳食行为与方法

大学生是国家的栋梁之材，肩负着重要的家庭和社会责任，健康的饮食行为是保证其健康体魄的基础。同时，大学生的精神风貌，包括食物选择方式和进食行为也反映了公民的社会觉悟、健康素养和个人修养。个人饮食行为的形成受很多因素的影响。膳食口味与小时候的膳食习惯及经历有关，如有人喜欢甜，有人喜欢咸，但同时又受到社会心理因素及环境的影响，如社会的认同、价格、购买的方便与否等。同样，改变不健康的饮食行为也受到这些因素的影响。根据不同影响因素，国际上为促进个人健康饮食，采取了个人层面上的健康教育、营养政策、价格税率调整以及增加健康食品的可获得性等一系列措施。

在当今生态保护、环境保护、可持续发展和世界粮食危机问题日益突出的社会背景下，作为受过高等教育的公民，在日常饮食生活中，也应当从全球和全社会的角度认识饮食与营养的关系。应当将环保、低碳和不浪费粮食的理念融入饮食生活。由于动物性食物的生产和加工能耗较高，不利于环保，因此，在保证个人营养均衡的情况下，应尽可能减少动物性食物的摄入量。我国及亚洲其他国家的传统饮食——以谷类和蔬菜为主的植物性食物膳食模式曾经被西方认为是最有益于健康的膳食模式，但近30年，随着社会经济状况的好转及对外开放、全球化的发展，青年人越来越多地选择西方的膳食模式，导致我国慢性病危险因素流行，青壮年人的健康受到很大威胁。这一点不能不引起每个青年人的注意。那么，作为大学生的我们应该保持哪些膳食行为呢？大致从这几个方面入手。

（一）合理配餐，增进健康

大学生处于青春发育后期向成年期过渡的阶段，生长发育尚未完全停止，新陈代谢旺盛，消化吸收能力强，加之活泼好动、运动量大、脑力活动量大等，需消耗足够的食物来提供能量和助生长发育、维持健康，因此掌握合理配餐、平衡膳食的知识是十分必要的。给自己配餐应把握以下原则：①合理分配三餐能量；②膳食组成合理，如荤素搭配、粗细搭配、干稀搭配等；③营养素全面，特别要保证蛋白质和含钙、铁、锌、维生素（尤其是A、B_1、B_2、C）丰富的食物；④经常变换食物的种类，膳食多样化。

▶ 1. 早餐

很多大学生不重视早餐，对早餐比较随意，或因起床晚来不及吃早餐就去上课。其实，早餐与午餐同等重要，通常上午的课最多，消耗的能量占全天总能量的35%～45%，早餐的进食量至少要达到一日量的30%，摄入量不足会造成上课注意力不集中，思维受阻，学习效率降低，因此，早餐不但要吃饱，还要吃好。早餐的基本搭配是主食加蛋类、奶类或豆制品、少许蔬菜水果及坚果。要有干有稀，干的如馒头、花卷、包子、蒸饺、发糕、粗粮或豆制品，稀的多选牛奶、豆浆、稀饭、麦片等，再加一个鸡蛋、几片酱牛肉或豆腐干、少许水果和蔬菜以及坚果。搭配科学的早餐，可保持血糖浓度稳定，是保证大脑能量正常供给从而提高学习质量的重要措施。

▶ 2. 午餐

午餐是学生一天中的主餐。上午体内的热量和营养素已消耗了很多，下午还要继续上课并参加各种课外活动，所以午餐要丰盛，主食、肉类、蔬菜和各种营养素摄入量应占全天需要量的40%左右。主食可在米饭、面条、粗粮饼、蒸薯、土豆、芋头中进行选择，并最好达到两种；副食要有足够的蔬菜和适量的鱼虾禽畜肉、豆制品以及少量水果。各种肉轮换着吃，尤其多吃鱼虾和禽肉。午餐蔬菜一般不少于三种，并尽量做到红、黄、绿色的皆有。除肉以外，主食和蔬菜的种类也都要经常更换，以保证营养均衡。注意吃一些耐饥饿又能产生高热量的菜，使体内血糖继续维持在较高水平，保证下午的学习和体育锻炼等活动。

▶ 3. 晚餐

晚餐比较接近睡觉时间，不宜吃得太饱，热量一般为总热量的30%。宜选富含糖类、膳食纤维、色氨酸和B族维生素丰富的食物，如米饭、绿色蔬菜、菌藻类、动物肝、牛奶等，可维持神经功能的稳定，消除焦虑及安眠。不宜吃红薯、玉米、豌豆等产气食物，不宜吃辣椒、大蒜、洋葱等辛辣食物，不宜吃猪肉等过于油腻的食物，不宜喝咖啡、浓茶、可乐等令大脑兴奋的饮料，以免引起腹胀或干扰睡眠。不少大学生都喜欢晚上结伴下餐馆，满桌的菜品再加上啤酒、可乐等饮料，无疑对健康不利，要自觉纠正。

大学生在三餐之外一般还需适当加点餐，如上午课间和/或睡前喝杯牛奶，下午吃些新鲜时令的水果以及坚果等零食，晚自习后吃个面包或几片饼干等。夜宵要吃得清淡，忌食大鱼大肉。

拓展阅读

食谱举例

例1：主要适用于男生和体高或偏瘦的女生（热能需要量约2 500cal）

早餐：米粥25g，荞面窝头100g，煮鸡蛋1个，萝卜丝、花生米少许，水果100g。

午餐：米饭150g，红薯50g，青椒炒鸡丁1份，洋葱四季豆1份。

晚餐：小米绿豆粥25g，白菜包子100g，西芹炒猪肝1份，韭菜豆腐干1份。

加餐：上午课间喝牛奶200ml，下午课间吃苹果1个，晚自习后喝酸奶100ml，全天饮水1 500～1 700ml。

例2：主要适用于女生（热能需要量约2 200cal）

早餐：玉米面馒头100g，牛奶200ml，煮鸡蛋1个，小菜、卤肉少许，水果100g。

午餐：米饭150g，带鱼烧青笋1份，紫甘蓝1份，番茄小白菜汤1小碗。

晚餐：南瓜米饭100g，黄瓜木耳肉片1份，芹菜豆腐干1份。

加餐：上午课间吃坚果少许，下午课间吃香蕉1根，晚自习后喝酸奶100ml；全天饮水1 500～1 700ml（牛奶及其他饮料可包括在内）。

互动小测试

根据所学的营养知识及自己的饮食习惯，和同学们一起讨论，为自己制订一份简单的平衡膳食的计划。

（二）保持健康体重，预防和控制肥胖

目前，人类健康的第一杀手已经由过去的传染性疾病转变为慢性非传染性疾病。这些疾病很多都与超重、肥胖的发生有关。因为，人体的脂肪组织本身就具有分泌器官的性

质,会分泌很多致病因子,导致糖尿病、心脑血管疾病及肿瘤的发生。有研究显示,目前体重正常的人,如果不注意选择健康的生活方式,在5～10年内也将会加入到超重/肥胖的行列中。因此,了解肥胖的原因,掌握保持健康体重和科学控制体重的方法非常重要。

▶ 1. 健康体重

健康体重是指体重指数介于18.5～24.0的体重状况,也就是俗称的"既不胖、也不瘦"的状态。处于健康体重时,机体的疾病风险最低。因为,当体重指数低于$18.5kg/m^2$时,很可能发生营养不良和免疫力低下状况,对急性传染性疾病的抵抗力较弱;而超重、肥胖发生时,血压、血脂、血糖等慢性病的风险又会成倍增加,增加患心脑血管疾病、肿瘤等疾病的风险。因此,可以说体重是个人健康状况的"晴雨表"。

▶ 2. 肥胖

肥胖是指身体的脂肪组织超过了正常值,对健康造成损害的一种疾病。导致肥胖发生的原因是遗传和环境因素共同作用的结果,主要是由长期能量摄入与消耗不平衡造成的。增加能量摄入的饮食行为(如进食量过大,过多摄入甜饮料、甜食、油炸食品)及减少能量消耗的行为(长时间静坐、缺少体力活动和运动)是导致肥胖发生的主要原因。肥胖能够引起高血压、高血脂、睡眠障碍等健康问题,影响身心健康。超重和肥胖主要是通过体重指数和腰围进行判断(前面已经提及)。终生保持健康的生活方式,尤其是保持健康饮食习惯、减少静坐,经常运动,是预防和控制肥胖的最科学、有效的方法。因此也有人说,治疗肥胖的最好方法就是预防。

▶ 3. 体重控制

成年人若要保持健康体重,每天都要做到:能量摄入＝能量消耗。要保持能量平衡,要么少摄入能量,要么增加运动量,增加能量消耗。目前,科学地控制体重的方法就是两者兼用,而不是盲目地节食。因此,科学的减肥方法应该是:科学地控制饮食、规律地进行体育锻炼或体力活动(如快走)、减少静坐时间。这是当代的健康生活方式,也是体重控制的基础。

超重者和肥胖者,如果想让体重减下来,需要制造能量赤字让能量消耗大于能量摄入,迫使身体动用储存的脂肪提供能量,同时减少身体的脂肪含量。这就是保持健康体重和减肥的能量平衡原理。如果你不改掉不健康的饮食行为——喝甜饮料、常吃油炸食品和甜食等习惯,你就需要每天进行更多的运动,才能将这些能量消耗出去。一般来说,若是想减身上的体脂,需要进行30分钟以上的中低强度有氧运动。

拓展阅读

有氧运动处方

有氧运动,如步行、慢跑、骑自行车、跳绳、跳舞、游泳、爬山、各种球类运动等。这种大肌肉群参与的动力型、节律性运动是目前普遍认为有效的减肥运动。

运动强度:中、低强度运动,如各种追跑游戏,自觉疲劳程度为有一点累或稍累。

运动时间:每天的运动应超过1小时。一天的运动时间可以累加,但每次运动应在30

分钟，才能达到减少体脂的目的。

运动频率：3~5次/周，最好每天1次。

适量的力量训练和伸展运动：每周2~3天，每天累计30分钟，每天进行两次，每次10~15分钟。以增加肌肉重量和机体柔韧性，培养不易肥胖的体质。

腹部运动：在全身有氧运动的基础上，针对腹部肥胖，增加锻炼腹肌的运动，如仰卧起坐、仰身触足、仰卧抬腿、腹部按摩等，1~2次/天，2~3组/次，15次/组。

因此，控制体重应首先矫正不健康的饮食行为，增加运动量。研究发现，增加蔬菜、水果摄入，减慢进食速度，少吃甜食和少喝甜饮料是控制体重的有效方法。

减肥期间的膳食一般采用低盐、低糖、低脂的平衡膳食——DASH 膳食（Dietary Approaches to Stop Hypertension）也叫减低高血压膳食，这种膳食在减肥和控制心脑血管疾病时也适用。DASH 膳食强调摄入足够的蔬菜、水果、低脂（或脱脂）奶，以维持足够的钾、镁、钙等离子的摄取，并尽量减少饮食中的油脂量（特别是富含饱和脂肪酸的动物性油脂）。

使用 DASH 膳食，首先根据每天的活动量多少，确定每天需要多少能量；然后根据每天的能量需要，安排每天/每周几大类食物的摄入量。每类食物可以互换。一些人为了达到快速减肥的效果，需要更多地限制能量摄入，这里应当注意：自己进行膳食控制的情况下，短时间内（一般是1~2周），女生一般每天能量摄入不应低于1 200kcal，男生不应低于1 600kcal。如果低于这个数值，就需要有专业人士的介入了。因为长期过多限制能量和食物摄入，容易导致蛋白质和微量营养素缺乏（贫血、缺钙等）和代谢障碍，损害健康。

拓展阅读

矫正肥胖相关危险行为的提示

① 天天吃早餐，吃好三餐。
② 每天吃5份水果/蔬菜（每份是一口杯，容积为220~240mL）。
③ 用小碗盛饭。
④ 吃饭细嚼慢咽，15~20分钟完成进餐。
⑤ 每天进行1小时以上的中高强度体力活动。
⑥ 将闲暇时的静坐时间减少至1小时之内。
⑦ 不喝或少喝含糖饮料。

▶ 4. 做好行为监督

合理膳食，适当增加运动，每天造成一定的能量赤字，就会向健康体重迈进。但是，但凡有过减肥经历的人都知道，控制饮食相当不容易，让自己每天进行一定的身体活动更是困难重重。那么，那些成功减肥的人是如何实现他们的减肥目标的呢？行为治疗就是帮助你成功控制饮食、保持适量运动习惯的一个治疗方法。行为治疗一般有心理医生参与，主要内容包括：设定目标、刺激控制、行为监督、解决问题、达标奖赏和防止复发等。如果你能一步步地实现每天的行为目标，就离成功减肥不远了。

(1) 设定目标

能够成功减肥的人，一般都需要首先设定自己的体重目标和行为矫正目标，这就是常说的行为干预。这种方法的减肥效果非常有效，也最安全。一个合理的目标是矫正行为的第一步，应当具体、实际、可行，目标不宜过大，不宜过多，以中等程度的努力就可以实现的目标最好。每次解决一个问题，循序渐进，避免由于完不成目标而产生受挫情绪，影响计划的长期实施。

为了达到成功减肥的目标，你需要和家人一起检查一下你自己的饮食和体力活动方面存在哪些需要改进的地方。然后看看哪些方面需要先控制，一个一个排好顺序。一旦决定下来，就给自己定一个小小的目标。这个目标，你应该能在1~2个星期轻松实现。一次实现一个目标，不要贪多。这些目标包括：短期的行为改变计划和长期的体重控制目标。

① 体重目标：每周减体重不能超过1kg。一年减掉基础体重的10%~15%是合理的。快速减体重会有生命危险。

② 行为目标：如不再喝含糖饮料，不再吃快餐；每天吃蔬菜、水果；每周至少运动5天，每天至少运动1小时；每天看电视时间限制在1小时之内等。

③ 减肥目标：不单是实现减肥目的，更重要的是要养成选择健康饮食和运动的习惯，终生保持健康体重。

确定目标后，还需做好刺激控制、行为监督、解决问题、达标奖赏和防止复发等环节的工作。

(2) 刺激控制

减肥和控制体重都需要长时间坚持。在体重控制期间，应注意抵挡高能量密度食物（如肥肉、油炸食品、甜饮料、甜食）的诱惑；同时，减少在外就餐的次数。刺激控制在不同的场合使用的方法不同。避免自己吃高能量食物的方法就是不买。在家里，将食物移出视线。在外就餐时，注意选择健康饮食，食不过饱，不点或少吃油炸食品和甜食。

(3) 行为监督

减肥期间，特别是在减肥开始的前三个月，你需要记录自己的行为和体重变化。填写卡片或记录饮食、锻炼行为日志是行为监督的重要方法，有助于提醒你注意不健康的饮食及运动行为，尽快实现减肥目标。

(4) 解决问题

在控制体重期间，会遇到很多妨碍你实现自己目标的问题。例如，你可能想出去锻炼身体，却没有时间；你想按照推荐的份数进食，但经常在吃饭前很长时间就觉得饥饿难忍。如何解决这些问题？

① 科学的减肥方法不需要挨饿。只要按照自己的能量需要安排平衡膳食，两餐之间间隔5~6个小时，感到饥饿是正常的。下一餐吃饭时，为避免过量进食，还需要减慢进食速度。

② 建立多动少静的生活方式，养成规律锻炼的习惯，在减肥过程中很关键。为此，应注意寻找每个可以连续运动10分钟以上的时间，一天多进行几次，每天的运动量就可以完成。此外，与同学结成运动小组，可以提高运动兴趣。

(5) 达标奖赏

当达到一个目标时,应当及时给予自己鼓励和奖赏。但要注意,奖赏的形式不要用食物和饮料,要使用非食物奖赏。

(6) 防止复发

当克服重重困难,矫正了不健康的生活方式的时候,还要警惕老毛病再犯,如在外就餐、过多喝含糖饮料、长时间看电视等。一旦老毛病又犯了,那么前面所做的一切都是徒劳的。保持健康的生活方式是青少年体重控制的终极目标,它会让你受益终生。因此,要巩固胜利成果,最初的几周至3个月是最难坚持的,一旦养成好习惯,后面就很容易了。

(三) 学会看食物标签

当购买一种食品时,你可能想知道它能提供多少能量和营养。这时候,你就需要查看外包装上的营养标签。它一般是一个长方形的方格,里面的内容包括营养成分标示和附加营养信息。通过营养成分标示,可以了解和比较不同食品的营养价值,并根据自身需要合理选择食品,控制能量和营养素摄入,从而有利于选择平衡膳食,减少慢性疾病的发生危险。

拓展阅读

食物标签上词语的特殊意义

低脂肪:每份食物含脂肪在3g以下(脂肪≤3g)。

低饱和脂肪:每份含饱和脂肪在1g以下(饱和脂肪≤1g)。

低热量:每份食物含能量低于40kcal(能量≤40kcal)。

低钠:每份食物含钠低于140g(钠≤140g)。

根据食物营养标签,你可以比较不同包装食品的能量、盐、糖、脂肪、蛋白质等成分的含量,合理安排膳食。

(四) 预防食物中毒

食物中毒是指食用了被有毒有害物质污染的食品或者食用了含有毒有害物质的食品后出现的急性、亚急性疾病。食物中毒按照病因可分为:细菌性食物中毒,如沙门氏菌食物中毒、副溶血性弧菌食物中毒;化学性食物中毒,如误食农药含量超标的蔬菜引起的中毒;有毒动、植物食物中毒,如食河豚中毒、食毒菇中毒;真菌性食物中毒,如食霉变甘蔗中毒等。

预防食物中毒,首先要注意避免危险的进食行为。吃生的或不熟的动物性食物或其制品会增加患食源性疾病的危险;过期食品、发霉变质的食品、不新鲜和不洁食品是导致食物中毒的主要原因。

在生活中,养成良好的卫生习惯会避免很多食品卫生问题。在食物加工过程中,应遵守世界卫生组织(WHO)推荐的食品卫生的五个关键措施。

▶ 1. 保持清洁和个人卫生

① 在接触食物之前要洗手,在制作食物过程中要勤洗手。

② 上过厕所以后要洗手。
③ 清洗和消毒用于制作食物的器皿表面和器具。
④ 保护厨房区和食物不受昆虫、害虫和其他动物的污染。

▶ 2. 生熟分开

① 将生肉、禽类和海产品与其他食物分开。
② 用专门的装置和器具(如刀和案板)处理生鲜食物。
③ 用盛器储存食物以避免生熟接触。

▶ 3. 加热完全

① 把食物加热完全，特别是肉、禽类、蛋类和海产品。
② 制作汤汁和炖煮的食物一定要加热至沸腾。对肉和禽类食物保证汤汁清亮，不呈现粉红色。
③ 熟食食用前要重新彻底加热。

▶ 4. 使食物保持在安全的温度下

① 不要将熟食在室温下放置超过2小时。
② 熟食和易腐烂的食物需冷藏(最好在5℃以下)。
③ 在吃之前保持熟食滚烫(超过60℃)。
④ 即使是在冰箱里，也不要储存食物过久。
⑤ 不要将冷冻的食物在室温下放置。

▶ 5. 使用安全饮用水和生鲜材料

① 使用安全饮用水，或将其处理至安全。
② 选择新鲜和完整的食物。
③ 选用安全加工过的食物，诸如巴氏消毒奶。
④ 生吃水果和蔬菜要用清水洗净。
⑤ 不要吃过期食品。

第四节 保健食品与健康

一、保健食品的概念

目前，保健食品在国际上尚不存在广泛接受的、统一的名称和定义。中国称之为"保健食品"，有的国家则称之为健康食品或功能食品。1982年，日本厚生省的文件中最早出现"功能食品"的名称；1989年，其又将功能食品定义为"具有与生物防御、生物节律调整、防止疾病、恢复健康等有关功能因素，经设计加工，有明显调整生物功能的食品"。欧洲、美国等许多地区和国家将保健食品称为健康食品、设计食品、膳食补充剂或营养食品，德国则称之为改良食品。1982年7月，欧洲健康食品制造商联合会(EHPM)对健康食品做了规定：健康食品必须以保证和增进健康为宗旨，应尽可能以天然物为原料，必须在遵守健康食品的原则和保证质量的前提下进行生产。健康食品的范围为：含有充分的营养素；补充膳食中缺少的营养素；特定需要的食品或滋补食品，最好含有特殊的营养物质；以增强体质或美容为目的的食品；以维持和增进健康为目的，以天然原料为基础的食品。

虽然世界各国对保健食品的定义、称谓或划分范围略有区别，但基本含义是一致的，即这类食品是"医学上或营养学上具有特殊要求的特定功能的食品"。因此，健康食品、功能食品、保健食品是指这样一类食品：除了具备一般食品的营养功能和感观功能（色、香、味、形）外，还具有一般食品所没有的或不强调的调节人体生理活动的功能。1997年5月1日，我国实施的《中华人民共和国保健（功能）食品通用标准》进一步规范了保健（功能）食品的定义。该标准规定，"保健食品是食品的一个种类，具有一般食品的共性，能调节人体功能，适于特定人群食用，不以治疗疾病为目的"。

拓展阅读

对保健食品的认识

对保健食品的正确理解应当包含下列几个要素：

① 在属性方面，保健食品必须是食品，必须无毒、无害，符合应有的食品要求。

② 在成分和加工方面，它可以是含有某种成分的天然食品；或者是食物中添加了某些成分，或者是通过食品工艺技术去除了其中某种成分的食品。

③ 在功能方面，它具有明确的、具体的，而且经过科学验证是肯定的保健功能。保健食品通常是针对某方面功能需要调节的特定人群而研制生产的，所以可能只适用于某些特定人群，如限定年龄、性别或限定遗传结构的人群，不可能对所有人都有同样作用。

④ 保健食品不以治疗为目的，不能取代药物对病人的治疗作用；而且保健食品的特定功能也不能取代人体正常的膳食摄入和对各类必需营养素的需求。具体来说，需要从适用人群方面来认识保健食品与普通食品以及药物的区别。普通食品为一般人所服用，人体从中摄取各类营养素，并满足色、香、味、形等感官需求；药物为病人所服用，达到治疗疾病的目的；而保健食品通过调节人体生理功能，促使机体由第三态向健康状态恢复，达到提高健康水平的目的。

二、常见保健食品的功效成分

天然食物中含有的蛋白质、碳水化合物、脂肪、维生素和某些矿物质，是人体生命中不可缺少的物质，属于必需营养素。必需营养素对人体健康的有益作用经过长时间的研究，已经得到充分的证明。但是人类食物中含有的化学成分远远不止这几类营养素。以马铃薯这种看似简单的食物为例，经鉴定含有150种不同的化学物质，其中包括茄属生物碱、草酸砷、鞣酸等100种以上"没有营养作用"的物质。人们每天由食物中摄取的这类食物成分多达数百种以上。这些物质进入体内后对机体产生什么潜在影响？是有益还是有害？对生理功能具有什么调节作用？以前这些问题很少引起人们的关注。近年来，由于营养流行病学、分析化学、生物化学、食品卫生学等领域的研究发展，使人们有条件对这些成分的生理作用进行更深入的探讨。利用这些活性成分或含有这些成分的食物,以及人们熟知的蛋白质、脂类等各种必需营养素,经过适当的加工过程和科学评价,可以得到调节生理功能或预防疾病的保健食品。

(一)蛋白质、多肽和氨基酸类

▶ 1. 超氧化物歧化酶

超氧化物歧化酶(SOD)是一种金属酶,在生物界中分布极广,目前已从细菌、藻类、真菌、昆虫、鱼类、高等植物和哺乳动物等生物体内分离得到SOD。食物中,SOD主要存在于肝脏等多种动物组织以及菠菜、银杏、番茄等植物中。SOD的生物学功能主要包括:

(1)抗氧化抗衰老作用:目前认为衰老、罹患某些疾病都与机体过氧化反应有关。自由基过多会加速机体衰老而诱发多种疾病,SOD作为能催化超氧阴离子歧化的自由基清除剂,具有辅助延缓衰老的作用。随着机体的老化,SOD的含量会逐步下降,适时地补充外源性SOD可清除机体内过量的超氧阴离子自由基,辅助延缓由于自由基侵害而出现的多种衰老现象。

(2)提高机体对疾病的抵抗:SOD能预防或减轻由氧自由基引发的多种疾病。目前,SOD的应用主要集中在预防和减轻辐射损伤、炎症、关节病、缺血再灌注损伤等多种病症上。

▶ 2. 大豆多肽

大豆多肽是指大豆蛋白质经蛋白酶作用后,再经特殊处理而得到的蛋白质水解产物,通常由3~6个氨基酸组成,水解产物中还含有少量游离氨基酸、糖类和无机盐等成分。大豆多肽的生物学功能主要包括:

(1)增强肌肉运动力,加速肌红蛋白的恢复:要使运动员的肌肉有所增加,必须要有适当的运动刺激和充分的蛋白质补充。由于肽易于吸收,能迅速利用,因此抑制或缩短了体内"负氮平衡"的过程。尤其在运动前和运动中,肽的补充还可减慢肌蛋白的降解,维持体内正常蛋白质的合成,减轻或延缓由运动引发的其他生理功能的改变,达到抗疲劳效果。

(2)促进脂肪代谢:摄食蛋白质比摄食脂肪、糖类更易促进能量代谢,而大豆多肽促进能量代谢的效果比蛋白质更强。儿童肥胖症患者进行减肥期间,采取低能量膳食的同时以大豆多肽作为补充食品,结果比单纯用低能量膳食更能加速皮下脂肪的减少。

(3)降低血清胆固醇:大豆蛋白能够降低血清胆固醇,而大豆多肽降低血清胆固醇的效果更加明显。大豆多肽能阻碍肠道内胆固醇的再吸收,并能促使其排出体外。

▶ 3. 谷胱甘肽

谷胱甘肽是由谷氨酸、半胱氨酸和甘氨酸组成的三肽化合物,广泛存在于动植物中,在面包酵母、小麦胚芽和动物肝脏中,含量较高。谷胱甘肽可从上述富含谷胱甘肽的天然产物中提取制备,也可通过生物技术途径获得,如选育富含谷胱甘肽的高产酵母菌株、绿藻等,经分离纯化制备。

谷胱甘肽能够有效地消除自由基，防止自由基对机体的侵害；谷胱甘肽对放射线、放射性药物或抗肿瘤药物引起的白细胞减少症，能够起到有力的保护作用；谷胱甘肽可防止皮肤老化及色素沉着，减少黑色素的形成；谷胱甘肽还能与进入机体的有毒化合物、重金属离子与致癌物质等结合，并促使其排出体外，起到中和解毒的作用。

▶ 4. 牛磺酸

牛磺酸是一种含硫氨基酸，具有广泛的生物学效应，是调节机体正常生理功能的重要物质。它以游离氨基酸的形式普遍存在于动物体内各种组织、海洋生物体内，哺乳动物的神经、肌肉和腺体组织中的含量也比较高，牛磺酸在脑内的含量显著高于其他脏器组织。在坚果和豆科植物的籽，如黑豆、蚕豆、嫩豌豆、扁豆及南瓜子中也含有较多的牛磺酸。

牛磺酸的生物学功能主要有以下几方面：

（1）促进脑细胞 DNA、RNA 的合成，增加神经细膜的磷脂酰乙醇胺含量和脑细胞对蛋白质的利用率，从而促进脑细胞尤其是海马细胞结构和功能的发育，增强学习记忆能力。

（2）改善视神经功能：牛磺酸占视网膜中氨基酸总量的 50%，是光感受器发育的重要营养因子，缺乏牛磺酸会引起光感受器的退化，使光传导功能受到抑制。

（3）抗氧化作用：牛磺酸能增强机体对自由基的清除能力，保护组织细胞免受过氧化作用的损伤，并具有稳定细胞膜的作用。

（4）促进脂类物质消化吸收：牛磺酸参与胆酸盐代谢，可协助中性脂肪、胆固醇、脂溶性维生素及其他脂溶性物质的消化吸收。

（5）免疫调节作用：牛磺酸可促进淋巴细胞的增殖，还可以促进白介素 IL-2 的产生，增加 γ 干扰素的产生。

（二）碳水化合物类

▶ 1. 低聚糖

低聚糖又称寡糖，是由 2～10 个单糖通过糖苷键连接形成的直链或分支链的一类低度聚合糖。目前研究较多的功能性低聚糖有低聚果糖、大豆低聚糖、低聚半乳糖、低聚异麦芽糖、低聚木糖、低聚乳果糖等。人类胃肠道内缺乏水解这些低聚糖的酶系统，因此，它们不容易被消化吸收，但在大肠内可为双歧杆菌所利用。

低聚糖的主要生物学作用有下述几方面：

（1）低聚糖是体内有益肠道细菌——双歧杆菌的增殖因子，可改善肠道微生态环境，加强胃肠道消化吸收功能，有效排除体内毒素，增强机体的抗病能力。

（2）低聚糖甜度比蔗糖低，口感柔和，不能被口腔病原菌分解而生成导致龋齿的酸性物质，因此对预防龋齿具有积极作用。

（3）低聚糖可通过增加免疫作用而抑制肿瘤的生长，此外某些低聚糖对大肠杆菌有较强的抑菌作用，可阻碍病原菌的生长繁殖。

（4）作为一种新型的甜味剂，低聚糖也是一种低能量糖，大豆低聚糖的热值仅为蔗糖的 50%，可添加在糖尿病人的专用食品中。

2. 活性多糖

多糖(也称多聚糖)，是指含有 10 个以上糖基的聚合物。多糖是由许多单糖经过糖苷键结合而成的多聚化合物。作为保健食品功效成分使用的活性多糖主要是从一些植物和食用真菌中提出，种类很多。

(1) 植物多糖

常见的植物多糖有茶多糖、枸杞多糖、魔芋甘露聚糖、银杏叶多糖、海藻多糖、香菇多糖、银耳多糖、灵芝多糖、黑木耳多糖、茯苓多糖等，植物多糖具有明显的机体调节功能和防病作用，因而日益受到人们的重视。其主要生理功能有：

① 调节免疫功能。许多多糖可显著提高机体巨噬细胞的吞噬指数，并可刺激抗体的产生，从而增强人体的免疫功能。

② 抑制肿瘤。一些多糖对癌细胞具有很强的抑制作用，具有抗肿瘤活性。例如香菇多糖已作为原发性肝癌等恶性肿瘤的辅助治疗药物，金针菇多糖、云芝多糖、猪苓多糖、竹荪多糖、茯苓多糖等也都具有不同程度的抗癌活性。

③ 延缓衰老作用。金针菇多糖、银耳多糖等可显著降低机体心肌组织的脂褐素的含量，增加脑和肝脏组织的 SOD 酶活力，从而起到延缓机体衰老的作用。

④ 抗疲劳作用。某些多糖具有降低机体乳酸脱氢酶活性的作用，可使肝糖原含量显著增加而提高机体的运动能力，并使机体在运动后各项指标迅速恢复正常，因而具有抗疲劳作用。

⑤ 降血糖。有些植物活性多糖具有降血糖活性。

(2) 动物多糖

动物多糖是从动物体内分离提取出的，具有多种生物活性的一类多糖，主要有海参多糖、壳聚糖、透明质酸等。动物多糖的生理功能主要包括：

① 降血脂作用。如壳聚糖可降低血清和肝脏组织中的胆固醇含量和脂肪水平，在降血脂、减肥、预防高血压等方面发挥着重要的保健作用。

② 增强免疫、抗肿瘤作用。海参多糖可对抗多种动物肿瘤的生长，并能提高机体的细胞免疫力，改善和增强因肿瘤或使用抗癌药物引起的机体免疫功能低下状况。

③ 其他功能：一些动物多糖具有排除肠道毒素和降低重金属对人体的毒害、抗辐射、防龋齿等方面的保健作用。另外，壳聚糖含有游离氨基，显碱性，在胃里能中和胃酸，形成一层保护膜，可辅助治疗胃酸过多症和预防消化性胃溃疡；透明质酸具有保持皮肤弹性的功能，还能锁住大量水分子，对皮肤具有保湿作用。

(三) 功能性脂类成分

1. 大豆磷脂

大豆磷脂是指以大豆为原料所制的磷脂类物质，是卵磷脂、脑磷脂、肌醇磷脂、游离脂肪酸等成分组成的复杂混合物。

大豆磷脂具有许多重要的生物学功能：

(1) 改善大脑功能，增强记忆力：磷脂的代谢与脑的机能状态有关，补充磷脂能使儿童注意力集中，促进脑和神经系统发育，使神经元突触活动迅速而发达，改善学习和认知能力。对于老年人，磷脂能延缓脑细胞萎缩和脑力衰退，推迟老年性思维迟钝、记忆下降、动作迟缓及老年性痴呆症的发生。

（2）降低胆固醇，调节血脂：大豆磷脂具有显著降低胆固醇、甘油三酯、低密度脂蛋白的作用。大豆磷脂能使动脉壁内的胆固醇易于脱离至血浆，并从血浆进入肝脏后排出体外，从而减少胆固醇在血管内壁的沉积。

（3）延缓衰老：增加磷脂的摄入量，特别是像大豆磷脂这类富含不饱和脂肪酸的磷脂，能调整人体细胞中磷脂和胆固醇的比例，增加磷脂中脂肪酸的不饱和度，有效改善生物膜的功能，提高人体的代谢能力和机体组织的再生能力，从根本上延缓人体的衰老。

（4）维持细胞膜结构和功能的完整性：人体所有细胞中均含有卵磷脂，是细胞膜的主要组成部分，对维护细胞的正常结构与功能、促进细胞生长发育有重要作用。

（5）保护肝脏：磷脂酰胆碱（卵磷脂）是合成脂蛋白所必需的物质，肝脏内的脂肪能以脂蛋白的形式转到肝外，被其他组织利用或储存。所以，适量补充磷脂可以减少脂肪肝的发生，而且能够促进肝细胞再生，是防治肝硬化，恢复肝功能的重要功效成分。

▶ 2. 二十碳五烯酸和二十二碳六烯酸

二十碳五烯酸（EPA）和二十二碳六烯酸（DHA）属于多不饱和脂肪酸（PUFA），具有重要的生物学功能。

（1）降血脂、防止动脉硬化：EPA 能降低血清胆固醇，抑制血液中的中性脂肪上升，调节血脂，改变脂蛋白中脂肪酸的组成。EPA 和 DHA 对于降低血液黏度、增加血液流动性、软化血管，以及防治心血管疾病发生具有显著作用。

（2）抗凝血、预防心脑血管疾病：以海产品为主食的因纽特人心脑血管疾病的发病率极低，血脂水平也很低。这与他们血液中的 DHA 和 EPA 含量较高有关。EPA 能抑制血小板凝集，减少血栓素形成，从而可预防心肌梗死、脑梗死的发生。

（3）抗炎作用：EPA 具有抗炎作用，用 EPA 防治某些炎性疾病如类风湿性关节炎、哮喘等可以起到良好效果。

（4）健脑作用：DHA 是人脑的主要组成成分之一，占人脑脂质的 10% 左右，在与学习记忆有关的海马中约占 25%。DHA 能促进婴幼儿脑组织发育，增强学习记忆功能，预防老年人脑组织萎缩和老化。

▶ 3. 植物甾醇

植物甾醇主要为谷甾醇、豆甾醇和菜籽油甾醇等，而麦角甾醇则属于菌类甾醇，广泛存在于植物的根、茎、叶、果实和种子中，是植物细胞膜的组成部分，在所有来源于植物种子的油脂中都含有甾醇。

植物甾醇的生理功能有：

（1）预防心血管系统疾病：动物性食品摄入过多或人体调节功能出现障碍，会导致血清中胆固醇浓度过高，容易引发高血压及冠心病。植物甾醇可促进胆固醇的异化，抑制胆固醇在肝脏内的生物合成，并抑制胆固醇在肠道内的吸收，从而起到预防心血管疾病的作用。

(2) 抑制肿瘤作用：植物甾醇具有阻断致癌物诱发癌细胞形成的功能，β-谷甾醇等植物甾醇对大肠癌、皮肤癌、宫颈癌的发生具有一定程度的抑制作用。

（四）功能性植物化学物

随着营养科学的发展，在膳食营养与健康和疾病关系的研究中，食物中已知必需营养素以外的化学成分日益引起人们的关注。其中有些成分已作为保健食品的成分广为应用。植物性食物中除了含有已知的维生素和矿物质外，20余年来陆续发现一些植物性化学物，对人体健康具有非常重要的作用。除上述的膳食纤维、植物多糖和植物甾醇，还有酚类化合物、萜类化合物及有机硫化合物等更多类型的植物化学物。

▶ 1. 酚类化合物

酚类化合物包括了一类有益健康的化合物，其共同特性是分子中含有酚的基团。

生物学作用主要有：

(1) 抗氧化作用：植物中所含的多酚化合物是重要的抗氧化剂，可以保护低密度脂蛋白免受过氧化。

(2) 血脂调节功能：大豆异黄酮可以降低胆固醇，含这种成分的大豆蛋白可使动物的低密度脂蛋白和极低密度脂蛋白以及胆固醇降低30%～40%。

(3) 类雌激素作用：异黄酮类化合物在芳香环上有对应于雌二醇的羟基结构，故在人体内具有雌激素活性，可称为异黄酮植物雌激素。摄入适宜剂量的此类化合物对于减轻妇女更年期的反应具有较好效果，而且一般不会发生化学雌激素引起的副作用。

▶ 2. 有机硫化合物

有机硫化合物是指分子结构中含有元素硫的一类植物化学物，它们以不同的化学形式存在于蔬菜或水果中。其一是异硫氰酸盐，以葡萄糖异硫氰酸盐缀合物形式存在于十字花科蔬菜中，如西兰花、卷心菜、菜花、球茎甘蓝、荠菜和小萝卜；其二是葱蒜中的有机硫化合物，例如，大蒜是二烯丙基硫化物的主要来源，大蒜精油含有一系列的含硫化合物。有机硫化合物的生物学作用主要是抑癌和杀菌。例如，大蒜可以阻断体内亚硝胺合成，抑制肿瘤细胞生长。大蒜汁对革兰阳性菌和革兰阴性菌都有抑菌或灭菌作用，因此大蒜素具有广谱杀菌作用。

▶ 3. 萜类化合物

萜类化合物分子的基本单元是异戊二烯，多存在于中草药和水果、蔬菜以及全谷粒食物中。富含萜烯类的食物有柑橘类水果，芹菜、胡萝卜、茴香等伞形科蔬菜，番茄、辣椒、茄子等茄科蔬菜，葫芦、苦瓜、西葫芦等葫芦科蔬菜以及黄豆等豆科植物。已经证实具有明显生理功能的萜类化合物主要有：d-苧烯、皂苷和柠檬苦素等。

(1) d-苧烯

又称萜二烯，是单环单萜，柑橘的果皮中含量较多，大麦油、米糠油、橄榄油、棕榈油与葡萄酒中都含有d-苧烯。生物学作用：①抑制胆固醇合成，苧烯及其羟衍生物紫苏子醛能抑制胆固醇合成；②抑制肿瘤，苧烯可使动物乳腺癌的发生概率显著减少。

(2) 皂苷

皂苷是广泛分布于植物界的一类天然物质，大豆皂苷是存在于大豆中的一类具有较强生物活性的物质。生物学功能大豆皂苷具有较强的生物学活性。很早以前人们就发现了大豆皂苷，但由于它具有溶血作用，可以导致甲状腺肿大，长期以来一直被当作一种抗营养因子。近年来，科学家发现，大豆皂苷具有多种有益于人体健康的生物学功能。

① 降脂减肥作用：大豆皂苷可以降低血中胆固醇和甘油三酯的含量，同时还可以抑制血清中脂类的氧化，抑制过氧化脂质的生成。

② 抗凝血、预防血栓形成：大豆皂苷可抑制血小板的凝聚作用，并能使血浆中纤维蛋白原减少；因此大豆皂苷具有预防血栓形成作用。

③ 抗氧化、抑制过氧化脂质生成：大豆皂苷可使机体通过调节，增加体内 SOD 的含量，减轻自由基的损害，使体内过氧化脂质含量下降，从而起到抗氧化作用。

④ 预防肿瘤作用：动物实验表明，大豆皂苷对肿瘤细胞株具有抑制作用，对人胃腺癌细胞的生长也可产生抑制作用，而且大豆皂苷的浓度越高，这种抑制作用越明显。

▶ 4. 柠檬苦素类化合物

柠檬苦素类化合物是芸香科植物中一组三萜的衍生物，是柑橘汁苦味的成分之一，以葡萄糖衍生物的形式存在于成熟的果实中，以葡萄籽中含量最高，广泛用于饮料、食品、口香糖、香皂和香水中。柠檬烯对癌症具有预防和治疗作用。对实验动物喂饲柠檬烯，可显著降低乳腺癌的发生，并能显著减少致癌剂诱发的肿瘤，还可降低胃癌前病变和肺癌的发生。

(五) 食物中的天然色素

食品中的天然色素是指在新鲜食品原料中人的视觉能够感受到的有色物质。天然色素化学结构类型可分为多烯色素、酚类色素、吡咯色素、醌酮色素等。这些物质以前经提取后用于食品加工中的调色工艺。

▶ 1. 多烯类色素

多烯类色素总称类胡萝卜素，是主要分布于生物体中的一类呈现黄、橙、红以至紫色的色素。

(1) 胡萝卜素类

胡萝卜、红薯、南瓜、橘子等食物中富含的 β-胡萝卜素，主要具有改善机体维生素 A 营养状况、纠正其缺乏的功能；随之可以发挥与维生素 A 同样的提高免疫能力、治疗夜盲症和预防治疗眼干燥症的作用。

(2) 番茄红素

番茄红素是膳食中的一种天然类胡萝卜素，广泛存在于自然界的植物中，成熟的红色植物果实中含量较高，其中番茄、胡萝卜、西瓜、木瓜及番石榴等的果实中存在着较多的番茄红素，人体内各组织器官也有较多分布。番茄红素的生物学功能主要有：

① 抗氧化、延缓衰老：番茄红素是有效的抗氧化剂。

② 抑制肿瘤：多食蔬菜水果可以降低罹患某些癌症的危险，增加摄入番茄红素可以

降低食管癌、胃癌、结肠癌和直肠癌等消化道肿瘤的发病危险度。番茄红素对晚期和浸润性前列腺癌也具有显著抑制作用。

③ 调节血脂：番茄红素能通过体内的抗氧化作用，阻止低密度脂蛋白胆固醇的氧化损伤，改善血脂代谢，减少动脉粥样硬化和冠心病的发生。

④ 抗辐射：补充番茄红素可能减少紫外线对皮肤的过氧化损伤。

▶ 2. 酚类色素

酚类色素与前述的酚类化合物具有类同的化学结构和生理活性。近年研究较多的酚类色素有花青素、花黄素等。花青素是一类重要的水溶性植物色素，多与糖结合以苷的形式存在。

（六）中草药中的植物化学物

除了植物性食物以外，中国传统的种类繁多的中草药，也含有丰富的生物活性物质。这些传统中草药的保健功能，不仅在古代医学中占有非常重要的位置，而且近年也日益受到国内外很多专家的关注。中草药中含有生物碱、植物多糖、类黄酮、甾醇、酚类化合物、皂甙等多种复杂的活性成分，对生理功能具有明显的调节作用；中草药对于某些慢性疾病的防治作用更是得到了我国传统医学数千年的经验证明。为了规范中草药在保健食品中的应用，我国卫生部先后提出了"既是食品又是药品的物品名单"和"可用于保健食品的中草药名单"（见本章附录1，2）。

（七）益生菌

益生菌是一类微生物，服用足够数量将对人体健康带来有益作用。乳酸菌是可利用碳水化合物发酵而产生大量乳酸的一类微生物通称。乳酸菌中的一部分是益生菌。常见的益生菌有双歧杆菌、乳杆菌、益生链球菌等。

益生菌及其发酵制品具有多种调节生理功能的作用：

（1）促进消化吸收：益生菌对乳制品的发酵，使乳糖转变为乳酸，使蛋白质发生水解，同时还增加了可溶性钙、磷及某些B族维生素的数量。此外，益生菌及其代谢产物能促进宿主消化酶的分泌和肠道的蠕动，促进食物的消化吸收。

（2）调节胃肠道菌群平衡，纠正肠道功能紊乱：益生菌能通过自身代谢产物以及与其他细菌间的相互作用，维持和保证肠道菌群最佳优势组合及稳定性。益生菌在人体内可发酵糖类产生大量的醋酸和乳酸，还可抑制病原性细菌生长繁殖。

（3）调节免疫、抑制肿瘤作用：乳杆菌、双歧杆菌等益生菌及其代谢产物，能诱导产生干扰素和促细胞分裂素，活化免疫细胞，增加免疫球蛋白的产生，提高机体免疫力及抑制肿瘤发生能力。

（4）降低血清胆固醇：益生菌能降低血中胆固醇的水平，可预防高血脂导致的冠状动脉硬化以及冠心病。

（5）防止便秘：双歧杆菌代谢产生的有机酸能促进胃肠道蠕动，同时双歧杆菌的生长还可以使大便湿度提高，从而防止便秘。

附录1　既是食品又是药品的物品名单（按笔画顺序排列）

丁香、八角茴香、刀豆、小茴香、小蓟、山药、山楂、马齿苋、乌梢蛇、乌梅、木瓜、火麻仁、代代花、玉竹、甘草、白芷、白果、白扁豆、白扁豆花、龙眼肉(桂圆)、决明子、百合、肉豆蔻、肉桂、余甘子、佛手、杏仁(甜、苦)、沙棘、牡蛎、芡实、花椒、赤小豆、阿胶、鸡内金、麦芽、昆布、枣(大枣、酸枣、黑枣)、罗汉果、郁李仁、金银花、青果、鱼腥草、姜(生姜、干姜)、枳椇子、枸杞子、栀子、砂仁、胖大海、茯苓、香橼、香薷、桃仁、桑叶、桑葚、桔梗、益智仁、荷叶、莱菔子、紫苏、紫苏子、葛根、黑芝麻、胡椒、槐米、槐花、蒲公英、蜂蜜、榧子、酸枣仁、鲜白茅根、鲜芦根、蝮蛇、橘皮、橘红、薄荷、薏苡仁、薤白、覆盆子、藿香。

附录2 可用于保健食品的中草药名单(按笔画顺序排列)

人参、人参叶、人参果、三七、土茯苓、大蓟、女贞子、山茱萸、川牛膝、川贝母、川芎、马鹿胎、马鹿茸、马鹿骨、丹参、五加皮、五味子、升麻、天门冬、天麻、太子参、巴戟天、木香、木贼、牛蒡子、牛蒡根、车前子、车前草、北沙参、平贝母、玄参、生地黄、生何首乌、白芨、白术、白芍、豆蔻、石决明、石斛(需提供可使用证明)、地骨皮、当归、竹茹、红花、红景天、西洋参、吴茱萸、怀牛膝、杜仲叶、沙苑子、牡丹皮、芦荟、苍术、补骨脂、诃子、赤芍、远志、麦门冬、龟甲、佩兰、侧柏叶、制大黄、制何首乌、刺五加、刺玫果、泽兰、泽泻、玫瑰花、玫瑰茄、知母、罗布麻、苦丁茶、金荞麦、金樱子、青皮、厚朴、厚朴花、姜黄、枳壳、枳实、柏子仁、珍珠、绞股蓝、葫芦巴、茜草、荜拨、韭菜子、首乌藤、香附、骨碎补、党参、桑白皮、桑枝、浙贝母、益母草、积雪草、淫羊藿、菟丝子、野菊花、银杏叶、黄芪、湖北贝母、蛤蚧、越橘、槐实、蒲黄、蒺藜、蜂胶、墨旱莲、熟大黄、熟地黄、鳖甲。

> **课后思考**
>
> 1. 何为营养、营养素?人体需要的营养素可概括为哪七大类?
> 2. 列表比较维生素 A、D、E、B_1、C 的主要功能和缺乏症。
> 3. 缺乏钙、铁、锌、碘各有何表现?钙、铁、锌含量较高的食物各有哪些?
> 4. 食物纤维有何主要生理功能?
> 5. 按照《中国居民膳食指南》,实践平衡膳食要遵循哪些要点?
> 6. 何为中国居民平衡膳食宝塔?普通成年人和大学生一天的需要量各是多少?

第三章　睡眠与健康

> **学习目标**
> 1. 了解睡眠的概念及功能
> 2. 了解睡眠障碍的诱因及分类
> 3. 了解睡眠与健康的关系

案例导入

"好好先生"郝先生的故事

郝先生是单位里出了名的"好好先生",对领导服从,对同事热情,对工作认真,也很自律,在公司里勤勤恳恳工作了整整35年,一直就安于现状地做着一个小科长,负责公司的档案管理和文书工作。

郝先生几十年如一日都是衬衣加领带,他认为打领带是男人对自己的一种自律性约束,在公司里不管遇到谁都客客气气,对新入职的员工更是耐心帮助,整个单位对郝先生的评价就是:"老郝是个老好人!"

面对着即将退休的自己,郝先生从今年春天开始,出现了焦虑和失落,夜深人静的时候总在思考退休了自己干什么。这些年都忙于家庭和工作了,没几个谈得来的朋友,妻子本身就是个不爱出门话不多的家庭妇女,女儿结婚了也不常回家,自己似乎失去了方向。以前挨着枕头就能睡着的郝先生开始辗转反侧,难以入眠。算起来,郝先生的失眠已经有十多天了,同事们刚开始发现他只是脸色不太好,都特别关心他。可就在上周一,郝先生经历了人生的第一次整夜未眠,早上开车出门时,在地下停车场出口处被一辆自行车剐蹭了车头,其实也不太严重,骑车的小伙子态度也很好,也愿意赔偿,可是郝先生就像吃了火药一样在小区门口对年轻人破口大骂,小区保安见状拉开了二人,心里十分纳闷,这位先生那么多年对谁都笑嘻嘻的,今天这是怎么了。带着一肚子的气,郝先生照旧来到单位门口掏出自己的门禁卡准备刷卡上班,可谁知今天门禁系统出了问题,时好时坏,郝先生反反复复刷了4次才打开,在他通过的时候悄悄地踢了铁闸一脚,嘴里还骂骂咧咧地往办公室走去。走在他后面的同事见状,心里犯嘀咕:这是咱们老郝吗?这一整天,郝先生都猫在自己的办公桌前,板着个脸,大家都对他避而远之。下午3点领导让开会,会上老郝提出了一系列改革的建议,领导觉得步子太大了,建议他的一些想法缓一缓,这时,郝先生整个爆发了,把文件往桌上一甩,扬长而去。会后,领导将他请进了办公室,关上门后，领导轻言细语地给郝先生解释为什么会上要否决他的想法，可是郝先生完全听不进去，扯着嗓子吼起来："你不就是看我快退休了，要逐渐削弱我的存在感吗？我懂，人还没走茶就凉了，你们这群领导，迟早有一天你们也会退休，也会被抛弃的……"

这就是经历过一夜未眠的郝先生，失眠会出现头昏沉、记忆力减退、工作效率低下等症状。如果长期失眠，会对人的身体造成非常多的不良影响，会影响情绪，造成神经衰弱，出现焦虑状态等情况。郝先生"好"了大半辈子，可还是没能扛过这整夜未眠带给自己的负面影响。

第一节 睡眠的重要意义

生命体随着地球自转、昼夜更替而呈现生理、生化、行为活动的节律性变化，这种生命现象被称为昼夜节律，是演化选择的结果。昼夜节律是众多生命节律的一种，就是我们通常说的生物钟。而睡眠是所有动物共有的、不可或缺的行为。对于人类而言，足量、优质的睡眠对维持身体各项机能、保持良好的认知功能和记忆整合有着重要的作用。大学生群体的睡眠现状令人担忧，各种各样的睡眠问题会对大学生成长、成才产生负面的影响。

一、睡眠：你生命的三分之一

人的一生有三分之一的时间在睡眠中度过，睡眠占据着我们生命的三分之一时间，这足以说明睡眠在我们生命中的重要性。但并不是每个人都能保证好每天有充足的睡眠时间，每个人都或多或少地由于学业、工作或娱乐，出现睡眠不足、失眠、睡眠不好以及醒后精力不足的情况。世界睡眠日（3月21日）的设定也说明了人们对睡眠重要性和睡眠质量的关注。

最易于量化和评估的是睡眠时长。每个人处于生命不同的发展阶段，所需要的睡眠时长就有所不同。美国国家睡眠基金会认为，健康个体的正常睡眠时间为：

新生儿每日睡眠时长为14～17小时；

婴儿每日睡眠时长为12～15小时；

幼儿每日睡眠时长为11～14小时；

学龄前儿童每日睡眠时长为10～13小时；

学龄儿童每日睡眠时长为9～11小时；

青少年每日睡眠时长为8～10小时；

青年人和成年人每日睡眠时长为7～9小时（大学生即为此阶段）；

老年人每日睡眠时长为7～8小时。

每个年龄段的人，睡眠时间不足，或者习惯性地偏离此范围，那么个体可能会经受严重的健康问题，我们这里所说的健康，包括身体健康和心理健康。

（一）睡眠的概念

睡眠的确切定义，随着时代的变迁而有着不同的内涵。最初法国学者认为：睡眠是由于身体内部的需要，使感觉活动和运动性活动暂时停止，给予适当刺激就能使其立即觉醒的状态。后来人们认识了脑电活动，认为睡眠是由于脑的功能活动而引起的动物生理性活动低下，给予适当刺激可使之达到完全清醒的状态。而经过近些年的研究，现代医学大致认为：睡眠是一种反应性和活动性降低的可逆状态，是一种主动过程。睡眠也是恢复精力所必须的休息，有专门的神经中枢主要管理睡眠与觉醒，睡时人脑只是换了一个工作方式，使能量得到储存，有利于精神和体力的恢复；而适当的睡眠是最好的休息，既是维护健康和体力的基础，也是取得高度生产能力的保证。

(二) 睡眠的功能

▶ 1. 消除疲劳，恢复体力

睡眠是消除身体疲劳的主要方式。因在睡眠期间胃肠道功能及其有关脏器，合成并制造人体的能量物质，以供活动时用。另外，由于体温、心率、血压下降，呼吸及部分内分泌减少，使基础代谢率降低，从而使体力得以恢复。

▶ 2. 保护大脑，恢复精力

睡眠不足者，表现为烦躁、激动或精神萎靡、注意力涣散、记忆力减退等；长期缺少睡眠则会导致幻觉。而睡眠充足者，精力充沛，思维敏捷，办事效率高。这是由于大脑在睡眠状态下耗氧量大大减少，有利于脑细胞能量储存。因此，睡眠有利于保护大脑，提高脑力。

▶ 3. 增强免疫力，康复机体

人体在正常情况下，能对侵入的各种抗原物质产生抗体，并通过免疫反应将其清除，保护人体健康。睡眠能增强机体产生抗体的能力，从而增强机体的抵抗力；同时，睡眠还可以促进各组织器官自我康复。现代医学中常把睡眠作为一种治疗手段，用来帮助患者度过最痛苦的时期，以利于疾病的康复。

▶ 4. 促进生长发育

睡眠与儿童生长发育密切相关，婴幼儿在出生后相当长的时间内，大脑继续发育，这个过程离不开睡眠；且儿童的生长在睡眠状态下速度增快，因为睡眠期血浆生长激素可以连续数小时维持在较高水平。所以应保证儿童充足的睡眠，以保证其生长发育。

▶ 5. 保护人的心理健康

睡眠对于保护人的心理健康与维护人的正常心理活动是很重要的。因为短时间睡眠不佳，就会使人出现注意力涣散，而长时间睡眠不佳则可给人造成不合理的思考等异常情况。

二、睡眠与疾病

睡眠的健康在我们的生活中是常谈的一个问题，由于现在的工作压力大、生活紧张，很多人都被睡眠困扰着。睡眠不好会使免疫力和抵抗力下降，严重时会加重原来的疾病，更甚者还能诱发其他疾病。失眠、磨牙、嗜睡甚至打鼾等人们早已习以为常的习惯，可以直接诱发心脏、血管、神经、肾脏等方面的疾病。长期睡眠不足、失眠会造成思考能力减退，警觉力和判断力下降，内分泌紊乱等。

第二节 睡眠：一个困扰现代人的大问题

一、睡眠障碍的概念

（一）什么是睡眠障碍

睡眠障碍（somnipathy）指睡眠—觉醒过程中表现出来的各种功能障碍。睡眠质量下降是人们常见的主诉，成年人群中长期睡眠障碍者可多至15%。广义的睡眠障碍应该包括各种原因导致的失眠、过度嗜睡、睡眠呼吸障碍以及睡眠行为异常，后者包括睡眠行走、睡眠惊恐、不宁腿综合征等。由美国睡眠医学学会颁布的《睡眠障碍国际分类》中，把睡眠障碍分为七类：失眠障碍、睡眠相关呼吸障碍、中枢性嗜睡症、昼夜节律睡眠障碍、异态睡眠、与睡眠相关的运动障碍、其他类别的睡眠障碍。

（二）产生睡眠障碍的原因

导致睡眠障碍的因素很多，常见因素如下：

（1）心理因素：生活和工作中的各种不愉快事件可造成焦虑、抑郁、紧张。你可能会有这样的感受，当心里有很郁闷的事情时，你会感到难以入眠，或者明天要考试了，你今晚总是辗转反侧睡不着，其实这些都是心理因素导致的睡眠障碍，但是这些应激性的情况往往都很短暂，事情过去了，心情好了，自然睡眠可以得以改善，但是如果长期的心情不好导致睡眠不好，那就建议你可以去进行一些心理调适，通过干预来调节睡眠问题。

（2）社会因素：如环境嘈杂、空气污浊、居住环境拥挤等。有时候我们会很羡慕身边的人，为什么能够倒头就睡，其实每个人对环境的感知程度是不同的，有的人睡觉要求环境非常安静或者光线非常昏暗，而影响睡眠的社会环境因素不仅仅有这些，还有空气质量，就寝的卧室条件等因素。

（3）睡眠节律改变：如白班夜班频繁变动等。当然，除开我们开夜车学习、加班等导致黑白颠倒影响睡眠以外，出国倒时差等都是因为睡眠生物节律改变导致的睡眠问题。

（4）生理因素：如饥饿、口渴等。我们有时候晚上饿了、渴了都会难以入眠，这些其实是生理机能导致的睡眠障碍，但是如果我们临睡前吃太饱也同样会影响睡眠，睡前喝水多会频繁起夜，也是影响睡眠的因素。

（5）药物及食物因素：饮用咖啡或使用可卡因、皮质激素等。喝咖啡能提神，是因为其中的咖啡因在起作用，还有很多药物和食物对睡眠其实都有不同程度的影响。

（6）精神障碍。很多精神障碍患者经常会出现脑子里思想凌乱，无法表达和形容，或者想问题困难，这些都会对入眠、熟睡等造成影响，从而导致睡眠障碍。

（7）躯体疾病：如心血管疾病、瘙痒、疼痛。身体上的不适，对睡眠的影响是巨大的，例如，夏天如果夜晚被蚊虫叮咬，奇痒无比，可能你就感到难以入眠，还有胃痛、肠绞痛等疾病都会对睡眠造成影响。

二、几种常见的睡眠障碍

其实，大家仔细观察认真分析，睡眠的不健康也会让我们患很多疾病，或者说是一些睡眠障碍，都不同程度地围绕在我们的身边。

▶ 1. 说梦话（梦呓）

梦呓是一个人在睡觉过程中大声说话，而且在睡觉过程中可能会多次梦呓。目前没有治疗这种疾病的药物，但是为了避免整夜多次大声说梦话，患者可以佩戴一个护牙器。

▶ 2. 睡眠呼吸暂停综合征

睡眠期间呼吸暂时停止，每一次呼吸暂停过程中，患者会错过1～2次呼吸，而且整个睡眠过程中会反复出现这种现象。临床诊断严重的是每小时呼吸暂停5次或更多次。存在这种症状的个人，很少会意识到自己存在呼吸困难现象，患者可能已经习惯了白天犯困和疲乏。

▶ 3. 夜惊

夜惊是极度惊恐和暂时不能完全恢复意识的睡眠障碍。患者会从浅睡眠过程中突然惊醒，经常还伴有气喘、呻吟或尖叫，患者很少能记起他们出现的夜惊现象。夜惊跟噩梦不同，夜惊的人不可能被完全唤醒，他或许仍会在10～20分钟的时间内继续夜惊现象，这个时候非常危险，他可能会使自己受伤，或者伤害他人。

▶ 4. 嗜眠病

嗜眠病是一种神经性睡眠障碍，一般患者随时都会入睡，大部分时间都在做梦，很少进入深睡状态。结果他们不能长时间保持清醒，很快又会陷入睡眠状态，也不能有效地恢复体力。

另一个症状是猝倒，一个人在经历强烈的情感打击后突然晕倒，快速进入睡眠状态，久睡不醒。睡眠瘫痪症和睡前幻觉也都是嗜眠病常见的症状。目前导致嗜眠病的原因还不确定，普遍认为是自体免疫功能紊乱导致的结果，但是遗传也有可能是罪魁祸首。

▶ 5. 非24小时睡醒周期障碍

这种障碍的特征是人体不能识别24小时睡眠周期，无法按照白天或黑夜的常规睡眠模式休息。这个周期昼夜不停，最后可能在1天或2天内重新恢复"正常"，然后再次陷入"混乱"状态，在很多情况下多达一周。

第三节 睡眠健康

一、睡眠的条件

如何保证高质量的睡眠？那就需要注意保证一定的条件，给自己创造良好的睡眠条件，有助于提高睡眠的质量。

1. 适宜的温度：一般20℃～24℃为好。

2. 畅通的空气：睡前保持室内空气新鲜。

3. 沐浴：睡前沐浴会使体温自然升高，血液循环更加顺畅，血行速度和水压的促进，使全身的新陈代谢加快，使每一寸肌肤得到完全的放松。

4. 要有正确的睡眠姿势：一般主张向右侧卧，微屈双腿，全身自然放松，一手屈肘放枕前，另一手自然放在大腿上，也可以仰卧。

5. 光线：就寝时最好不要看到任何光线，应选择柔色或暗色的窗帘。

6. 饮食：睡觉前不要吃过多的食物，因为吃太多的食物容易造成胃部太胀，造成夜不能寐。

7. 环境：卧室应保持安静，室内噪声低于30分贝，这样才适宜睡眠。

二、大学生睡眠现状及相关建议

睡眠维持着人体正常的生理机能和心理健康，对于记忆整合、学习效率等都有着重要的作用。大学生处于储存知识、提升能力的重要时期，高质量睡眠显得尤为重要。然而近年来的各种研究表明，大学生群体的睡眠状况不容乐观。大学生的睡眠质量与抑郁、焦虑的关系较为明显，健康状况、经济状况、睡眠环境、学业压力都是影响大学生睡眠质量的因素。此外，大学生周末晚睡晚起，部分学生还通过服用处方药、非处方药和精神药物来改变睡眠的现象也越来越普遍。

睡眠时长不足、睡眠质量差和异常的睡眠—觉醒模式等问题在大学生中广泛存在，对该群体的身心健康产生不良影响。经过调研发现，睡眠质量差的大学生身体疾病数量显著多于睡眠质量好的大学生，且睡眠质量差的学生有更高的负面情绪评分。各种研究表明：对于没患有抑郁症的大学生，睡眠质量差和较低的学业成绩相关；睡眠时间短的儿童和成人肥胖的风险持续上升；慢性睡眠不足可以通过多种途径增加患上糖尿病的风险；睡眠呼吸暂停、睡眠不足也是造成高血压的危险因素。

针对这些问题，给大学生们的睡眠质量改善提出一些建议：

1. 建立和保持良好睡眠习惯，遵循生物钟，在合适的时间点起床和睡觉，尽量避免晚睡晚起，保证充足的睡眠时间。

2. 营造良好舒服的睡眠环境，避免噪声和光线的影响，睡前尽量少使用电子产品，尽量不要在睡前过度使用手机、平板电脑等。

3. 进行适度的体育锻炼，可以增加深度睡眠的时间。

4. 有效地调节和舒缓自己的情绪，避免负面情绪影响睡眠质量，对于焦虑和抑郁症患者，应该及时寻求治疗。

5. 对于已经患有睡眠障碍的患者来说，应该及时就医，遵医嘱积极治疗、合理用药。

互动小测试

睡眠质量等级自测表

决定睡眠是否充足，除了量的要求外，更重要的还有质的要求。睡眠质的含义主要是睡眠深度，与慢波睡眠和快波睡眠两者比例相关，特别是深慢波睡眠对改善大脑疲劳有重要作用。睡眠的质量一般可用以下标准来衡量：

① 入睡快，上床后 10～30 分钟左右入睡。

② 睡眠深，呼吸深长不易惊醒。

③ 无起夜或很少起夜，无惊梦现象，醒后能很快忘记梦境。

④ 早晨醒后，精神好，起床快。

⑤ 白天神清脑爽，不困倦，工作效率高。

请开始以下测试：

1. 您的睡眠状况是：（主症）

(0分)A. 我的睡眠很好，倒头就睡；

(1分)B. 睡眠时常有间断醒或睡而不实，晨醒过早，但不影响工作；

(2分)C. 偶有失眠，但尚能坚持工作；

(4分)D. 睡眠不足4小时，影响正常工作；

(6分)E. 经常不眠，难以坚持正常工作。

2. 您是否有健忘的症状：（次症）

(0分)A. 没有，我记忆力一直很好；

(1分)B. 有，偶尔有记忆力减弱；

(2分)C. 有，记忆力减弱，但能坚持正常工作和生活；

(3分)D. 有，记忆力明显减弱，影响正常工作和生活。

3. 您是否经常有神疲乏力的感觉：（次症）

(0分)A. 没有，我每天精神都很好；

(1分)B. 有，精神不振，可坚持正常工作；

(2分)C. 有，精神疲乏，勉强坚持正常工作；

(3分)D. 有，精神极度疲乏，不能坚持正常工作。

4. 您是否经常感觉腰膝酸软：（次症）

(0分)A. 没有，我一直很有劲儿；

(1分)B. 有，活动后腰膝酸软，可坚持正常工作；

(2分)C. 有，经常出现腰膝酸软，勉强坚持正常工作及生活；

(3分)D. 有，腰膝酸软明显，不能坚持正常工作和生活。

5. 您是否经常头晕耳鸣：（次症）

(0分)A. 没有，没体会过这种感觉；

(1分)B. 有，偶有头晕耳鸣；

(2分)C. 有，经常头晕耳鸣，但能坚持正常工作和生活；

(3分)D. 有，头晕耳鸣明显，影响正常工作和学习。

6. 您是否经常出现气短懒言的状况：（次症）

(0分)A. 没有，整个身体很舒适；

(1分)B. 有，不喜多言，不问则不答；

(2分)C. 有，懒于言语，多问少答；

(3分)D. 有，不欲言语，呈无欲状。

7. 您是否有心悸的现象：（次症）

(0分)A. 没有，没感受到；

(1分)B. 有，偶有心悸；

(2分)C. 有，经常出现心悸，但能坚持正常工作；

(3分)D. 有，心悸明显，影响正常工作。

8. 您是否经常感觉心烦：（次症）

(0分)A. 没有，心情都还是不错；

(1分)B. 有，有时心烦，自我劝慰后能平静下来；

(2分)C. 有，经常心烦，难以自我劝慰，但休息后可以平静；

(3分)D. 有，心烦意乱明显，影响工作和休息。

睡眠质量等级判定：

一等(0~3分)：祝贺您，您目前的睡眠质量非常高，健康状况良好，应该一直保持下去。

二等(4~8分)：您的睡眠质量平平，健康状况有所下降，如果再不引起足够的重视，您的状况将会向第三等级发展。

三等(9~16分)：您应该警惕了，您的睡眠质量比较糟糕，健康状况明显受损，对于工作您开始感到吃力。

四等(17分以上)：您的睡眠质量已经非常差，长期的睡眠不足，导致健康状况的严重恶化，应付工作力不从心，情绪也不稳定。

课后思考

1. 你最近的睡眠如何？你在平时和期末的时候睡眠作息有什么不同？
2. 你出现过睡眠影响情绪的情况吗？
3. 如果你的睡眠状况不理想，你能分析原因吗？一般你会采用什么方式来调整自己的状态？
4. 你觉得大学生应该从哪些方面入手来解决睡眠不足的问题？

第四章　大学生的心理健康

> **学习目标**
> 1. 了解心理学的概念及影响，掌握心理健康的内涵
> 2. 了解大学生心理健康与成长成才的关系
> 3. 了解大学生常见心理问题，学会初步评估自己的心理状态
> 4. 了解心理咨询对心理健康的作用

案例导入

近些年，媒体不断有类似的新闻报道："某高校男生因女朋友嫌弃其家里没钱，男生备受打击，每天不上课四处去做兼职挣钱，成绩一落千丈，最后学业荒废"；"某高校女生性格孤僻，多愁善感，每到节假日同学都外出游玩时，她心情就会特别失落，经常给周边人说自己要去死，认为死了就没有烦恼会很快乐"；"某大学女生总觉得每天都有人在跟踪自己，而且总是觉得班上有一位男同学暗恋她，上课时总在窥视她，她特别没有安全感，害怕到失眠"；以及层出不穷的各种报道"某某大学的学生割腕自杀""高校学子集体相约自杀"……大量的事实和数据表明：我国大学生的心理健康状况不容乐观，大学生所承载的家庭压力、社会压力让他们尚未成熟的心理不堪重负。因此，普及大学生的心理健康教育非常必要，让大学生懂得了解自我、学会自我心理调适、消除自身心理困惑、遇到问题懂得寻求心理咨询及帮助变得刻不容缓。

第一节　身心健康才能自我和谐

大学是人一生中重要的时期，在这个阶段人的社会生活领域会迅速扩大，大学生正值花样年华，有理想、有朝气、有冲劲、有智慧。我国大学生年龄多在 18～24 岁，正处于青年中期，在步入成年的道路上快速奔走，在生理和心理方面都逐渐趋于成熟。

一、心理健康与身体健康的关系

大学生在体格上会逐渐发育成熟，身高、体重方面仍有增加；身体各器官、系统功能达到完善、高峰状态，新陈代谢处于最佳状态。精力旺盛、体能充沛，焕发着无限的生机与活力。神经系统处于最活跃状态，第一、第二性征已发育完成，进入性成熟期，也是性

欲的旺盛期。

而此时大学生的心理发展正处于趋向成熟的关键阶段，同时也是心理发展过程中矛盾最突出的阶段，面对理想与现实的冲突、独立性与依赖性的冲突、友谊与竞争的冲突、心理闭锁与寻求理解的冲突、强烈的自我成熟意识与社会经验不足的冲突、性生理成熟与性心理成熟相对迟缓的冲突等。大学生的自我认知发展到了高峰阶段，情感发展的丰富程度高却缺乏稳定性，个人性格、气质、能力等个性心理特征基本形成，但对需要、动机、兴趣、理想、信念、世界观等倾向性问题的认知不够，所以心理的自我调节系统不够完善。面对大学不同阶段遇见的突出问题，解决问题的能力尚未达到，因此，了解大学生的身心健康，才能最终实现自我和谐。

（一）心理学与心理健康概述

▶ 1. 心理学概述

心理学是研究人的心理活动规律的科学，它为人类适应、改造客观世界提供心理依据。心理的实质是脑的机能，脑是心理的器官。心理是人脑对客观现实的反映，而且是主观能动的反映。人的大脑好比是个"加工厂"，客观现实就是"原材料"，如果没有原材料，那么加工厂就不能生产出任何产品。人脑是心理的器官和前提，客观现实是心理的源泉和内容，人的一切心理现象都是对客观现实的反映。

人活着就会伴随着各种心理现象的产生，人类所进行的学习、生产劳动、政治、科研、体育、艺术、社交等活动中都包含着心理现象，心理现象不仅在活动中表现出来，而且还对活动具有能动、支配、指导和调节的作用。心理现象分为心理过程和个性心理两个方面。

（1）心理过程

心理过程是指在客观事物的作用下，心理活动在一定时间内发生、发展的过程。心理过程包括认知过程、情感过程和意志过程三个方面，即我们通常说的"知""情""意"三方面。

认知过程：是以人的感知、记忆、思维等形式反映客观事物的性质和联系的过程。人们在进行活动时，要观察和感知客观事物，思考和分析客观事物的本质与规律，预见和想象客观事物的未来发展，要回忆和运用过去的知识和经验。其中感觉、知觉是很简单的、初级的认识过程；记忆是比较复杂的认识过程；思维属于认识过程的高级阶段，它和语言密切联系是人特有的认识活动。

情感过程：是人对客观事物的某种态度的体验。人在与周围客观环境相互作用时，总是表现出一定的态度，如满意、喜欢、憎恶、愤怒等，这些主观的心理体验，就是情感过程。

意志过程：是人有意识地克服各种困难以达到一定目标的过程，人在与周围客观环境相互作用时，为对客观事物进行处理和改造而想办法，制订计划，采取措施，克服困难，然后努力实现达到某种目标。

（2）个性心理

个性心理主要包括个性倾向性和个性心理特征。人们在进行活动中，会因为个人的成长背景和思维方式不同等表现出不同的倾向和行为方式，表现出不同的能力、气质和性格特征，这些就是人的心理活动的不同表现，具有复杂性和多样性。

个性倾向性：每个个体对客观世界的事物、事件都有自己的倾向，有不同的需要、动机、兴趣、理想、信念和世界观。

个性心理特征：个体带有倾向性的、本质的、比较稳定的心理特征的总和，包括气质、性格、能力等。

个性心理是在完成一般心理过程后发展起来的，没有一般的心理过程的发生、发展，就不可能有个性心理的发生、发展。

▶ 2. 心理健康

人的活动离不开社会，当然除了生理活动之外，人还有不停歇的心理活动，这是一个多层次的完整连续体。

心理健康可以分为狭义和广义两个角度来理解，狭义的心理健康是指个体的基本心理活动过程，即认知、情感、意志、行为和人格，内容完整，协调一致，能顺利适应社会；广义的心理健康指个体不仅没有心理疾病，而且自身的心理系统及其机能处于一种高效而满意的、持续而积极的发展状态。

美国心理学家马斯洛和迈特尔曼在 20 世纪 50 年代提出了衡量人类心理健康的标准为：

① 有充分的安全感；
② 充分了解自己，并能恰当地估计自己的能力；
③ 生活目标和理想切合实际；
④ 不脱离现实环境；
⑤ 能保持人格的完整和谐；
⑥ 善于从经验中学习；
⑦ 能保持良好的人际关系；
⑧ 能适度地发泄情绪与控制情绪；
⑨ 在符合团体意志的前提下能有限度地发挥个性；
⑩ 在不违背社会道德规范的情况下能适当满足个人基本需要。

在此基础上，广大心理工作者根据我国大学生的实际情况，认为大学生的心理健康标准可以从以下这些内容来评判：

① 智力正常（IQ＞80）；
② 能保持对学习较浓厚的兴趣和求知欲望；
③ 自我意识正确，能悦纳自我；
④ 能协调和控制好情绪，保持良好的心境；
⑤ 意志健全，能适时地做出决定和采取合理的反应方式；
⑥ 具有健康的人格，知情意协调一致；
⑦ 人际关系和谐；
⑧ 有较好的社会适应能力；

⑨ 心理行为符合大学生的年龄特征。

大学生的心理健康其实就是指能够进行正常的心智活动和能良好地适应社会生活。心理健康的标准只是一种理想的标准，这个标准是为了给人们提供衡量心理是否健康的标准，也是为了给人们指明提高心理健康水平努力的方向。对健康的追求无疑是人类前行和社会进步的标志，如果我们每个人都能够在自己现有的基础上积极追求自身的心理发展到更高层次，就能不断发挥自身的潜能，从而创造更多的社会文明。

（二）大学生自我意识的发展规律

人的一生就是一个探索自我的过程，认识自己是人生之旅的出发点，是实现自我价值的基础。"我是谁？我从哪里来？我到哪里去？"这是一个看似很复杂的问题，斯芬克斯之谜告诉我们生而为人，应该认识你自己，一个人毕生都在不断地探索自己。

▶ 1. 什么是自我意识

自我意识也称自我概念，是一个人对自己存在的认知，对自身的了解以及对自身与外界环境的关系等多方面的认识、体验和评价，是个体对自我全部思想、情感和态度的总和，主要包含三方面的内容：

① 个体对自身生理状态的认识与评价。例如，个体对自己的身高、体重、性别、年龄等各方面的认识与评价，以及自身对饱饿、困累和疼痛等状态的自体感觉。

② 个体对自身心理状态的认识与评价。例如，个体对自己的智力、气质、性格、能力、理想、信念和兴趣爱好等方面的认识和评价。

③ 个体对自己与周围关系的认识与评价。例如：对自己在家庭或集体中的地位和作用，对自己人际关系的认识和评价。

简而言之，自我意识就是自己个人对自身身心活动的体悟。由于个人能够觉察自己的一切，所以能对自己的行为加以控制和调节，久而久之形成自己固有的态度，同时这种自己对自我的认识与情感，表面上看似乎是个人的事情，但实际上却是在特定的文化环境中，经由个人与他人的互动而形成的，这些都是人类行为社会化的结果。自我意识不仅是人脑对主体自身的意识与反映，而且受周围环境的影响，特别是人与人之间关系的制约和影响，所以自我意识也反映人与外界环境之间的联系。特别需要强调的是，自我意识是人类特有的反映形式，是人的心理区别于动物心理的一个重要特征。

▶ 2. 自我意识的形成与发展

从发展心理学的角度来看，人的自我意识是随着人生每一阶段的成长而逐渐发展的。人的自我意识从产生、发展到相对稳定，大概需要20多年的时间，这就是一个人从婴儿时期成长到青年时期的过程，大学生正好处于这个自我意识发展的巅峰时期。它是社会交往的产物，随着语言和思维能力的发展而发展。始于婴幼儿时期，萌芽于童年期，形成于青春期，发展于青年期，完善于成年期。而青少年发展阶段是自我意识发展的重要时期，而这一阶段内如果自我的形象得到良好建立，人就会生活得有信心、有动力，就会了解和接纳自己的优点和缺点，进一步迈向成熟的阶段，所以根据对此的研究，我国心理学家提出了自我意识发展的三个阶段，即：

① 生理自我(0~3岁)

婴幼儿时期的行为其实更多时候是一种以自我为中心的行为，以自己的身体为中心，所以婴幼儿对饥饿、身体的不舒适感反应很敏感，以自己的想法和情感来认识和投射外部世界。这一时期的自我意识被认为是生理自我时期，也被叫作自我中心期，是自我意识最原始的形态。

② 社会自我(3岁至青春期)

这个时期是一个比较漫长的时期，是人接受社会文化影响最深的时期，这个时期的人通过教育学习而认识客观世界，所以又被称为客观化时期。这一时期儿童在幼儿园、小学和中学接受正规教育，通过在游戏、学习和劳动等活动中不断地练习、模仿和认同，逐渐习得社会规范，形成各种角色观念，例如性别角色、家庭角色、同伴角色和学校角色等。能够有意识地调节与控制自己的行为，同时道德也在逐步发展。青少年主要是以别人的观点去评价事物和认识他人，对自己的认识也在服从权威或同伴评价中逐步发展。

③ 心理自我(青春期至成年)

从青春期到成年这个时期大概要经历十年的时间，这个时间段里自我意识发展趋于成熟。这个阶段的人在生理、情绪和思考能力等方面都发生着本质上的变化，这些变化无疑能够促使自我意识急剧变化，人们开始清晰地意识到自己的内心世界，从关注外在转为关注自己的内在体验，喜欢用自己的观点和视角去认识和评价外部世界，开始有明确的价值取向和追求，独立意识越来越强烈，这个时期又被称为主观化时期。青年人的世界观、价值观和人生观在这个时期形成，大学生正处在心理自我的阶段，充满着渴望认识自我、肯定自我、发展自我和完善自我的欲望。

▶ 3. 自我意识的功能

自我意识对个人的学习和生活都有着巨大的意义和作用，对个人遇到问题时解决问题的态度和转变也能产生重大的影响，因此，我们把自我意识的功能分为三类：

① 自我导航功能

一个人要实现自我理想需要对自身有一定的规划，这个规划和理想目标的设立需要建立在个人对自我的认知基础上，正确的自我意识能对自己的认知、情感、品德和行动力等方面产生比较大的影响，也是实现目标的动力。

② 自我反省功能

一个人在实现自我理想的过程中会遇到各种挫折和困难，这个时候人们就会对自己的认知、情感、能力等产生怀疑，而如果有正确的自我意识，能够引导自己适时进行反思反省，及时修正实现理想道路上的问题，寻找导致挫折的主客观因素，并重新调整原来设定的计划，重塑理想与自我之间的桥梁，这样就能使人不断地自我监督、自我完善。

③ 自我调控功能

具有正确的自我意识，且有合理的规划后，自我意识还能够对自己的注意力、道德、行为、时间使用力和精力等加以控制，辅助实现自我理想。

互动小测试

你了解自己吗

请每位同学在下列横线上写出最少二十句"我是一个……的人",要求真实地反映出个人的特征,避免出现"我是一个女生"这样的句子。写完后跟同学一起分享,看看你了解的自己和你在他人眼里的印象是否一致。

_____
_____
_____
_____
_____

▶ 4. 自我意识的发展规律

青年人的自我意识发展,经历着一个非常明显的"分化—冲突—统一"的过程,而大学生在大学阶段受到学校、社会、家庭等外界因素的影响,自我意识得以飞速发展,其自我认识、自我体验和自我控制逐步开始协调一致,但是在自我意识成熟和确立的这一曲折过程中,大学生们也为之付出了许多代价,并且解决内心矛盾冲突和问题的能力也在逐渐增加,为了自己成熟,都在不懈地努力着。

第一阶段:自我意识的分化。大学生的自我意识之所以会存在分化,就是在于他们从儿童时期较为稳定的自我意识开始逐渐分化为主体我和客体我发生冲突的情况,"主体我"是理想中的自我,而"客体我"是现实中的自我,大学生开始逐渐地接触社会,主动而迅速地关注自己的内心世界和行为,在自己尝试步入社会的过程中产生了新的认识和体验。内心的激动、不安、焦虑和无助感增加,自我思考增多,但是实践经验较少,渴望被理解、被关怀,渴求有自我的私人空间,所以,这时大学生的内心是充满着矛盾的,自我意识的分化也就由此开始。

第二阶段:自我意识的冲突。大学生自我意识最突出、最集中的表现是理想自我和现实自我的冲突,这种冲突主要源于理想自我和现实自我的差距。大学生都具有远大的理想和抱负,对未来充满了信心,可是社会阅历和实践经历较少,没办法很好地把理想和现实结合起来,这些冲突给大学生带来了极大的困扰。这些冲突和差距如果能够处理好,将成为大学生积极进取的动力,但是如果处理得不够好,或者不能迅速统一,则会导致一系列的心理问题,甚至导致自我分裂。

第一,独立意识和依附心理的冲突。大学生希望在经济上、生活上、学习上和思想上能够独立,希望摆脱监护人的束缚,但是,他们在经济上和心理上又十分依赖监护人。

第二,交往需要和自我封闭的冲突。大学生具有强烈的交往需求,迫切地需要友谊,渴望被理解,积极寻求归属感和爱,而逐渐地成熟的心理,害怕受伤害等又让大学生存在着自我闭锁的倾向,很多大学生都在试图将自己的内心世界深藏起来,在人际交往中存在戒备心理，对自己的安全距离保护得较好，所以交往需要和自我封闭的冲突让很多学生出现了孤独感，甚至人际关系紧张的问题。

第三，自尊感和自卑感的冲突。大学生往往认为自己一无是处，产生自卑感。如果这种冲突不能处理好，容易自我认识发生偏差，自信心崩溃，从而诱发抑郁、焦虑等一系列心理问题和人际交往障碍。

第四，追求上进与自我消沉的冲突。大学生通过高考前的努力和奋斗，充满憧憬地进入大学校园，然而进入大学后自主学习成为学习的主要方式，在自律等方面对个人提出了较高的要求，此时学生一旦放松警惕，就难免会遇到挫折，很多学生产生了情绪波动，认为理想是高考前的事，进入大学似乎就不用那么拼命学习了，而自由的大学校园让他们禁不住诱惑，游戏、网络、吃喝玩乐通常充斥着日常的课余时间，久而久之就消沉下去，这种前后的对比和冲突让很多大学生内心极为矛盾，如果处理不好就会有厌学、辍学、堕落等行为出现。

拓展阅读

埃里克森的心理社会性发展模型八阶段理论

童年阶段

1. 婴儿期（0～1.5岁）：基本信任和不信任的心理冲突

此时婴儿根本不会用语言表达自己，所以当他们饿了或者难受的时候就会哭闹，这种哭闹实际上就是提出了"希望"这一信号，如果这个时候父母能够及时出现，那就是满足了孩子的希望。父母的声音啊，与孩子的身体接触啊，表情啊，使得孩子感觉到这个人是可以信任的，于是建立起了信任感。那么，如果家人没有及时出现，孩子发出的希望信号无人理会，那么这个环境就无法信任了，所以冲突没有解决好，获得的是不信任的话，以后一旦去了陌生环境，就会充满焦虑。

2. 儿童期（1.5～3岁）：自主与害羞（或怀疑）的冲突

这一时期，儿童掌握了大量的技能，例如，爬、走、说话等。更重要的是他们学会了怎样坚持或放弃，也就是说儿童开始"有意志"地决定做什么或不做什么。这时候父母与子女的冲突很激烈，也就是第一个反抗期的出现。一方面，父母必须承担起控制儿童行为，使之符合社会规范的任务，即养成良好的习惯，如训练儿童大小便，使他们对肮脏的随地大小便感到羞耻，训练他们按时吃饭，节约粮食等；另一方面，儿童开始了自主感，他们坚持自己的进食、排泄方式，所以训练良好的习惯不是一件容易的事。这时孩子会反复应用"我""我们""不"来反抗外界控制，而父母决不能听之任之、放任自流，这将不利于儿童的社会化。反之，若过分严厉，又会伤害儿童自主感和自我控制能力。如果父母对儿童的保护或惩罚不当，儿童就会产生怀疑，并感到害羞。因此，把握住"度"的问题，才有利于在儿童人格内部形成意志品质。埃里克森把意志定义为"不顾不可避免的害羞和怀疑心理而坚定地自由选择或自我抑制的决心"。

3. 学龄初期（3～5岁）：主动对内疚的冲突

在这一时期如果幼儿表现出的主动探究行为受到鼓励，幼儿就会形成主动性，这为他将来成为一个有责任感、有创造力的人奠定了基础。但是如果幼儿主动行为结束后却受到了负面的反馈(如成人讥笑幼儿的独创行为和想象力),那么幼儿就会逐渐失去自信心,这使他们更倾向于生活在别人为他们安排好的狭窄圈子里,缺乏自己开创幸福生活的主动性。

4. 学龄期(6～12岁):勤奋对自卑的冲突

这一阶段的儿童都应在学校接受教育。如果他们能顺利地完成学习课程,他们就会获得勤奋感,这使他们在今后的独立生活和承担工作任务中充满信心。反之,就会产生自卑(如孩子在学习时经常无法顺利完成任务被老师多次批评)。当儿童的勤奋感大于自卑感时,他们就会获得有"能力"的品质,否则这个孩子以后干事就会畏缩,不自信。

青春期阶段

5. 青春期(12～18岁):自我同一性和角色混乱的冲突

同一性就是我们说的青春期的"心理我",青春期关注自己在别人眼中的形象,"我是谁,我能干什么"等这些问题在自己回答的时候,如果和别人心目中的感觉相称,那么他就是获得了自我同一性。反之,这些问题很困扰自己,那么就是出现了暂时的角色混乱,导致对生活的彷徨迷茫。

埃里克森把同一性危机理论用于解释青少年对社会不满和犯罪等社会问题上,他说:如果一个儿童感到他所处的环境剥夺了他在未来发展中获得自我同一性的种种可能性,他就将以令人吃惊的力量抵抗社会环境。在人类社会的丛林中,没有同一性的感觉,就没有自身的存在,所以,他宁做一个坏人,或干脆死人般地活着,也不愿做不伦不类的人,他自由地选择这一切。

成年阶段

6. 成年早期(18～25岁):亲密对孤独的冲突

在恋爱中建立真正亲密无间的关系,从而获得亲密感,否则将产生孤独感。这个时候对应于上大学的时期,按照各位同学自己的经历,我们的父母可能会鼓励我们"找对象要趁早,剩男剩女不太好",甚至还会给我们恋爱经费鼓励恋爱,其实就是鼓励我们在这个阶段干该干的事儿——获得亲密感。

7. 成年期(25～65岁):繁殖感对停滞感的冲突

当一个人顺利地度过了自我同一性时期,以后的岁月中将过上幸福充实的生活,他将生儿育女,关心后代的繁殖和养育。埃里克森认为,生育感有生和育两层含义,一个人即使没生孩子,只要能关心孩子、教育指导孩子也可以具有生育感。反之,没有生育感的人,其人格贫乏和停滞,是一个自我关注的人,他们只考虑自己的需要和利益,不关心他人(包括儿童)的需要和利益。

在这一时期,人们不仅要生育孩子,同时要承担社会工作,这是一个人对下一代的关心和创造力最旺盛的时期,人们将获得关心和创造力的品质。

8. 成熟期(65岁以上):完善感与绝望期的冲突

当老人们回顾过去时,可能怀着充实的感情与世告别,也可能怀着绝望走向死亡。完善感是一种接受自我衰老的事实、承认现实的感受;一种超脱的智慧之感。所以,生活中我们经常听到老人们回顾这一辈子"开枝散叶,儿女孝顺,生活充实,不白活一回"等描述。如果一个人的自我调整大于绝望,他将获得智慧的品质,埃里克森把它定义为"以超然的态度对待生活和死亡"。

老年人对死亡的态度直接影响下一代儿童时期信任感的形成。因此,第8阶段和第1阶段首尾相连,构成一个循环或生命的周期。

再回到埃里克森这里,他认为,在每一个发展阶段中,都有不同的任务需要解决,如果解决好了那么就有积极作用,如果没有顺利解决,那么就有消极作用;如果各个阶段都保持向积极品质发展,就算完成了这阶段的任务,逐渐实现了健全的人格,否则,就会产生心理社会危机,出现情绪障碍,形成不健全的人格。

二、大学生人格发展与心理健康

(一)人格概述

▶ 1. 人格的内涵

人格,是具有心理学、伦理学和法学等多个层面含义的综合性名词,可以统称为人的整体精神风貌,我们在这里所讨论的是心理学意义上的人格。心理学上定义人格为:人的性格、气质、能力等心理特征的总和。心理学上总结出人格的综合概念:个体在生物遗传素质的基础上,通过与环境的互动作用形成的相对稳定的心理、行为模式,包括个体认知、需求、感情、意向、行为、人际过程等的模式。

▶ 2. 人格的特征

人格具有整体性、稳定性、发展性、灵活性、功能性、独特性等特征。大学阶段是人格形成与发展的关键时期,由于处于青春期的生理、心理原因以及处于准备成为职业人的社会原因,人格往往具有以下特征:在整体性、发展性、灵活性方面欠佳,容易产生心理或外部的冲突;具有不稳定性,非常容易发生焦虑、恐惧等情绪障碍;过于注重发展自身人格的独特性,而忽略了共性。有的同学因过于彰显自己的个性而离经叛道,盲目模仿非主流文化,违背了自己的本性,甚至危害自己的身心健康。

▶ 3. 人格的影响因素

人格是先天与后天的产物,受多种因素影响,可分为:生物学因素,即遗传和基因;自然物理因素;家庭环境因素,即我们经常说到的原生家庭;学校因素以及社会文化因素。在人格的培养过程中,各种因素对人格的形成与发展起着不同的作用。遗传决定了人格发展的可能性,环境决定了人格发展的现实性。

▶ 4. 人格的构成

人格由不同的成分构成了一个综合系统,广义上来看,人格包括个体心理的内部过程和外部表现,内部过程是个体化差异行为,再细分可包含气质、性格、需要、动机、兴趣、态度、价值观等。而人格的外部表现包括行为、反应模式、人际关系、应对方式等成分,一般情况下,我们主要分析的是气质、性格、动机与需要。

① 气质

气质是指个体表现心理活动的强度、速度、灵活性和指向性的一种稳定的心理动力特征。气质学说最早源于古希腊的"医学之父"希波克拉底的体液说，后来古罗马医生盖伦进一步修正和确立了气质类型，提出人的四种气质类型为胆汁质、多血质、黏液质和抑郁质。

下面，我们用大家耳熟能详的《西游记》中师徒四人的形象来跟大家一起学习气质的分类。

首先，胆汁质的人精力旺盛，争强好斗，做事勇敢果断，为人热情耿直，真诚朴实；但是他们往往粗枝大叶，遇事毛躁考虑不周，感情用事，整个心理活动表现出迅速而突变的色彩，这个类型的人就对应着孙悟空的形象。唐僧的首徒孙悟空，活泼好动、桀骜不驯，他勇敢正义却鲁莽冒失。孙悟空这类胆汁质的人表里如一，一旦认定目标就希望尽快实现，遇到困难不折不挠，富有开拓创新和冒险主义的精神。

其次，多血质的人乖巧伶俐，富有朝气，情绪丰富而易外露，就是我们通常说的喜怒多形于色，他们喜欢并且善于与人交往，语言表达能力比较强且具有感染力，对各种环境的适应性和可塑性较强，二师兄猪八戒正对应着多血质的类型。二师兄猪八戒是一个可爱的形象，老实憨厚，懒惰贪婪，但这种气质类型的人通常缺乏耐心和毅力，做事虎头蛇尾，容易半途而废。然而这个气质里值得发扬的品质就属他的擅长交际了，在现实中一个擅长交际的人可以发挥的作用是非常显而易见的。

再次，黏液质的人安静、稳重。反应慢，话不多，情绪不外露，做事有耐心，专注力集中，凡事深思熟虑，力求稳妥，自我克制力强，不容易表露内心的真情实感，与人交往时不够积极主动，这个类型的人对应着的是沙僧的形象。三师弟沙僧，是师徒四人中最默默无闻的形象，他隐忍、沉稳和忠诚，有时展现出一些懦弱；沙僧在团队中主要负责挑担子，当然还有一个更重要的作用是"和事佬"，他是徒弟三人中唯一一个没有想过要拆伙和放弃的人，这类人严格的恪守既定的生活秩序和规定，但过于拘泥，难以应变，墨守成规，因循守旧。

最后一种就是唐僧的气质类型抑郁质了，抑郁质的人性情孤僻，行动迟缓，情感体验深刻，善于察觉到细微的事物，这类人厌恶强烈刺激，感情细腻而脆弱，内心有话宁愿自己品味，不愿意找人倾诉，喜欢独处，不善交往，遇事求稳不求快，犹豫不决。正如我们看到的唐僧严肃谨慎，自制力强，抑郁质的人们虽然拥有强大到令人羡慕的自制力，但是其优柔寡断的毛病也是很致命的。

但是，人是多种气质的混合体，主要看哪种气质占主导性地位，气质本身无好坏之分，就像我们看到的《西游记》中师徒四人都有各自的优点和缺点，但我们并没有评判他们谁是好人谁是坏人，任何一种气质都有积极和消极的方面，而且气质中的优缺点往往是同一特点在不同方面的表现。因此，作为大学生，我们要理性且正确地对待自己的气质类型，时常注意有意识地控制自己气质中的消极品质，发扬积极品质，这样才有利于形成良好的个性。

② 性格

性格是一个人对现实稳定的态度，以及与之相适应的、惯性化的行为方式的总和，是个性心理特征中最核心的内容。性格，是一个人区别于他人的最主要的特征。对待生活的态度是乐观的还是悲观的，对待人际关系是冷漠的还是热情的，对待自我是傲慢的还是谦逊的，都是个人对外界世界的不同态度。在这种态度的驱动下，人们形成了一种惯性的、稳定的行为方式。我们经常说的一个人内向还是外向，独立还是依赖等都是在描述一个人的性格。

但是性格和前面说到的气质是不同的，性格是会受到后天因素和环境影响的，它涉及外在对个人的评价，因此具有较大的可塑性；而气质更多是受先天因素制约的，虽然会因为人的成长自我约束，在外在环境中有所改变，但是与性格相比起来，气质更具有稳定性，变化的可能性很小，即便有也会很慢，很难察觉。

③ 动机与需要

动机与需要反映了人格的内在性，是人格外部表现的自我内部因素，很难察觉。

动机是对所有引起、支配和维持心理和生理活动的过程的概况，有目标或对象指引、激发和维持个体活动的一种内在心理过程。动机的功能通常是有发动行为的激活功能；使个体的行为向某一特定目标的指向功能；具有维持和调节功能，表现为行为的坚持性。人们的活动归根结底都有动机，并有指向性。而在每一个人持久的行为模式背后一定都有某种持久的动机，动机的长久性和强度会影响个体的行为。

需要是个体内部的一种不平衡状态，是个体对生理和社会需求的反应；需要具有社会性、对象性和动力性的特征；需要是动机产生的基础。需要是人对某种客观要求的反映，是人活动的基本动力，是个体积极性的重要源泉，人的需要与动物的需要的本质区别在于，人的需要不仅有生理需要更重要的是要有社会需要，也就是说人的需要主要是由于人的社会性决定的，具有社会的性质。人的需要的内容以及满足需要的手段也和动物不同。由于人有意识，人的需要会受到意识的调节与控制。

拓展阅读

马斯洛的需要层次理论

马斯洛认为人都潜藏着七种不同层次的需要，这些需要在不同的时期表现出来的迫切程度是不同的。人的最迫切的需要才是激励人行动的主要原因和动力。人的需要是从外部得来的满足逐渐向内在得到的满足转化。马斯洛在人生的两个阶段提出了不同的观点，所以我们在一些书上只能看到马斯洛需要层次的五个层次：生理需要、安全需要、爱与归属的需要、尊重的需要、自我实现的需要。具体地说，按照重要性和层次性排序，七种不同层次的需要主要指：

生理需求——生理上的需要是人们最原始、最基本的需要，如吃饭、穿衣、住宅、医疗等。若不满足，则有生命危险。这就是说，它是最强烈的不可避免的最底层需要，也是推动人们行动的强大动力。当一个人为生理需求所控制时，其他一切需求均退居次要地位。

安全需求——安全的需要要求劳动安全、职业安全、生活稳定、希望免于灾难、希望未来有保障等。安全需要比生理需要较高一级，当生理需要得到满足以后就要保障这种需要。每一个在现实中生活的人,都会产生安全感的欲望、自由的欲望。

社交需求——社交的需要也叫归属与爱的需要,是指个人渴望得到家庭、团体、朋友、同事的关怀爱护理解,是对友情、信任、温暖、爱情的需要。社交的需要比生理和安全需要更细微、更难捉摸。它与个人性格、经历、生活区域、民族、生活习惯、宗教信仰等都有关系,这种需要是难以察悟、无法度量的。

尊重需求——尊重的需要可分为自尊、他尊和权力欲三类,包括自我尊重、自我评价以及尊重别人。尊重的需要很少能够得到完全的满足,但基本上的满足就可产生推动力。

认知需求——又称认知与理解的需要,是指个人对自身和周围世界的探索、理解及解决疑难问题的需要。马斯洛将其看成克服阻碍的工具,当认知需要受挫时,其他的需要能否得到满足也会受到威胁。

审美需求——"爱美之心人皆有之",每个人都有对周围美好事物的追求,以及欣赏。

自我实现——自我实现的需要是最高等级的需要,是一种创造的需要。有自我实现需要的人,往往会竭尽所能,使自己趋于完美,实现自己的理想和目标,获得成就感。马斯洛认为,在人自我实现的创造过程中,产生出一种所谓的"高峰体验"的情感,这个时候的人处于最高、最完美、最和谐的状态,具有一种欣喜若狂、如醉如痴的感觉。

马斯洛认为七个层次要按照次序实现,由低层次一层一层向高层次递进。只有先满足低层次的需要才能去满足高层次,见图4-1。

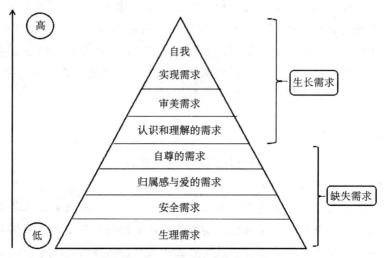

图4-1 马斯洛的需要层次理论

(二)健康人格的塑造与健全人格的发展

▶ 1. 健康人格与健全人格的区别与联系

健康人格是人的良好行为方式,当人的需要得到满足,人的意识、才能以及自我、客观环境等就能得以发展。健康人格的主要特点是能保持人格的完整性、统一性、稳定性、灵活性,知行合一,内心冲突少,身心系统经常处于平衡、稳定的状态。

而健全人格是健康人格的更高级,是健康人格走向全面发展的、完善的、个性化的理想人格目标。健康人格只是健全人格的基础,是与人格障碍、人格偏差相对的一个概念。

健全人格更全面、更综合、更系统。

▶ 2. 人格偏差与人格障碍

人格偏差是与健康人格对应的内容，是指偏离了健康水平的人格，很多不良的性格比较稳定地组合在一起，人就形成了一种固定的模式和风格，这种不太好的风格阻碍了他对现实生活的适应。一旦人格出现了偏差，较为轻度的表现就是人格缺陷，如果比较严重了就可能会导致人格障碍。人格障碍就属于精神类疾病的一种了，通常是指人格特征明显偏离正常，形成了一贯反映个人生活风格和人际关系异常的行为模式。人格障碍其实有很多共同的特征，比如他们都有紊乱不定的心理特点和难以相处的人际关系；他们会把自己遇到的困难和问题都归咎于他人和外界环境；他们会把猜忌、仇视、敌对和自己固有的想法带到生活中的每一个地方；他们对于伤害别人显得毫不在乎等。这些都只是人格障碍的部分特征，其实，人格障碍的确诊有严格的诊断标准，必须由专业的精神科医生进行诊断，早发现早干预早治疗。

下面我们给大家提供一些常见的人格偏差分类，供大家了解。

① 自我中心

对自己评价过高，同时对别人要求也过高，事事总是先想到自己，内心先盘算自己的利益，哪怕为别人服务也仅仅是想别人能够赞扬和认可自己，只向他人和社会索取，而并不想回报，经常有些不切实际的想法和要求，这些想法一旦难以实现就会有严重的挫败感，从而导致人际关系紧张。

② 追求完美

不能容忍自己的缺点或失败，对自己的要求过高，对自己的缺点无限扩大，遇到挫折或者失败时自己就会感到特别自卑，认为都是自己的错，是自己无能的表现。紧张焦虑，害怕失败，谨小慎微，活得非常辛苦，严重的会影响自己的能力正常发挥和和谐的人际关系。

③ 自卑心理

自卑的人总是自己看不起自己，而且也特别担心别人看不起自己，时常都以消极的心态对待自己，严重缺乏自信，遇到事情首先想到的是我不行。担心失败，担心被别人取笑，做好一件事情会觉得是理所当然的，但做不好一件事情时，却会陷入无穷无尽的自责、不安、悔恨的情绪中。这种自卑导致自己不敢与人交往，在工作中缺乏担当和主动性。

④ 敌对心理

总觉得别人对不起自己，对自己不好，社会对自己不公平，似乎戴着有色眼镜在看客观世界。总觉得没有人理解自己、不信任自己、不支持自己，非常容易与他人发生冲突和争吵，这种敌对会发展成仇恨，内心经常感到愤愤不平。

⑤ 依赖心理

总依赖别人，缺乏主见，选择困难，希望有人来给自己做决定。缺乏独立性、自主性，喜欢附和别人，压抑自己，总寻求别人的赞同、支持，过度依赖别人的照顾，难以独立面对生活。

⑥ 嫉妒心理

嫉妒心理的人心胸狭窄，不能接受别人超过自己，对比自己强的人或者优越的人充满"醋意"，对别人取得的成就恶意讽刺、挖苦甚至造谣、中伤，我们经常说的"柠檬精"就是这样的心理。这类人经常将时间精力浪费在与人比较、攻击伤害他人的事情上，结果损人又不利己。嫉妒之心其实人人都有，但是要调节和控制好自己，不能过分，如果我们能把嫉妒心变成竞争的动力，那么就会取得更大的成就。

⑦ 偏执心理

偏执的人敏感多疑、固执、不容易信任别人，同时还具有自尊心过强、期待别人的尊重、没得到特殊照顾就觉得很委屈、别人的无心之话都觉得是在针对他等特征。偏执的人固执己见，很难接受别人的意见，只看到对他不利的一面，经常会去与人争论，容易与人为敌，总觉得别人对不起自己，在与他人相处时会因为自我的偏执而很难适应现实生活。

▶ 3. 大学生健康人格的标准

健康人格是大学生心理健康的基础，是大学生个人成长发展的动力，是大学生适应社会生活的必备条件。人格在一个人的一生中，具有决定性的作用，起着引导的重要作用。一个人的成功，其实是看一个人人格的成功，而真正的失败者归根结底其实也与人格息息相关。健康的人格和意志品质是大学生必备的基本素质。

大学生健康的人格标准有：

① 和谐的人际关系

人际关系是一个人人格健康程度的直接体现。一个人格健康的大学生乐于与他人交往，能与身边的人建立起良好的关系，与人相处时，懂得尊重、信任、接纳、包容他人，也懂得用诚恳、公平、谦逊的态度对待他人。和谐的人际关系既是人格健康水平的反映，又影响和制约着健康人格的形成和发展。

② 良好的社会适应能力

人的社会适应能力是在一个人社会化过程中不断发展的，它反映了人与社会的协调程度。人格健康的大学生既懂得及时调整自我，又懂得积极适应学校的学习和生活，例如，遵守校规校纪、积极参与团体活动、热心公益事业、关注社会发展、具有一定的逻辑思辨能力、不盲从、不流俗。

③ 积极乐观的生活态度

积极乐观的生活态度是人在应对外界客观世界时所获得的力量。具有积极乐观态度的大学生经常能够看到生活的阳光面，对自己的前途充满着希望和信心，对自己的学业和未来规划充满着浓厚的兴趣，所以培养阳光心态是大学生心理健康教育的重要任务。具备阳光心态的大学生在学习和生活中即使遇到挫折和压力，也能够自我调节应对。

④ 正确的自我意识

前面说过，正确的自我认知有助于自我适应客观世界。自我意识是一个完整的心理结构，一个人能够正确地认识自我，就能够客观地评价自己；自己有正确的认知，就能自尊、自信，就会有自豪感、责任感；一个自我意识正确的大学生，意志上能够自我监督、自我调节，能够努力发展身心潜能。具有健康人格的大学生对自己能够有比较恰如其分的评价，充满自信，扬长避短。在日常生活中能够有效地调节自己的行为，与环境保持平衡。

⑤ 良好的自我情绪控制能力

具有健康人格的人，对情绪的反映是适度的，具有自我调节和控制情绪的能力，能经常保持愉快、开朗的心境，当消极情绪出现时，能合理地宣泄、排解、转移、升华。情绪对人的活动、健康有重要的影响，积极的情绪体验能使人精神振奋、信心倍增、活动效率提高；消极的情绪体验会降低人的活动效率，长期积累甚至能导致人生病。

▶ 4. 大学生健全人格的发展

健全人格是一个动态发展的过程，每一个年龄段都有特定的生命发展任务。对生命全程都有意义。中国的老龄化比较严重，所以很多退休的老年人都认为生命在倒数了，没有意义了，其实不然，哪怕退休或者是老龄化都不意味着生命发展的停滞，反而这个时候人生的积淀到了顶峰，对于世界的认知也形成了自己的理念。人格的发展还受到生理、心理和社会外因的影响，人的成长和发展也是不断与外界磨合、再统一的过程。此外，我们经常说的"三岁看老"其实是不太准确的，例如身边的很多同学，在中学时期因为青春期发育等各种因素，性格变得很内向。但是到了大学，积极参加各种学生活动，建立起属于自己的社交圈子，自身的发展也会变得越来越好。大学生进入高校，值得注意的是自我身份的认同感，充分认识自我，接纳自我，能够在社交场合准确地表达自我，各方面符合社会的普遍规则。

一个有着健全人格的人才能创造自己积极的人生，很多时候，人的失败并不是因为知识和技能不够，而是因为人格不够健全。做完整而又具有个性化的人，就是具备健全人格的人。人格发展能够影响到后天的智力发展，在某种程度上，心理功能的全面发展可以代替智力的发展，更容易实现自我，收获幸福与成功。

拓展阅读

里维斯（R. H. Reeves）博士的《动物学校》

在遥远的过去，动物界为了应对世界的挑战，各种动物们商量了一项伟大的事业，那就是它们准备创办一所动物专属的学校。说干就干，动物们协商制定了很多的学习项目，其中包括爬树、奔跑、飞翔和游泳在内的一系列实用性很强的课程。为了使动物们都能变成全才，同时便于最后课程考核管理，它们签署约定所有的动物必修所有的课程，无一例外。然后一系列的问题，就出现了……

大家都知道，松鼠本来就是一个爬树的高手，但是它可不是鼯鼠，没法飞翔。可是飞翔课的要求是，非要让它从地面飞到树上，而不是跟它平时的业务范畴完成的任务从树上跳到地面一样，这样的难度让松鼠蹦跶到腿部抽筋，结果让它本来擅长的爬树项目也只得了个C等的及格分数，而平时非常在行的跑步项目也只得了个D等。

我们来看看兔子，兔子的腿部力量是很强的，它本来是班里跑步项目的冠军，但是在进行过无数次的游泳练习之后，终于到了崩溃的边缘。

那么，游泳这个项目当属鸭子的技术顶呱呱，当然属于禽类的鸭子同学飞翔成绩也还不错，鸭子的弱项是跑步，因此鸭子对跑步项目特别担忧，刻苦练习，希望能达到合格。而过度的练习奔跑，它的脚蹼受伤了，最后考试的时候导致游泳成绩也只拿到了中等。

最后，再来看鹰同学，鹰的脾气不好，平时老师对他的管理是很严格的。爬树的时候，它确实是第一个达到树顶的，但是它根本不听老师的指令，它是飞翔上去的，至于其他的项目，它都处于自我放弃的状态。

一个学期结束了，你怎么也想不到，最后平均分最高的居然是一条其貌不扬的鳗鱼，当然，它的游泳技术一流，爬、跑、飞都还是会那么一点点。

这时，一位来自北美大草原的土拨鼠代表说，它们之所以拒绝参加这所动物学校的学习，是因为他们觉得动物学校的课程中并没有加入刨土和打洞这两项技能，土拨鼠们找不到自己的优势学科，所以它们不仅拒绝入学，还拒绝纳税。最后，它聘请獾来训练小土拨鼠们，后来还与其他的鼠类合作创办了一所非常成功的私立学校。

思考与讨论：读完这个故事，你有什么样的感受呢？

互动小测试

气质测试60题

下面60道题可以帮助你大致确定自己的气质类型。在回答这些问题时，你认为很符合自己情况的，记2分；比较符合的记1分；介于符合与不符合之间的，记0分；比较不符合的，记－1分；完全不符合的，记－2分。

1. 做事力求稳妥，不做无把握的事情。
2. 遇到可气的事就怒不可遏，想把心里话全说出来才痛快。
3. 宁肯一个人干事，不愿意很多人在一起。
4. 到一个新环境很快就能够适应。
5. 厌恶那些强烈的刺激，如尖叫、噪声、危险镜头等。
6. 和人争吵时，总是先发制人，喜欢挑衅。
7. 喜欢安静的环境。
8. 喜欢和人交往。
9. 羡慕那种能够克制自己感情的人。
10. 生活有规律，很少违反作息制度。
11. 在多数情况下情绪是乐观的。
12. 遇到陌生的人感到很拘束。
13. 遇到令人气愤的事情，能很好地进行自我控制。
14. 做事总是有旺盛的精力。
15. 遇到问题常常举棋不定，优柔寡断。
16. 在人群中从不觉得过分拘束。
17. 情绪高涨时，觉得干什么都有趣；情绪低落时，又觉得什么都没有意思。
18. 当注意力集中于某一事物时，别的事很难使我分心。
19. 理解问题总是比别人快。

20. 碰到危险情景时，常有一种极度恐怖感。
21. 对学习、工作、事业怀有很高的热情。
22. 能够长时间做枯燥、单调的工作。
23. 符合兴趣的事情，干起来劲头十足，否则就不想干。
24. 一点小事就引起情绪波动。
25. 讨厌做那种需要耐心、细致的工作。
26. 与人交往不卑不亢。
27. 喜欢参加热烈的活动。
28. 爱看感情细腻、描写人物内心活动的文学作品。
29. 工作学习时间长了，常感到厌倦。
30. 不喜欢长时间谈论一个问题，愿意实际动手干。
31. 宁愿侃侃而谈，不愿窃窃私语。
32. 别人说我总是闷闷不乐。
33. 理解问题常比别人慢些。
34. 疲倦时只要短暂的休息就能精神抖擞，重新投入工作。
35. 心里有话宁愿自己想，不愿说出来。
36. 认准一个目标就希望尽快实现，不达目的，誓不罢休。
37. 学习工作同样一段时间后，常比别人更疲倦。
38. 做事有些莽撞，常常不考虑后果。
39. 老师或师傅讲授新知识、新技术时，总希望他讲慢些，多重复几遍。
40. 能够很快忘记那些不愉快的事情。
41. 做作业或完成一件工作总比别人花的时间多。
42. 喜欢运动量大的剧烈体育运动，或参加各种文艺活动。
43. 不能很快把注意力从一件事情转移到另一件事情上去。
44. 接受一个任务后，就希望立刻把它迅速解决。
45. 认为墨守成规比冒风险强些。
46. 能够同时注意几件事物。
47. 当我烦闷的时候，别人很难使我高兴起来。
48. 爱看情节起伏跌宕、激动人心的小说。
49. 对工作抱认真严谨、始终一贯的态度。
50. 和周围人们的关系总是相处不好。
51. 喜欢复习学过的知识，重复做已经掌握的工作。
52. 希望做变化大、花样多的工作。
53. 小时候会背的诗歌，我似乎比别人记得清楚。
54. 别人说我"出语伤人"，可我并不觉得这样。
55. 在体育活动中，常因反应慢而落后。
56. 反应敏捷，头脑机智。

57. 喜欢有条理而不怕麻烦的工作。

58. 兴奋的事常使我失眠。

59. 老师讲新概念，常常听不懂，但是弄懂以后就很难忘记。

60. 假如工作枯燥无味，马上就会情绪低落。

胆汁质 (A)	2	6	9	14	17	21	27	31	36	38	42	48	50	54	58	合计
多血质 (B)	4	8	11	16	19	23	25	29	34	40	44	46	52	56	60	合计
黏液质 (C)	1	7	10	13	18	22	26	30	33	39	43	45	49	55	57	合计
抑郁质 (D)	3	5	12	15	20	24	28	32	35	37	41	47	51	53	59	合计

汇总：A(   )   B(   )   C(   )   D(   )

评分与解释：

1. 如果某类气质得分均高出其他三种4分以上，则可定为该类气质。如果该类气质得分超过20分，则为典型；如果该类得分在10~20分，则为一般型。

2. 两种气质类型得分接近，其差异低于3分，而且又高出其他两种4分以上，则可定为这两种气质的混合型。

3. 三种气质得分均高于第四种，而且接近，则为三种气质的混合型。

4. 如果4栏分数皆不高且相近(<3分)，则为4种气质的混合型。

此外，凡是在1、3、5…奇数题上答"2"或者"1"，或者在2、4、6…偶数题上答"-1"或"-2"，每题各得1分，否则得半分。如果你是男性，总分在0~10分之间则非常内向，11~25分之间比较内向，26~35分之间介于内外向之间，36~50分之间比较外向，51~60分之间非常外向。如果你是女性，总分在0~10分之间非常内向，11~21分之间比较内向，22~31分之间介于内外向之间，32~45分比较外向，46~60分之间非常外向。

A. 如果某一项或两项的得分超过20，则为典型的该气质，例胆汁质项得分超过20分，则为典型的胆汁质；黏液质和抑郁质项得分超过20，则为典型黏液—抑郁质混合型。

B. 如果某一项或者两项以上得分在20分以下、10分以上，其他各项得分较低，则为该项一般气质。

C. 若各项得分都在10分以下，但是某项或者几项得分较为高(相差5分以上)，则为略倾向于该项气质(或几项混合)。例如略偏黏液质型，多血质—胆汁质混合型。

D. 其余类推。

一般说来，正分值越高，表明被测越具有该项气质的典型特征；反之，分值越低或者越负，表明越不具备该项特征。

第二节　发展积极的心理品质才能快速成长

大学生是一个特殊的群体,具有这个阶段心理发展的特点。大学生如果能够摒弃消极心理,产生一系列与积极行为有关的心理过程,包括幸福感、满意感、最佳状态、专注与投入、乐观与希望、感恩与宽容等认知和情感,那么,对于大学生在学业成就上、人际交往中、面对压力时,就可以变得从容而自若。发展积极的心理品质,就能够使大学生快速地成长和适应社会和环境。

一、大学生的学习与认知活动

从繁忙的高三步入大学,由于教学环境、学习任务、角色转变等变化,许多大学生在进入大一后,在学习方面突然感觉不能进入状态了,要么觉得过去的学习方法不再适合现在的学习内容了;要么觉得没有以前的压力,似乎学习动力不足了;要么就是觉得学习压力过大,而自己却无从下手,内心的孤独感剧增,备受困扰。这些学习心理的行为表现在大学生中非常普遍,特别是刚刚入校的时候。那么,怎样才能尽快地适应大学的生活,实现从基础教育到高等教育的转变,是大学生进入大学的首要任务。

(一)大学学习的实质

▶ 1. 什么是学习

学习是指参与学习的人通过经验或者反复练习而改变自身行为的过程,学习对于人类来说,是一项最有意义的基本活动。学习的过程是把接收到的信息和积累的经验转化为知识、技能、行为和态度的过程。

当然,经历过十多年寒窗苦读的学子们要知道学习其实是一个非常复杂的心理过程,这一过程需要全部的智力因素的积极参与,也需要各种非智力因素的参与,学习与感知、注意、记忆、思维、想象等认知过程相关,还与学习者本身存在的学习动机、情绪、态度、意志、个性等非智力因素直接相关。比如说,学习的动机是一个人学习的动力,为学习提供最基本的动力来源,而情感上的自制力、热情度、持之以恒的意志力等也都是使学习成功所必须的因素。所以,学习的实质就是学、思、练、行的过程。

根据学习的方式和实践的方式不同,学习又有广义的学习和狭义的学习之分。广义的学习是人类和动物都具有的,例如动物界中的雏鸟学飞,其实也是学习,广义的学习是指在生活、生存的过程中,凭借经验而产生的行为的变化。而狭义的学习更多的是指人类的学校教育,在各级各类学校这个特殊环境中,在教师的指导下,有目的、有计划、有组织地进行的学习,是在较短的时间内,系统地接受前人积累的文化经验,以发展个人的知识技能,形成符合社会期望的、以道德品质为主要任务的活动。

我们之所以要重视学习,是因为学习是在为自己将来的生活做准备,当然学习也是大学生最主要的任务。

▶ 2. 影响学习的三个心理机制系统

（1）动力系统

学习要有效率是需要有动力的，所以学习的动力系统主要是负责学习的开始和继续的系统。进一步来看，学习动力系统的心理机制是动机。动机就像发动机一样，是推动和维持个体的学习朝着一定目标前进的心理倾向。学习的动机对学习最后的结果存在直接的影响。学习动机可以制约学习积极性，而学习的积极性其实是学习动机可视化的外在表现，是学习活动中表现出来的主动、坚持、投入等积极的状态。学生的学习积极性没直接影响到学习的有效性，如果一个学生的内驱力比较强，自身有着强烈的求知欲望，那么他在课堂上必然注意力非常集中，并且能够主动参与学习，积极发问，学习的效果会更好。而有的学生缺乏学习动力，觉得学不学无所谓，考大学也只是完成父母的心愿，这种状态则说明他的学习内驱力是外在的要求和外在的压力，必然会导致自己缺乏学习的主动性，学习的效果自然也不会很理想了。著名的认知心理学家加涅指出，教学活动只是一种目的在于影响学习者内部过程的外部刺激，对知识学习和掌握主要靠学生自己去完成，就此他提出的观点就是教学活动必须与学习者内部心理活动过程相吻合。

（2）操作系统

学习的操作系统是负责信息知识的接收、加工、存储、输出等具体实质性学习职能的系统。学习是认知的重组过程，学生接收外界影响并不是一个消极被动的过程，而是一个主动与客观环境相互作用的学习过程。在这个不断学习不断进步的过程中，学生首先要接受外界的知识和信息，然后再对信息进行分辨、确认、深入加工、转化，最后根据信息本身的特征和内部联系，在头脑中对其进行分解、组合等活动，建立新的认知结构，这个过程其实就是我们平时经常说的对知识的理解。对知识的理解我们经常见到的有两种方式，一种是直接观察，一种是理解概括。有的学生之所以学习效果不好，是因为他只是把老师讲的内容直接记下来，并没有通过自己的理解加以概括，没有开动脑筋自我加工理解，那么对于知识的迁移能力就会比较弱，就没办法达到知识的触类旁通。所以，认知活动经过大脑的选择、建构之后，最重要的应该是理解后的应用环节，通过运用所学知识解决具体问题，达到对新知识的理解验证和巩固。

（3）控制系统

学习的控制系统对前面所说的动力系统和操作系统起到主导统筹的作用，它驾驭和控制着整个学习的过程，包括学习计划和学习评价两个机制。有效的学习离不开学习前适合自身的学习计划，只有事先明确了学习目标，才能合理安排时间，懂得将学习资源合理利用。学习最终没有正确的自我评价，也就不能及时做出调整，更不可能扬长避短，对存在的问题我们应该是可以找到主观原因，也能找到客观原因，这样在学习的过程中，就不会显得盲目，也能够及时发现自己的问题，既不会浪费时间，又能提高效率。了解自我学习控制系统，有利于学习者自己对于学习的掌控。

▶ 3. 大学究竟学什么？

作为一名大学生，大学究竟要学些什么？大学又该如何度过才不是虚度时光？这些问题对于很多高校的学生来说，一直到大学毕业，都没有想明白。大学的学习其实是一个让年轻人明白自己需要提升哪些方面的素质的过程,这包括大学生适应外部世界所需的提升和对自己的充实,不断丰富自己、发展自己,对自己所选择的专业进行深入学习,对自己的人生进行科学规划,对自身的人文精神和科学素养进行提高和培养,等等。

(1) 学习具体的专业知识

大学不同于基础教育,基础教育是未分化的学习,而大学是专业知识的具体学习阶段。每一所高校都按学生高考填报的专业对学生进行划分,所以大学生的学习是在自己根据兴趣爱好选择了专业以后才开始进行的。这样的教育具有针对性,各专业之间的课程设置、教学内容、人才培养目标等都具有非常大的差别。所谓的"专业定制"学习,都是为了让大学生将来走上工作岗位,适应社会需要所开展的教学活动。但是,我们这里所说的专业,并不是指"单一",不等于大学生的学习就只是局限于自己的专业学科课程学习,不同的专业之间的课程、专业与专业之间的关联也是非常常见的。另外,每一个专业对学生的德、智、体、美等方面的全面发展都是非常重视的。所以,大学的学习不仅要在专业的深度上,还要在知识面的广度上增加。

(2) 适应开放式教学方法

大学教学的方法多数是开放式的,教师的教学内容不仅仅局限于书本知识,对本专业的课程所联系的现代化应用发展及理念等都会在教学内容中体现。不论哪一个学科,都需要有实践的过程,有的是通过实验,有的是通过实训,有的是通过实习……来对所学到的理论知识进行应用和提炼,让学生从做中学,再从学中来做,都是开放式教学方法的体现。还有,现在的高校提倡"双师型"教师,我们的很多老师既是行业一线的工作者,同时又在高校承担教师身份,这双重的身份能够把生产一线和行业前沿的需求带到大学课程教学中,也能够激发学生的知识迁移和应用能力。

(3) 形成自主性学习思维

大学的学习就正如老话说的"师傅领进门,修行靠个人"。进入大学后,大学生有非常多的时间安排自己来做什么、怎么做。再来看大学的课本,厚厚一大堆,这些有可能都是要在一学期内学完的内容,老师们往往都是只讲线索和框架知识,具体的内容还需要学生自己养成自主性学习的习惯和思维,才能够将自己需要的知识内化成自我的营养。大学里,学习的途径有很多,学习的方式也很多,图书馆、电子阅览室、各种MOOC平台、学术讲座、专题报告会、社会调查、社会实践、社团活动、志愿者服务、创新创业实践、各类学术竞赛等都是学习的渠道和平台,只有养成了自主性学习的好习惯,才能够让自己有最大的提高。

(4) 整合各方面的能力

大学的教育更加注重学生知识的学习、能力和素质的全方面培养。而大学生很多时候处于大学生身份和高中生身份的转换,也有大学生身份和社会人身份的转换。这时候,我们需要做的就是把自己除开知识和理论以外的其他能力有机整合在一起,例如人际交往能力、个人规划能力、信息收集能力、组织能力等,让自己能够成为一个全面发展的人才,为走进社会做准备。

拓展阅读

我是谁，我怎么了

不知道自己该干什么，没有人生目标，过一天算一天，这种现象在大学生中相当普遍，有关统计显示，当代大学生有明确人生目标的比例不足20%。

美国哈佛大学曾经有一年对即将毕业的天之骄子们进行了一次有关人生目标的调查，结果显示，27%的人没有目标；60%的人目标模糊；10%的人有目标，但是没有具体实施计划；只有3%的人目标明确并有具体实施计划。

从小到大，我们每个人几乎都思考过这样一个问题：长大后，我想做一个什么样的人？可是在成长的过程中，我们中国应试教育的弊端慢慢显露出来：从小学到高中毕业，我们只有一个具体目标——考大学，其他目标都逐渐被这个目标所替代，所以一旦上了大学，多数人陷入了生活无目标的尴尬局面。

安就是这样一个男孩，班主任说他整天无所事事，既不和同学们打交道，也不和老师来往，学习不主动，劳动不参加，精神恍恍惚惚的，但又不像有精神类疾病。

因为不忍心看到他总是那么慵懒、颓废和彷徨，班主任就借着帮老师抬桌子的名义把安叫到了心理咨询老师的办公室，然后嘱咐他："安，你和老师先坐坐吧，我再去找两个同学过来帮忙。"为了了解安的问题，心理咨询老师就试图帮安打开心扉，跟他聊了起来。

"安，你毕业后想干什么？"

"不知道，我没有想过。"

"那么，生活中你有特别感兴趣的事情吗？"

"没有，我觉得什么都没有意思。"

"那你现在有最期待的事情么？"

"没有，我不知道自己有什么期待，我甚至害怕毕业。"

安一问三不知，已经失去了自我选择和决断。

每次面对这样的孩子，心理老师替他们着急。这类学生并非真的想这样平庸下去，只不过他们的思维受到了一定程度的限制，已经变得不会思考，也不想去思考了，不知道该如何为自己寻找突破口，更忘了他们曾经的理想和目标。于是，这个时候心理老师通常会给他们推荐朱利斯·法兰克博士的故事。法兰克博士是一位心理学教授，第二次世界大战期间，他在远东地区的俘虏集中营里无法忍受身体和心理上的折磨，想过一死了之。

但是有一天，一个人的出现重启了他的求生意念。

一位中国老人问他："从这里出去之后，你第一件想做的事情是什么？"这个问题法兰克博士以前从来没有思考过，死亡已经紧紧地占据在他心头。

老人的问题使他想到了他的太太和孩子。突然间，他认为自己必须活下去，有件事情值得他活着回去。有了这个活下去的理由，法兰克博士坚持到了战争胜利。

"安，你知道这个理由是什么吗？"

"有点懂，可是我和他不一样。老师，实际上我很迷茫，有时候我甚至不知道自己是谁，我该干什么。我们班主任老师对我们挺好的，她像我父母一样希望我听话，别惹是非，要好好学习。可是，学习对我来说没有任何乐趣，人与人打交道不过是在互相利用，上大学无非是混个文凭，有什么意义？所以，我觉得过一天算一天就是了。"

"你不认为自己这是缺乏生活目标导致的困惑吗？"

"目标？没有目标有那么可怕吗？"安斜着眼睛不相信地问。

"是的，目标给了我们生活的目的和意义。有位先哲说过：'没有目标，日子便会结束，像碎片般地消失。'"

"是啊，老师。我觉得不光我一个人，我周围的大部分同学其实也都这样。我们不清楚自己想做什么，所以干脆什么也不做。"

发展心理学讲，人在一生的发展过程中，各个时期有各自不同的发展课题。发展课题就是由一个时期过渡到另一个时期必须完成的学习或者训练。

有学者认为，人生的发展课题是个体必须学习的问题，它在人一生中的各个时期产生，如果这个能得以圆满实现的话，不仅给个人带来幸福，也为下一个课题的成功奠定基础；倘若失败，不仅造成个人不幸，更为以后的课题实现带来困难。

大学阶段最主要的课题之一是自我同一性的确立和防止同一性的扩散。安正是遭遇了同一性扩散的心理问题，在他身上集中表现了同一性的失调，导致他无法认识自己或无法确认自我，而使自己处于一种弥散、扩散、混乱状态。

经过故事的启迪、案例的列举、寓言和理论的阐述，安明白他的问题并不可怕，关键是认识不够，思维受局限，生活上也缺乏这方面的引导，后来安的一句话给心理咨询老师很大的震撼："老师，我太谢谢您了！长久以来我就想改变自己，但是无从下手。经过您的点拨，我知道我该做什么了。您以后要和我们多讲讲与我们生活紧密联系的这些事例，对我们启发太大了！"

时间掌握得很好，安的问题解决了，他的班主任正好也叫过来了两名学生。安走的时候还特别大声的和心理咨询老师道别："走了啊，老师，有什么需要帮忙的，一定叫我！"

教育的目标究竟是什么？这是一个值得所有人来思考的问题。而学习的目标又是什么？这个也是需要所有人来思考的问题。

关于同一性扩散或同一性混乱，有关学者把同一性扩散征候群的特点归纳为以下几点：

（1）同一性意识过剩。陷入"我是什么人""我该怎么办"的忧虑中，被束缚其中不能自拔而失去自我。

（2）选择回避和麻痹状态。有自我全能感或幻想无限自我的症状，无法确定自我定义，失去了自我概念，失去了自我选择或决断，只能处于回避选择和决断的麻痹状态。

（3）与他人距离失调。无法保持适宜的人际距离，或拒绝与他人交往，被他人所孤立，或丧失自我而被他人"侵吞"。

（4）时间前景的扩散。这是时间意识障碍的一种，不相信机遇，也不期待对将来的展望，陷入一种无能为力的状态。

（5）勤奋感的扩散。无法集中精力工作或学习，或发疯似的只埋头于单一的工作。

（6）否定的同一性选择。参加非社会所承认的集团，接受被社会所否定、排斥的生活方式和价值观。

（摘自《大学生心理健康与心理咨询经典案例》）

（二）大学生常见的学习困扰及其调适

大学生的学习困扰是指影响了大学生学习潜力的发挥，造成了自身学习效果不理想，并导致明显消极体验的各种学习心理困扰现象。现在的大学生，学习也是有很多困扰的，但是这些困扰很多并不是由智力原因造成，而是由于学生自己的学习环境、学习任务和身心发展特点等多种因素相互作用的产物。根据调查，目前大概有40%的大学生存在各种类型、程度不同的学习困扰。

▶ 1. 大学生常见的学习困扰

（1）学业生涯规划意志不强，学习目标不明确导致的学习动力不足

这一类的学习困扰比较常见，尤其是从忙碌的高三到了自由度较高的大学后，没有了高考的压力，很多学生进入大学后的感觉是无所事事，但是在大学里当你自己感觉到无所事事的时候，那就说明你已经处于迷茫期了，在这个迷茫期如果不进行自我调适和正确的引导，很容易受到外界的诱惑和干扰。被困扰的大学生对为何学习、如何学习以及未来自己发展方向没有明确的目标和定位，学业生涯规划意识缺失或能力较弱，导致学习内驱力不足，学习效率低、效果差。

（2）大学师生关系较宽松，失去学习监督者后自律性不足

大学与中学最显著的区别就是大学里师生关系的变化，中小学时老师与学生的关系是"盯人式"的管理和监督，而大学老师很多时候对学生的教学和管理是引导式的，这就需要学生有足够的自律性，老师和学生之间的距离感使刚刚进入新环境的大学生产生了莫名的孤独感、恐惧感，而大学生不太愿意主动跟老师交流，他们或许是出于害羞，或许是出于害怕等，这些都导致学生因为对老师的排斥而放弃某些课程的学习。

（3）学习方法和策略不妥导致学习效率较低

大学里老师都会说要找到适合自己的学习方法和策略，而方法和策略是每位学生根据自己的性格和基础不同而寻找的。每个班级里似乎都有"学霸"，也似乎都有"学渣"，但是我们应该认识到不论是学习标兵或是学习困难户，他们都是经过了高考进入的同一所学校，同一个专业，同一个班级，他们在学习的起点似乎是相似的，但是为何三四年下来，同学之间已经形成了比较明显的差距，从根源上来追究可能很多时候是自己的学习之门是不是打开了的问题。有的同学习惯每天6点起床晨读英语，课余时间都泡在图书馆，热衷于各类学术论坛和讲座；而有的同学除了每天完成各门课程的学习以外，积极参加各类社团活动，每周完成志愿者活动，不仅是学校的文体骨干，热衷于各类社会活动，也是主要学生干部；当然，还有的同学，早晨起不来，"选修课必逃，必修课选逃"，大学几年从没去过图书馆，对那些积极表现的同学冷嘲热讽，深居简出……这些都是大学学生之现状，究竟自己的发展方向适合怎样的策略，自己的学习究竟需要哪种方法，如果不能及时打开学习之门，必然会导致自身学习效率降低。

▶ 2. 学习困扰的调适

（1）加强对学校和专业的了解，学习职业生涯规划和学业生涯规划的知识，结合自身

实际，激发自我的学习兴趣，找准目标，并能为之努力和奋斗。

（2）请相信"三人行，必有我师"，善用自己身边的各种资源，高年级学长学姐的帮助、多跟老师主动沟通、积极参加学校各类社团活动以增加人际交往面和知识面、求助辅导员或学校心理健康辅导中心的老师等都可以在一定程度上解决自己遇到的学习和各方面的困扰。

（3）不断寻找并完善适合于自己的学习方法与策略，清楚了解自己上大学的目的和目标，实现学习过程中的全自主性，同时使学习更具有专业性和丰富性，学习科学的探索精神，充分发挥自身优势，发展多方面的学习技能。

互动小测试

大学生学习积极性自测小问卷

你的学习积极性怎么样？请自己测一测，根据实际情况，在赞同的句子前面打"√"，不符合或不赞成的句子前面打"×"。

（　）1. 如果别人不督促你，你极少主动的学习。
（　）2. 在读书时，你需要很长的时间才能提起精神。
（　）3. 你一读书就觉得疲劳与厌烦，只想睡觉。
（　）4. 除了老师指定的作业任务以外，你不想再多看书。
（　）5. 如果有不懂的，你根本不想设法去弄懂它。
（　）6. 你常想自己不用花太多的时间，学习成绩也会超过别人。
（　）7. 你迫切希望自己不用花太多的时间，成绩也会超过别人。
（　）8. 你常为短时间内成绩没能提高而烦恼不已。
（　）9. 为了及时完成某项作业，你宁愿废寝忘食、通宵达旦。
（　）10. 为了把功课学好，你放弃了许多感兴趣的活动，例如体育锻炼、看电影和郊游等。
（　）11. 你觉得读书没意思，想赶快去找个工作做。
（　）12. 你常认为课本上的基础知识没啥好学的，只有看高深的理论、读大部头的作品才带劲。
（　）13. 只在你喜欢的科目上狠下功夫，而对不喜欢的科目则放任自流。
（　）14. 你花在课外读物上的时间比花在教科书上的时间要多得多。
（　）15. 你把自己的时间平均分配在各科上。
（　）16. 给自己定下的学习目标，多数因为做不到而不得不放弃。
（　）17. 总是为同时实现好几个学习目标而忙得焦头烂额。
（　）18. 几乎可以毫不费力地就实现了自己的学习目标。
（　）19. 为了应付每天的学习任务，已经感到力不从心。
（　）20. 为了实现一个大目标，你不再给自己制定循序渐进的小目标。

【自评分析】

上述问卷中20个题目可以分成四组，它们分别用于测试学生在学习欲望程度四个方面的困扰程度。

1~5题测试学习动机是不是太弱，6~10题测试学习动机是不是太强，11~15题测试在学习兴趣上是否存在困扰，16~20题测试在学习目标上是否存在困扰。

假如你对某组（每组5题）的大多数问题持认同态度，即很多的"√"，那么就可以看出你对相应的学习欲望上存在一些不正确的认识，或者存在一定程度上的困扰。值得注意的是，并不是学习动机太强就一定是对的，动机应该是适度最好，太强或太弱都会对人造成一定的影响。

二、大学生情绪管理与自我调适

情绪是一个人对客观事物是否符合自己的需要而产生的主观态度体验，也就是我们通常说的喜怒哀乐等内心体验。人生活在这个世界上，难免要与周围的客观环境发生联系，外界客观事物对于不同的人来说也具有不一样的意义，所以每个人会对外界客观环境持有不同的态度。有些事物会让人高兴和愉快，有些事物会导致人忧愁和悲伤，有的让人气愤、有的让人紧张、有的让人放松……所以，人的情绪是多种多样的，不同的人对待同一事物的态度也跟个人的情绪有关。总的来说，情绪可以大致分为愉快情绪和不愉快情绪，积极情绪和消极情绪。

愉快的情绪主要以欢喜、快乐的体验为主，会使人感到精神振奋，积极向上；而不愉快的情绪往往会让人体会到忧愁和悲伤，这类情绪的出现，会导致人的精神萎靡，态度消极，例如我们常见的愤怒、抑郁、恐惧、痛苦、沮丧、紧张等，所以这些消极的情绪，通常又被称为负性情绪或不良情绪。

从情绪的定义不难看出，情绪的诱因是客观事物，是外在所引起的，但是客观外在本身并不会决定我们自身的情绪和感受，之所以我们会产生愉悦的情绪，是因为外在刚好符合了我们的需要，例如你受到了嘉奖，或者遇到了一个心仪的对象等；那么同理，之所以我们会产生负性情绪，是因为客观外在是不符合我们需要的，比如排队时遭遇他人插队，或是考试失利等；但是我们每天所面对的客观外在是多种多样的，有很多与我们的需要没有直接联系的事物，它出现了，给我们的感觉是不痛不痒无所谓，这类则属于中性刺激，一般自己不会产生特别的情绪体验。

此外，我们必须要强调一点，虽然说我们情绪的诱因是来源于客观外在，但是其实这个是取决于我们对客观外在的判断和评价，也就是我们前面讲过的关于"认知"的话题。认知因素在情绪体验中起着重要的作用。从外界刺激出现到情绪的产生，中间要经过对刺激的评估和认知，同一刺激情景，由于不同人的认知不同，所以对于它的评估也就不同，由此就会产生不同的情绪反应。可见，我们快不快乐并不是别人造成的，而是自己的态度和认知所决定的，因此，我们应该正确看待自己出现的各种情绪，不要去埋怨别人，要学会管理和调整自己的情绪，做自己情绪的主人。

（一）大学生的情绪特点

大学生这个年龄阶段，是人的情绪充分发展的时期，在这一个阶段，大学生们开始思考自己的人生意义，形成稳定的价值观，慢慢在尝试对自己的行为负责，开始有意识地锻炼自己各方面的能力，在不断成熟成长的过程中，情绪的发展也随之变得丰富多彩，有着其他年龄阶段不具有的特点。

▶ 1. 情绪的多样性

大学生的情绪体验之所以会多样化，那是由大学校园丰富多彩的生活决定的，当然大学生的自我意识不断发展，各种需要不断发展，加之外界环境的催化作用，使大学生产生了自尊、自信、自卑、自负等多种情绪，对爱情和友情的需求也不断增加，社交的需求不断增加，所以会产生多种多样以前在中学和在家庭里体验不到的情绪。

▶ 2. 情绪的冲动性

大学生从生理机能上来看，精力充沛、朝气蓬勃，而且尚未接触社会，对待事物都很热情、认真，但是容易感情用事，容易激动。大学生的情绪世界复杂，好打抱不平，往往容易心潮澎湃，对社会现象有自己的评价标准，显得血气方刚以及冲动。所以，当大学生遇到挫折时，他们对失败的体验感也非常强烈，有时难以控制难以自拔，甚至会做出伤害别人或者伤害自己的过激举动。

▶ 3. 情绪的不稳定性

大学生的情绪体验非常强烈，但是表现出来的却略显稚嫩，不够成熟，"风一阵雨一阵"的感觉，来得快，也去得快，有时候忽然激情高涨，奋勇向前，有时候又怨天尤人，自怨自艾；有时候兴奋难耐，盲目自信，有时候又悲天悯人，悲观失望。同时情绪波动起伏比较明显，而且还比较敏感，对人际关系中的细小变化体验感都非常强烈。这种多变、不稳定的情绪，很多时候大学生难以驾驭，给自己带来较多的困扰，觉得自己是不是心理出了问题，其实不然，这都是年龄段所决定的，只要能够及时引导，自我能够及时体验寻求帮助，就能很快调整好。

▶ 4. 情绪的内敛性

大学生相对于成年人来说，情绪的表达还略显简单和直白，但是和儿童、少年来比，自我的控制能力有所增强，情绪表现出现了一定的掩饰性和隐蔽性，喜怒不再溢于言表，这种特点是情绪自我调节、自我控制能力增强的表现，是适应社会的能力提高的表现，具有一定的积极意义，但是同时也有可能由于不会合理表达情绪，很多同学过于压抑自己，长此以往会导致心理健康受到影响。

(二) 大学生情绪困扰

▶ 1. 什么是健康的情绪

首先我们需要了解大学生情绪健康的评价标准。一般来说大学生如果能够做到情绪表达不带有幼稚、冲动的特征，日常言行举止、情绪表达时均能符合社会规范就算情绪成熟、健康了，具体来说，有以下八个标准(Saul L J. 1971)：第一，独立，不依赖父母；第二，有责任感及工作能力，减少对外界接纳的渴望；第三，去除自卑情结、个人主义及竞争心理；第四，适度的社会化与教育化，能与人合作；第五，成熟的性态度，能组织幸福家庭；第六，增进适应，避免敌意与攻击；第七，对现实有正确的了解；第八，具有弹性以及适应力。另外，还有心理学家经过研究发现，情绪健康的人身上往往都具备一些共同的行为特点：

① 承认自己的行为要对别人负责，在社会中能起一定的作用。

② 自我信任，能独立的解决问题，创造新的工作方法。

③ 能成功地处理日常生活中的各种紧张状态，能够按照自己的理解去做一些对他们的健康和幸福有益的事情。

④ 能现实地看待别人，而不是被过去的经验所约束，他们懂得人与人之间的正确关系，相信自己，也尊重别人。

⑤ 能按照社会的要求去行动。

⑥ 能摆脱偏见。

⑦ 独自一人时，不会感到孤独。

⑧ 能不断地从生活环境中得到美的享受。

⑨ 能经常从别人身上学习良好的东西，能礼貌待人，尊敬有特长的人。

⑩ 能区分目的和手段，能有效地寻找达到目的的方法和手段。

⑪ 有善意的幽默感，不讥笑别人的不幸，也不会通过伤害别人而引起人们发笑。而且，他们的幽默多是自发的而非刻意的。

⑫ 所体验到的情绪是合适的。

⑬ 能面对现实和接受现实，感到许多社交和业余消遣是值得花时间的。

⑭ 有能力去接受别人的爱，也能给予别人爱。

⑮ 他们的情绪是稳定的。

▶ 2. 大学生常见的情绪困扰

（1）忌妒

忌妒其实是人类的一种普遍不良情绪，在大学生中更为普遍，引起大学生忌妒的因素很多，例如外貌、能力、成绩、家庭条件、友情、爱情等，都可能成为产生忌妒的诱因。而如果一个人自尊心过强，虚荣心过盛，然而自信心不足，容易以自我为中心，认知本身存在偏差，自控能力弱等，更容易产生忌妒。忌妒会影响正常的人际关系，会造成同学之间有嫌隙，甚至关系紧张，人际关系不正常以后，会使自己的情绪长期处于烦躁、痛苦中。

（2）抑郁

抑郁是大学生中比较常见的一种情绪困扰，我们通常听到的抑郁是一种情绪，如果抑郁情绪不能及时排解，就很可能发展成抑郁症，那就需要进行专门的干预和治疗了。抑郁情绪是一种让人感到无助的消极情绪，常常伴有痛苦、羞愧、自卑和厌恶等情绪体验。抑郁情绪在大学生中的表现主要有：情绪低落、思维迟缓、郁郁寡欢、闷闷不乐、兴趣丧失、缺乏活力、食欲减退、失眠等。长期的抑郁会使人的身心受到严重的损害，会导致躯体化症状出现，无法有效地学习和生活。

（3）焦虑

焦虑是当今社会比较常见的一种情绪，因为现代社会科技日新月异，生活和社会压力都很大，所以人们很容易出现焦虑。焦虑是个体主观上预料会有某些不良后果产生或模糊威胁出现时的一种不安情绪，会伴随着忧虑、烦恼、害怕和紧张等情绪同时出现。焦虑的人常常会出现烦躁不安、思维受阻、行为不灵活、注意力难以集中等情况，严重的焦虑会伴随抑郁出现，会让人失去一切希望和情趣，甚至产生心理疾病。

（4）冷漠

冷漠是一种个体对待挫折环境的自我保护机制，是一种逃避式的心理反应，大学生的冷漠大多数体现在对人对事很冷淡、漠不关心的消极情绪体验。很多学生在刚刚进入大学时，对陌生的环境，尤其是对于从来没有住过校的学生来说，就会出现对周围一切很冷漠的自我防御机制。长期的冷漠对待周边事物，会使人际关系变得紧张，影响大学生的人格发展。

（5）压抑

大学生的情绪中出现压抑的情况非常多，很多学生会觉得教室里老师滔滔不绝地讲，自己糊里糊涂的听，让他觉得很压抑；宿舍里，室友之间的关系不太和谐，让他觉得很压抑；偶尔跟父母打电话，父母问起自己将来的打算，可自己从来没有规划过，所以特别压抑……如果一个人的情感不能得到尽情倾诉，就会变成压抑的情绪，压抑的情绪持续时间过长，会导致焦虑和抑郁的出现，进一步发展成为严重的心理问题。

（6）易怒

发怒是人的本能行为之一，发怒其实是指当客观事物与人的主观愿望相悖的时候产生的强烈的情绪反应。大学生年轻气盛，正处于情绪高涨、激情飞扬的年纪，有时候难以控制好自己的激情。遇到问题，很难冷静解决，大学生出现打架斗殴的情况非常多，很多时候究其原因其实就是一句刺耳的话、一件不顺心的小事情，就导致自己愤怒的情绪难以控制，而盛怒过后又追悔不已。

（三）如何做好情绪管理

其实，我们每个人的内心的承受力都是有限的，这个就是我们经常说的"底线"，而当某些客观世界的刺激导致我们的心理承受力崩塌，突破心理"底线"以后，就会出现消极的情绪体验，如果不及时化解这些消极情绪，就会给人带来严重的情绪困扰。如果长期强行地压抑情绪的外露，则会给人们的生理健康带来严重的危害，但并不是说一旦出现不良情绪，就要不分场合、不顾影响、不计后果地发泄出来，那样的宣泄就是典型的"盛怒伤肝"的做法，一有不愉快就号啕大哭，一有冲劲就撸起袖子蛮干一通，这不但不能真正把情绪宣泄出去，还会给自己带来更大的新烦恼。

所以，做好情绪管理是需要通过一定的策略，使情绪在生理活动、主观体验和表情行为等方面发生一定的变化，以建立和维护良好的情绪状态。有效的情绪管理可以让我们尽可能地减少自身消极情绪的体验感，保持心情愉快，促进身心健康，有利于我们提高知识水平、提高学习和工作效率，有助于培养乐观进取、积极向上的优良品质，建立和谐的人际关系。

这里我们要重点强调一个问题，大家要记住，情绪是没有好坏之分的，但是有正负之分。正向的情绪是一种积极向上的状态，能够使人充满活力，精力旺盛，起着协调和组织的作用；而负向的情绪，其实是一种不健康的主观体验，有较强的破坏力和瓦解力。所以，我们要学会管理情绪，做好自己情绪的主人。

如何做好自我情绪的主人呢？第一，自己要注重体验自己的情绪，内省自我，注重情绪生活的质量；第二，要充分了解自己处理情绪的风格，并且扬长避短，克服自己处理情绪中的不足；第三，要承认和接纳自己产生的正常的不良情绪，学会控制好，才能使自己的自控力加强；第四，要学会合理地、适当地表达自己的情绪，情绪管理不是压抑自我，也不是盲目宣泄，要找到合适的方法来排解它；第五，学会适合自己的方法用于缓解情绪，只要能让自己好过一点，尽量多去面对自我。

情绪的自我调适方法有很多，在这里，给大家推荐几种适合大学生进行自我情绪调适的简单方法，希望可以在关键的时候帮助你。

▶ 1. 自我暗示

自我暗示法其实就是人们经常说的"打鸡血"，暗示效应也称"皮格马利翁效应"或者"罗森塔尔效应"，又叫"期待效应"。它是美国著名心理学家罗森塔尔提出的。自我暗示又称为自我肯定，是对某种事物积极的叙述。我们自己用一些积极的理念和思想来代替我们过去的思维模式，可以让自己用暗示的力量去面对问题，比如，我们如果每天早上起来可以对着镜子里的自己会心的微笑一下，一整天的心情可能都会很好，这个就是暗示作用。当然，你还可以大声地对自己说"我是最棒的"，也可以在心里默默地告诉自己"我的目标一定会实现的"，等等。

拓展阅读

皮格马利翁的故事

皮格马利翁是古希腊神话中的塞浦路斯王子。相传，他一人独居，性情孤僻，但却擅长雕刻。他倾注了全部心血，把全部的热情和希望放在雕像身上，每天和雕像做伴，向雕像倾吐心中的思慕之情。雕像加勒提亚终于被他的真情爱意打动，从架子上走下来变成了真人，成为皮格马利翁的妻子。据说，他们的女儿帕福斯就是塞浦路斯南部海岸同名城市的始祖。

这是一则神话故事，但心理学家却从中得到很大启发。20世纪60年代末，美国心理学家罗森塔尔和雅各布里从一所小学的一至六年级中各选三个班，并在这些班的学生中进行了一次煞有介事的"发展测验"。他们对老师们强调说："请注意，我讲的是发展，而不是现在的情况。"同时还告诉校方，他们通过一项测试发现，该校有几名天才学生，只不过尚未在学习中表现出来。

八个月之后，他们又来到这所学校，对原来选中的十八个班的学生进行复试。结果，他们提供的名单上的学生成绩有了显著进步，并且情感、性格更为开朗，求知欲更强，敢于发表意见，与老师的关系也特别融洽。

原来这是罗森塔尔和雅各布里进行的一次期望心理实验，他们提供的名单实际上是随意抽取的，根本没有考虑学生的知识和智力水平。他们通过"权威性的谎言"暗示老师，坚定老师对名单上学生的信心，调动了老师独特的深情，让老师们扮演了"皮格马利翁"的角色。学生们潜移默化地受到了影响，变得更加自信、自爱、自尊、自强，更加幸福、快乐和奋发向上。

罗森塔尔认为,这是由于教师期望的影响。由于教师认为这个学生是天才,因而寄予他更大的期望,在上课时给予他更多的关注,通过各种方式向他传达"你很优秀"的信息,学生感受到教师的关注,学习时加倍努力,因而取得了好成绩。由此可见,积极期望对人行为的影响有多大!相反,消极的不良期望对人行为的影响也是不容置疑的。罗森塔尔就把这种现象称为"皮格马利翁效应",也叫"罗森塔尔效应"。

"皮格马利翁效应"说明,我们对他人的看法,无论是正面的还是负面的,都会对他人产生一定影响,他人的行为结果也会变得越来越接近这种看法。积极的期望能够促使人们向好的方向发展,消极的期望则会使人向坏的方向跌落。"说你行你就行,不行也行;说你不行你就不行,行也不行。"这是人们对"皮格马利翁效应"的最形象解读。

▶ 2. 改变认知

对于自我认知如何有效而良好的去改变,美国著名的心理学家阿尔伯特·埃利斯创建了"情绪ABC"理论,见图4-2:

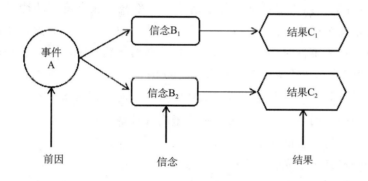

情绪ABC理论:同一件事情(诱因),因为不同的看法(信念),会产生不同的后果。

图 4-2 埃利斯情绪 ABC 理论

这个理论是认为一种刺激性事件 A 只是引发结果 C 的间接原因,而引起 C 的直接原因,应该归结到个体对刺激性事件 A 的认知和评价所产生的信念 B 上来,所以人产生的消极情绪和行为障碍 C_1 或者 C_2 不是由 A 直接引发的,而是由于经受这一刺激的个体对事件 A 的不正确认知和评价所产生的错误信念 B_1 或者 B_2 直接引起的。这里提到的错误信念也称为非理性信念,根据情绪认知 ABC 理论,我们可以用于日常生活中的一些非常具体的情况,例如,一个人走在路上,忽然有人很重地拍了他的肩,他没有回头可心里已经非常不舒服,这时候他会产生两种信念,同时回头,一种信念是"你谁呀?干吗拍我",另一种则是"肯定是哪位熟识的朋友在跟我打招呼",那如果是前一种情况,可能回头以后他会非常气愤甚至呵斥对方,如果是第二种情况,那么他会感到非常开心与愉快,因为他遇到了好朋友。所以,我们不难发现,人的不合理信念常常具有一些普遍性的特征。

(1)绝对化要求:是指个体以自己的意愿为出发点,认为某一事物必定会发生或不会发生的信念,它常常表现为将"希望""想要"等绝对化为"必须""应该"或"一定要"等。例如,"我必须成功""别人必须对我好",等等。这种绝对化的要求之所以不合理,是因为每一客观事物都有其自身的发展规律,不可能依个人的意志为转移。对于某个人来说,他不可能在每一件事上都获成功,他周围的人或事物的表现及发展也不会依他的意愿来改变。因此,当某些事物的发展与其对事物的绝对化要求相悖时,他就会感到难以接受和适应,从而极易陷入情绪困扰之中。

(2) 过分化概括:是一种以偏概全的不合理的思维方式,就好像以一本书的封面来判定他的好坏一样,它常常把"有时""某些"过分概括化为"总是""所有"等。具体体现在人们对自己或他人的不合理评价上,典型特征是以某一件或某几件事来评价自身或他人的整体价值。例如,有些人遭受一些失败后,就会认为自己"一无是处、毫无价值",这种片面的自我否定往往导致自卑自弃、自罪自责等不良情绪。而这种评价一旦指向他人,就会一味地指责别人,产生怨恨、敌意等消极情绪。我们应该认识到,"金无足赤,人无完人",每个人都有犯错误的可能性。

(3) 糟糕至极:是一种把事物的可能后果想象、推论到非常可怕、非常糟糕,甚至是灾难性的非理性结果,例如高三的时候很多同学总是在想"如果我没考上大学,一切都完了",这种想法是非理性的,因为对任何一件事情来说,都会有比之更坏的情况发生,所以没有一件事情可被定义为糟糕至极。但如果一个人坚持这种"糟糕"的观点,那么当他遇到他所谓的百分之百糟糕的事情时,他就会陷入不良的情绪体验之中,而一蹶不振。

了解了埃利斯的"情绪 ABC"理论后,我们就可以用合理情绪疗法来改变认知,解决自己遇到的情绪困扰,首先遇到问题时,应该认真思考自己的不良情绪和不良行为反应是否是由于不合理信念而引起的,然后再决定是否要采用合理情绪疗法调适自己;其次,要让自己充分认识到对于自身面临的问题,自己应当负主要责任,从而能够使自己从改变自我开始做起,而不是一遇到事情先找客观原因,怨天尤人;再次,找到自己内心出现的不合理信念,抽丝剥茧、层层剖析不合理信念的始末,然后改变不合理信念,建立起新的合理信念;最后,要学会去矫正过去在不合理信念支配下形成的不良行为反应,使自己的认知与行为重新协调一致,建立起良好的 ABC 行为反应链。

▶ 3. 转移目标

当我们一旦陷入深深的忧郁和焦虑不安的情绪中时,总会找些事情想办法让自己忙碌起来,这样便可以分散注意力,转移目标。一旦注意目标被改变,可以把那些不愉快的情绪暂时压制下去,重新激发新的愉快情绪。具体的做法因人而异,可选的方法也很多,比如你可以把不开心的事情先放下,去做点让自己开心的事儿,比如看电影、运动、吃美食等,或者可以尝试换换环境,去旅行、远足、亲近大自然,等等,这些方式都可以让你暂时忘记烦恼,等待应激时间过去一些,再来面对,或许可以看到不一样的结果。

▶ 4. 合理宣泄

宣泄的方式有很多种,宣泄疏导法也是一种非常常见的解除不良情绪的方法,而且效果显著,它具有简捷、易操作、收效迅速的特点。对情绪变化剧烈,心理反应敏感的大学生来说,合理宣泄情绪是一种最容易接受的方法,比如,我们常见的哭泣、倾诉、运动、写日记等都是宣泄的方法。

(1) 哭泣宣泄法:在我们感到特别痛苦和悲伤时,可以痛痛快快地大哭一场,哭能够将人体内导致情绪压抑的化学物质排除，能调节心理平衡。哭泣是消极情绪积累到一定程度的大爆发，就像盛夏的暴雨，酣畅淋漓，哭过之后，晴天很快就会到来，但是值得注意的是在哭泣的时候，注意时间和场合，不要带来不必要的其他压力。

（2）日记宣泄法：我们每个人都写过日记，日记本就像一个秘密基地，只有自己知道它藏了些什么，就像电影《花样年华》里的树洞一样，它的好处在于可以把那些因为各种原因而不能对其他人表露的消极情绪宣泄出去，既安全，又有效。

（3）运动宣泄法：运动有助于释放不良情绪，缓解心理压力，使人的情绪得到振奋。从生理学的角度来看，运动所产生的效应可以调整由压力引起的身体神经化学反应，通过帮助大脑更好地对抗压力，运动可以改进心理健康。这种方式既可以直接宣泄消极的情绪，又能达到锻炼身体、促进心理健康的目的。建议大学生每周要坚持3~4次运动，每次时间应持续30分钟以上，有助于身心健康发展。

（4）倾诉宣泄法：倾诉不仅可以宣泄情绪，还有助于磨合人际关系。遇到压力和问题时，可以向老师、家长或者最信任的朋友倾诉。人是一种社会性的动物，在快乐的时候与人分享，会得到更多的快乐，在痛苦的时候有人分担，就可以减轻痛苦。太多不愉快的事情隐藏在内心深处，会增加心理负担，如果这个时候有人是自己的倾听者，并且还能给自己一些新思路和新途径，就能增强自己克服困难的信心。

▶ 5. 借助心理咨询

学校的心理健康辅导中心，是帮助同学们解决各种情绪困扰的地方，我们要了解心理咨询，心理咨询不仅仅是咨询老师陪你聊天。心理咨询是一门科学、一门艺术、一种经验，是通过心理咨询老师的专业素质来帮助你学会以更有效的方式来对待自己、对待他人和生活中的各种困惑，以更好地适应社会。更不要有误区，觉得去心理咨询中心求助的同学都是心理有问题的，每个人的情绪都有不好的时候，就像伤风感冒，只要及时处理很快就能调整好的。

互动小游戏

呼吸放松训练法

呼吸放松就是要体验者学会在紧张、焦虑等情绪出现时，通过主动调节自己的呼吸，使其身体得到放松，从而达到改善其紧张、焦虑等情绪的目的。

准备动作：呼吸放松有三种准备姿势。坐姿：坐在凳子或椅子上，身体挺拔，腹部微微收缩，背不靠椅背，双脚着地，并与肩同宽，排除杂念，双目微闭；卧姿：仰面平躺，双脚伸直并排，双手自然地伸直，放在身体两侧，排除杂念，双目微闭；站姿：站在地上，双脚与肩同宽，双手自然下垂，排除其他想法，双目微闭。

动作要领：第一步：将注意力集中在肚脐下方，也可以将手放在腹部以集中注意力；第二步：用鼻孔慢慢地吸气，将吸入的空气充满整个肺部，屏住呼吸几秒钟，以便氧气与血管里的浊气进行交换；第三步：用口慢慢呼出空气。重复数次，直到你有放松的感觉为止。放松训练可选择在睡前进行，这样能有效地放松身体及帮助睡眠。待熟练掌握此方法后，可以随时随地进行呼吸练习，尤其在焦躁不安时进行，可以让你的情绪尽快得到舒缓。

注意事项：吸气要深而饱满，也就是说吸气的量要尽量大，使自己的腹部有鼓胀感；呼吸的频率要缓慢、有节奏，无论此时你站着、躺着、还是坐着，都要尽量使自己有轻松、舒适感；每次呼气，可以在脑海中默念"放松"或者"安静"，想象自己的身体正在放松，并且变得温暖、轻松。

三、大学生的人际交往与人际关系

每个人都生活在这个世界的各种人际关系网络中，没有一个人的成长和发展可以离开人际交往。对于大学生而言，无论是在学校学习，还是毕业后走入社会都不能没有人际交往。具有良好人际关系和人际交往的学生大都能保持开朗的性格、热情乐观的品质；如果缺乏人际交往和和谐的人际关系，就容易产生精神上、心理上的孤独感和紧张感，难以化解自身的心理矛盾，过于严重的，还有可能导致病态心理的出现，影响个人的身心健康。

（一）人际交往的含义和在成长中的作用

▶ 1. 人际交往的含义

人际交往指的是人们在社会生活中交流信息、沟通感情、相互作用和相互知觉的过程，其实如果通俗点来看，人际交往最直接的表现是人与人之间的心理距离。人和人之间的交往，要满足两个最基本的特征，一是沟通，二是相互作用。如果两个陌生人之间心理距离较远，一个人在喋喋不休，另一个人就充耳不闻，那他们之间能不能称得上是人际交往呢？显然不能，因为他们之间的沟通是无效沟通，而他们彼此之间是没有出现相互作用的。人际交往的直接结果是建立起人际关系，我们所说的人际关系就是人们在社会活动过程中所形成的建立在个人情感基础上的相互联系，也表现为人与人之间的心理关系。但是这种关系一旦建立起来，就会反作用于人们的交往。

大学生的人际交往可以从广义和狭义两个角度来看。广义的人际交往指的是大学生和与之有关的一切人相互作用的过程，即人际交往的主体是大学生，可以是个体也可以是群体，而人际关系的对象同样可以是个体或者群体。这些人际关系中有的对大学生的身心具有重要的影响，如父母家人、好友恋人、老师同学之间的人际关系，有的作用也无关紧要，例如偶然相识的校友等。狭义的人际交往就比较具体了，就是我们在学校期间和周围与自己有关的个体或者群体的相处及交往，是大学生之间以及大学生与他人之间相互沟通、交换思想、情感表达和行为协调的互动过程，其中最主要的其实是同学之间和师生之间的交往。但是不论是广义的人际交往还是狭义的人际交往，都有三个共同的过程构成：信息交流、动作交换和相互理解。

▶ 2. 人际交往在大学生成长中的重要作用

（1）信息沟通与交流

信息交流其实就是人际沟通，而我们现在处于的正是信息飞速发展的时代，信息量之大，信息价值之高，都是前所未有的，而人与人之间的交流也因为信息时代各种媒介的发展而变得越来越宽泛。人们对拥有的各种信息和利用信息的要求，随着人知识面的增长，信息量的扩大也在不断地增长。通过人际交往，人与人之间可以相互交流和传递信息，使自己的视野更开阔，思维更活跃。大学生本来就是一群思维极其活跃的年轻人，互相聚在一起，你有一个观点，我有一个观点，通过交流就碰撞出了更多的观点，这些观点极富创造性，甚至可以推动社会向前发展。孔子曰，"三人行，必有我师焉"，所以信息沟通和交流能够使大学生通过人际交往成长为一个知识丰富，见识广泛的人。

（2）自我认知与自我完善

唐太宗说："以铜为镜，可以正衣冠；以古为镜，可以知兴替；以人为镜，可以明得失。"其实说的就是人要有自知之明，要能够清楚地自我认知是一件非常困难的事情，需要以他人为参照，就像照镜子，从与他人的比较中，就能够了解自我，深化自我认知，确定自我形象。一个人要想知道自己的能力有多强，哪些方面有过人的才能，都需要社会交往和与别人进行比较才能知道，离开了交往对象或者比较对象，就没有衡量自己的标尺或者帮助自己认识自我的镜子了。

一旦能够认知自我，那么就可以针对自己的短板和缺点，有针对性地调整自己，使自己进步，不断地进行人际交往，久而久之会找到合适的交往对象以及交往中的话题和内容，其实就是我们常说的"人以群分"，在一个有共同话题的圈子里，人的进步是很快的，因为思想的碰撞是最有利的学习方法，例如可以学习别人的知识和技能，同时也能学习别人的思维方式、品德和价值观、还可以学习别人的生活方式等。而事实上大学生在与同学交往时也会发觉对方知识面很广，跟他做朋友可以学到很多东西，或者是他的性格很好，跟他做朋友很舒服，因为他总是充满正能量，等等，其实都是希望通过人际交往能够让自己变得更好，更完善。

（3）心理成长与心理健康

人际交往不仅满足人的生理需求，还能够满足人心理上的需求，例如前面所说的倾诉能够缓解心理压力，人际交往就是倾诉的基础。在情感上和精神上的成长离不开人际交往，因为人与人之间的交往和相处，即使只是一般的谈笑风生，都会让人精神愉快，起到心理保健的作用。

大学生情绪波动大，人际关系的好坏会产生两类情感：一类是结合性情感，表现为人际关系中的肯定、接纳、积极的态度，有利于发展人际关系；另一类是分离性情感，表现为否定、排斥、消极的态度，会削弱人际关系。人际关系彼此兼容，那么彼此都会感到心情舒畅、愉快；如果双方相互排斥，彼此就会感到孤独寂寞、心情抑郁，就会损害健康，甚至有过激行为。

大学生的心理状态处于不稳定的状态，积极的人际交往容易形成自信乐观的人生态度，相反缺乏积极的人际交往，不能正确对待自己和他人，就会目光短浅，心胸狭隘，容易形成精神上、心理上的巨大压力。所以，我们鼓励大学生形成并建立良好的人际关系，有了良好的人际关系就容易保持开朗的性格，热情乐观的品质，从而正确对待现实生活中的各种问题，化解生活和学习上的各种矛盾，形成积极的心态适应即将面对的压力和生活。

人对归属感、友谊和爱等情感需求的正当满足，是可以通过和谐的人际交往来实现的，尤其是大学生这个群体，在遇到挫折，遇到烦恼和迷茫困惑时，通过人际交往能够及时地宣泄和排解负面情绪，建立并维持乐观开朗、积极上进的良性心态，促进身心健康。

总而言之，人类的心理适应，最主要就是人际关系的适应，人类的心理病态，也主要是由人际关系失调而来。和谐的交往可以使大学生保持心理平衡，也可以满足大学生的心理需要，可以体会到自己在集体环境中的个人价值，并产生对集体和他人的亲密感和依恋之情。

拓展阅读

川大学霸寝室，6人"组团儿"保研

在四川大学华西校区有这样一个学霸寝室——女六舍327。宿舍里的6名临床医学专业的同学，全部成功保研，两个保送本校，两个保送到中山大学，另外两个保送到上海交通大学。

她们是一群什么样的人？在学习上又有哪些窍门？大川采访了她们的"寝室长"蒋友慧同学，一起来听听她们的故事。

"有人陪伴的日子，再辛苦也不觉得累。"

故事要从刘佳琦转专业开始。"比我们大一级的佳琦学姐从预防医学专业转到了临床医学专业，因为要补临床专业的基础课程，就和我们五个相遇了。"蒋友慧回忆说，2016年她们从江安校区搬到华西校区的时候，便"组团儿"住到了一起。

在经历了转专业和狂补课程后，为了能够顺利升学，大四的佳琦每天都是327寝室起得最早、睡得最晚的人。终于，她在去年顺利拿到推免名额，保送到了中山大学附一院肾内科专业。

"佳琦学姐在这一年里给了我们很多帮助，比如课程上的指点、学习资料的分享、大三大四的规划，等等。最重要的是，她成为'327'第一个成功保研的人，让我们看见了努力和坚持的成果，我们真的特别开心！"蒋友慧说，这也坚定了其他室友保研的信心。

为了保证大家的学习和睡眠，"327"还制订了"寝室公约"。蒋友慧说，在"327"最幸福的就是无论你什么时候想睡觉，都能睡个好觉！"因为平时学习很累，事情多的时候室友们经常会熬夜，所以白天任何时间都可能有人在小憩，大家后来就养成习惯，回来的时候轻轻开门、轻轻关门，小声地问一句'有人睡觉吗'？有人睡觉的话就一定会保持安静。"327寝室的每个人都严格地遵守着寝室公约，晚上12点之前一定会洗漱完毕，上床看书或者睡觉。

"到了大四，为了节省寝室与自习室间的往来时间，室友们基本就在寝室自习了，效率完全不比自习室的效果差！"

"医学生期末考试想要考60分很容易，但是想拿90分就需要很强大的内心：早起、熬夜……不间歇地学习，大家常常处在崩溃边缘，但最后都咬咬牙挺过去了。"聊起期末考试，蒋友慧说，在"327"没有人觉得相互之间是竞争关系。

从大三住到327寝室开始，6个女生的目标就是全部保研，所以一得到考试相关信息或资源，她们就会马上分享；期末复习科目很多，室友们会分工总结一些科目的重点，考前一晚还会一起押题、一起梳理知识点；甚至在保研面试前，她们也会一起模拟练习。

蒋友慧感叹："这种无论什么时候都有人陪伴的日子，即便再辛苦也不觉得累！"

"其实，我们和普通的女生一样。"

除了一起学习，327寝室的姑娘们也会一起到春熙路逛街买化妆品、一起在学校周围的旮旮角角找美食、一起制造美好的回忆……

刘佳琦来自广东，是"327"的温暖担当、跑步达人。她对室友们来说是一个超级温暖的姐姐。跟什么事都能想得很周全的她在一起，室友们总是很安心。外表甜美的刘佳琦特别喜欢跑步，参加过很多次马拉松。

来自重庆的蒋友慧是"327"的资深吃货，外号"酱油"。当室友都在刷朋友圈的时候，她却在大众点评刷美食推荐，每次体验完一个餐厅她还要专门拍照写评论发表在美食网站上，目前她已经成为美食点评网站的VIP，每月都能在网站上抢到"霸王餐"。每次寝室聚餐、选生日蛋糕等，都由蒋友慧一手安排，她的选择从来没有让大家失望过。

来自四川的邹雨桐是"327"的美妆担当，资深Tony，大家都叫她豆豆。刚搬到华西校区的时候，宿舍6个人全部都是素面朝天，从小学画画拥有超强美术功底的豆豆成为寝室里第一个学会化妆的人，而且很快成为行家，手把手教学带领室友们走向"小仙女"的世界。在寝室里，大家最开心的时候就是有人买了口红大家一起试色，现在的"327"已经拥有了快40支口红！

湖南人李佐艺是"327"的护肤担当、寝室宝宠，最爱到B站上种草，学习各种护肤品的使用。室友们一起去逛街，她就会给大家讲解各种护肤品的用法和好处。桌子上瓶瓶罐罐最多、每天花最多时间擦脸的精致女孩一定是她，当然寝室里最白最嫩的也是她。虽然室友都很爱她，但是每次拍照却没有人愿意站在她旁边。

来自河北的夏子茹是宿舍的肌肉担当、爵士女王。因为名字"子茹"倒过来看很像"茹子"，所以室友们就亲切地叫她茹子。她是"327"唯一一位四肢协调、拥有马甲线、体脂率超低的姑娘，而且她还能搬动桶装水、还会跳爵士舞、还是全寝成绩最好的。

来自陕西的张亦弛是"327"的可爱担当、快乐源泉。她就像大家的妹妹一样，对所有事情都充满好奇，经常会说一些脑洞大开的话给大家带来快乐："我给你们说，我今天看了个特别恐怖的电影！它的主题是环保！"

虽然实现了共同保研的理想，但这两年一直有一个问题困扰着327寝室，那就是"脱单"。每次寝室夜聊都逃不过"为什么我们没有人追"这个话题。蒋友慧调侃说："讲道理，几个妹子颜值也不算特别差吧，除了不会撒娇、不会卖萌、不会生气、自己能拧开瓶盖、能扛桶装水、能组装衣柜以及大部分时间都在学习以外，其他没有任何问题嘛！"

谈到未来的规划，蒋友慧说，寝室6个人中5个人直博，另外1个已经到国外参加交流项目。"大家都觉得最重要的是学习英语，除此之外还希望抓紧时间学点才艺、练练马甲线之类的。以后的话就是认真跟着自己的导师做事吧！"

学霸有话说。

刘佳琦："虽然和大家不同年级，但是相处还是很愉快，大家都很努力，自己也尽可能地去帮助她们，祝大家前程似锦！"

蒋友慧："我蛮害怕和很情绪化的人相处的，但幸运的是寝室的姑娘都很理性，两年来整个寝室没有闹过任何矛盾。我们是真的真的希望对方更好。"

夏子茹："妹子们虽然性格爱好不同，但会为了共同的目标一起努力，又互不打扰，从来不会好奇其他人在做什么，每个人都有自己的空间，既亲密又独立。"

邹雨桐："我们寝室是一个互相包容，有着共同奋斗目标和积极向上氛围的寝室。我们会把底线先说出来，列成室规；把别人放在心里，做什么事情都多考虑下别人的感受。这些说起来都是小事，但对于矫情的小女孩儿们其实很重要，哈哈哈。"

李佐艺："当初因为巧合进了这个寝室，没想到这成就了我在大学最美好的回忆。一起整理资料、复习考试，一起吃饭、唱K、看电影，一起化妆、拍照、住民宿。进入这个寝室我实在太过幸运，超爱你们！"

张亦弛："我们既是室友，又是神助攻。想起大家分工协作共同奋战的日子，感谢缘分让我们走在一起。'327'一线牵，珍惜这段缘！"

摘自《四川大学报》，2018年10月29日

（二）人际关系与人际交往的要领和原则

《孟子·公孙丑下》中有一篇著名的文章《得道多助 失道寡助》，其中谈到"天时不如地利，地利不如人和"，"人和"指的就是良好的人际关系。

▶ 1. 人际关系与人际交往的要领

在人际关系上，人人都希望能够广结善缘，但是广结善缘的前提是需要改变自己。我们应该清楚地知道自己在什么情况下应该改变和改善自己，在什么情况下应该承担和放弃。人与人之间的关系其实很复杂，有的人际交往和人际关系是可有可无的，我们也没必要难为自己。而有的人际交往和人际关系确实是非常必要的，对于这些必要的人际关系，我们只有选择改变自己、改善自己的关系，但是这种改变和改善不是盲目地去阿谀奉承，追其原因是因为我们无法改变别人，就只能改变自己的心态、行为、性格等去适应。建立良好的人际关系，有一些比较实用的要领。

（1）尊重别人，多一点宽容和理解

人际交往中，找到与自己个性合得来的交往对象，是最完满的状态，但是我们在交往过程中往往会遇到各种各样的人，对于不同性格的人，有时候我们会感觉相处起来格格不入，甚至会看对方不顺眼，但是我们要学会接纳差异性的存在，不要瞧不起别人，也不要瞧不起自己。在交往中，我们应该尊重别人，对别人与自己不一样的地方和对方的缺点多一点宽容和理解。

（2）敞开心扉，真诚待人

富有真情实感的人才容易交到朋友，敞开心扉才能够将自己内心的真诚释放出来，成为自己最有魅力的法宝。一个人如果有着广阔的胸襟，就能够接纳、欣赏与自己不同类型的人和不同的观点。只要积极主动地放开心灵的枷锁，就可以做到微笑待人，而不是"职业假笑"。真诚待人就是要敢于讲真话，对于自己身上存在的问题不要遮掩，要正视，要乐于接受别人的意见，这样才能在人际交往中不断增强自己的心理素质，完善自己。

（3）改变观念，客观对待

人们之所以人际关系会紧张，是因为很多时候主观的观念预设了很多场景，所以一旦

外界的人和事不能随自己意愿的时候，就会觉得对方沟通困难。这时候如果我们能够转变思想观念，不要去预设别人，放开心胸，尊重每个人的生命特质，除去先入为主的偏见，便能有助于人际关系的发展。

▶ 2. 人际关系与人际交往的原则

(1) 换位思考

我们每一个人，都有自己独立的思考能力和独立的人格，做人的尊严和法律赋予的权利和义务都是一样的，所以人与人的交往是平等的。这种平等是随时提醒我们要站在他人的角度上来考虑问题，换位思考不仅可以避免了其中一方盛气凌人、颐指气使，也能够使自己的性格更加完善，懂得替他人着想。大学生们往往个性很强，互相不服输，而且同学们来自全国各地，生活习惯和性格养成是完全不同的，如果我们能够多换位思考，就能够使彼此的交往变得轻松，形成良好的人际关系。

(2) 勇于示弱

人与人之间的关系有时候会很紧张，是因为各持己见导致僵持不下，但是我们要学会有示弱的精神。示弱不是趋炎附势，也不是自降身价，是在自己犯错的时候，敢于承认错误，是在对方态度坚决而又不会损害到彼此利益的问题面前，自己选择退一步海阔天空。如果双方都很要强，人际交往就会变得很难受，就变成了一种有压力的人际关系。虽然说有时候示弱看起来像一种自我否定，但是却会给自己和他人带来巨大的轻松感，适当的示弱还会让别人觉得自己很谦虚。

(3) 互助互利

在残酷的社会竞争里，很多"过来人"会告诫你人与人之间充满着"尔虞我诈"。但是我们客观地来说，人际关系是交往双方的心理需要都能获得满足的时候，这段关系才能继续发展下去。所以，交往的双方，应该本着互助互利的原则。互助就是当一方需要帮助时，另一方要尽己所能去给予对方帮助，这种帮助不仅仅可以是物质方面的，也可以是精神层面的。互利不是指在对方身上获取利益，而是要双方都能克服极端的个人主义，与人为善，乐于助人，你帮别人克服了困难，他会感激你，而别人帮你渡过难关，你也会感激他，这就是典型的互助互利。

(三) 大学生人际交往的常用技能

▶ 1. 学会欣赏别人

每个人都有优点，也会有不足，如果我们只看到别人的不足，而忽略了对方的优点，那么我们就会把别人的缺点放到无限大。人性最深切的渴望都是想被人肯定和欣赏，既然如此，我们就该学会从别人身上找到闪光点，并且加以赞赏。但是请注意这种赞赏是出自真心的夸奖，而非阿谀奉承。在大学校园里，有很多同学出于各种原因非常的自卑，但是如果跟他们交往时，能够给他们以实事求是的认可和鼓励，他们便会信心倍增，而我们也获得了人际交往的主动权，从而建立良好的人际关系。

▶ 2. 不要得理不饶人

我们一再说大学生自我意识太强，争强好胜心重，但是思维敏捷，知识面广，所以有时候难免会在人际交往中出现意见不统一的情况。当我坚持自己的观点时，就反驳了他的观点，很多时候争论的问题并不是只有唯一的答案的，我们需要辩证客观地来看待这些问题，所以应该不要得理不饶人，而且还要尽量学会得理主动让人。

▶ 3. 对人要热情主动

我们的生活里，有一类人是朋友圈子里的"小太阳"，非常受欢迎，在他身上永远散发着满满的正能量，温暖又热情，所以存在感很强，因为他总是可以把自己积极的情绪传染给别人。做一个热情主动的人，你也可以变成"小太阳"，因为爱笑的人，运气都一定不会差，那些集体里的"热心肠"们，都是非常具有吸引力的。

四、大学生的恋爱心理与恋爱观

爱情是人类一个永恒的话题。社会学家们认为爱情是社会生存和人类繁衍的基础；生物学家们则认为爱情是由于人体内的激素促进的产物；经济学家们认为爱情是婚姻契约的一场谈判；文学家认为爱情是世界上最浪漫的赞歌……爱情是美好的，也是令人向往和追求的，但是每段爱情的过程都不尽相同，有的痛苦、有的甘甜、有的曲折、有的惊喜，不论我们期待着一段怎样的爱情，都希望作为大学生的你，能够学会选择爱情，走出爱情的困惑，实现想要的幸福生活。青春仓促，爱情徐徐可期，大学生的恋爱虽然不再属于"早恋"，但是大学生内心的状态依然还不够成熟，很不稳定，同时社会经历和阅历较少，对爱情的看法也比较单纯，尤其是现在甜宠偶像剧风靡，很多大学生对于爱情充满着不切实际的幻想，这些问题如果处理不好，将会影响学业，甚至影响一生。

（一）爱情是人际吸引最强烈的形式

人际吸引是指个体与他人之间情感上相互亲密的一种状态，是人际关系中的一种肯定形式，而人际吸引可以分为三类，分别是亲和、喜欢和爱情。其中，亲和是较低层次的人际吸引，比如我们经常说的，这个人很有亲和力，所以我愿意跟他交朋友，这种是正向的肯定，但是程度较低；喜欢是中等程度的人际吸引，当我们开始对一个人有好感，表现出比较喜欢的时候，人际吸引的程度开始增加了；而爱情是人际吸引最强烈的形式，这种情感是猛烈的，是难以自控的。

▶ 1. 怎样的爱情，才是真正的爱情

（1）给"爱情"下一个定义

什么是爱情？我们来看看爱情在心理学上的定义，通常说是人身心成熟到一定程度的个体对异性个体产生的有浪漫色彩的高级情感。而爱情的特点通常表现为：相异性、成熟性、高级性、生理性和利他性。从爱情的特征我们可以看出，爱情的基本倾向是奉献，是高尚的情感，是成年人之间的吸引。

每个人对于爱情的不同期待则赋予了爱情不同的定义，不同的时代对爱情的定义也有着较大的区别。美国心理学家斯坦伯格提出了著名的爱情三角理论，他的观点认为激情、亲密和承诺是爱情的基本组成部分，见图4-3。

激情是强烈的渴望与对方在一起的一种状态，当见到对方的时候会怦然心动，会想方

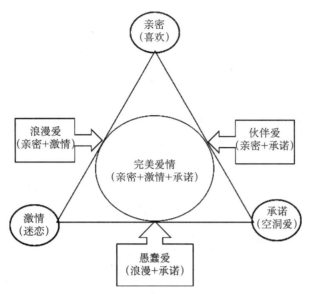

图 4-3　斯坦伯格爱情三角理论

设法为对方制造浪漫和惊喜，和对方在一起的时候会感到激动和兴奋。亲密是双方在一起的时候，能够体会到温暖，喜欢亲近，不仅含有对彼此的爱慕、欣赏和依恋，还包括与对方语言、心灵的沟通。承诺是对爱情的忠诚、责任，是爱情中的理性成分。美国著名心理学家伊莱恩·哈特菲尔德提出了两种爱情，一种是激情爱，一种是伙伴爱。她认为激情爱是"一种整个心思几乎都被另一个人占据的强烈情绪状态。"而伙伴爱，主要建立在尊重、相互了解和对彼此爱情的信心上，并不伴随着极大的情绪起伏，它带给人的是一种温暖、亲密和会心的接受。它的特点是在这种爱情关系中的二人，彼此自我揭露的程度都很高，可以看到对方真正的一面，不会将对方过度理想化，造成后来的失望，因此关系也较能持久。从"爱情三角"里我们可以看到底边的"愚蠢爱"，当双方之间空有激情和承诺却没有亲密和喜欢的时候，爱情就像流星，转瞬即逝，所以这样的爱情，来得快，去得也快。

我们来思考一个问题，人与人之间到底是不是真的存在一见钟情的爱情呢？其实所谓的一见钟情是不存在的，之所以当你看到一个人，会怦然心动，觉得"就是他了"这种感觉出现的时候，其实是因为你的内心里早已有了一个心仪的人的形象，只是你不清楚自己的择偶需求，而当眼前的这个人，跟你内心深植的形象刚好契合的时候，你出现了一见钟情的感觉。这是激情的开始，如果这种激情随后能够再伴随着亲密和承诺，那便会成就三角形最中间的完美爱情了。

1995 年电影《大话西游》里有一段经典的台词：曾经有一份真挚的爱情摆在我的面前，但是我没有珍惜，直到失去时我才追悔莫及，人世间最痛苦的事莫过于此。如果上天能够给我一个再来一次的机会，我一定会对你说："我爱你！"如果非要给这份爱情加上一个期限，我希望是——一万年！这段台词似乎成为了很多男女生之间的告白名句，在这段告白里，深藏着爱情三角里重要的一个部分，那就是"承诺"，所以，爱情要长久，仅有激情和亲密都是不够的，还需要加上承诺，才能够永恒。

（2）从生物学的角度来看爱情

从生物学的角度来看爱情，人的大脑里会产生一种"爱情物质"叫作苯基乙胺，简写为PEA，无论是一见钟情抑或者是日久生情，只要我们的大脑分泌足够多的PEA，爱情就会随即产生，听起来似乎很可怕，其实咱们通常遇到的"来电"的感觉就是PEA作用的结果。当然，PEA不是专属的爱情催化剂，当人们遇到危险、紧张的时候也会分泌大量的PEA，因为苯基乙胺脱掉"爱情催化剂"的面纱以后，它其实是一种神经兴奋剂，大脑一旦大量分泌PEA，人就会感到极度兴奋，使人充满着信心和勇气，心跳呼吸会加快，随即产生的一系列生理反应就是我们常见的"爱情的味道"——手心出汗、面颊潮红、瞳孔放大等。这时候，人的内心会空前的充满自信，当然，还会出现一系列的"副作用"，比如产生偏见、变得执着、丧失客观判断能力，也就是我们通常说的"恋爱中的人都是瞎子""情人眼里出西施"等，都是PEA作用的结果，其实也都是自信心过度膨胀的结果。据研究显示，巧克力是最典型的富含苯基乙胺的食物。在正常情况下，人体内的苯乙胺处于比较稳定的状态，而情绪低落的人，食用巧克力可以帮助其减轻一定的抑郁心情。在德国民间有一种广为流传的食物——"失恋丸"，传说在德国如果你失恋了，你可以去买一颗红色的"失恋丸"，其实，"失恋丸"就是裹着粉红色糖衣的巧克力而已。

此外，还有一种我们经常听到的大脑分泌物——多巴胺，多巴胺也是脑内分泌的物质，它可以影响一个人的情绪。多巴胺同样也是一种神经传导物质，主要负责大脑的情欲，爱情其实就是因为相关的人和事物促使脑里产生大量多巴胺导致的结果；吸烟和吸毒都可以增加多巴胺的分泌，使上瘾者感到开心及兴奋。甜食可以促进多巴胺的分泌，所以当我们不开心的时候，吃甜的食物感觉心情会好些，并不仅仅是因为甜甜的口感可以改善心情，而是多巴胺在作祟。所以，多巴胺也是大脑的"奖赏中心"，又称多巴胺系统。多巴胺带来的"激情"会给人一种错觉，以为爱可以永久狂热。可是，你必须要知道的是我们人的大脑是无法一直接受刺激不断分泌多巴胺的，我们的身体会疲惫，大脑会对持续刺激的事物产生倦怠感，所以，久而久之这种刺激使多巴胺的分泌减少了，于是我们会感到激情消退，爱情变得味若嚼蜡，所以又回到爱情三角上来看，我们还需要有承诺、有人与人相处后的责任感等因素，使人在多巴胺消退后，依然能够坚守爱情，不离不弃。

另一种"爱情物质"叫作去甲肾上腺素，去甲肾上腺素在临床上的应用主要是促使心肌收缩，血压升高和心率加快，所谓"心跳的感觉"其实就是去甲肾上腺素作用的结果。但是人体是不能够长时间保持去甲肾上腺素高水平的，人体的自身调节会将状态调整回到正常的状况。这时候人就会从一开始的意乱情迷清醒过来，从生理学家的观察中，去甲肾上腺素的浓度高峰大概可以持续6个月到4年左右的时间，这个时间就是爱情从发生到结束最巅峰的时间，这个数据跟社会学家调查得到的数据非常接近，当这个浓度高峰过去以后，爱情就会变得平淡。

最后要介绍的一种"爱情物质"叫作内啡肽，内啡肽是激情的填补剂，当恋爱的激情结束后，我们之所以还愿意享受爱情，继续爱下去是因为内啡肽的存在，内啡肽的作用可以抗焦虑，降低人的焦虑感，让人感受到温暖、安逸、亲密、平静。内啡肽不会让人激动和兴奋，但是会给人平静和温馨。这种状态越持久，爱情就越稳定。

(3) 从社会学的角度来看爱情

爱情除了生物属性以外，还具有社会性和文化性，从社会学的角度来看，可以分为两方面。

一方面，爱情是一种特殊的人际关系。爱情不是一个人能够创造出来的，爱情里一定需要两个人，所以我们经常用鸳鸯这类成双成对的动物来比喻爱情。在古希腊神话中有个人叫纳西瑟斯，传说他是河神刻菲索斯与仙女莱里奥普的儿子，是一个帅气俊朗的少年，有很多很多的少女爱慕他，但他均不为所动。有一天他在水中倒影中看到自己，就被自己的影子深深迷住而无法自持，不愿离去，最后还跃入水中而亡，以与自己的影像结合。据说纳西瑟斯死后，化身为水中的一株水仙花，所以，水仙花就称为"纳西瑟斯"。这个故事在现代人看来就是一种极度的"自恋"，但是我们经常会去评价别人不停照镜子，把自己打扮得漂漂亮亮，也是"自恋"，其实他们做这些事是期待别人能够用更优越的眼光看待自己而已。恋爱一定是两个人的事情，不要自己沉迷于自我的世界里，这世界上有很多事情是不能自己一个人做的，比如讲笑话，比如谈恋爱。所以说爱情是一种人际交往，也是人际关系。

另一方面，爱情是一种信仰。人们常常把爱情当成一种信仰，古时候的人，结婚大多是为了传宗接代，很少涉及爱情，即便涉及爱情大多都会受到社会层级和家庭的约束，所以才会有罗密欧与朱丽叶、梁山伯与祝英台的故事。到了现代，人们把爱情更是看作了这个匆忙世界里的一种意识形态，能够给人以安全感和社会责任感，是相互扶持后的柴米油盐酱醋茶，是我们从小在童话里看到的王子和公主过上了幸福快乐的生活，是愿得一人心、白首不分离的承诺，是文人作家眼里最美的诗歌。

▶ **2. 为什么会出现错误的爱情**

在人漫长的一生中，或多或少我们都会遇见爱情，但是并不是所有的爱情都可以走到最后的，但是没能走到最后的爱情并非都是错误的爱情，那么，哪些爱情，我们把它看作是不太正确的爱情呢？

(1) 完美的爱情

并不是不让大家去追求完美的爱情，而是世界上根本不存在绝对完美的爱情。这种爱情的本质是存在于我们头脑的想象中的，而不是存在于你爱情的另一半身上的，现在太多的甜宠偶像剧让学生群体对爱情充满着各种各样的完美憧憬，恋爱的对方不可能是极其完美的，特别是被称为"真空爱情""玻璃爱情"和"象牙塔爱情"的校园恋爱，就是因为很多人把这种爱情的完美性过分夸大了，使得爱情本身的真实性被忽略掉。真实的爱情是要接受对方的不完美，爱一个人就是要接受对方的优点和缺点，因此，过分追求完美的爱情，或者将本身真实的爱情朝着完美爱情的方向去改造，这些都是错误的。

(2) 投射的爱情

当一段爱情出现了问题的时候，我们总会把太多的注意力用去放大对方的错误和缺点，很少来审视自己的问题，我们只会想到去拼命地教育对方或者指责对方，这其实是一种投射。如果恋爱的双方都是这样，那么爱情就变成了相互的投射，只看到别人，而不是把别人当作镜子来看自己。

(3) 偶像化的爱情

如果一个人对自我的认识不足，就会把自己所爱的人"神化"，把这个偶像化了的人当作一切爱情、光明和祝福的源泉来无限崇拜。在这个过程中，我们自己会失去对自我了解的觉悟，看不清自己究竟需要怎样的爱情，会拒绝在现实中寻找实实在在的情感依托。久而久之，如果不能符合崇拜者的心愿，就会出现失落、失望等负面情绪。我们很多追星粉们就是这样，一旦偶像人设崩塌，自己就会陷入深深的苦恼中，其实也是一种偶像化情绪的影响。所以，偶像化的爱情在刚刚开始的时候体验很强烈，但是很容易就破灭了。

(4) 非理性观念的爱情

爱情中有很多的非理性观念，给大家梳理如下：①错误地认为没有爱情的大学生活是不圆满的，所以很多同学为了谈恋爱而去恋爱，希望大家懂得宁缺毋滥的道理。②错误地认为爱情是靠努力可以争取到的，付出就一定会有回报。开始我们就说过爱情是具有利他性的，是讲奉献的。③认为爱不需要理由。不需要理由的爱，是盲目的爱，不长久且不切实际。④认为相爱而发生婚前性行为无可非议。婚前性行为对双方的伤害可能是巨大的，如果爱情不能走到最后，对彼此的伤害都是终生的。⑤爱情至上，恋人至上。这种想法是错误的，因为人生除了恋爱关系，还有很多其他的事情需要我们去关心。⑥错误地认为爱是缘分也是感觉。爱情如果光看缘分和感觉没有亲密和承诺是不可能持久的。⑦错误地认为不在乎天长地久，只在乎曾经拥有。⑧错误地认为爱情可以改变对方。爱情是相互成长，而不是谁去改变或者改造谁。⑨错误地认为失恋是人生重大的失败。失恋只是人生的一段挫折而已，有的大学生甚至因为失恋而放弃了学业，这些都是错误的观念造成的。

（二）大学生的恋爱心理

大学生的恋爱已经很普遍，恋爱心理也是复杂多样的。大学生的恋爱不再是早恋了，也不会受到太多的约束和限制，所以有很多的大学生愿意投身其中，乐此不疲。从目前大学生恋爱的现实情况来分析，大学生的恋爱心理特征是很突出的。

▶ 1. 大学生恋爱具有公开性

随着社会的进步和社会观念的转变，大学生的恋爱已经不再是偷偷摸摸的状态了，他们不在乎他人的评价，逐步地都从"地下"转到公开化的状态。例如，我们身边有很多大学生动辄就在社交平台"官宣"恋情；还有很多大学生情侣在校园里牵手、拥抱，甚至当众亲吻等，都体现了大学恋爱的公开性。

▶ 2. 大学生恋爱的目的具有多样性

有学者对大学生谈恋爱的目的进行过调研，调研数据显示真正是因为感情而产生的恋爱只占49.4%，不到一半的大学生都不是因为遇到了合适的对象而开始恋爱，而是因为各种各样的原因，比如室友都恋爱了，自己感到很空虚和寂寞，所以非要去尝试找一个恋人，又比如大家都觉得不谈恋爱的大学生活不够圆满，等等。

▶ 3. 大学生的恋爱自主性强，具有理想性

大学生对恋爱的看法很多会以自我为中心，在脑海里自我设计恋爱模式，觉得恋人会在什么时间和地点出现，应该是一个什么样的角色；然后不会去征求双方家长的意见，对

所有爱情里发生的事件都充满着憧憬和幻想，把认为的一切美好的元素都加入爱情的想象中去。

▶ 4. 大学生的恋爱非婚姻取向性较强

大学生的恋爱随意性很强，没有想过要把一段大学的恋爱努力维系走进婚姻的殿堂，他们大多不在乎结果，不愿意去承担责任，所以在大学生中间流传的一句话就是"毕业就分手"，他们仅仅是想找个人在大学期间能够陪伴自己，真正面对毕业的压力、就业的抉择等，爱情就显得不堪一击。

▶ 5. 大学生的恋爱具有不成熟性和不稳定性

开篇我们就说过，大学生虽然生理年龄上已经成年，但是因为社会阅历浅，思想单纯，所以容易造成恋爱中过于幼稚和不成熟，在选择恋爱对象的标准上面，也大多忽视内涵注重外表，在恋爱方式上也只追求浪漫不结合实际，在恋爱的行为过程中很多也是只看过程不在乎结果。这些，其实都是因为心理年龄还不够成熟，个人的心性还不够稳定而造成的。

▶ 6. 大学生的恋爱自控力和受挫能力不强

很多大学生朋友一旦陷入热恋中，就无法自拔，放弃了学业，沉迷于玩乐，对恋人过分依赖，缺乏驾驭理智的能力，恋情稍有波折就痛苦万分，一旦爱情受挫，就会对自己的生活造成巨大的影响，严重的还会酿成不可挽回的后果。

（三）大学生常见的恋爱困惑及自我调适方法

爱情既可以是美酒佳酿让人感到幸福和快乐，也可能是苦果难尝给人以痛苦和烦恼，所以爱情不仅仅是对于大学生，对于所有的人来说都是一把双刃剑，关键是我们要学会在恋爱里摆脱困惑，自我调适。

▶ 1. 大学生的恋爱心理困惑

（1）自恋型

自恋型的爱情在大学生中比较常见，觉得自己有深深的优越感，个人外表不错，成绩也不错，加上情商也不低，那么就认为身边的人都会"爱我"。他们大多缺乏自我认知，当然他们是比较符合"外貌协会"的标准的，但是他们喜欢感受众星捧月的宠溺感觉，总觉得皇帝的女儿不愁嫁，身边的恋爱对象也是跟换衣服一样快。这一类的同学其实很容易感到孤寂，因为觉得自己很好，为什么总是没有长久的感情陪伴，其实就是缺乏自我认识，不懂得关注对方造成的。

（2）自卑型

自卑型的大学生与自恋型的大学生相比，是另一个极端，觉得自己哪里都不好，肯定没有人会看见我的存在，个子不高、长得不够漂亮或者帅气、成绩平平、表现一般，就是丢在人堆里可有可无的类型，这种自卑心理造就了"害怕爱"的心态。即便是真的遇到了一段爱情，也会常常怀疑自己的魅力，惶惶不可终日，要么就是唯唯诺诺不敢真实表达自我，心里的自卑感随时都会冒出来。很多同学的困惑都在于此。但是我们要相信，世界上每一个人，都有自己的长处和优势，总有人懂得欣赏你。

（3）依赖型

依赖型的人其主要表现是"不懂爱"，他们认为爱就是丧失自我，缺乏主见，不敢表达自己的观点，要么就是随波逐流，对方说什么自己都会无条件的顺从，对恋人千依百顺，言听计从，只要对方没有给自己说明方向，自己就感到无限迷茫，缺乏安全感，如果恋人没有随时在自己身边，就会觉得恐慌。过度依赖他人，其实会导致自己迷失自我，也会造成自己失去独立的人格。

（4）享乐型

享乐型的恋爱表现出的是"只有爱"，因为享受爱情的幸福和快乐，忘记了学业，忘记了父母的期待和嘱托。只想着每天和恋人你侬我侬，风花雪月，丧失了理想和抱负，忘记了未来和规划，没有奋斗，没有目标，只有爱情，辜负了青春好时光。

（5）厌恶型

厌恶型的人表现出来的是"不信爱情"，他们有一部分人是因为多次受过爱情的伤害，失恋后产生了不正确的观念，正如一朝被蛇咬十年怕井绳，不敢再去相信任何人和爱情；还有一部分人是因为看到别人的爱情失败过，所以觉得爱情是洪水猛兽，失恋一定非常痛苦所以宁愿不去恋爱。

▶ 2. 恋爱困惑的自我调适

（1）单恋的调适

单恋是一厢情愿的爱恋，是一种爱情的错觉，这种感觉越深，其带来的折磨和痛苦就越大。但是如果我们能够正确地认识到男女双方成就爱情一定是两相情愿的，树立正确的爱情观，那就会舒服很多。爱情是不能强求的，张小娴说过："世界上最遥远的距离不是生与死，而是我就站在你面前，你却不知道我爱你。"单恋是很辛苦的，所以我们要检查一下自己是不是产生了不切实际的期望效应，客观地分析对方的言行、表现，思考双方在各方面是否能够相互适应，来帮助自己摆脱单恋的痛苦。当然，我们还可以扩大人际交往、适当的情感宣泄等减轻自己心灵上的痛苦。

（2）失恋的调适

失恋的时候，我们会感到很伤心和绝望，甚至会有很多不合理的信念在脑海里浮现，但是没关系，我们可以试试看，用语言、日记等形式来找交心的对象或者把自己的抑郁心情宣泄出来。然后将自己的不合理想法尽量合理化，一个人失恋以后会认为自己不可能再拥有美好的爱情了，把失恋认为是"糟糕至极"，而我们需要做的是不断地强化自己的理性观念，避免触景生情，暂时离开会触动爱情回忆的情境和事物，多去能够放松和让自己快乐的环境中，缓解心情不适。当然最好的处理结果是将痛苦转化为奋发向上的动力，将精力投入学习、工作、与人交往中。

（3）三角恋的调适

三角恋，大家并不陌生，指的是三个人的恋爱关系，三角恋一般会分为两种情况，一种情况是双方确立了恋爱关系后出现了第三者，还有一种情况是一个人同时和两个或者两个以上的对象确立恋爱关系，这些都是不正确的恋爱关系。遇到三角恋，那就需要重新对恋爱关系进行评价，在三角恋中作为被动者或者失利者经过客观分析和冷静思考后应该与对方坦诚相对，争取重新获得专一的爱情。或者就是理智的做出退让的决定，陷入三角恋中的人会花费更多的时间和精力，而且还不一定能够获得专一的情感。所以，请理智地分析，如果发现这段恋情不能有正向的发展，那就果断地选择退出和退让，从无谓的感情纠葛中摆脱出来。

（四）树立正确的恋爱观

▶ 1. 正确对待恋爱问题

恋爱令人憧憬，是美好的情感体验，但是作为大学生，我们应该正确处理好恋爱、学业、成长之间的关系，恋爱虽然说是人生中很重要的一件事，但是并不是人生的全部，作为学生身份的我们，应该首先以学业为重，不辜负学校和家庭的栽培。事业更加应该高于爱情，有业才有家，希望同学们可以在实现理想的同时收获爱情，如果你的恋人同样是一位有理想有抱负的青年，那爱情会是你们一起共同进步的催化剂，促进两人的共同发展，这也是一件美好的事情。

▶ 2. 培养爱的能力

爱的能力分为两种，爱别人和爱自己。爱别人是接受爱的开始，如果一个人心中有了爱就要敢于去表达，有句话说的是："爱就要勇敢说出来，谁知道意外和明天谁先来。"但是表达的方式要合理合法，不要好事变坏事；当然，如果你面对别人的示爱，自己也要懂得取舍，要及时做出接受或者拒绝的选择，免得对自己和对方造成心理困扰。如果自己不愿意接受，或者认为对方不值得接受的话，要学会有勇气去拒绝，拒绝爱的能力，就是爱自己的能力，不勉强自己也不要勉强别人。但是拒绝别人的时候要注意方式方法，语气要果断，不要暧昧不清，不要优柔寡断，说话的方式要注意尺度，不能伤害别人，每个人都有拒绝爱的权利，但也要对别人做到起码的尊重。

▶ 3. 正确对待恋爱中的挫折

恋爱受挫是一件很正常的事情，也是成长中最铭心刻骨的疼痛，如果处理好了恋爱中的挫折，心理承受力将会有所提升，对爱情的见解也会有所增长。因此我们需要面对现实，正视失恋带来的痛苦，想办法排解它，理智地做好心理上的"善后工作"。

学会设身处地的换位思考，对方和自己为什么要选择分手，分手的原因找到以后，就可以帮助自己找到出现在自己身上的问题，下一次再面对新恋情时，就可以避免出现同样的问题。

失恋了我们要学会将感情宣泄出去，可以大哭一场，也可以去跑跑步、打打球，用运动来宣泄和释放自己因为失恋带来的负性情绪；还可以找知心朋友、闺蜜、师长等值得信赖的人来倾诉。如果抑郁的情绪积压太久了，无法排解，导致出现失眠、食欲减退等情况时，应该及时到心理咨询老师处去进行心理咨询，帮助自己早日走出阴霾，遇见更好的自己。

或者还可以把注意力转移到学习上，或者换一个环境，多交一些新朋友，有条件的话，可以出去旅游，让自己克服空虚感。总之，就是分散注意力，让自己把精力集中在更多有意义的事情上，免得自己徒伤悲。让自己不再有时间胡思乱想，这样便可以很快从失恋的心境里走出来。

当然，如果能够尽快地把失恋升华为一种奋发向上催人进步的动力，那就是最好不过的。积极投身到社会工作、投入学习中去，重新找到努力的目标，摆正爱情的位置，找寻更有意义的人生。

最后，值得提出的一点，是希望大学生们都能够端正恋爱动机，恋爱是为了找到志同道合、共度终身的伴侣，而不是为了寻求刺激，不是为了填补空虚无聊的生活，更不能是为了单纯的满足性的需求。恋爱本来就是一个需要投入情感的复杂过程，不能够忽视了社会因素，拥有共同的理想、相似的品德和情操，或者契合的价值取向才是最重要的。恋爱动机是否单纯，直接影响到恋爱关系的维系。

大学生作为新时代的建设者和接班人，应该树立正确的恋爱观，应该是理想、道德、事业和性的有机结合。

作为大学生，应该随时牢记自己的社会角色，在校园里履行好学生的义务，在家庭里履行好子女的义务，在恋爱中也要履行好伴侣的义务。

拓展阅读

大学生爱情兵法

华东师范大学社会科学部副教授洪亚非在超星在线课程开设了一门叫作《大学生爱情兵法》的课程，受到了广大高校学子的青睐和好评。

这门课程主要讲述大学生的爱情策略，分别介绍了男生和女生在爱情以及婚姻中不同的性格特征、表现，以及如何维护爱情、怎样解决异地恋和分手问题、如何正确地选择伴侣、幸福婚姻的标准和满意度等话题，旨在教会学生理性对待恋爱和婚姻中的问题，维护幸福的爱情与婚姻关系。很多大学生选修这门课程，可以看出大学生对爱情的期待以及如何得到幸福情感的困惑。在课程的讲授中，洪教授讲到了几个概念：

1. 何为爱情

脑科学以及心理学研究发现浪漫、轰轰烈烈的此类爱情是一种生物程序。有关爱的行为都是源于多种吸引力。

不同的性倾向决定了人们愿意与同性还是异性恋爱。性倾向是一种自然现象，由于人类繁育后代本能，异性恋爱占绝对优势，否则物种将会灭绝。

2. 爱情的学术解释

爱情是人与人之间的强烈的依恋、亲近、向往，以及无私专一并且无所不尽其心的情感。它通常是情与欲的对照，爱情由情爱和性爱两个部分组成，情爱是爱情的灵魂，性爱是爱情的能量，情爱是性爱的先决条件，性爱是情爱的动力，只有如此才能达到至高无上的爱情境界。

爱情是人性的组成部分，狭义上指情侣之间的感情，广义上还包括朋友之间的爱情和亲人之间的爱情(爱的感情)。

3. 爱情的内涵

爱情分为真爱与"假爱"。爱情，它属于所有人，而人是否能遇到最适合你的人生伴侣则需要大家去努力追寻，真心去对待才可能找到，人生中的相遇即是缘分，不一定都是爱情，可一旦错过真正对的人将会追悔莫及。

真爱是一种从内心发出的关心和照顾（关键是自爱，例如珍惜自己的身体及名誉，拥有自己的道德底线），它并不是别人眼中完美的匹配，它是两个相爱的人心灵能够契合，在能爱的时候懂得珍惜，在不能爱的时候懂得放手，不分性别，没有华丽的言语，没有哗众取宠的行动，只有在点点滴滴一言一行中能感受得到，平实而坚定，反之发誓、许诺说明了它的不确定，永远不要相信甜言蜜语。

爱情是一门学问，洪教授开设这门课，是为了帮助大学生们在遇见爱情的时候，也能遇见自己。理性地将爱情变成大学生活的一部分，将来成家立业时能够有能力承担家庭责任，得到幸福的婚姻。也希望广大学子，不要避讳爱情的话题，坦然接受，谦虚学习。爱情并非如狼似虎，爱情应该似涓涓细流，润泽人生。

五、大学生压力管理与挫折应对

压力是快节奏的现代生活中人们最普遍的一种心理和情绪体验。现代大学生在社会、家庭、学校等外界客观环境的影响下，也面对来自各方面的压力。

挫折是在有目的的活动中，遇到无法克服或者自以为无法克服的障碍，使得自身的需要和动机不能满足的情况。人的行为总是从一定的动机出发的，然后通过努力达到一定的目标，但是如果在这个实现目标的过程中遇到了困难、障碍，就会产生挫败感。这种挫败感是消极的，他会使人的情绪和身心都受到影响。

（一）大学生常见的压力与挫折及其对健康的影响

▶ 1. 大学生常见的压力

（1）对校园新环境的不适应

刚刚进入大学校园，有的学生是第一次离开家、离开父母，在陌生的环境中，面对地域的变化，产生了一系列的"水土不服"。有的学生还没有"心理断乳"，思想观念没有转变过来，从前过度依赖老师和家长，现在面对宽松的大学环境觉得无所适从；有的学生由于高考失利，进校后心理落差较大，总觉得自己没法做到"既来之，则安之"；有的学生性格内向，面对新的群体，自卑心理过重，自我优越感消失……这些都是由于环境的变化而造成的，往往会给学生带来一些苦恼和抑郁的情绪。

（2）学业压力

虽然大学的学习没有高中那么紧张，但是面对着陌生而又高深的专业知识，难免会有一些压力。课多的时候，学生奔波于各种教室之间，课后还有各种学生活动和社会实践，很多学生觉得没有自己的时间，于是养成了熬夜打游戏、追剧等黑白颠倒的习惯；还有的同学，因为高考分数的问题，没有选择到自己喜欢的专业，心里就埋下了一颗不甘心的种子，这颗小小的种子会让人渐渐丧失学习的动力；大学的班级里有来自全国各省份的同学，每个省份的教育资源不同，所以学生的基础就不同，基础较差的学生，因为考级考证的问题，压力非常大……这些都是造成学业压力的原因。

（3）人际关系与情感压力

大学生们经常说大学就像是一个微缩的小社会，里面有着成年人复杂的人际关系，他们会因为友情、爱情等方面的问题而纠结。面对素昧平生的新同学，大家都要学会彼此之间的信任、理解和包容。大学生不善于表达，不能正确有效地沟通或者害怕与人沟通，容易造成同学或者恋人之间的误解和关系紧张。人际关系处理不当的人总觉得内心的情感不被他人理解，内心会极其无助、苦恼，从而形成压力。

（4）就业压力

近年来，由于社会竞争的加剧，就业市场不景气，大学生找工作或找到比较理想的工作越来越困难，这就给在校大学生造成了很大的心理压力，使得他们因为焦虑、自卑而失去安全感，许多心理问题也就随之而产生。对于即将毕业、马上面临就业的学生来说，长期以来他们都只有在学校生活和学习的经历，面对复杂的社会，普遍出现焦虑的心理，害怕求职被拒绝。还有更多的学生觉得就业压力过大，是因为他们的职业生涯规划能力较弱，对自己的未来没有明确的目标，面对迷茫的自己，加之家庭压力、经济压力等，都给大学生的心理蒙上了一层阴霾，这些都会构成巨大的精神压力。

▶ 2. 大学生产生挫折的心理成因

大学生产生任何的心理挫折，都与其当时所处的情境有关。构成挫折情境的因素是多种多样的，分析起来其实就是两大类。

（1）外在客观因素

外在的客观因素主要是自然因素、社会因素、家庭因素和校园环境因素四个方面。

自然因素包含人们难以克服的自然灾害、自然环境等，例如地震、海啸、疫病以及事故，还有不得不面对的生老病死等。

社会因素主要是人在社会生活中所受到的人为因素的限制，包括学习压力大、经济困难、人际关系不良等。

家庭因素其实就是我们通常所说的"原生家庭"带给自己的影响。父母的关系、教育方式、文化水平等都会使孩子出现心理创伤，容易产生心理挫折。

校园环境因素一般出现在高中时期对大学的憧憬和主观理想与进入大学后发现现实与理想差距较大时，产生的心理挫折感。

（2）内在主观因素

动机因素是挫折产生的主观因素之一。挫折的产生其实是与每个人的需要、动机有密切关系的，我们在日常生活中通常同时存在若干动机，很多时候自己难以取舍这些动机，每每都在想如何才能"不负如来不负卿"，可谁知面对的答案却是"世间安得双全法"。

自我预估因素是指很多学生对自己评价过高，但实际上操作起来处处碰壁；而有的学生对自我的评价又太低，总是觉得自己不行，自卑感逐渐增强，挫折感也就越来越明显。

期望水平也是造成挫折的因素之一，当事物发展的自我期望与现实之间存在了差距时，自我就会开始不断否定自己，甚至有的还脱离实际，把后果想得很严重，挫败感也越来越强。

除开上面所说的集中主观因素以外，还有自身的挫折承受能力、外貌等生理因素的压力等，都可以成为挫折产生的内在主观因素。

3. 挫折与压力对健康的影响

人们在面对压力和挫折的时候，都会出现一系列身体和心理上的反应，这些反应在一定程度上是人体主动适应环境变化的需要，能够激发机体的潜能。但是如果这些反应过于强烈或者持久，可能会导致生理、心理功能的紊乱。可能会导致自主神经系统、内分泌系统和免疫系统的紊乱和崩溃；也有可能会导致过度敏感、注意力难以集中等；可能还会导致不良的行为反应，例如过度饮食、攻击、失眠等。

（二）压力管理与挫折应对

面对挫折和压力，我们应该正视它。人的一生不可能总是一帆风顺的，在人生里大大小小的压力、挫折无处不在，时常伴随我们左右，只有敢于直面这些阻碍的人，才能把压力变成动力，才能在跌倒后重新站起来。

1. 压力管理

所谓压力管理，是指当压力对我们造成伤害时，我们学会用一些方法与技巧去应对，以减轻压力带来的消极影响。应对压力的策略主要有两种：处理困扰和减轻不适感。处理困扰是直接改变压力来源；减轻不适感是不直接解决问题，而是调节自己，消除不良反应。具体的方法给大家推荐几种：

（1）悦纳自我

大学生要充分的接纳自我，树立自信、自强、自立的心态，坚信"天生我材必有用"的观点，保持愉快的心情去面对任何压力，坚信通过自己的努力，一定能够克服困难，弥补自己的不足之处，勇敢面对，而不是否定自己，总拿自己的短处去比较别人的长处。

（2）调整生活方式

很多时候我们面对压力，会选择放弃很多自己喜欢的事情，来一心一意面对压力，这样做只会越来越糟糕。如果我们能够调整自己的生活方式，每天都洋溢着灿烂的笑容，走路的时候能够昂首挺胸，自信心很快就会回来了。

（3）合理安排时间

很多时候的压力来源于自己不能合理利用时间，总觉得自己克服不了惰性，自律性也不强，越是懒惰的人，越容易产生心理压力。如果我们能够列出一个属于自己的日程安排表，并且一一落实上面的计划，那么就会变得很充实，心理的压力就会慢慢消散掉。

（4）学会自我调节

我们困扰的时候，如果没有能力去改变产生压力的环境和事物，那么我们可以尝试一下改变自己，去适应压力的存在，学会以一种正向的逻辑去分析问题，而不是一遇到问题就钻牛角尖。

2. 挫折应对

对大学生而言，遇到挫折时最重要的不是去研究挫折本身，而是要去面对挫折对自己造成的负面情绪和内心感受，所以遇到挫折的时候，我们首先要面对和解决问题，想办法从挫折导致的失望、沮丧、抑郁、愤怒、委屈、无奈等情绪状态中走出来。失败和挫折是每个人都会遇到的，而对于不同的人来说，它们又有着不一样的意义。但是我们心中应该永远记住"失败乃成功之母",把挫折当作踏脚石,学会在逆境中茁壮成长。

(1) 面对挫折要适度宣泄

我们不要像祥林嫂一样遇到挫折就碎碎念,到处去诉苦,找到适合于自己的方法,适度地宣泄出来,把挫折带来的挫败感和精神压力释放掉,就能够很快摆脱挫折带来的阴影。

(2) 面对挫折要从容淡定

与其去逃避和害怕挫折,还不如从容淡定地去接受它,虽然我们知道有些挫折是没办法拒绝的,那我们就调整一下心态,淡定地看待,把它当作生命里珍贵的"教训",能够成为自己积累的宝贵财富。

(3) 面对挫折要学会倾诉

找一个值得信任的人,把面临的困难和困境说给他听,你可以从他那里获得力量与支持,倾听者会从他的角度给你以不一样的逻辑看待问题,你会获得"柳暗花明又一村"的感受。

(4) 面对挫折要适当取舍

"断舍离"是现在很流行的一种处事态度,我们单纯地来看放弃其实是一种很高的境界,面对现实中的种种诱惑,我们如果懂得放弃一些不太重要的东西,会使自己的挫折少遇到很多,"塞翁失马",只有在失去之后,才会体会到别样的拥有感。

第三节 正视问题才能跨越障碍

心理疾病,是指一个人由于精神上的紧张、干扰,而使自己在思维、情感和意志行为方面发生了偏离社会生活规范和轨道的现象,并伴有明显的躯体不适感。心理和行为偏离社会生活规范程度越大,心理疾病也就越严重。这是大脑功能失调的外在表现。随着时代的变迁,人们的心理疾病种类也越来越多,表现也各不相同。

大学生大部分时间都是在学校里度过的,学校教育的环境、学习压力、生活因素,以及师生关系、同学关系等,都会影响大学生的身心健康。如果学校校风不正、学习负担过重、师生关系紧张、同学关系不和谐等,都会让学生感觉到心理压抑,会出现精神紧张、焦虑等,如果不及时调适,就会造成心理失调,最终导致心理障碍甚至更加严重的心理疾病。

一、大学生常见心理异常的识别

如何判断正常心理和异常心理,这是个比较复杂的问题,因为正常心理和异常心理无一明确的界限,正常人在某个时期也会有异常心理活动,精神病人哪怕是最严重时也有正常心理活动。近年来国内外不少心理学家为正确地区分正常心理和异常心理,制定了不少测验工具和量表,并应用现代化的仪器去处理数据,使心理测量有了很大进步。但是,由于人的心理活动极其复杂,简单的量表测得的结果只能起参考作用,判断一个人心理是否异常及异常的程度,主要还靠认真观察,但大致的原则有以下三条。

(一) 主客观是否相一致

主要是观察其心理活动与外界环境的协调性。一个人正常的心理及受它支配的情感和行为,应与外界相协调,而不应发生矛盾和冲突,他们的言谈和举止行为,应该受到正常人的理解。比如,一个同学在班级里唱一支一般化的歌曲,可引起大家的掌声,但如果在一个会议上突然引吭高歌,就会引起人们的惊讶。我们说前者为正常心理,后者为心理异常,因为和外界环境不协调。

(二)知、情、意是否相统一

就是观察其心理活动与情感和行为的一致性。一个人的心理活动应与受它支配的情感和行为是一致的,人们常说:人逢喜事精神爽,闷来肠愁盹睡多;酒逢知己千杯少,话不投机半句多。这些,都说明这种一致性。比如一个同学面带笑容地讲述他的不幸遭遇,我们说他对痛苦的事件缺乏相应的内心体验。知觉、情感、意向不协调,也是一种异常心理。

(三)人格是否相对稳定

观察当事人心理活动的相对稳定性。一个人受遗传素质、家庭教育、环境影响,使他们对现实有个比较稳定的态度和习惯的行为模式,这就是人的性格特点。它相对稳定,如果一个人几年来一直寡言少语,不明原因突然变得话多而爱交往,给人一种判若两人之感,这就说明心理异常了。

对于一般心理问题和心理疾病,其实是程度上的不同,具体可见表4-1。

表4-1 心理问题与心理疾病的不同程度

	心 理 问 题	心 理 疾 病
情绪反应强度	由现实生活、工作压力等因素而产生内心冲突,引起的不良情绪反应,有现实意义且带有明显的道德色彩	是较强烈的、对个体威胁较大的现实刺激引起心理障碍,体验着痛苦情绪
情绪体验持续时间	求助者的情绪体验时间不间断地持续1个月或者间断地持续2个月	情绪体验超过2个月,未超过半年,不能自行化解
行为受理智控制程度	不良情绪反应在理智控制下,不失常态,基本维持正常生活、社会交往,但效率下降,没有对社会功能造成影响	遭受的刺激越大,反应越强烈。多数情况下,会短暂失去理智控制,难以解脱,对生活、工作和社会交往有一定程度影响
泛化程度	情绪反应的内容对象没有泛化	情绪反应的内容对象被泛化

二、大学生常见的心理疾病与预防措施

(一)大学生常见的心理疾病

▶ 1. 抑郁症

主要表现是孤独、自卑、自责、悲伤、绝望等,有的大学生对枯燥的专业学习、刻板的生活方式感到厌恶,为自己在某些方面的不成功而忧郁、悲观,由此导致失眠、思维迟钝、体重下降甚至自杀。

▶ 2. 躁郁症(躁狂症)

是一种较严重的精神疾病,其特征是极端的情绪变化,典型的躁郁症患者可以从狂喜滑落到狂悲,并呈周期性运动。躁郁症症状不一,有的严重,有的轻微,大多表现是:不

愿做任何事，包括起床，甚至不睡、不休息；常常不顾一切地表现自我，喋喋不休等，这种疯狂症会突然来临，事先毫无迹象。

▶ 3. 强迫症

内心会反复出现强迫观念和强迫动作，属于神经性障碍，是以重复出现患者并不愿意出现的某些观念、意向和行为作为特征的一组神经症。患者常为这些重复出现的强迫现象所苦恼，虽努力克制但无法摆脱，最终屈从于强迫观念以减轻内心焦虑。

▶ 4. 癔症

癔症又称癔病或歇斯底里症。目前，认为癔症患者多具有易受暗示性、喜夸张、感情用事和高度以自我为中心等性格特点，常由于精神因素或受不良暗示而发病。患者在躯体方面表现为运动、感觉、反射及自主神经功能障碍如瘫痪、过敏、麻木、震颤、肌肉痉挛、失语等；精神方面主要是突然精神失常、大哭大闹、打人、骂人等，有时喜怒无常、意识处于朦胧状态，有时出现夜游症。

▶ 5. 疑病症

疑病症又称疑病性神经症，指对自身感觉或征象作出不切实际的病态解释，致使整个身心被由此产生的疑虑、烦恼和恐惧所占据的一种神经症。疑病症状可为全身不适、某一部位的疼痛或功能障碍甚至是具体的疾病，患疑病症的人也知道病态怀疑对健康不利，却又不相信体检结果和医生的解释或保证。

▶ 6. 妄想症

是一种慢性进行且以有系统、有组织的妄想为主要特征的疾病。患者妄想的内容会涉及日常生活中任何可能发生的情境如被人跟踪、下毒、爱慕、欺骗、陷害等。

▶ 7. 网络心理障碍

这类疾病的患者无节制地花费大量时间和精力在互联网上，例如网游等，以致损害身体健康并在生活中出现各种行为异常、心理障碍、人格障碍、交感神经功能部分失调等现象。

（二）预防措施

▶ 1. 保持乐观的心态

人们在日常的生活中总会面临很多的挫折和困难，树立正确的心态和积极乐观的生活态度是我们必不可少的，同时应该锻炼自己适应环境的能力，应当养成乐观、豁达的态度，并拥有宽广的胸怀。

▶ 2. 善于自我调节

在我们面临生活中的考验时，不可能一直有良好的情绪，这就需要我们有自我调节的能力了，比如多用一些美好的景色或者事物来震撼自己的心灵，时常听听音乐，晒晒阳光也是不错的选择。

▶ 3. 培养业余爱好

业余爱好可以有效调节和改善自己压抑的情绪，缓解身心的疲劳和忧郁，比如多运动锻炼，养生健体，等等。

▶ 4. 学会扩大社交关系

有时候来自朋友、同事和亲人的鼓励和交流会使自己感到心情舒畅,缓解压力,我们在交流的同时既快乐了他人也放松了自己。

▶ 5. 处理好和谐的人际关系

良好的人际关系是缓解心理压力、振作精神的良方,人际关系不好,我们会感觉处处不顺,而良好的人际关系可以使人感受到自尊和自信,可以更好地适应环境。与人相处时,多结交品格优秀的人,远离品德不好的人,向优秀的人多交流和学习,对人品不好的人少计较,这样我们也会越来越优秀,人际关系也会越来越和谐。

▶ 6. 多向可以信赖的人倾诉

倾诉是预防和治疗心理疾病最好的方法之一,人的心理感觉是很微妙的,当我们心里有事或者压力过大时,我们常常感觉心里有大石头压着一样,而当我们将这些事给信任的人说出来,就感觉心里的大石头慢慢地被移开,最后有如释重负的感觉,所以要学会倾诉。

▶ 7. 向心理医生寻求帮助

当我们遇到自己无法解决的心理问题时,向心理医生寻求专业的帮助和治疗是一个不错的选择,现在看心理门诊的人越来越多,所以不要担心没有面子;相反,当你有这种想法时,你的心理负担又加重了,而且恰好有这种想法的人更容易患心理疾病。

三、心理咨询与心理健康维护

(一) 心理咨询的意义

心理咨询的对象主要是正常人或是正在恢复或者已经康复的病人,学校之所以要开展大学生心理咨询,主要是帮助在校大学生认识自己的内在世界;了解和改变不合理的观念;学会面对现实和应对问题;学会正确认识自我;帮助学生构建合理的行为模式。其实心理咨询的目的,简而言之就是提高学生心理素质,使大学生能够健康、愉快地成长和生活。当我们需要有人倾诉和倾听自我时,大家不妨选择到心理咨询中心,去试试,心理咨询老师们会用自己专业的知识,帮助你走出阴霾,重塑快乐、健康的自我。

(二) 如何有效维护心理健康

当你发现自己在成长的过程中出现某些心理问题,不要害怕,更不要焦虑,只要我们能树立科学的健康观,增强心理卫生保健意识,主动学习心理健康知识,不断优化自己的个性品质,就能有效地提高自我心理调适能力。希望大学生们都可以科学地认识和看待心理疾病的出现,正视问题,学会关爱、支持和帮助有心理疾病的同学;在遇到问题的时候,要努力建立自己的心理防御机制,遇到自己解决不了的困扰要理智地寻求外界的帮助,可以找自己的辅导员、同学,也可以找学校心理咨询中心的老师;要直面困难和挫折,提高自己的受挫能力,培养良好的人格品质,正确认识自己,悦纳自我,扬长避短;养成健康的生活方式,保证身体机能健康,按时作息,建立合理的生活秩序,合理膳食,保证营养均衡,积极培养生活情趣,丰富自己的业余生活,在大学期间乃至将来人生中都能够幸福和快乐。

拓展阅读

朱德庸：大家都有病

"没什么别没钱，有什么别有病。"这是俗语。"现在大家都有钱，大家却也都有病。"这是朱德庸的话。朱德庸是大家都很熟悉的漫画家，《涩女郎》是他的代表作，而今随着《粉红女郎》又开始翻拍被搬上荧屏，大家又开始关注朱德庸的动态了。《大家都有病》是朱德庸的深层剖析人性的漫画书之一，看过这本漫画的人都知道，书上的主角有"焦虑二人组""自杀三兄弟"，都是非常有代表性的现代人的状态，再看看那些有功名病、花钱病、没钱病、喜欢跳楼病的小配角时，你可能会拍案笑出鹅叫，可是我们仔细想来，这种感受在自己的心里却是生疼的，这种生疼感，是因为我们生活在这个竞争和压力很大的时代，我们感同身受。

如果你看过朱德庸的访谈，你会发现这个我们眼里的搞笑大师跟我们想象的不太一样，镜头前的他淡定而内向，签售会上与读者和记者的交流和风细雨。面孔当然还是有如那张经典的漫画肖像：浓眉小眼大鼻头，头发蓬勃浓密，只是比起我们刚刚认识他时，多了些许银丝。

据朱德庸自己说，早在2000年，他就在构思《大家都有病》这本书，最初的原因是自己"生病了"。"那时我非常忙，早上八九点到工作室，电话就没停过，所有人都在找我要东西。我晚上十一二点才能回家，在床上却怎么也没法睡觉。一个人躺在那儿，很多事情就会不由自主跑到你脑袋里，你会想这个怎么没做，那个怎么没弄好。一定要躺到沙发上，把电视打开，放一个烂到不能再烂，不能引发思考的片子催眠，才能睡着。"

朱德庸面对专访说，他最糟的时候，曾经有想过要从高楼上跳下去。"有一天晚上，我在工作室加班，那是一个大厦的12楼，已经到了晚上10点多，我却还要把刚画好的漫画复印出来。在复印机前的一刹那，我很想跳楼，因为我觉得没有任何意思。看起来自己的人生好像很成功，所有人都想要你的画，好像每天都过得很忙，有很多事情做，但是你会在灵魂深处问自己，这些到底有什么意义，这些乱七八糟的事情都是些什么鬼东西。我想要平静，却停不下来。"

在他最困难的那段时间，是他的妻子冯曼伦挽救了他。"我太太说自己需要的是一个丈夫，而不是一个赚钱机器。她给了我两个选择，停下来或者离婚。"于是朱德庸在事业最巅峰的时候，放下手头的一切工作，带上妻子和孩子出去度假。

"那段时间我突然一下子空了，好像被人抽干了一样。表面上什么事情也不做，很轻松，其实是在内心疗伤，学会让自己慢下来，享受生活，学着找到本来的自己。而旅行最奇妙的地方就在于，你到了完全不一样的一个地方，当地人的价值观，人们对生活的感受，跟你完全不一样。那时你才知道，你其实是局限在一个多么小的空间里，你会发现工作和成功，并没有那么重要。"

直到 2005 年，朱德庸渐渐觉得自己的状态开始恢复了，才重新拿起画笔。"这些年来，我有时候还是忙，但是我永远提醒自己，我生下来在这个世界上，并不是为了成功而来的，也不是为了创作而来的，甚至不是为了满足读者而来的，我只是回归到我是一个人，该怎样过我的人生。仅此而已。"朱德庸的声音很轻，但是这种柔和和淡定中却夹杂了很多沧桑感。

熟悉朱德庸作品的朋友都知道，他的作品里一般都会选定三五个主角，而《大家都有病》却没有特定的主角，他把各种人、各种行为都画进作品，"自杀三兄弟"每天为各种理由自杀；"焦虑二人组"是一对夫妻，每天都有烦心的事；"OK绷人"全身几乎贴满了创可贴，是个身心都很容易受伤的人；"狂买症"女子酷爱在商场里"血拼"，用铁链都拴不住；此外还有门童、理发师、保镖、心理医生等各种不同职业的人，天天都在上演各种荒诞戏剧。整本书如同一面没有边沿的镜子，映照着这个时代的方方面面。总而言之，你有病，我有病，他有病。掩卷沉思，你会不由自主记起扉页上的那句话："是我们每个人那颗受伤的心病了？还是这整个时代病了？"

朱德庸他只是一个漫画家，用漫画来影射人性，他并不是医生，却在用幽默给这个时代把脉。他说："我们碰上的，刚好是一个物质最丰硕而精神最贫瘠的时代，每个人从小就被告知，要好好学习，努力奋斗，要取得成功。'成功'成为了心灵的陷阱，似乎每个人肩膀上都要背负什么重大的使命。人们都在为一种不可预见的'幸福'奋斗着。但所谓的幸福，却早已被商业稀释而单一化了。"

"这是一个只有人教导我们如何成功，却没有人教导我们如何保有自我的世界。"就是基于这样一种对现代社会及现代人生存状况的思考，朱德庸在刻画种种病态时，流露出了格外悲悯的情怀。你也会跟随着他的笔尖，更加看清自己。比如"自杀三兄弟"，他们可以不停地跳楼，可以不停地为很多事情反悔，而跳楼就意味着可以重新再来。朱德庸说："他们可能觉得这个事情是错的，不应该这样，就跳楼了，下一次可能又因为其他事情跳楼，这就是漫画的功能，一般人没有这个机会。我跟我太太聊天说，如果张国荣也能像漫画人物一样跳下去，第二天又好好的，也许就会按照他的路去走，说不定就找到人生真正的快乐了。"

"到了一个阶段的时候，我们应该让自己停下来喘口气，不要被欲望赶着走，要简单下来、慢下来。中国人应该过得更好，而不是选择去做一个富有的神经病。"朱德庸说。这无疑是他给这个时代开出的"处方"。

朱德庸祖籍江苏太仓，四五岁时开始学习临摹和画连环画。其实他的整个童年，过得并不快乐，所以他的一生都在用漫画来"治愈童年"。朱德庸在一次采访里，说到自己的成长经历："因为我小时候很丑。母亲生下我，抱给邻居看，邻居脱口而出：'天哪，怎么会有这么丑的孩子！'"在家里不受重视的他本来就有些自闭，上学以后，他的学习也一塌糊涂，逃学、涂改分数、模仿家长签名……完完全全是个"问题儿童"，老师看不起，同学瞧不起。没有任何朋友的朱德庸，就在孤独自闭中度过了整个童年，心里全是不被人喜欢、处处受排斥的阴影。

1985年，大学毕业的朱德庸去服兵役前，接到了《中国时报》的约稿。于是，身在军营的他，心却在画画上，每天一熄灯，他便打着手电筒在被窝里偷偷地画。一个月后，第一部作品《双响炮》问世了。

当朱德庸服完兵役回来的时候，《双响炮》已经风靡中国了。这本关于男人、女人、婚姻家庭的漫画征服了几乎所有人。大家都在揣测，能揭开一切道貌岸然的东西，把婚姻刻画得如此透彻的人，该是婚恋经历多么丰富、思想多么深刻的人。甚至在许多年过去之后，人们还在怀疑，《双响炮》所描写的，是不是朱德庸自己的婚姻与爱情。可实际上，那时的他，只是个年仅25岁的"大小孩"，还未碰到现在的妻子。

朱德庸说他的漫画灵感都来源于对生活的细微的精准的观察。"当初我画《双响炮》的时候，我就觉得为什么人的婚姻这么奇怪，我的父母、朋友、邻居，走在马路上的一对对夫妻，为什么当初爱得你死我活的，结婚后又打得你死我活的。这让我充满了兴趣，其他的很多问题也是这样。小时候的自闭给了我不愉快的童年，在团体中我总是那个被排挤孤立的人；长大后，自闭反而让我和别人保持距离，成为一个漫画家和一个人性的旁观者，能更清楚地看到别人的问题和自己的问题。"这不由得让我们想到了喜剧之王周星驰，星爷是陪伴我们这一代人成长起来的喜剧明星，而他的出生和成长也是对于生活的观察和执着。不论周星驰还是朱德庸，他们都是靠着自己看待世界尖锐的双眼和寻找治愈童年的单纯之心才能把那么多优秀的作品带给我们。朱德庸一直在尝试怎么才能逃脱生活的枷锁，所以他才能看出现实的虚伪与荒诞，并用情景剧一般的四格漫画夸张地表现出来。《双响炮》的麻辣，《醋溜族》的酸甜，《涩女郎》的青涩，《绝对小孩》的返璞归真……直至第二十三部作品《大家都有病》的寻找自我，他篇篇幽默，字字珠玑。复杂的道理变成了一击而中的幽默，人生的悲苦变成了开心一刻，朱德庸创造的，又何止是一张张画呢？

朱德庸说他自己很爱动物，讨厌小孩，对自己的儿子也如此。在一次采访中他曾不小心袒露心迹："小孩令我回想起自己的童年，我并不是讨厌儿子，而是怕从儿子身上看到自己。"然而，他伴随儿子的成长，目睹着儿子的变化，自己也随之走出了阴影。"孩子好像是我的心理医生，不仅令我忘掉儿时，重过了一遍童年，还医治了我的中年危机。是他以他天生的快乐让我明白成人世界的荒谬与扭曲。"

如今的朱德庸，儿子已长大成人，妻子算是他的经纪人。"男人和女人毕竟不同。男人更注重往前冲，而女人会看前面的路。当年我决定做专业漫画家时，是她鼓励我。我画厌了想去学开飞机时，是她劝服我：'会开飞机的人多得是，但会画漫画的人却寥寥无几。'最后我没了假日、没了休息，每天都不快乐，却停不下来时，也是她甘冒风险，以离婚为威胁阻止我。"现在，他总是很早起床，吃完早点后画一两个小时，等妻子起床后再陪她吃一次早点，一起讨论今天做什么。"不过，画画依然是我的最爱，是我的魔咒，也是我自己的选择。"朱德庸说。

| 课后思考 |

1. 大学生应该从哪些方面去关注个人的心理健康？
2. 如果出现了心理问题，应该从哪些方面去寻求帮助？
3. 我们应该如何保持积极健康的心理状态？

第五章　生殖健康与性健康

> **学习目标**
> 1. 了解女性和男性生殖系统的结构与功能，懂得如何做好生殖系统的自我保健
> 2. 培养高尚的性审美情操，抛弃低俗的言行举动，自觉规范个人性行为
> 3. 掌握避孕的方法，避免发生非意愿妊娠后的人工流产
> 4. 促进生殖健康和性健康，带动全社会树立健康的性道德观念，提高健康水平

案例导入

19岁的小兰（化名）到南方医科大学第三附属医院妇产科就诊，接诊医生是妇产科主任王雪峰。小兰告诉王主任自己两个月没来月经了，想检查一下是什么情况。询问了一些基本情况后，王主任得知小兰没有性生活，平时月经也很规律，身心也挺轻松的，没什么精神压力，建议小兰去做一个腹部憋尿妇科B超。

两小时后，小兰满脸疑惑的拿着B超单回到诊室，B超结果提示：宫内早孕，孕 6^+ 周，单活胎。小兰很激动："医生，刚刚B超医生说我怀孕了，我都没有性生活。怎么可能会怀孕呢？是不是弄错了？"王雪峰主任让小兰仔细想想，有没有跟男朋友有过比较亲密的行为，思索一番后，小兰说："那应该不算吧。我们都没有进入，我还是处女，不算是有性生活的，我男朋友也说了这样是不会怀孕的……"

摘自《羊城晚报》官网

第一节　女性生殖系统及卫生保健

一、女性生殖系统结构与功能

女性生殖系统包括外生殖器官和内生殖器官两部分，见图5-1。其中，外生殖器官指生殖器官外露的部分，总称为外阴或阴户，包括阴阜、大阴唇、小阴唇、阴蒂、阴道前庭等，见图5-2；内生殖器官指生殖器官位于体内的部分，包括阴道、子宫、输卵管和卵巢，见图5-3。

（一）外生殖器官

女性外生殖器官统称为外阴，又称阴户。

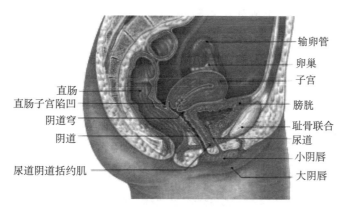

图 5-1　女性生殖系统概观

（引自：谯兴，李晨阳，任占川. 人体解剖学[M]. 北京：中国科学技术出版社，2017.）

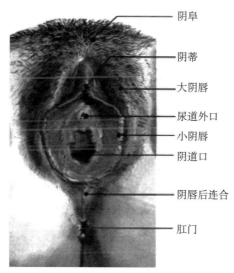

图 5-2　女性外生殖器官正面图

（引自：谯兴，李晨阳，任占川. 人体解剖学[M]. 北京：中国科学技术出版社，2017.）

（1）阴阜。阴阜是耻骨联合前方的隆起部分，富含脂肪，肥厚而柔软，以减缓性交时的冲击力。进入青春期，阴阜皮肤开始阴毛发育，呈倒三角形分布。阴阜内有大量的神经分布，可以对性刺激产生较强的反应。

（2）大阴唇。为大腿内侧一对隆起的皮肤皱襞，上端起于阴阜，下端与肛门前方融合。大阴唇的外侧面肤色较深，在青春期长出少量阴毛，内侧面平滑、无毛。

（3）小阴唇。位于大阴唇内侧，是一对表面光滑、薄而狭长的皮肤皱襞。两侧的小阴唇合拢遮盖住阴道口及尿道口，防止阴道感染并保持内部湿润。小阴唇富含血管和神经末梢，是体验性愉悦的重要部位。

（4）阴蒂。是由两个阴蒂海绵体构成的器官，在发生学上相当于男性的阴茎海绵体。阴蒂被包皮覆盖，有丰富的神经末梢，对性刺激极为敏感。阴蒂在被抚摸和压迫时会产生强烈的性反应，与男性的阴茎一样，能因充血变得坚挺。

（5）阴道前庭。两侧小阴唇之间的范围就是阴道前庭。阴道前庭内有尿道外口、阴道外口、处女膜、前庭大腺。尿道外口在阴蒂下方，是尿道的开口。阴道外口位于前庭后部，周围覆盖着一层纤薄的结缔组织，即处女膜。

(6) 前庭大腺。又称巴多林腺，与男性尿道球腺相当，为黄豆大小的椭圆形小体，位于阴道外口两侧，其腺管开口于小阴唇与处女膜之间的沟内，分泌黏液有润滑阴道前庭的作用。当腺管口堵塞并继发感染时，会形成前庭大腺脓肿。

(二) 内生殖器官

(1) 阴道：阴道是连接子宫与外阴的肌性管道，全长 8～10cm，富有弹性和延展性。其上端与子宫相连，下端开口于外阴，前与膀胱、尿道相邻，后与直肠贴近。阴道是性交器官，也是导入精液、排出经血、娩出胎儿的通道。正常情况下，阴道内常流出少量带黏性的白色液体，称白带，具有排泄废物、抑制病菌生长、湿润阴道、协助性交顺利进行等作用。

(2) 子宫：子宫位于盆腔中央，前面是膀胱，后面是直肠，下面连着阴道，是呈梨形的中空器官。子宫主要分为子宫底、子宫体、子宫颈。子宫上部较宽的部分是子宫体，子宫体的顶端称为子宫底，子宫下部细窄的部分是子宫颈，子宫颈下端深入阴道并借其与外界相连。子宫腔小壁厚，容量约 5～8ml，腔表面覆以黏膜即为子宫内膜。青春期起子宫内膜会受性激素影响发生周期性改变，先增厚再部分脱落，并随经血排出，形成月经。

子宫的主要功能是孕育胎儿。受精卵在子宫里着床形成胚胎，胚胎继续发育成为胎儿，胎儿不断成长直至成熟，此时子宫发生有节律的强烈收缩迫使胎儿及胎盘娩出。

(3) 输卵管：输卵管是一对细长弯曲的喇叭状肌性管道，全长约 10～12cm，直径约 5mm。输卵管连于子宫底两侧，内侧端与子宫角相通，外侧端游离于腹膜腔。由内至外可分为子宫部、峡部、壶腹部、漏斗部，见图 5-3。精子与卵子在输卵管壶腹部相遇结合成受精卵之后，通过输卵管的蠕动和管内纤毛的运动推送到子宫内发育，故输卵管阻塞会引起不孕。

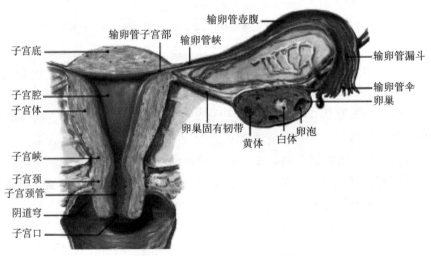

图 5-3 女性内生殖器官正面图

(引自：谯兴，李晨阳，任占川. 人体解剖学[M]. 北京：中国科学技术出版社，2017.)

拓展阅读

输卵管的结构特点

输卵管由内侧向外侧分为以下4个部分：

1. 子宫部　为贯穿子宫壁的一段，管径最细，约1mm，以输卵管子宫口开口于子宫腔，也是输卵管阻塞最容易发生的部位。

2. 输卵管峡　为紧贴子宫壁外面的一段，短而狭窄，壁较厚，血管分布较少，水平向外移行为壶腹部。临床上在此进行输卵管结扎术，阻断卵子与精子的结合途径，以达到绝育的目的。

3. 输卵管壶腹　是由输卵管峡向外延续管径最宽的部分，也是输卵管最长的部分，约占输卵管全长的2/3，行程弯曲。此部管壁薄而管腔较大，血供较丰富。卵子在此受精后，向内移入子宫而着床，若受精卵未能移入子宫，而在输卵管中发育，称为输卵管妊娠。

4. 输卵管漏斗　是输卵管末端膨大的部分，此部向后下方弯曲覆盖于卵巢内侧面和后缘。漏斗中央有输卵管腹腔口，开口于腹膜腔。卵子经此口进入输卵管。输卵管腹腔口周围，有许多锯齿状的突起，称为输卵管伞，其中个最长的突起连于卵巢，称卵巢伞，有摄取卵子的作用。

左右输卵管与周围器官的关系略有不同，左侧输卵管与小肠和乙状结肠相邻。右侧与小肠、阑尾和右侧输尿管第二个狭窄位置相邻。因此右侧输卵管炎、右侧输卵管结石和阑尾炎的鉴别诊断比较困难，应引起重视。临床上将卵巢和输卵管称为子宫附件，子宫附件炎主要是指这两部分的炎症。

（4）卵巢：呈扁卵圆形，左右各一，位于子宫两侧，输卵管下方。卵巢是女性的生殖腺，具有产生卵子和分泌性激素（雌激素、孕激素和少量雄激素）功能。雌激素能促进生殖器官生长发育和第二性征出现；孕激素（黄体酮）促进子宫内膜生长，以保证受精卵植入和维持妊娠；适量的雄激素还可维持女性的正常性功能，如促进性欲，刺激腋毛和阴毛生长等。

女性刚出生时，卵巢里大概有100万个原始卵泡，其中大部分在童年期退化，从青春期开始到月经停止，约有400个原始卵泡会发育成熟并产生卵子，通常左右卵巢交替排卵，到了绝经期停止排卵。卵巢在形态和功能上发生周期性变化，称为卵巢周期。卵巢周期也是卵泡的发育和成熟、排卵、黄体形成及退化的过程。一般情况下，成熟女性每月排1颗卵子，排出的卵子被输卵管伞捕获进入输卵管腔。排卵日一般在下次月经来潮前的14天左右，通常28～30天排卵一次。

二、女性生殖系统卫生保健

女性生殖系统的卫生保健主要针对女性生殖系统的结构和功能展开，在了解基本生理知识基础上，同学们应正确处理和对待有关生殖系统的各种问题，以维护自身健康。

（一）保持外阴卫生

女性外生殖器官的构造较为复杂，分泌物和皱襞多，易藏匿白带、经血及尿液等，引起外阴瘙痒，加之阴道口、尿道口、肛门三者间距离近，尿道短而直，容易造成交叉感染和泌尿道、生殖道炎症，故女性应特别注意外阴卫生。

保持外阴卫生，最主要的方法就是清洗外阴和勤换内裤。平时应每天清洗外阴一次，月经期最好早晚各清洗一次。清洗时，要使用干净的盆和毛巾，用温水擦洗，或者用流动的温水冲洗。注意不要盆浴，不要让外阴浸泡在水里，以防止污水进入阴道内。洗具一定要单独使用，并要与洗脸、洗脚用具分开。清洗外阴前，要先用肥皂清洗双手。清洗外阴时，先清洗大阴唇内侧，接着是小阴唇、阴蒂及阴道前庭，然后再清洗大阴唇外侧、阴阜和大腿根部内侧，最后清洗肛门。一般用清温水清洗即可，不要频繁使用肥皂或者含药物的清洗剂等，以免破坏阴道正常菌群和酸性环境（pH≤4.5），削弱抵抗力。除清洗外阴，内裤也应该每日换洗。清洗内裤的用具也应该是专人专用，不要和其他衣物混洗，用肥皂清洗即可，清洗后的内裤最好放到阳光下晾晒。另外，化纤材质的内裤不透气，容易引起异味或炎症。内裤也不宜过紧，以免引起盆腔充血。因此内裤以穿着舒适、易透气为宜。

（二）注意观察阴道分泌物

阴道分泌物，又称为"白带"。白带是由阴道黏膜渗出物、宫颈管及子宫内膜腺体分泌液等混合而成，其形成与雌激素作用有关。白带内有阴道上皮脱落细胞、白细胞、乳酸杆菌等。

正常的生理性白带量少，外观呈白色稀糊状，一般无气味，量不多，对女性健康没有不利的影响。通常在接近排卵期时，白带量会增多，质地变清澈，像蛋清一样。排卵2~3天后，白带量减少，质地变黏稠。在性交前后、月经期前后、妊娠时，由于雌性激素水平升高，盆腔充血，子宫颈内膜分泌旺盛，白带量也会增多。这些都属于正常生理现象，但要注意清洗外阴，保持外阴清洁、干爽。

当阴道有炎症或发生癌变时，白带在分泌量、颜色、质地、气味上会发生改变。如果发现白带异常，需要及时就医。

拓展阅读

常见的几种异常白带

透明黏性白带：这种白带在外观上与生理性白带一致，但量明显增加，可能是由于卵巢功能失调、阴道腺病或在使用雌激素类药物及阴道避孕药之后。

灰黄色或黄白色泡沫状白带：当白带为灰黄色或黄白色，成泡沫状，且有臭味时，大多为滴虫阴道炎，这种情况还可伴有外阴瘙痒。

豆腐渣样白带：白带若呈凝乳块状，像豆腐渣样，为真菌性阴道炎的特征，常伴有严重的外阴瘙痒或灼痛的症状。

灰白色白带：白带颜色成灰白色，并有鱼腥臭味，多见于细菌性阴道病，也多伴轻度的外阴瘙痒症状。

脓性白带：细菌感染所致的阴道炎、急性宫颈炎及宫颈管炎的白带成黄色或黄绿色，黏稠，多有臭味。脓性白带还见于阴道癌或宫颈癌并发感染等疾病。

血性白带：若白带中混有血液，血量多少不定，这种白带应警惕生殖器官癌变的可能。如宫颈癌、子宫内膜癌、宫颈息肉或子宫黏膜下肌瘤等。放置宫内节育器也可能出现血性白带。

水样白带：白带呈淘米水样，且恶臭，一般见于晚期宫颈癌、阴道癌等。若是间歇性出现清澈的、黄红色或红色的水样白带，有可能是输卵管癌。

（三）重视经期卫生及保健

▶ 1. 月经期卫生

月经期间，子宫内膜脱落形成创面，子宫颈口相对开放，盆腔充血，致使生殖器官防御能力削弱，若不注意卫生，病菌很容易上行侵入子宫、输卵管造成感染。因此，经期每天至少清洗一次外阴，尽量用冲淋的方式，若盆浴，勿坐入盆中，以防脏水进入阴道；勤洗勤换卫生用品，避免经血成为细菌繁殖的温床；注意下腹防寒保暖，有助于月经畅通。

▶ 2. 月经期保健

月经所引起的生理变化，对女性心理、生活、工作会有一定的影响，最为常见的是痛经、经前期综合征、外阴瘙痒等。

（1）痛经：痛经是在月经期前或月经期出现下腹部疼痛、坠胀，伴有腰酸或其他身体不适，并严重影响生活质量的现象。痛经的强度依靠自身的感觉，暂时没有客观方法来测量。痛经分为原发性和继发性。原发性痛经多指功能性的，即生殖器官没有器质性的病变，这类痛经占绝大多数。继发性痛经是指生殖器官出现器质性病变而引起的疼痛。

原发性痛经主要与月经时子宫内膜前列腺素含量增高有关。高水平的前列腺素刺激子宫平滑肌强烈收缩，血管痉挛，导致子宫供血不足、缺氧，引起下腹痉挛性绞痛。原发性痛经多见于青春期，疼痛多开始于月经来潮后，最早出现于经前24小时，一般在经期第1日最剧烈，持续2～3日后可缓解。疼痛通常位于下腹部，可放射至腰骶部及大腿内侧。原发性痛经还常伴有虚弱、手足冰冷、乏力、恶心、腹泻等症状，严重时还会面色苍白、出冷汗，但妇科检查不会有异常发现。原发性痛经发生时，应注意消除紧张和压力，这样对缓解疼痛有一定的效果。此外，食用温热的食物和饮料、将温热的物品放置腹部、轻抚腹部、散步等都能起到减轻疼痛的作用。若疼痛不能忍受，可辅以药物治疗。

继发性痛经可继发于盆腔炎、子宫内膜异位症、宫颈狭窄或其他疾病，常在行经数年后才出现，以中年女性多见。最好的解决办法是就医诊治，不要自行单纯止痛。

（2）经前期综合征：经前期综合征是指月经来潮前的7～14天出现周期性的以生理心理上的各种症状为特征的综合征。一旦月经来潮，症状就会自然消失。目前，经前期综合征的形成原因尚无定论，但可能与卵巢激素水平变化、心理因素有关。

经前期综合征主要表现为生理上、心理上的症状。生理上的症状包括头痛、乳房胀痛、背痛、胀气、便秘、体重增加、食欲增加等。心理上的症状包括易怒、焦虑、疲劳、情绪不稳定、性欲改变等。不同的月经周期，其严重程度会有不同。对于经前期综合征，尽管目前还没有特效办法防止其发生，但健康的生活方式有助于缓解部分症状，包括合理的饮食及营养，适当的身体锻炼，提高碳水化合物的摄入，避免烟酒，限制茶、咖啡因、盐的摄入等。也有一些药物，比如抗前列腺素药、抗黄体酮药等可以缓解一些症状，但需要在医生的指导下使用。

大多数女性在月经期可以正常生活、学习和工作，但要避免重体力劳动和剧烈的运动。有些人认为，在月经期不宜用冷水洗脚、食用冰冻的食物和饮料，但因人而异，接触了冷水或冰冻食物等也无须太过担心。

（3）外阴瘙痒：外阴瘙痒是较为常见的妇科症状。外阴瘙痒多由各种病变引起，外阴正常者也有可能发生。如果得不到适当的治疗，可以反复发作。

引起外阴瘙痒的原因很多，有局部原因也有全身原因。真菌性阴道炎、滴虫性阴道炎、阴虱、疱疹、湿疹等疾病都会引起外阴瘙痒。另外，不良的卫生习惯、化妆品刺激或某些药物过敏等也是引发外阴瘙痒的原因。外阴瘙痒的全身原因见于糖尿病、黄疸、重度贫血、白血病，维生素A、B缺乏等疾病。还有一些属于不明原因的外阴瘙痒。

外阴瘙痒多位于阴蒂、小阴唇附近，也可发生在大阴唇、会阴甚至肛门周围。如果得不到及时治愈，长期搔抓瘙痒部位，会出现抓痕、血痂或继发毛囊炎。外阴瘙痒通常在夜间加重，常为阵发性，也可为持续性发作。症状严重时，奇痒难忍，坐卧不安，甚至会影响正常的生活、学习和工作。

若患有外阴瘙痒，严禁搔抓病发部位，应及时就医。另外，要加强个人卫生，保持外阴的清洁、干燥，消除病因。

（四）注意乳房保健

乳房是男性、女性都具有的暴露于体表外的器官，属于人体第二性征器官。尽管乳房在医学划分上不属于生殖系统，但乳房是哺育后代的重要器官。男性和女性的乳房在结构上一致，都由乳头、乳晕、脂肪及腺体组织构成，只不过男性乳房的脂肪和腺体组织数量上远少于女性。乳房对于女性来说更为重要，不仅是因为哺育后代，另外它也是体现女性性征的器官。对于非泌乳期的女性来说，乳房的大小与脂肪含量的多少有关，是由遗传因素决定的。乳房的大小并不会影响其泌乳功能，不过，健美的乳房可以给女性带来更完美的外形。因此，女性平时要注意对乳房的保健。

▶ 1. 科学佩戴胸罩

通常，女性青春期乳房发育后，应及时选择合适的胸罩。胸罩能保护、支持和衬托乳房，使其血循通畅；减少行走尤其是运动劳动时乳房的摆动，防止乳房松弛下垂，还可使女性身体曲线更加优美。理想的胸罩应大小松紧合适，刚好托起乳房，既限制其活动又不影响呼吸，取下后皮肤上不留明显压痕。一天佩戴的时间最好不超过12小时，睡觉时脱下，让胸部放松，以保证淋巴液的正常流通。

拓展阅读

如何选择适宜的胸罩

正确选择胸罩，是乳房保健的重要措施。胸罩大小的确定，一般是依据个人的底胸围和胸围差而定。底胸围是胸罩的基本尺码,胸围差是选择型号的依据,见表5-1。

表5-1 胸围差和对应胸罩型号

胸围差(cm)	胸罩型号
6~8.5	AA
8.5~11	A
11~13.5	B
13.5~16	C
16~18.5	D

胸围差＝顶胸围－底胸围

底胸围:身体直立,乳房下的紧身胸围;

顶胸围:身体前倾45度,乳房最突出部位的紧身胸围。

在选择和使用胸罩时还应注意:为避免引发乳头和乳腺发炎、过敏等问题,最好选择棉布制作的胸罩;穿戴胸罩要勤洗勤换,保持清洁。

▶ 2. 保持良好的姿势

女青年站立、行走时应尽量保持抬头、挺胸、收腹的优雅姿势。如果走路时含胸躬腰,站立时耸肩缩背,坐时东倒西歪,久而久之就可能影响脊柱、胸廓肌肉以及乳房的正常发育。另外,睡觉宜取仰卧或侧卧位,尽量不要俯卧睡,以免挤压乳房而影响发育。

▶ 3. 营养均衡

乳房健美的基础是身体健康,没有良好的体质就不会有健美的乳房,乳房大小取决于乳腺组织和脂肪的多少。女青年不可因追求苗条过分节食或偏食,应适量地摄入脂肪,增加鱼、肉等食品。增加胸部脂肪量,是保持乳房丰满浑圆,提高丰挺度的最自然健康的方法。

▶ 4. 加强运动

平时要经常参加体育锻炼,特别是多做些扩胸、胸部健美操、游泳、俯卧撑等加强胸部肌肉锻炼的运动。乳房小的女青年早晚可以适当按摩乳房,通过促进局部血液循环和神经反射作用改善脑垂体分泌,促进乳房发育。手术或药物隆胸已有许多出现不良反应和后遗症的报道,应慎重行事。

▶ 5. 正确对待乳房的生理性变化

女性的乳腺会随月经周期体内激素代谢规律发生相应变化。通常在月经前几天,乳房因小叶增生会出现轻微胀痛和少许小结节,行经后症状减轻继而消失,待下次月经来潮前又出现这种周期性变化。少女和年轻女性由于性激素分泌旺盛等原因,乳房胀痛往往比较明显,勿将该生理现象误认为疾病。但平时应注意保持心情愉快、情绪稳定,不随意服用蜂王浆、花粉及其他含雌激素的保健品或食品,以免诱导乳腺组织病理性增生。

▶ 6. 及早发现乳房病变

女性要养成自检乳房的好习惯,以及时发现包块等异常现象。检查乳房通常在月经结束后的5~7天进行,此期间乳腺比较松软,无胀痛,由乳腺小叶增生造成的结节也很少。

检查方法：第一步，视查。脱去外衣，站在镜前，先两臂自然下垂，再双手叉腰、双臂高举过头，仔细观察两乳房是否对称，有无隆起、凹陷或皱起等现象。第二步，触查。平躺在床上，将枕头垫在右肩下，右手臂放至脑后。用左手中指、食指、无名指的指腹按压乳房，从乳房外侧边缘环形向乳头移动，一定确保按压完整个乳房，检查是否有硬块或者肿块。注意不要遗漏乳房至腋窝之间的区域以及腋窝部。再轻轻挤压乳头，观察是否有分泌物溢出。完成后用相同的步骤检查另一侧。

如果发现乳房、腋窝和锁骨上窝有结节、包块，或乳头挤出微黄、浑浊的液体，应尽早就诊。多数情况下，乳房病变都是通过自检发现，然后再去医院进一步检查确诊的。

第二节　男性生殖系统及卫生保健

男性和女性的生殖系统在结构和功能上有很大的不同。但跟女性一样，男性也应该在了解生殖器官生理发育相关知识的基础上，掌握一些专业的生殖器官保健知识和技能，以预防或减少生殖系统疾病的发生，保持健康的状态。

一、男性生殖系统结构与功能

男性生殖系统分为外生殖器官和内生殖器官两部分，见图5-4。男性外生殖器官包括阴茎和阴囊；内生殖器官位于阴囊内和盆腔内，包括睾丸、附睾、输精管、射精管、尿道、精囊腺、前列腺等，见图5-5和图5-6。

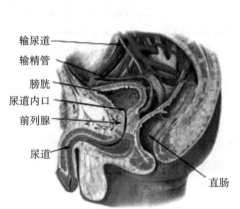

图5-4　男性生殖系统概观
（引自：钱兴勇．正常人体结构与功能[M]．北京：中国科学技术出版社，2017．）

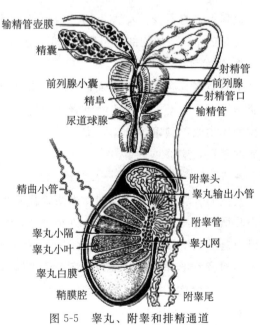

图5-5　睾丸、附睾和排精通道
（引自：钱兴勇．正常人体结构与功能[M]．北京：中国科学技术出版社，2017．）

(一)外生殖器官

▶ 1. 阴茎

阴茎位于阴阜下方，呈一长圆柱形海绵样器官，有排尿、性交、射精功能。阴茎由阴茎头、阴茎体和阴茎根三部分组成。阴茎头又叫龟头，它的末端有较狭窄的尿道外口。阴茎体为圆柱形，悬垂于体外，由阴茎根连接在身体上。阴茎根固定在身体上，是整个阴茎与身体的联合部分。阴茎皮肤在冠状沟的前方呈双层游离皱襞，包绕阴茎头，称为阴茎包皮。阴茎由两条阴茎海绵体和一条尿道海绵体构成，这三条平行的海绵体内含有丰富的血管，在性唤起过程中血管扩张、血流量明显增加，大量血液注入阴茎海绵体的腔隙内致使阴茎勃起。

▶ 2. 阴囊

阴囊位于阴茎的后下方，是一个呈囊袋状结构的悬垂物，里面有睾丸、附睾、精索和输精管的起始段。阴囊外层的皮肤颜色较深，有阴毛和汗腺分布。内层的肉膜含有可舒缩的平滑肌纤维。阴囊沿中线有一条纵行的阴囊缝(外层)和阴囊中隔(内层)，将阴囊分为左、右两部分。阴囊的皮肤形态在不同条件下会发生变化，比如，在性唤起过程中或受到冷刺激时，阴囊的平滑肌会收缩，以便将睾丸拉近身体；在受到热刺激时，阴囊平滑肌舒张，睾丸会远离身体，有利于散热。阴囊皮肤随体外温度变化发生改变，主要是为睾丸等内部器官提供适宜的温度环境，从而利于精子的生长和发育。

(二)内生殖器官

▶ 1. 睾丸

睾丸是位于阴囊内的男性生殖腺，呈卵圆形，左右各一。两边的睾丸通常是不对称的，一般左侧略低于右侧。每个睾丸的上端被精索悬挂在阴囊内，精索内主要有输精管、血管、淋巴管、神经和肌纤维等。睾丸内上千条的生精小管(又称静曲小管)产生精子，生精小管之间的间质细胞能够分泌睾酮。所以，睾丸的主要功能是产生精子和分泌激素。精子与卵子结合成受精卵，繁殖后代，雄激素维持男性第二性征和性功能。

胎儿时期，睾丸在盆腔内发育，一般到妊娠末期，睾丸会自动下降至阴囊内。睾丸有时在出生后未降入阴囊，停滞于腹腔或腹股沟管内，称为隐睾。因为腹腔温度较高，不适于精子发育，即失去产生精子的能力，可引起不育，故隐睾患者宜早行手术。

▶ 2. 输精管道

输精管道由附睾、输精管、射精管、尿道组成。

(1)附睾：呈新月形，贴附于睾丸的后上方，分头、体、尾三部分，头部由睾丸输出小管组成，体部和尾部由附睾管组成，见图5-5。附睾是精子储存和发育成熟的场所。精子由睾丸产生时尚缺乏活动能力，不能受精，需输送到附睾中停留12~21天，在附睾分泌的一种能直接哺育精子成熟的液体——附睾液的作用下，继续发育成熟后，才能与卵子结合。若附睾发生结核、炎症等疾病，会影响精子成熟导致不育。

(2)输精管和射精管：起运输和排泄精子作用。输精管是附睾管的延续部分，为一对细长管道，全长约50cm，其末端与精囊腺的排泄管汇合成射精管。射精管长约2cm，向前下斜穿前列腺实质，开口于尿道的前列腺部，见图 5-4。射精时，交感神经末梢释放大量类肾上腺素物质，使输精管平滑肌发生协调有力的收缩，将精子快速送往射精管和尿道中。输精管阻塞时，因精子无法通过造成不育。由此临床上将结扎输精管作为男性常用的节育手术。

拓展阅读

男性尿道的结构特点

男性尿道存在 3 个狭窄、3 个膨大和 2 个弯曲。3 个狭窄，分别位于尿道内口、膜部和尿道外口，以尿道外口最狭窄，且韧性较差，尿道结石常易嵌顿在上述狭窄部位。3 个膨大分别位于尿道前列腺部、尿道球部和尿道舟状窝。2 个弯曲，一是耻骨下弯，位于耻骨联合下方，凸向后下方；另一个是耻骨前弯，位于耻骨联合的前下方，凸向前上方，由尿道海绵体部构成。若将阴茎上提时，可使此弯曲变直。临床利用耻骨前弯的可动性，将阴茎上提，使整个尿道形成一个凹侧向上的大弯曲，此时易将器械经尿道插入膀胱。

▶ 3. 附属腺

男性内生殖器官有三种附属腺，分别是前列腺、精囊腺和尿道球腺。

（1）前列腺：是一个栗状实质性腺体，位于膀胱正下方，中央被尿道所贯穿，见图 5-6、图 5-7，前面贴耻骨联合，背面与直肠仅有一层筋膜相隔，所以临床做直肠指诊时可触及前列腺的背面。前列腺分泌的乳白色的前列腺液是精液的成分之一，含有多种成分，其中有纤维蛋白溶酶、锌离子和柠檬酸等物质。

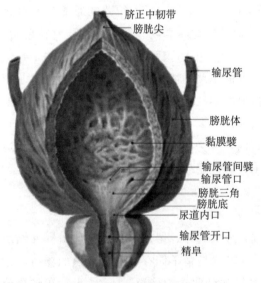

图 5-6　前列腺、膀胱前面观

（引自：钱兴勇. 正常人体结构与功能[M].
北京：中国科学技术出版社，2017.）

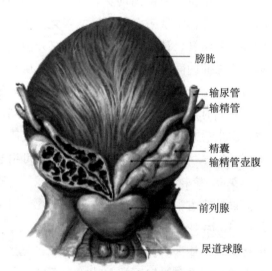

图 5-7　前列腺、膀胱、精囊后面观

（引自：钱兴勇. 正常人体结构与功能[M].
北京：中国科学技术出版社，2017.）

(2) 精囊腺：又称精囊，位于前列腺的后上方，是一对长椭圆形的囊状腺体，见图 5-7。主要由迂曲的管道构成，表面凹凸不平，呈结节状。其分泌的淡黄色精浆是精液的重要成分，有营养和稀释精子功能，并为精子运动提供能量。

(3) 尿道球腺：在前列腺的下方，为一对豌豆状的圆形腺体，见图 5-7，与尿道相连。尿道球腺会在射精前分泌一种清凉、黏稠的液体，里面可能含有上次射精后留存在尿道内的，或者从壶腹渗透出的少量的精子。

注：精液是由输精管道和附属腺分泌的精浆与精子共同形成的乳白色液体。精子在睾丸曲细精管中产生，精浆则由精囊腺液、前列腺液、睾丸液、附睾液、尿道腺液等共同组成，其中精囊腺液占 60%～70%，前列腺液占 20%～30%，其余成分仅占 10%。精浆是输送精子的介质，还含有维持精子生命必需的物质，并能激发精子的活动力。

二、男性生殖系统卫生保健

男性生殖系统卫生保健针对生殖器官的保健进行，这里包括阴茎与阴囊的卫生保健、睾丸的卫生保健以及前列腺的保健。

(一) 保持阴部卫生

男性阴部包括阴茎、尿道外口、阴囊、腹股沟和肛周，该区域容易受大小便污染。除此之外，阴囊和阴茎的皮肤皱襞较多且汗腺、皮脂腺发达，极易藏纳污垢又较潮湿，容易被病原微生物繁殖和包皮垢刺激，引起尿道炎、阴囊皮炎、湿疹、股癣，甚至发生阴茎癌。因此，男生要自觉养成每晚清洗阴部的好习惯，尤其清洗阴茎时，注意把包皮上翻以彻底清洗龟头和包皮内侧的包皮垢，以保持阴茎的卫生。以淋浴最好，若盆浴，要有专用的盆子和毛巾。

阴囊的皮肤极薄且柔软，皮下组织缺少脂肪，平时应避免使用碘酒及刺激性强的药物，以防阴囊表面损伤。阴囊形态结构在不同温度条件下可发生变化以利于精子的生长和发育，所以，男生应尽量穿薄而透气、吸汗的内裤，避免厚重、质硬、紧身的牛仔裤等；洗澡时水温勿过高，并慎洗桑拿浴；平时勿将笔记本电脑放在大腿上操作和将手机揣在裤兜里；勿长时间骑自行车，以免升高阴囊温度。

(二) 重视睾丸受伤时的急救

睾丸的体积较小，活动度较大。睾丸不仅表面有一层坚厚的白膜（纤维膜）保护，还深藏于阴囊内，一般受到外伤的情况不多见。但在平时生活中也应避免睾丸受到撞击、暴力挤压、踢打等。睾丸有丰富的神经分布，对外来打击十分敏感，哪怕是轻微的撞击也常常会产生剧烈疼痛。正确的处理方法是：若受伤较轻，最好立即站起来快速走动，或使劲蹦跳几下，使缩上去的睾丸迅速下降到正常位置。否则，挤上去的睾丸会因血管扭曲、受压而发生血液循环障碍，甚至因缺血时间过长而坏死。对受伤较重者，如阴囊肿胀、疼痛不缓解或尿中带血，应立即去往医院诊治。

若阴囊肿胀、颜色变紫说明发生了阴囊外伤性血肿，还要及时用冰水冷敷阴囊，以达到收缩血管、减少局部出血的目的。

睾丸是精子的生成器官，男生平时要注意保护睾丸，尽量避免受伤或发炎等，以免造成以后不育。

(三) 防止频繁遗精

遗精指没有性交或手淫情况下发生的精液遗泄,是青少年常见的生理现象。正常未婚男子,一般每月遗精1~4次,属精满而盈泄。如果过于频繁,一周数次甚至一夜数次或一有性欲意念就遗精则不正常。频繁遗精常会引起精神萎靡、疲乏无力、思想不集中、腰酸腿软等,影响学习、生活和工作。久而久之,还可导致焦虑、紧张、压抑、自卑等心理问题。

引起频繁遗精的原因很多,如睡前看有关性刺激的影视书画,性思考过多,精神紧张,频繁手淫,内裤太紧,被盖太重,睡眠过深,劳累过度以及患包皮、尿道、前列腺炎症等,都可通过神经反射促使阴茎勃起,造成频繁遗精和梦遗。

预防方法:①注意生活起居,早起早睡;睡觉时多取侧卧位,睡前不喝浓茶、咖啡;床铺勿太软,被褥要轻薄,穿宽松内裤。②节制性欲,戒除手淫,不迷恋色情书刊及视频。把注意力和精力多放在学习和文体活动上,培养多种业余兴趣及爱好,既提高情操又增强体质。③长期频繁遗精者应及时到医院检查治疗。

(四) 包皮过长和包茎者的卫生保健

前面提到,阴茎是由阴茎根、阴茎体和阴茎头(即龟头)三个部分组成。阴茎体的表面由一层松弛柔软的皮肤覆盖,皮下没有脂肪。这层皮肤一直延伸到龟头,并重叠包裹住龟头的上半部,这层覆盖在龟头处褶成双层的皮肤就称为包皮。

婴幼儿期的包皮往往较长,包裹整个阴茎头,包皮口也较小,属于生理性包茎。一般到3岁以后,阴茎头和包皮之间的轻度粘连自行消失,包皮能轻易向后退缩、上翻,露出龟头。随着青春期发育,阴茎体积逐渐增粗和延长,包皮会随之而向后退缩,致使龟头逐渐露出,至成人期已完全暴露在包皮之外。如果仍被包皮盖住,只有用手将包皮上翻或阴茎充分勃起时,龟头才能显露,便属于包皮过长;若包皮口过小过紧,无法上翻或勃起时仍不能显露出龟头,则属包茎。包皮过长在人群中有相当高的发生率,例如,我国成年男子包皮过长者超过1/4。

包皮过长及包茎者,因龟头及冠状沟处于阴暗潮湿的环境,加上包皮垢长期附着在龟头表面和积聚在包皮囊内,被病菌繁殖,容易造成包皮龟头炎和尿道口狭窄。包皮垢还是一种强烈的致癌物,长期刺激可诱发阴茎癌;在性生活时,由于包皮垢及病菌被带入配偶体内,使其患妇科炎症及宫颈癌的概率增高;严重的包茎还能造成排尿不畅,最终引起泌尿系统的一些严重疾病。

因此,给包皮过长及包茎者的护理和治疗建议是:

1. 保持局部清洁卫生,每晚睡前须将包皮上翻清洗,清洗时尤其注意包皮覆盖的冠状沟及其附近区域。只要坚持清洗,那些包皮虽长,但包皮口宽大易于翻起的人是可以不做手术的。

2. 已多次发生过龟头炎症的包皮过长者,要在炎症消退后去医院行包皮环切手术。包茎者则必须及早手术治疗。

拓展阅读

包皮环切术

包皮环切术是切除覆盖在龟头上包皮的外科手术。在某些国家和地区，也是一项宗教仪式。对于婴儿是否适合做包皮环切术，临床医生的意见是不一致的。但是，当包茎导致性交阴茎勃起疼痛时，则建议切除包皮，见图5-8。

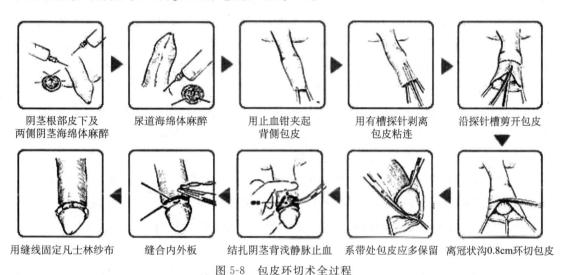

阴茎根部皮下及 　　尿道海绵体麻醉　　用止血钳夹起　　用有槽探针剥离　　沿探针槽剪开包皮
两侧阴茎海绵体麻醉　　　　　　　　　 背侧包皮　　　　包皮粘连

用缝线固定凡士林纱布　缝合内外板　结扎阴茎背浅静脉止血　系带处包皮应多保留　离冠状沟0.8cm环切包皮

图5-8 包皮环切术全过程

（五）前列腺的卫生保健

有些人认为前列腺是内生殖器官，位于盆腔内，并不是日常护理的重点。其实不然，前列腺也是重要的保健器官。我们对前列腺炎，即前列腺发炎，并不陌生。目前，医学上认为"前列腺炎"不是一个病，而是以不同形式或综合征发生，这些综合征有独立的原因、临床表现和结果。前列腺炎可出现的症状有后背疼痛，会阴、肛周疼痛，尿频，尿急，尿痛，夜尿多等，若出现这些症状就应该就医了。因此，平时多饮水，多排尿，通过尿液经常冲洗尿道，帮助前列腺分泌物排出，以利于预防感染。适量运动，不宜长时间骑马、骑车或久坐，电脑前工作、学习应该每隔1~2小时站起来活动一会儿，以减轻前列腺充血。

第三节　生殖健康与保健策略

一、生育与避孕

男女经过青春期发育达到性成熟后，便具备两性结合产生新生命的能力。但每对育龄夫妻及异性伴侣往往愿意有计划地生育后代。维护生育健康，直接关系后代的健康成长和民族的兴盛。

（一）生命的孕育

▶ 1. 受精

即成熟的精子和卵子互相结合形成受精卵的过程，是怀孕的开始。

育龄期女性，卵巢每月排出一个成熟的卵子，卵子从卵巢排出后立即被输卵管伞部吸到输卵管内，再借输卵管的蠕动和管内纤毛的摆动作用，向子宫方向推进，到达输卵管壶腹部后，在那里等待精子的到来。性交时，男子将精液射入女性阴道内，精子依靠尾部的摆动前进，依次通过阴道、子宫颈管、子宫腔、输卵管间质部和峡部，最终到达受精地点——输卵管壶腹部，一旦与卵子相遇，即可受精。一般情况下，卵子寿命不超过24小时，精子有受精能力的时间也仅约48~72小时，因此通常要在女性排卵前72小时至排卵后24小时内完成性交，才有受孕的机会。

健康男子性交时一次射出的精子约2亿~4亿个，其中大部分随精液从阴道漏出，只有小部分得以朝输卵管方向前行，由于沿途还要受子宫颈黏液阻挡和子宫腔内白细胞吞噬，最终能到达输卵管壶腹部的已不足200个。

精子在与卵子结合前还要在女性生殖管道内经过一段时间的孵育，才具有受精能力，这个过程称为精子获能。在精子与卵子相遇时，一群精子包围卵子，获能后的精子其头部分泌顶体酶，以溶解卵子周围的放射冠和透明带，为进入卵子开通道路，最终只有一个精子进入卵子形成受精卵。

随着现代科学技术的发展，已经可以做到在人体之外使精子与卵子结合，即在试管内进行"人工授精"，然后把受精卵移入子宫。由此孕育诞生的婴儿就是俗称的"试管婴儿"。

▶ 2. 胚胎发育

完成受精后，受精卵从输卵管分泌液中吸取营养和氧气，慢慢向子宫腔方向移动，边移动边进行细胞分裂，由一个细胞分裂成两个，再由此二分四，四分八……3~4天后到达子宫腔时已发育成为一个具有多个细胞的实心胚，形如桑葚，称桑葚胚。桑葚胚细胞继续分裂形成胚泡，在受精后6~8天进入子宫内膜，这一过程称为着床或植入。

受精卵着床后在子宫里发育，逐渐分化成不同的组织和器官。妊娠前8周为胚胎期，重要器官逐渐形成；第8周末胚胎已初具人形，能分辨出眼、耳、口、鼻、四肢，用B超检查可见心脏搏动；9~40周为胎儿期，各器官进一步发育；到40周末，胎儿已完全成熟。妊娠全程共280天，即40周。

由于妊娠的前8周是胚胎发育的最关键时期，胎儿的五官和绝大多数器官都在这一阶段分化及形成，所以孕妇在此期特别要注意避免病毒感染，勿吸烟喝酒，减少电脑、手机的使用时间，避免接触放射性环境，不使用含铅、汞等有害化学物质和激素的化妆品，不涂口红，尽量不用或少用药，家中不养宠物，以免影响胎儿发育。

▶ 3. 分娩

分娩是成熟胎儿及其附属物从子宫排出体外的过程。

分娩前往往有些征兆，如排尿次数增加，想解大便，下腹部发紧和疼痛，腰部压迫感等。不久，宫口逐渐扩张，子宫平滑肌发生有规律的愈发强烈的收缩，使羊膜破裂，羊水流出，继而胎儿娩出。在胎儿娩出后 15 分钟左右，胎盘与子宫壁分离，随即排出体外，完成分娩过程。

（二）避孕的认识

避孕是指采用科学的方法，使女性暂时不受孕。避孕主要控制生殖过程中的三个环节：①抑制精子与卵细胞的产生；②阻止精子与卵细胞的结合；③使子宫环境不利于精子获能、生存，或者不适于受精卵着床和发育。

如果不采取避孕措施，女性一生中可能会多次怀孕。避孕的主要目的就是避免非意愿妊娠。尽管有一些女性选择做单身母亲，但大部分人还是希望在双方建立稳定关系并结婚后再决定是否怀孕。婴儿一旦出生，父亲和母亲即开始承担抚养婴儿健康成长的责任。对毫无准备的年轻男女来说，非意愿妊娠带来的角色转变必然产生不小的心理压力和经济压力。

避孕理由与个人的年龄、生活环境、生育状况等诸多因素相关，不同的避孕理由也将决定采取什么样的避孕措施。常用方法有佩戴安全套、口服避孕药（短效、长效、紧急）、宫内放置节育器、安全期避孕法、体外排精法等。每种方法都有利有弊，下面介绍几种避孕措施。

▶ 1. 佩戴安全套

安全套也叫避孕套，使用方便，不干扰生理机能，避孕效果好，还能预防乙肝、性病等传播，防止包皮垢与宫颈接触，应作为男性特别是未婚男青年的首选避孕方法。

用法：①选择合适的型号（第一次佩戴不确定具体尺寸时，可先选择中号，再根据实际情况进行调整），从安全套内包装的边缘小心撕开，以免扯裂；②一只手的拇指及食指捏住储精囊（安全套前端的一个小囊，用来储存射出的精液），挤出里面的空气；③另一只手将安全套戴在已勃起的阴茎头上，并一直捋到阴茎根部，以保证整个阴茎都被套住；④射精后应在阴茎疲软前用手指按住避孕套底部，与阴茎一起抽出。在阴茎完全抽出后再脱下避孕套，防止精液漏出。将安全套打结，扔进垃圾桶。见图 5-9。

图 5-9 安全套使用方法

▶ 2. 服用紧急避孕药

紧急避孕药是在无防护措施的性生活后，或避孕措施失败（如安全套破裂或脱落在阴道内、漏服避孕药、安全期计算失误等）后的 3 天内，女方为防止怀孕所采用的补救药。例如，双方在亲密接触时没能控制住性冲动，在未采取避孕措施的情况下发生了性关系，或女生遭到性暴力等。

目前，常用的紧急避孕药有米非司酮和左炔诺孕酮（"毓婷""安婷"）。服用方法：选其中一种，于房事后 72 小时内服 1 片（采用左炔诺孕酮者需隔 12 小时再服 1 片）。避孕成功率分别达 99% 和 98%，主要作用机理是抑制排卵和阻止受精卵着床。

在此需要提醒的是：①服紧急避孕药只是一种临时性补救措施，绝对不能作为常规避孕方法频繁使用。紧急避孕药由于所含的激素量大，其不良反应也大，可能出现恶心、呕吐、头痛、不规则阴道出血等现象。专家建议一年使用勿超过 3 次；②服紧急避孕药只能对本次无保护性生活起作用，在本次月经周期内如果又有性生活应采取其他可靠的避孕措施；③服紧急避孕药失败而怀孕者，胎儿畸形发生率高，必须做人工流产终止妊娠。

▶ 3. 安全期避孕法

安全期避孕就是利用卵子排出后只能存活 1 天，而精子在女性生殖道内一般也只能存活 3 天的原理，使精子和卵子错过相遇机会达到避孕目的。月经周期规则的女性，排卵日在下次月经来潮前 14 天左右，因此，避免在排卵日前 5 天至后 4 天内性交，常可达避孕目的。这 10 天称为易受孕期（又称排卵期、危险期），除去易受孕期和月经期的其余时间即为安全期。

由于环境、气候、情绪变化等可使女性排卵提前或推迟，再如青年女性在性中枢高度兴奋时，可刺激卵巢提前排卵甚至"即兴排卵"，因此安全期避孕法效果是不太可靠的，热恋中的男女青年更不宜采用。

▶ 4. 体外排精法

体外排精法，是在射精前把阴茎拔出阴道，将精液排在阴道外以达到避孕的目的。此方法实际有效性极差，失败率较高。一方面因为男性很难控制自己射精；另一方面是虽然未射精，但可能会有精液随尿道旁腺分泌物排出。所以一般不建议作为单独使用的避孕方法。

只有想怀孕和不会怀孕的人才不会考虑避孕，除此之外，其余人都不应该放弃避孕。"不好意思买避孕用品""偶尔一次性交，应该不会怀孕""避孕用品会降低性愉悦感""前几次都没发生，所以不必担心怀孕会轻易地发生"……如果你有以上想法，请回答一个问题：万一怀孕了，你怎么办？

二、非意愿妊娠预防与人工流产

（一）非意愿妊娠的预防

▶ 1. 非意愿妊娠的原因

育龄期女性无保护的性交以及避孕失败，都有可能导致意外怀孕。意外怀孕后有两种情况，如男女双方有时间调整心态，做好准备，会接受接下来的妊娠和生育。但若是意外怀孕不受欢迎，更不愿意接受，这就属于非意愿妊娠。

非意愿妊娠的发生原因有多种。未采取避孕措施、避孕措施的错误使用、采用低避孕效果（如体外排精、安全期避孕法等）的措施等是发生非意愿妊娠最直接、最常见的原因。事实上，许多青年学生的性与生殖健康知识十分匮乏，缺乏正确选择适宜的避孕方式以及正确使用相关的避孕措施的能力。另外，性暴力、强奸等一些非意愿的性行为也是造成非意愿妊娠的一大原因。

在刚发觉非意愿妊娠时，典型的反应是不相信或不承认，这在青少年中尤为多见。由此易出现怀孕者不愿就诊的情况，造成推迟妊娠时间的确认，甚至可能导致足月妊娠。对女性而言，当得知自己确已怀孕时，其实发生真正怀孕的时间已比她自己根据过期月经推算的时间要早得多。因为，一般在发现月经过期时，女性已有数周的身孕。男女双方对妊娠的不承认态度，会产生一系列的消极情绪反应，例如苦恼，伴有犯罪感和相互间指责产生愤怒和暴力行为等。这在采取因引诱、欺骗或强迫手段发生性关系而导致怀孕的情况更为常见。由此可知，非意愿妊娠不仅对人的生理带来影响，同时对心理也会产生诸多的消极影响。

拓展阅读

识别和预防性侵害

关于性侵害的界定，学界尚无统一的表述。常用的词语有性虐待（sexual abuse）、性暴力（sexual violence）、性侵犯（sexual assault）、性骚扰（sexual harassment）、性猥亵（sexual molestation）等。虽然用词不一，但核心内涵基本一致，主要是指违背当事人的意愿，采用暴力或威胁的手段，通过多种形式挑逗、侮辱和侵犯他人的性权利，引起他人的不悦、不安或伤害的行为。按照行为特点和危害程度分为三个层次：一般性骚扰、性侮辱/猥亵、性侵犯。性侵犯是一种最严重的性侵害，主要指强奸，触犯我国刑法。性侮辱/猥亵虽未构成强奸，但比一般性骚扰性质更加恶劣，危害更加严重，同样触犯我国刑法。一般性骚扰尚未立法，虽然立法呼声很高，但由于判定困难，依然处于道德评判层面。一般性骚扰可以有三种方式：口头性骚扰、行为性骚扰和环境性骚扰。

性侵害的对象不仅仅是女生，也包括男生。每个大学生都应该懂得如何保护自己，避免成为性侵害的受害者。

（1）自尊自爱，对性侵害时刻具有防范意识。施暴者与常人外表上无法区别，可能很丑陋，也可能很和善；可能是陌生人，也可能是你非常熟悉的人；可能是男性，也可能是女性。

（2）不饮酒或避免过量饮酒。酒精会刺激大脑，影响对事物的判断力和控制力，从而作出不负责任的决定。

（3）学会识别性侵害的蛛丝马迹，发现危险后及时离开。

（4）警惕危险情境。不要吃陌生人递过来的食物，不接受陌生人送的钱财、礼物、玩具，不随意搭乘陌生人的便车，遇到驾车的人问路，需要与车身保持一定的距离。

（5）远离危险人物。当你独自在街上或其他地方行走，发现被坏人盯上时，要设法迅速摆脱坏人。除非迫不得已，要尽量避免与坏人正面对抗。这时，重要的是保持头脑冷静，要根据当时的周围环境和自身条件迅速思考对策。如果是晚上，要朝灯光明亮的大街上或行人来往较多的地方跑。不要直接往家里跑。如果被坏人纠缠，要高声喊叫，并迅速跑开。

（6）不与网友秘密约会。尽量不要选择在孤立无援的场所与网友约会。

（7）亲密关系中，如果伴侣试图性侵害，需要保持冷静，明确告知对方自己的意愿，明确告知对方强行做事将触犯法律。

（8）不论男生、女生，不轻易在陌生人家中留宿，也不要轻易请陌生人到自己家中。

（9）训练自己沉着、冷静、顽强的心理品质，遇事不慌，沉着应对。

如果受到了性侵害，需要这样做：

（1）保持冷静，不要惊慌。

（2）寻找适宜的逃脱方式。

（3）及时拨打"110"报警电话，主动、勇敢地向公安部门报告，依法惩治罪犯。

（4）向自己信任的人倾诉。从自己信任的朋友或亲人那里获得情感支持是非常重要的。寻找值得信任的人倾诉，有助于渡过难关，作出正确的判断，采取有效的办法，缓解痛苦，尽快从中恢复。

（5）及时去医院检查、取证。尽早确定有无性病、艾滋病病毒感染、是否会怀孕，以及是否受到其他伤害，及时采取适宜的医疗措施。取证前，不要急于清洗身体。否则容易洗去证据。为避免意外怀孕，在72小时内服用紧急避孕药。如果怀疑可能被迫服用了新型毒品，如约会强奸药，在72小时之内尽快做尿检。

（6）如果心灵创伤严重，努力寻求心理援助，要相信自己没有任何过错。

▶ 2. 非意愿妊娠的预防方法

非意愿妊娠的发生常见于发生性交时未采取避孕措施、避孕措施的错误使用、采用低避孕效果的措施、缺乏责任心、强奸等。因此，预防非意愿妊娠的方法主要有：

①避免发生性交行为：确切地说是避免一切精子可能进入阴道的行为。这是避免非意愿妊娠的最佳办法。

②正确使用避孕措施：射精前未佩戴避孕套、佩戴方法不对导致性交时避孕套滑落、没有按时服用口服避孕药等，都可能导致非意愿妊娠。所以，正确使用避孕措施十分重要。

③禁用低避孕效果的措施：体外射精、安全期避孕法等，常常是导致非意愿妊娠的原因，这些避孕措施的安全性很低，并不能很好地起到避孕的效果。

④事后紧急避孕：如果在性交之前和过程中都没有使用任何避孕措施，及时服用避孕药防止非意愿妊娠。

另外，男性在防止非意愿妊娠中也存在相同的责任。作为一个负责任的男性，在任何情况下，都应该作出对自己和伴侣最明智的选择。具体可体现在：如果伴侣不愿意发生性交行为，应尊重伴侣的决定；如果发生性交行为，应该主动采取避孕措施，使用避孕套；如果避孕失败，造成女性伴侣怀孕，就应该承担起责任，并尊重对方的选择。

（二）早孕的诊断

▶ 1. 自我诊断

（1）停经：处于生育年龄有性交行为史的女性，平时月经周期规律，一旦月经过期10日或以上，应怀疑妊娠。若停经已达8周以上，妊娠的可能性更大。

（2）出现早孕反应：在停经 6 周左右，约半数女性会出现畏寒、头晕、乏力、嗜睡、食欲不振、喜食酸物或厌恶油腻、恶心、晨起呕吐等症状。但要注意，也不是所有女性都会有早孕反应。

（3）出现乳房胀痛：乳头及乳晕着色加深等情况。

（4）早孕试纸尿检阳性：只要月经过期 7 天以上，便可购买早孕试纸自测晨尿进行初步判断，在按照说明书正确操作的前提下，若检测结果呈阳性，为怀孕的重要依据。为了及早发现，在性生活后的 7~10 天即可开始检测。

▶ **2. 医院确诊**

一旦经自我诊断符合怀孕或疑似怀孕，都需及时去医院确诊并采取进一步措施。目前临床上确诊早孕的方法主要有两种：

（1）HCG 检测：即检测血清或尿液 HCG（人绒毛膜促性腺激素）水平，是目前能够最早发现怀孕的检查方法。HCG 是妊娠期胎盘绒毛膜组织产生的一种特异性激素，从妊娠第 1~2.5 周起，在血清中的含量即开始迅速升高，并通过血液循环排入尿中，至第 8 周达到高峰。据此原理，可通过检测血清或尿液中的 HCG 水平协助诊断早孕，例如，目前普遍使用的各种早孕试纸都是以检测 HCG 为原理的。相比而言，血清 HCG 水平灵敏度高，也更准确，在受孕后的 7~8 天，即月经尚未过期便能确定怀孕与否。

（2）子宫 B 超检查：是目前诊断早孕最准确可靠的方法，能判断是否为宫内妊娠，且通常在怀孕 5 周（即月经过期 1 周）即可确诊。怀孕 5 周时，B 超屏上便可显示出子宫内有圆形的光环，又称妊娠环，环内的暗区为羊水，其中还可见到有节律的胎心搏动。

（三）人工流产

人工流产简称人流，指妊娠 3 个月内采用手术或药物方法终止妊娠，多用作避孕失败情况下的补救，是节育方法中的下策，多次人流对身体必然造成危害。

▶ **1. 人工流产的方法**

人工流产所采用的方法通常是根据妊娠的时间来决定的。临床上妊娠全过程分为 3 个时期：妊娠 12 周末以前称早期妊娠；第 14~27 周末称中期妊娠；第 28 周及其后称晚期妊娠。在妊娠早期，有药物流产、手术流产方式。

（1）药物流产

简称药流，即通过服药排出妊娠产物。方法简便，不需宫腔操作，既可减少对孕妇子宫的伤害，也可解除孕妇害怕手术的思想顾虑。目前，多采用米非司酮配米索前列醇的双药物疗法，完全流产率达 90% 以上，由此许多未婚青年及刚结婚暂无生育计划的年轻女性都倾向于首选药流。但药流存在一定的风险。出血时间长、出血量大是药物流产的主要反应。此外，少数人会因流产不彻底被迫接受清宫手术，这样相当于短期内做了两次人流。故其适用对象限定为停经 49 天之内的 18~40 岁、经 B 超确诊宫内妊娠且无慢性疾病或过敏性哮喘病史者。

国家对药流部门是有资格限定的，药店不得出售流产药，否则以违法论处。在此提醒意外怀孕的女性不要自行采用药流，尤其是异位妊娠（受精卵着于子宫体腔以外的地方，如输卵管、卵巢等)误用药物流产有可能出现休克,危及生命。因此,药物流产必须在有抢救条件的正规医疗机构进行。

(2) 手术流产

除药物流产外,还有手术流产,即通过手术方法终止妊娠。负压吸引术、钳刮术都属于手术流产。临床上使用较多的是负压吸引术。

① 负压吸引术:也称吸宫术,即用负压吸引器将子宫内的妊娠产物吸出。因操作简便、手术时间短、安全性高,为目前终止早期妊娠最常用的方法,但只限于妊娠10周以内者。近年医院新开展的无痛人流、可视人流,其实就是在负压吸引术基础上加用静脉麻醉或B超引导监视。

② 钳刮术:即采用钳夹取胎与负压吸引相结合的方法解除妊娠,适用于妊娠10~14周者。与吸引术相比,出血较多,恢复较慢,且有子宫颈撕伤、子宫穿孔等并发症的风险,因此女青年一旦发现意外怀孕,要尽早手术,以免拖延到10周以后被迫采用钳刮术甚至引产。

▶ 2. 人工流产的注意事项

(1) 做人流要去正规医院,并接受相关检查,如HCG、子宫B超、白带常规、血常规等。选择合适的人流方法,切勿自行服用打胎药,或者采取剧烈运动等方式堕胎。

(2) 人流应在怀孕5~10周内进行,以怀孕35~55天为最佳时间。此期手术较简单安全,术后康复也快。一旦怀孕超过14周,各种终止早孕的流产方法均不能实施,只能住院做引产手术,由此进一步增加痛苦和手术的危险性。

(3) 如果确诊宫外孕,需要及时住院治疗;白带检查发现生殖器官有炎症或阴道内存在滴虫、霉菌、支原体、衣原体等病原微生物者,则需在控制炎症和消灭病原体后再做人流。

(4) 切勿把人流当成避孕措施。因在多次人流以后,子宫内膜变得很薄,容易造成子宫穿孔、继发性不孕、习惯性流产和内分泌紊乱等后遗症。多数专家认为,一生中,药物流产不宜超过3次,负压吸引术不宜超过2次,钳刮术1次就封顶。

▶ 3. 人工流产的影响

人工流产是避孕失败后所采取的补救性措施,只能在不得已的情况下偶一为之,不宜多次使用。一般来讲,偶尔做一次人流对健康影响小,多次进行则容易造成贫血、抵抗力下降、子宫内膜损伤、生殖道及宫腔感染、月经紊乱、不孕症、宫外孕、习惯性流产等不良后果。例如,现在的许多盆腔炎和子宫内膜异位症患者,都有过不止一次人流经历。反复流产使女性未来生育概率变小这是不争的事实,年轻女性对此要有足够认识。

(1) 人工流产综合反应:少数孕妇在施行人工流产手术过程中或手术结束时,出现心动过缓、心律失常、血压下降、面色苍白、出汗、头晕、呕吐及胸闷等症状,严重者可发生昏厥、抽搐。

(2) 月经不调:人工流产可能引起月经不调。首先,过分紧张、恐惧、劳累和手术等,能通过神经内分泌抑制下丘脑、脑垂体、卵巢、子宫的功能,导致月经异常;其次,人工流产后某种孕期激素骤然消失,使卵巢一时不能对垂体前叶分泌的促性腺激素发生反应，也会引起月经不调；此外，人工流产损伤子宫内膜的基底层，需要一段时间的修复，若损伤过大，子宫内膜可能不能再生，导致长期闭经。

（3）不孕：人工流产不当，可能会引起不育。若细菌被带入宫腔，引起输卵管炎造成输卵管阻塞，阻碍精卵相遇；若手术损伤了子宫颈管和子宫内膜，引起宫颈粘连阻塞或宫腔缩小，精子就无法通过子宫颈管进入宫腔；若子宫内膜基底层受到严重破坏，则内膜无法再生，受精卵也就无法着床。此外，人工流产还可能导致以后自然流产率的上升。有些女性婚前怀孕后，担心被人知道，不敢到正规医院做人工流产，而求助于游医或私下服药，或去一些非正规小诊所，甚至听信一些民间偏方流产，结果造成严重后果，导致终生不孕，甚至付出生命的代价。因此，一旦需要进行人工流产，应尽早到正规医院请专业医生处理，预防不安全的流产以避免造成更大的伤害。

此外，人工流产对女性心理也会产生沉重影响。流产对任何女性来说都不会感到轻松。在接受人工流产手术前和术中，可能会出现恐惧、悲痛及内疚等情绪变化。在经历了人工流产手术以后，女性会产生抑郁、沮丧、哭泣、烦躁、失眠等一系列精神症状，这是因为妊娠前后体内激素水平发生变化所引起，多数人会不治而愈。因此，手术后的调养对女性身心尽快恢复也至关重要。

课后思考

1. 女性和男性的生殖系统的基本结构和功能分别是什么？
2. 生殖系统保健应注意什么？
3. 包皮过长与包茎的危害有哪些？怎样护理和治疗？
4. 诊断早孕的方法有哪些？
5. 人工流产有哪几种方法？各有什么特点？

第六章 物质滥用、艾滋病与无偿献血

> **学习目标**
> 1. 充分认识到各种物质滥用(如吸烟、酗酒、吸毒等)对个体身心和社会生活的危害,积极应对导致物质滥用的可能因素,自觉履行预防物质滥用的责任,抵制毒品
> 2. 加强艾滋病知识普及,为防治艾滋病蔓延共建良好环境
> 3. 了解无偿献血的基础知识和注意事项

案例导入

2017年6月19日,在一所不知名的小酒吧中,广东某"985"大学大一学生王耀栋,死在了一片"加油"声中。他死于酒精中毒,死前,他连续喝下了6杯混合了多种烈酒的"特调鸡尾酒",总饮酒量1 800ml。当时,酒吧推出了一项"3分钟内喝掉6杯酒则消费免单"的特殊活动,和朋友们在一起的王耀栋,在一片喝彩声中欣然加入了"致命挑战"。

这群十八九岁的少年几乎都是第一次踏入酒吧。只是,这个飘雨的平凡周六有那么一点特殊,大学英语四级考试终于结束了,这群年轻人在市区吃过晚饭,天色还早,临时起意,溜达到了这家"音乐酒馆",他们决定去喝点酒。

挑战开始,王耀栋举手了。这个19岁的男生笑着告诉伙伴,自己"酒量不错,可以喝"。背景音乐炒热了现场,同行的女生看到文着大花臂的调酒师在光影交错中调酒,她有些不放心,问对方:"你不会故意把酒精浓度调高吧?"调酒师拿着一杯酒,对这个女孩说:"不会的,你看,像可乐一样,没事的。""如果你真的把这6杯酒喝完,以后我在珠海别的地方看到你,我就喊你酒神。"调酒师不忘跟一边的王耀栋补上一句。

活动很快开始,同伴们目送王耀栋登上酒馆中心的舞台,纷纷掏出了手机。他们打算用视频记录下这3分钟。手机镜头里,酒吧其他客人也掏出了手机,有人凑近了对焦,还有人拿上了一个红色的小垃圾筐,嘈杂的现场听不清人说了什么,只有一群年轻人热闹的笑声。时间过去1分半了,高脚凳上4杯酒已经空了,褐色的酒被大一学生王耀栋一饮而尽。时间所剩不多,按照酒吧的规定,只要他在3分钟内喝下6杯总共1 800ml的鸡尾酒,500元以内的消费就可以免单。否则,他得支付这6杯酒的费用,一共168元。昏暗的酒馆里,红色、橘色和绿色的追光灯下,混合了"伏特加、白兰地、朗姆、卡盾XO等7种酒类"的"特调鸡尾酒"摆在酒馆的舞台中央,1 800ml的酒还剩最后的三分之一。有人拿着手机在计时,现在是6月17日22时16分,这个在甘肃平凉长大的年轻人孤零零地站在凳子一边,他喝下了第5杯酒。然后,干呕了几下,走下台阶,摆了摆手。只是,在酒吧

的监控视频里,这个动作显得太轻微了,很快就被更大的喧闹覆盖。背后的电视里传来《Counting Stars》的歌声,台下热闹的人潮用手机镜头对准了王耀栋,有人在拍手鼓掌,"加油!加油!"的声音越来越大,一点点盖过了歌声。一个穿着白色衣服的男子端起酒杯,朝这个年轻人走去,两个人不知说了什么,但碰了两次杯。王耀栋喝下了第六杯酒。监控视频里,这个广东某"985"高校大一学生的身体开始不听使唤,他的脚莫名晃动,然后头一歪,重重地倒了下去。

他再也没有醒来。6月19日8时55分,昏迷一天两夜后,珠海市人民医院宣布这个"发育正常""营养中等"的年轻人临床死亡。珠海市公安局香洲分局出具的鉴定意见通知书称,这个19岁的年轻人死于"急性酒精中毒"。

摘自《中国青年报》

第一节 远离烟酒

一、烟酒的危害

很多大学生认为,吸烟和饮酒是一门社会技能,是人生的"必修课",虽然对健康有危害,但是这些危害的发生时期太过遥远,与其担心未来的健康损失,还不如尽情享受当下的"美好时光"。那么,实际情况是怎样呢?

(一)吸烟的危害

现代研究证明,烟草中的有害物质对人体多个系统有广泛而持久的毒理作用,会造成许多脏器的渐进性受损,几乎可以危害人体所有重要器官及系统。而大多数吸烟者的吸烟行为开始于青少年时期,开始吸烟年龄越早,越易成瘾,越难戒除,也越可能发生吸烟相关性疾病。

▶ 1. 损害呼吸系统

香烟燃烧时释放的刺激性烟雾对口腔、咽喉、气管和肺部均有损害。正常人肺中排列在气道上的绒毛会把外来物扫入黏液中排出。但烟雾中的焦油沉积在绒毛上,破坏了绒毛的功能,使之受损痉挛并会引起反射性咳嗽。长期吸烟不仅损伤支气管黏膜的绒毛,使其清除所吸入异物(灰尘、细菌、病毒)的能力下降,还会引起黏膜下腺体增生、肥大,黏液分泌增多,阻塞细支气管,形成慢性支气管炎,继而发展为肺气肿甚至肺心病。研究资料表明,每天吸烟≥20支的人,患慢性支气管炎和肺气肿的概率为不吸烟者的4倍。

▶ 2. 损害心脑血管

吸烟是许多心脑血管疾病的主要危险因素,吸烟者冠心病、高血压、脑血管病及周围血管病的患病率和死亡率均显著高于不吸烟人群。例如,吸烟者较之不吸烟者,冠心病发病率高3.5倍,病死率高6倍;脑中风的危险性为2~3.5倍;患高血压的吸烟者,脑中风的危险性增加近20倍。其确切机理尚未完全明了,多数学者认为长期吸烟导致的血脂变化、凝血和血小板功能异常、血液流变学异常在致病中起着重要作用。例如,烟雾中的尼古丁可升高血液中胆固醇而降低对人体有保护作用的高密度脂蛋白含量，促进血小板凝集，由此损伤动脉内膜，使血液黏稠度增高，循环受阻，从而诱发心肌梗死及脑卒中（中风）；一氧化碳造成组织缺氧，会诱发冠状动脉痉挛，造成心肌缺血缺氧，导致心绞痛发作。同时也损伤动脉内膜，促使血小板聚集和脂质沉着，导致动脉管腔狭窄，管壁增厚，血流量明显减少，加速动脉粥样硬化病的发生。

▶ **3. 致癌**

吸烟导致肺癌早已被世界公认，吸烟者患肺癌的相对危险度是不吸烟者的10～15倍，吸烟开始年龄越早，肺癌发生率与死亡率越高。烟焦油和一些放射性物质长期刺激呼吸道等部位的黏膜上皮，使上皮组织异常增生而引发癌变。由于吸烟能降低人体内自然杀伤细胞的活性，从而削弱机体免疫系统对肿瘤细胞生长的监视、杀伤和清除功能，故吸烟者不但呼吸道的任何部位（包括口腔和咽喉）均有发生癌变可能，而且食道癌、胃癌、肝癌、胰腺癌、膀胱癌、肾癌、睾丸癌和子宫颈癌、乳腺癌、卵巢癌的发病率也比不吸烟者高。众多调查表明，吸烟的支数、开始吸烟的年龄、吸烟的频率及深度跟肺癌的发生呈正比关系。但若过去吸烟，现已停止吸烟15年及以上者，肺癌发生率可降低80％～90％，所以戒烟什么时候都不算晚。

▶ **4. 损害视力**

首先，长期烟雾的直接刺激可引起慢性结膜炎，且常常久治不愈。其次，烟草中的尼古丁及氰化物能使视网膜血管痉挛，诱发视网膜动脉或静脉阻塞，产生眼内高压，严重者可造成视网膜和玻璃体积血，加重青光眼。再次，烟焦油的毒性会使维生素B_{12}含量下降，导致视神经营养障碍，引发烟草中毒性弱视。此病主要表现为视力逐步下降，辨色能力减退，晚期视神经可萎缩，造成严重的视力损害甚至双目失明。由于发展缓慢，早期无明显特征，很容易被忽视，而目前对于烟草中毒所引起的弱视，尚无疗效确切的治疗药。

▶ **5. 损害大脑功能**

烟草中的尼古丁是一种神经毒素，可侵害人的神经系统，引起先兴奋后麻痹，所以吸烟者主观上感觉吸烟可以解除疲劳、振作精神，但这是神经系统的一过性兴奋，兴奋之后随即转入抑制。由此长期吸烟会出现记忆力衰退，注意力分散，神经肌肉反应的灵敏度和精确度下降等中毒症状。另外，烟雾中大量的一氧化碳造成脑组织缺氧，也会使吸烟者出现头昏脑涨、记忆力减退、思维迟钝、注意力不集中、失眠多梦、急躁易怒、工作效率降低等症状，久而久之，造成神经衰弱。有统计表明吸烟者的智力比不吸烟者低10％。

▶ **6. 影响胎儿发育，诱发畸形**

妇女在怀孕期间，无论直接还是被动吸烟，烟雾中的尼古丁等有害物质均可通过母体经胎盘殃及胎儿，使胎儿宫内发育缓慢，损害胎儿脑细胞，麻痹呼吸中枢，引起先天性心脏病，诱发胎儿畸形，甚至早产、流产和死胎等。相关研究表明：吸烟女性分娩婴儿的畸形率是不吸烟妇女的2～3倍，其中患先天性心脏病的比例约为73％，患白血病的危险要高一倍。另外，烟草中的有害物质还会减少母乳的分泌数量及质量，尼古丁还可随血液进入乳汁，这对婴儿健康是严重威胁。

▶ 7. 对女性的危害

由于女性的身体结构和生理特点，吸烟对女性的危害比男性更大，可引起月经失调、受孕困难、骨质疏松、更年期综合征提前等。长期抽烟可使女性体内雌性激素分泌减少，而雌激素减少对于女人就如同花朵失去雨露的滋润，会使皮肤过早失去弹性，粗糙起皱纹，提前衰老。此外，少女吸烟还会影响子宫、输卵管及乳房等第二性征的发育，干扰与月经有关的生理过程，使月经初潮推迟、经期紊乱，严重的甚至影响以后受孕。因此，女性更不要染上吸烟陋习，已经吸烟的应早日戒除。

▶ 8. 导致被动吸烟，危害周围人群

被动吸烟又称间接吸烟，俗称吸二手烟，是指生活及工作在吸烟者周围的人们被动吸进烟雾尘粒和各种有毒物质。被动吸烟15分钟就等于主动吸烟，其损害健康的原理主要在于：①一支香烟里的有害物质只有30%被吸烟者吸入，其余70%都扩散到空气中；②被动吸烟者所吸入的有害物质浓度并不比吸烟者低，在吸烟者吐出的冷烟雾中，一氧化碳含量比吸入的热烟雾中的量多4倍，苯并芘多3倍，焦油和尼古丁多2倍；③吸一支香烟大约要燃烧10分钟，如果在通风不好的室内有人吸2支烟，则室内空气污染要高出室外污染20倍。

临床观察和实验研究都表明，被动吸烟对婴幼儿、青少年及孕妇的危害尤为严重，例如被动吸烟的婴幼儿生长发育受影响，儿童患哮喘病、支气管炎、肺炎和中耳炎的明显增加；孕妇被动吸烟会影响胎儿的正常发育，导致死胎、流产和生出低体重婴儿；与天天吸烟丈夫共同生活的女性，发生肺癌的危险性是其他妇女的2.6~6倍；被动吸烟亦会增加成人呼吸道疾病、肺癌和心脑血管疾病的发病危险。

拓展阅读

戒烟的方法

想要成功戒烟，毅力是最重要的因素，但还需要掌握一些有效的戒烟方法。

方法1：毅力戒烟法。靠自己的毅力戒烟成功率高。应该充分认识到吸烟的害处，控制自己。这是最根本的戒烟法。

方法2：心理暗示法。不断在头脑中想象吸烟的种种坏处，提醒自己吸烟以及烟味是很恶心的，让自己在心理上对吸烟产生厌恶感。

方法3：辅助戒烟法。服用具有一定替代性的含片或使用戒烟贴。这些药物的尼古丁含量很低，不会对身体造成很大危害，还可以缓解由戒烟引起的一些症状，最终成功戒烟。

方法4：吸烟量递减法。在一定的时间，如7天或10天内逐渐减少吸烟的数量和所吸的烟的焦油浓度，从而达到最终解除对烟的依赖性。

方法5：远离诱惑法。扔掉吸烟用具。烟灰缸、打火机和香烟都会对戒烟者产生刺激，应该把它们统统扔掉。少参加聚会，刚开始戒烟时要避免受到吸烟环境的引诱。如果有朋友邀请你参加聚会，而参加聚会的人都吸烟，那么至少在戒烟初期应婉言拒绝参加此类聚会，直到自己觉得没有烟瘾为止。

方法 6：替代法。用一些方法来替代吸烟的动作和阻止吸烟的想法发生。经常运动会提高情绪、冲淡烟瘾，体育运动会使紧张不安的神经镇静下来，并且会消耗热量；做一些技巧游戏，使两只手不闲着；通过刷牙使口腔里产生一种不想吸烟的味道，或者通过令人兴奋的谈话转移注意力；嘴巴难受时嚼无糖口香糖；喉咙干时喝水或喝茶；焦虑胸闷时作 3 次缓慢的深呼吸等。

另外，如果想戒烟，却无法使自己戒烟成功，可去找医生咨询和治疗，医生的劝诫对吸烟者的心理和行为具有重要影响。医生关于吸烟后果和戒烟好处的解说，特别是结合吸烟者自身健康情况的严肃劝告可以很大程度上增强吸烟者戒烟的决心和自觉性。

（二）饮酒的危害

酒是一把双刃剑，适量饮用可保暖御寒、开胃助食、防病防疫、镇静或助兴，过量饮用则有损身心健康。那么，过量饮酒对健康具体有哪些危害呢？

▶ 1. 损害本人身体健康

（1）对神经系统的影响

酒精是小分子的亲神经性物质，进入大脑只要 10 分钟便可透过血脑屏障，与脑组织中的卵磷脂结合并沉积下来，引起脑干网状体麻痹、神经细胞凋亡和脑萎缩等病变，以至嗜酒者逐渐出现自控能力下降、动作不协调、爱唠叨、暴躁蛮横、记忆力减退、智力衰退等一系列症状。有了醉意仍然继续饮酒的人，会因脑中酒精浓度进一步增高，使大脑皮层产生睡觉的意识，最后麻木到昏迷。如果血液中酒精浓度超过 600mg/L，就有可能导致死亡。

（2）对消化系统的影响

长期大量饮酒，尤其是空腹饮酒容易引起急性胃炎和胃出血；过量饮酒可以导致急性胰腺炎；至于对肝脏的损害则更大，调查发现，每天饮酒 80～160g，肝脏的危险程度比正常人高出 57 倍。在长期饮酒的人群中，约 57.5% 患有脂肪肝，15% 患有肝硬化。这是由于酒精进入人体后是在肝脏中进行转化和分解代谢的，长期或过量饮酒会增加肝脏负担和干扰其正常代谢。已发生酒精性肝炎及脂肪肝的人，如果能做到不再饮酒，其中大多数肝脏可逐渐恢复健康，否则使肝细胞受损变性、坏死、纤维组织增生，最终发展为"酒精性肝硬化"。对于原来就患有病毒性肝炎的人，不节制的饮酒则等于慢性自杀。

（3）对心脑血管系统的影响

长期大量饮酒，会使脂肪和钙盐沉积于血管，使管壁失去弹性，管腔变窄，血流减慢，造成高血压、冠心病、心肌梗死、脑出血、脑梗死等。近年研究发现，酒精可引起心肌损害，导致心肌细胞及细胞间质水肿和纤维化，出现酒精性心肌病。酒精性心肌病常见于 30～50 岁且长期大量饮酒的男性，既可慢性起病，也可突然发病，多在一次大量饮酒后发病，主要表现为气短胸闷、乏力、下肢浮肿、少尿等充血性心力衰竭症状，可并发心律失常如房颤、期前收缩等。

（4）对泌尿系统的影响

吸收后的酒精 90% 在肝脏代谢、分解，10% 由肾脏和肺排除。酒精对肾脏的损害虽不如其对肝、胰腺、心脏、神经肌肉等脏器的损害突出，但可通过上述各脏器的损害而导致肾脏损害，甚至可导致肾功能衰竭。另外，急性酒精中毒常导致高尿钙，长期酗酒者高尿钙更为明显，而高尿钙、高血尿酸和高尿酸是形成肾和输尿管结石的重要因素。尿路结石可导致梗阻性肾病使肾脏功能减退。

(5) 对生殖系统的影响

长期过量饮酒和酗酒对人的生殖系统损害很大，主要表现有：会造成男性性征成熟延迟；会导致精子畸形，精子存活率和 A 级精子活力显著下降，是引起男性不育症的原因之一；酒对性功能有抑制作用，酗酒男性由于睾丸萎缩、雄激素减少，出现阳痿，约有 50% 患有性功能障碍，如果不及时控制酗酒和治疗，最终可能完全失去性交和生育能力，酗酒女性中，约有 25% 患有性功能障碍；孕妇饮酒对胎儿发育危害更直接，酒精极易透过胎盘进入胚胎，干扰其正常发育，导致流产、死胎，或婴儿出生后身材矮小、反应迟钝、颜面异常等，故妊娠期要忌酒。

除此以外，长期或过量饮酒还会引起骨质疏松、股骨头坏死、视网膜受损、青光眼加重等，高度近视眼和青光眼患者最好不喝酒。

▶ 2. 影响社会安定及家庭和睦

长期过量饮酒会改变人的性格，使情绪不稳定，易激动和被激怒，乱发脾气，判断力控制力降低，对外界刺激敏感，常与人发生冲突，引起家庭暴力、醉驾肇事等；还有不少嗜酒者因情感迟钝，亲情淡薄，加之常发酒疯，致使亲友反感、疏离，造成家庭纠纷不断。有研究显示，饮酒行为与青少年的许多问题行为（如违法犯罪、吸毒等）有非常明显的关联。另外，成年人的饮酒行为一般是从青少年时期开始的，减少成年人饮酒行为的一个重要环节就是减少青少年的饮酒行为。

拓展阅读

急性酒精中毒的处理

急性酒精中毒俗称醉酒，是指一次性饮酒过量所引起的中枢神经先兴奋后抑制的失常状态。多可自愈，但严重可因呼吸衰竭死亡。

轻度醉酒者，一般无须治疗，可吃些梨、西瓜、橘子等水果或者喝点食醋、糖水解酒，然后卧床休息，注意保暖。切忌用咖啡或浓茶解酒，专家提醒，这样做可能会加重酒精中毒。浓茶、咖啡能兴奋神经中枢，虽可醒酒，但由于有利尿作用，会加重机体的失水，并可能使乙醇在转化成乙醛以后来不及分解就从肾脏排出，从而对肾脏造成毒性作用；另外，浓茶、咖啡使心脏兴奋，会加重心脏负担，还会加重酒精对胃黏膜的刺激和损伤。

对于中度醉酒者，可尝试用手指刺激咽喉引起呕吐反射，将酒和胃内食物吐出，但对已昏睡者则不宜催吐，必要时可送医院洗胃。注意对于昏睡中的醉酒者要有专人看护，防止跌倒，避免呕吐物阻塞呼吸道，观察呼吸和脉搏情况。若无意外，多数轻、中度醉酒者一觉醒来即已基本康复。如果出现面色苍白、皮肤湿冷、烦躁不安、昏迷、抽搐、大小便失禁等症状，表明系重度中毒，一般不必进行现场处理而应立即送医院治疗，途中取侧卧或俯卧位，以免呕吐物误入呼吸道。

二、大学生吸烟、饮酒原因

▶ 1. 好奇

大部分青少年尝试烟酒的第一原因是好奇，再者是心情不好和人际交往的诱导。调查显示：吸第一支烟的时间在高中和大学的，分别占到36%和29%。小学阶段和初中阶段就尝试吸烟的分别占到17%和18%。有35%的大学生明确表示，自己的第一次吸烟行为是受"好奇心"驱使的。朋友提议或教唆占29%；从众、叛逆和模仿占14%、9%和5%，其他原因占9%。另有25%的被调查者承认，目前仍在吸烟。吸烟情况主要为：心情郁闷时占61.05%，聚会时占39.52%，学习紧张时占23.95%，困乏时占17.96%，其他占26.35%。专家认为，大学生若能在大学4~5年的学习期间做到不吸烟，很可能这一生就会是一个不吸烟者，希望大学生能挺住这一关，同时，也希望大学生能成为控烟的主力军。

▶ 2. 榜样作用

在我们成长时期，那些所谓的大人，如家长、老师，或是更成熟些的兄长、朋友，是不是或多或少影响着我们对吸烟行为的判断？广泛存在的成年人吸烟行为无形中对青少年起到了榜样作用，吸烟在很大程度上代表着"成熟"，进而导致青少年在心理上将尝试吸烟、经常吸烟等行为合理化。

▶ 3. 社会文化

在我国，相对于吸烟，饮酒行为更被社会文化所宽容。我国酒文化源远流长。千百年来，酒与国人的日常生活及特殊节日密不可分，酒在款待宾朋、欢宴庆典、宗教仪式和传统活动中随处可见。在我国的风俗习惯中，很早就形成了以酒助兴、表示友好和亲热的传统。酒在诗词文赋、传统医药中也俯拾皆是。我国医学文化还认为酒具有活血化瘀、舒筋活络、开胃生津、止痛祛癣等功效。这些文化风俗对青少年饮酒行为产生了潜移默化的影响。

▶ 4. 大众传媒

随着大众传媒越来越多地渗透到人们的生活中，青少年接触传媒的时间也相对增加，对青少年观念及行为形成的影响也愈来愈大。电视剧、电影中常有明星偶像用吸烟、饮酒来表现时尚、社交需要、成熟和智慧、魅力和个性的镜头；广告也起到推波助澜的作用，常把吸烟与成熟，饮酒与情趣、豪爽联系起来。烟酒生产厂商用广告中看似美好的生活和行为方式影响人们的生活和选择，为达到其营销目的而采用的广告手段严重干扰和混淆了青少年对吸烟、饮酒危害的正确认识，容易引起青少年模仿并尝试。目前，传媒对青少年吸烟行为的影响已得到研究证实。

此外，青少年的家庭、同伴、学校、社会环境对其吸烟、饮酒行为的影响也不容忽视。尽管有这些影响因素存在，大学生在选择吸烟、饮酒之前，可以先想一想，这真的是我的选择吗？

拓展阅读

大学生的"第一次"吸烟经历

多数大学生第一次吸烟是受"好奇心"的驱使。小浩读大一的时候,室友们在吸烟时都会向他递一支烟。"我起初极力拒绝,后来看着室友'吞云吐雾'很享受的样子,很好奇吸烟是什么样的感觉。一次在室友的怂恿下,接过了递来的香烟,从此便一发不可收拾,染上了吸烟的习惯。"他叹息着说,多年吸烟经历,让香烟成为了他生活的一部分,"现在不抽烟就觉得浑身不自在,当年的好奇心害死人"。

一些大学生认为抽烟能调节情绪、缓解疲劳。有相当一部分大学生在考试挂科、被老师批评,甚至是打游戏不顺利时,就会抽上几口。小莉当时吸烟是因为被分手之后,备感压抑,于是就与香烟怼上了。小莉说:"大学交了一个男朋友,我们是通过网络确定恋爱关系的。可是,一直以来,我和他都很少见面,因为他需要上班。"异地恋带给小莉很多烦恼,也让她始终没有安全感。五月毕业季,她坚持要男友前来见面,然而得到的却是一个令人吃惊的回答:"我已经结婚了。"难以接受现实的她拿起了烟。"吸烟,是想让自己忘记烦恼。"在小莉看来,吸烟的确让自己少了很多烦恼,"我每次想不开,就会吸几根烟,麻醉自己,逃避现实"。但是她知道这是一种不正常的宣泄方式,"不希望其他人走上我这条路。吸烟最终还是对身体不好,大家不能学我"。

也有大学生认为吸烟是社交的一种方式,递烟也算一种交往礼仪。小斌说:"别人给自己递烟递多了很难拒绝,学会吸烟后去参加社团活动有时也得跟着递烟。"他还认为很多时候一根烟就拉近与他人的关系。他在驾校考驾照,烟成了他与教练沟通的润滑剂:"经常给教练递烟,态度好一些,一起吸烟,这样很快就和教练搞好了关系。练车的时候教练也更有耐心。"

还有很多大学生觉得抽烟可以耍酷,不在乎抽烟对身体的好坏,同样,也没有戒烟的想法。小坤说:"抽烟不是很帅嘛!我就抽着玩玩。"问及身边的人抽烟情况,他坦言道:"我们室友都会抽点烟啊,成年人嘛,而且又抽不多,对身体影响不大吧。"

戒烟并不是那么容易的事情。小江是一个有多年吸烟史的烟民,他在初中便学会了吸烟。经常吸烟让他牙齿已经开始发黄了。他曾多次想戒烟,却一直没有成功。"最近一次戒烟戒了三天,看到了一支烟,当时心里痒啊,特别想抽,还是忍住了。"不过他又开始吸上了,"知道吸烟有害,就是戒不了啊。只能努力控制吸烟的数量"。

三、选择健康生活方式

大学时期是个体逐步脱离父母影响,而趋于同伴影响的时期。此时,同伴关系在大学生的心目中占据了较为重要的位置,出现寻求同伴认可、接纳的倾向。经典的发展理论表明,随着年龄的增长,青少年与成年人相处的时间减少,与同龄人相处的时间增多。同伴之间的彼此影响会促使青少年参与冒险活动。这种影响主要基于他们的相似性,一般分为两个过程:一是社会化过程,即同伴团体影响了青少年个体的冒险行为;二是选择过程,即个体选择了那些在冒险行为上与自身相似的同伴做朋友。青少年同伴在冒险行为上给彼此压力，和爱冒险的同伴在一起的青少年更容易冒险。因此，与同伴团体的联系既是一种社会支持的来源，又是一种诱惑和危险的来源。

在我们面对各种道路和行为的选择时，常常会听到一些周围的不同声音，受到各种因素的影响。但是，我们的内心深处，一定不要忘记这样一个原则：这样的行为或生活方式真的是我想要的吗？它是对我有正面作用，还是负面影响呢？它是我发自内心渴望的并无可替代的吗？我能不能对它说"不"？

因为，健康的生活方式应该由我来选择。

第二节 远离毒品

一、毒品与吸毒的概念

毒品是指国际禁毒公约规定的受管制的麻醉药品和精神药品。根据我国《刑法》第三百五十七条规定：毒品是指鸦片、海洛因、甲基苯丙胺（冰毒）、吗啡、大麻、可卡因以及国家规定管制的其他能够使人形成瘾癖的麻醉药品和精神药品。从毒品的法律定义，可以概括出其具有的两个基本特性：成瘾性和法律管制性。

为满足某种精神体验，非法获取和使用上述法定管制的麻醉药品和精神药品的行为，就是"吸毒"，国际上将吸毒行为称为"药物滥用"。在我国，因过去使用的毒品主要是鸦片（大烟），从口鼻吸入，故俗称吸毒。现在随着毒品种类增加，进入人体的方式也相应增多，由单一的烟吸发展为口服、鼻吸、肌肉注射和静脉注射等。

二、毒品的分类

毒品种类繁多，各类毒品根据不同的标准有不同的划分方法。世界卫生组织（WHO）将当前毒品使用的物质分成八大类：吗啡类、巴比妥类、酒精类、可卡因类、印度大麻类、苯丙胺类、柯特（KHAT）类和致幻剂类。其他还有烟碱、挥发性溶液等。

（一）按毒品流行的时间顺序分"传统毒品"和"新型毒品"

（1）传统毒品：主要有鸦片、吗啡、海洛因、大麻、可卡因等。

（2）新型毒品：所谓新型毒品是相对鸦片、海洛因等传统毒品而言，主要指人工化学合成的致幻剂、兴奋剂类毒品，是由国际禁毒公约和我国法律法规所规定管制的、直接作用于人的中枢神经系统，使人兴奋或抑制，连续使用能使人产生依赖性的一类精神药品（毒品）。

（二）按照毒品的药理作用分以下几种

（1）麻醉性镇痛剂：有强烈镇痛作用，如吗啡、鸦片、海洛因、美沙酮、二氢埃托啡、布桂嗪、头痛粉、索米痛片等。

（2）镇静催眠剂：可缓解焦虑，帮助入眠，如巴比妥类、安定、硝西泮、三唑仑等。

（3）中枢神经兴奋剂：产生亢奋感，如苯丙胺、甲基苯丙胺（冰毒）、可卡因和摇头丸等。

(4) 大麻类：吸入后引起生理、心理效应，影响感知觉、思维、情绪、记忆和精神运动协调性。

(5) 致幻剂：麦角二乙酰胺(LSD)，产生幻觉等精神改变。

(6) 精神活性药物：如氯丙嗪、氯氮平等。除药物本身的影响外，所有这些毒品和药物还可直接、间接地产生其他生理、心理效应。这也是目前青少年中最流行的毒品。

(三) 一些具有成瘾依赖性的少见毒品

(1) 甲卡西酮(丧尸浴盐)

化学名称为亚甲基二氧吡咯戊酮，简称 MDPV，一般为粉末状态或与水混合液体，是当前在欧美兴起的迷幻药，初时人们以其外形如同海盐，故称之为"浴盐"，是冰毒的"亲戚"。在美国发生过若干起吸毒人员啃脸事件，都被认为是"浴盐"作祟，遂有"丧尸药"之名。有报告显示，MDPV 具有与甲基苯丙胺相似的严重的衰退综合征，如抑郁、昏睡、头疼、焦虑、体位性低血压、肌无力，以及某些情况下的眼充血。这些症状会在 4~8 个小时内减(消)退。长期服用可令肾、肝及呼吸道等器官衰竭。

(2) LSD 即麦角酸二乙酰胺，也称为"麦角二乙酰胺"

大名鼎鼎的强烈致幻剂 LSD 就是麦角酸二乙胺的缩写，它无色、无嗅、无味，就像清澈的纯水。LSD 常以口服方式摄入，10 微克就可产生明显欣快，$50\sim200\mu g$ 时便可出现幻觉。它极易为人体吸收。吸食者服用该药 30~60 分钟后会出现心跳加速、血压升高、瞳孔放大等反应，2~3 个小时后产生幻视、幻听、幻觉，对周围的声色、颜色、气味及其他事物的敏感性畸形增大，对事物的判断能力和对自己的控制力下降或消失。

(3) "奶茶"毒品

一种新型毒品，用茶叶包装、奶茶包装伪装。这类毒品遇水即溶，即冲即饮，与各种饮品混合后，口味都不发生变化，甚至香味都相似。此类新型毒品迷惑性很强，毒品效果持续时间较长，对吸毒人员极具诱惑力。其实"奶茶"也是换汤不换药，其主要成分为氯胺酮、阿基苯丙胺等毒品。

"奶茶"的隐蔽性极强，由于用茶叶包装、咖啡包装，使它具有极强的欺骗性，同时它与其他液体或者饮料混合时，气味以及味道并不会改变。这一系列特性使不少不明真相的群众在毒贩的诱导下"中招"，最终导致毒品成瘾。

(4) "开心水"

一种新型液态毒品。一般呈无味、透明、液态状。成分复杂，主要是由冰毒、摇头丸、氯胺酮等混合而成。从成分上来说，"开心水"是由甲基苯丙胺、苯丙胺以及盐酸氯胺酮构成，所以它并不是一种新的毒品品种，而是一种新的毒品吸食形态。吸食"开心水"时，吸食者只需将其加入饮料中即可。"开心水"对吸食者的影响也类同于兴奋剂和冰毒，同样会使吸食者出现亢奋感和幻觉等兴奋状态。

(5) 迷幻蘑菇

一类令人致幻的裸盖菇素和脱磷酸裸盖菇素等迷幻物质的蕈类，主要是其含有一种名为裸盖菇素的物质，这种物质是一种血清素受体激动剂。在血清素缺席的场合，它能够刺激一些受体，使人产生做梦一样的感受。它能导致神经系统的紊乱和兴奋，使人的言行失去控制。

吃了这些蘑菇后,会出现幻觉、幻视、唱歌、跳舞、狂笑、行动不稳、谵语、意识障碍、昏迷、精神错乱等;也有瞳孔放大、心跳过速、血压升高、体温上升等交感神经兴奋的症状。

(6) 忽悠悠(甲苯喹唑酮、安眠酮、佛得)

安眠酮是一种临床上用于治疗各种类型失眠症的药物,用久了一样有成瘾性。长久服用,加上剂量的增加就会引发病人的各种精神症状,该药已成为国内外滥用药物之一,20世纪80年代我国临床上已停止使用。

药物滥用者中的"忽悠悠"药片主要成分就是安眠酮和麻黄素,前者是一类精神药品,后者是易制毒化品。因服用这药片后会产生打瞌睡、似酒醉、走起路来摇摇晃晃的状态,故叫"忽悠悠"。

(7) γ-羟丁酸(GHB)(液态快乐丸,"G"毒,在中国香港又叫作"fing 霸""迷奸水""G水")

一种无色无味的透明液体,也有粉状或粒状的,使用前溶于水或饮料中服用。由于GHB会使人快速昏睡及暂时丧失记忆力,故和氟硝西泮被称之为"迷奸药"。GHB 安全剂量范围很小,过量使用可导致恶心、呕吐、意识丧失、心率减慢、呼吸抑制、惊厥、体温下降和昏迷。昏迷和呕吐可以阻塞气管窒息致死。

(8) 氟硝安定(十字架)

氟硝安定属苯二氮卓类药物,有催眠、遗忘、镇静、抗焦虑、肌肉松弛和抗惊厥作用,其中催眠和遗忘的作用更显著。其药理作用与其他苯二氮卓类药物相似,镇静催眠作用比硝西泮、地西泮强。氟硝安定通常与酒精合并滥用,滥用后可使受害者在药物作用下无能力反抗而被强奸和抢劫,并对所发生的事情失忆。氟硝安定与酒精和其他镇静催眠药合用后可导致中毒死亡。

(9) 苯环利定(PCP 也称普斯普剂)

一种对中枢神经系统有抑制、兴奋、镇痛和致幻作用的精神活性药物。常导致定向障碍、激越和谵妄构成的急性综合征。可产生相似效应的制剂有右苯恶啶和氯胺酮。服用PCP后因思维混乱、感觉迟钝、判断力和自控力下降引起的死亡人数要远比这种毒品本身的毒性所造成的死亡人数多,而且很多死亡原因在正常人看来是完全可以避免的。如溺死在浅水滩中,在灾难中丧失了判断力与方向感被活活烧死等。

(10) 二甲基色胺(DMT)

第一类精神药品,色胺类致幻剂,药性强。人体内的一种正常代谢产物,1931年被首次化学合成。结构上与神经递质血清素和其他色胺类致幻剂 5-甲氧基二甲基色胺、蟾毒色胺、脱磷酸裸盖菇素类似。

(11) 丁丙诺啡

丁丙诺啡是半合成的阿片类化合物,为阿片受体激动剂—拮抗剂。有较强的镇痛作用,有报告称,已能成为阿片类药物成瘾时的替代药,通常被戒毒所用在对戒毒者短期与早期脱毒替代治疗上,属于国家管制精神类药物。

丁丙诺啡同样具有依赖的特性，还有比较严重的副作用，副作用与其他阿片类药物相似，最常见的有：易成瘾、神经系统损害、记忆力下降、失眠、嗜睡、出汗、便秘、头痛、恶心，可能引起高血压和诱发高血压、呼吸抑制等。

（12）美沙酮

阿片受体激动剂，属麻醉镇痛药，第二次世界大战时由德国化学家合成。1960年，美国研究发现该药能控制海洛因的戒断症状，开始用于戒毒治疗。1993年，我国卫生部颁布的《阿片类成瘾常用戒毒疗法的指导原则》中，首选美沙酮进行戒毒治疗。

美沙酮同样具有成瘾性，在接受美沙酮一段时间治疗后，即可形成美沙酮依赖，但接受治疗的患者必须每天按时服用一定量的美沙酮，严重限制了个人的自由。此外，长期服用美沙酮还会造成患者的肝肾功能负担，影响了患者的生活治疗，最终影响患者的身体健康。

（13）地西泮（又名安定，苯甲二氮䓬）

外观为白色或类白色的结晶性粉末、注射剂或片剂，无臭，味苦。在乙醇中溶解，在水中几乎不溶。本身用于治疗焦虑症及各种功能性神经症、失眠、癫痫。但是长期大量服用可产生耐受性并成瘾。久服骤停可引起惊厥、震颤、痉挛、呕吐、出汗等戒毒症状。

（14）三唑仑

一种强烈的麻醉药品，具有镇静、催眠作用，主要治疗失眠、焦虑等症状，口服后可以迅速使人昏迷晕倒（0.75mg的三唑仑，能让人在10分钟快速昏迷，昏迷时间可达4～6小时），故俗称迷药、蒙汗药、迷魂药。可溶于水及各种饮料中，也可以伴随酒精类共同服用。三唑仑没有任何味道，见效迅速，药效比普通安定强45～100倍。和其他镇静安眠药一样，过量使用三唑仑会使人进入昏睡状态，甚至死亡。

（15）曲马多

一种非阿片类中枢性镇痛药，主要用在癌症、骨折、手术等导致的中度至重度疼痛。所以如果合理使用，它仍然是治病救人的药物。如果被人滥用，造成药物成瘾和依赖就会转变成毒品。

（16）杜冷丁

一种人工合成的止疼药，也具有镇静的作用，一般用于癌症晚期、心脏疾病发作、烧伤、分娩后带来的疼痛。如果滥用杜冷丁的话会上瘾，所以被列为严格管制的麻醉药品。所以，杜冷丁既是应用于临床上的药品，也是会让人产生依赖性和危害性的毒品。杜冷丁连续使用可成瘾，连续使用1～2周便可产生药物依赖性。研究表明，这种依赖性以心理为主，生理为辅，但两者都比吗啡依赖性弱。

（17）止咳水（通常含有可待因、麻黄碱等成分）

比较常见的就是联邦止咳露、新泰洛类止咳水，当然也无须过多担心，目前的止咳药中很少含有可待因、麻黄碱等成分。2015年5月1日，含有可待因复方口服液体制剂（及其溶液、口服液、糖浆剂）正式列入第二类精神药品管理。有很多青少年在舞厅将这些止咳药水配制成"摇头水"服用。一旦止咳水滥用成瘾，它就不再是治病救人的良药，而成了害人害命的毒品。

(18) 笑气

"笑气"的主要成分是一氧化二氮，因它在室温下稳定，有轻微麻醉作用，并能致人发笑，故又称"笑气"，属于无色有甜味的气体，也是一种氧化剂，化学式为 N_2O。笑气可以作为辅助麻醉剂，起到镇静作用，临床医学上在剖腹产、肠胃等手术都会引入笑气麻醉。笑气本身并不会对人体产生伤害，但是对人体呼吸道黏膜具有刺激作用。如果大量吸入，气体进入血液后会导致人体缺氧，最终有可能导致窒息死亡。长期吸入会引起周围神经损害，出现四肢麻木无力的现象。

(19) 咖啡因

咖啡因是世界上使用最广泛的精神活性药物。咖啡因具有兴奋效应，能够提神醒脑，令思维和联想加速，让人产生快感，充满自信和活力。咖啡因具有成瘾性，属于国家管制的第二类精神药物制剂，提纯的咖啡因制剂要求具有处方权的医生才能开具，而不能随便在药店购买，但对于咖啡因饮料如咖啡、奶茶、能量饮料等则没有特别的管理措施。大剂量长期使用咖啡因会对人体造成损害，引起惊厥，导致心律失常，并可加重或诱发消化性肠道溃疡。甚至导致吸食者下一代智能低下、肢体畸形，同时具有成瘾性，一旦停用会出现精神委顿，浑身困乏疲软等各种戒断症状。

(20) 有机溶剂和鼻吸剂

有机溶剂和鼻吸剂包括一系列挥发性很强的化合物，有效成分包括甲苯、丙酮、苯、四氯化碳、乙醚及各种酒精和乙酸盐。它们能像抑制剂一样对中枢神经系统起作用，长期吸食有可能导致知觉受损、失去协调和判断能力、呼吸抑制和脑部受损。

三、毒品的危害

毒品的危害可以概括为"毁灭自己，祸及家庭，危害社会"。

▶ 1. 生理和心理依赖

毒品是具有药物依赖性潜力的物质，可使吸食者出现身体和心理上的严重依赖。身体依赖主要表现为产生戒断反应，即吸毒成瘾后，一旦减少毒品剂量或突然中断使用，人就会出现一系列痛苦症状，如全身肌肉骨骼疼痛、发冷、多汗、流涕泪、打哈欠、浑身发抖、恶心呕吐、血压增高，并伴焦虑、恐惧、性情暴躁和攻击行为等。因此，戒断反应是戒毒困难的重要原因之一。心理依赖主要表现为对毒品的强烈渴求，生活的唯一目标就是设法获得毒品，常常为了得到毒品而不择手段。一旦产生心理依赖，即使经过脱毒治疗，在急性期戒断反应基本控制后，要完全康复往往也需要数月甚至数年的时间。

▶ 2. 体衰和传染病

毒品能损害人的大脑和神经系统，引起注意力不集中、反应迟钝、失眠易怒、性情暴躁、贪睡懒动、神情呆滞漠然。长期吸毒会造成全身营养不良，身体枯瘦，免疫功能低下，逐渐丧失劳动力。吸毒者也常因吸毒方式不卫生或者与多个性伴侣滥交等传播艾滋病、乙肝、丙肝等传染病。此外，吸毒还可引发肾衰竭、细菌性肺炎、心内膜炎、脑栓塞、周围性神经炎等导致吸毒者死亡的严重疾病。

3. 精神障碍与人格改变

吸毒导致的最突出精神障碍一是出现幻觉和思维障碍。例如，使吸毒者产生快感及实现欲望的虚幻假象，从而沉迷在虚幻的满足中不顾一切。二是人格改变。变得冷漠、自私、消沉、无自尊、不负责任、不知羞耻，甚至丧失人性，许多吸毒青少年发生的异常、令常人匪夷所思的行为多由此引发。研究表明，有吸毒行为的青少年发生性暴力的风险是普通青少年的3~5倍。

4. 性功能减退和贻害后代

长期吸毒，可造成性功能减退甚至完全丧失。男性精子减少、活力低，阳痿、早泄；女性月经失调、闭经、不孕等；孕妇吸食海洛因还容易导致胎儿畸形甚至死亡，并使婴儿一出生就带上毒瘾，成为"海洛因儿童"。吸毒者的子女还常常成为父母毒瘾发作时的发泄对象。

5. 毁灭自己和家庭

毒瘾发作时痛苦极为强烈，吸毒者在难以忍受时，常常会采取自伤、自残甚至自杀的方式去解脱；由于对毒品的依赖，吸毒者整天顾念的就是毒品，为此失去工作、生活的兴趣与能力，也失去对家庭的责任感。子女得不到父母教育和家庭温暖，过早地流入社会，容易误入歧途。耗资巨大的毒品使家庭一贫如洗，个人的事业及家庭的财产在吸食毒品的烟雾中一一消失，原本幸福的家庭也在吸食毒品的烟雾中一一燃尽，酿成人间悲剧。

6. 诱发犯罪，影响社会安定

吸毒和犯罪是一对孪生兄弟。吸毒者为获得毒资往往置道德、法律于不顾，越轨犯罪，严重危害人民生命与社会治安。据调查，吸毒者的毒资约94%来于不正当途径。吸毒者在耗尽个人和家庭钱财后常常会铤而走险，进行贩毒、贪污、诈骗、盗窃、抢劫、凶杀等犯罪活动，走上违法犯罪道路。

四、预防青少年吸毒的对策

从社会预防而言，政府要加大预防教育力度，坚决消除染毒环境。学校、家庭、大众传媒要共同努力，不间断地向青少年传递药物滥用危害，坚决把住"不吸第一口毒品"这一关。作为大学生，更重要的是做好个人预防：

1. 培养健康行为

不吸烟酗酒，在歌舞厅、游戏厅、酒吧等场所能控制自己的情绪和行为，以正确方式疏泄情绪。培养自己多方面健康向上的兴趣爱好，参加文明、高雅的文化娱乐活动，丰富精神生活。

2. 培养自我管理技能，提高抗御毒品的能力

如人际交往能力、解决问题能力、自我表达能力等。能有效抵御来自同伴的压力，学会"拒绝"；能以理性、非情绪化方式正确对待生活应激事件，解决孤独、抑郁、无助、恐惧、愤怒等负面情绪；在遭遇困难和压力时能主动寻求帮助，应对挫折。

3. 加强思想道德、科学文化知识的学习

提高自己的科学文化素质和道德水平，树立正确的人生观和价值观，努力培养高尚的

道德情操和远大的理想，建立自尊、自信和责任感，避免空虚无聊，摒弃消极的生活方式。

▶ 4. 高度警惕，杜绝任何毒品诱惑

不要放任好奇心，有不少人就是因好奇而以身试毒，结果付出惨痛代价的；勇敢面对学习、生活中的困难和挫折，绝不可用毒品来麻醉自己，消愁解闷、回避困难；不盲目追求享受，寻求刺激，赶时髦，不要崇拜吸毒的"偶像"，那种把吸毒误认为是时髦、酷，是高端人士才能享受的认识是非常错误和幼稚的。

▶ 5. 增强法律意识和自我保护意识

懂得禁毒的有关法律法规，树立"吸毒违法、贩毒犯罪"的意识。充分认识吸毒对于个人身心健康所造成的巨大危害以及对事业、前途的严重影响，珍惜生命，热爱生活。

拓展阅读

拒绝物质滥用的技巧

技巧一：加强自我保护意识，冷静分析判断，危险的地方少去、不去。

技巧二：机智地对待问题，灵活运用多种拒绝技能

1. 语言：清晰地说"不""不，我不想"，请对方离开你。
2. 语气：大声、坚决、果断。
3. 动作：抬头直视或摇头、摆手、后退，做拒绝的动作。
4. 神情：直视对方，皱眉、瞪眼表示不赞同。
5. 行动：想办法抽身离开，尽可能摆脱这种情景。

技巧三：向可信任的人倾诉，寻求帮助。

技巧四：掌握多种获得救援的方法和技能。

拒绝物质滥用说"不"时，态度要明确，语气要坚决，理由要充分。学会这些技能以更好地避开生活道路上的陷阱与危险。有些人一生中所犯的错误都是在本想说"不"的时候，说了"是"。

第三节 预防艾滋病

一、获得性免疫缺陷综合征

获得性免疫缺陷综合征（Acquired Immune Deficiency Syndrome，AIDS），即艾滋病，是由人类免疫缺陷病毒（Human Immunodeficiency Virus，HIV）亦称艾滋病病毒感染所引起的一种严重传染病。HIV侵犯人体，攻击并缓慢摧毁人体免疫系统，大量破坏以$CD4^+$ T淋巴细胞为主的免疫细胞，造成免疫功能全面低下，从而引发多种机会性感染和肿瘤，最终致人死亡。人群普遍易感，发病缓慢但传播迅速，目前尚无有效疫苗和治愈方法，故又有"世纪瘟疫"之称，危害着人类健康和人类文明的进步。

世界卫生组织从1988年起,将每年12月1日定为"世界艾滋病日",由此提高公众对艾滋病危害的认识,积极采取措施,预防其传播和蔓延。多年来,国际社会为防治艾滋病作出了不懈努力,防治工作取得较大进展。联合国艾滋病规划署2015年7月14日发布的一份核心报告指出,目前艾滋病全球流行的趋势已得到遏制并开始扭转,并有望实现到2030年结束艾滋病流行的目标。

二、人类免疫缺陷病毒

人类免疫缺陷病毒(HIV)呈球状,直径100～120nm,有包膜,是一种反转录病毒。内含两条相同的正链RNA和包裹其外的核衣壳蛋白(p7)、衣壳蛋白(p24),并携带逆转录酶、整合酶和蛋白酶。包膜和圆柱形衣壳之间有一层内膜蛋白(p14)。外层为脂蛋白包膜,镶嵌有gp120和gp41两种特异糖蛋白,gp120构成包膜表面刺突,能与具有CD4的宿主细胞结合,gp41为跨膜蛋白,见图6-1。

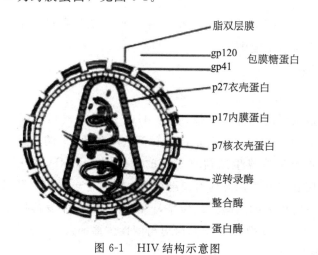

图6-1　HIV结构示意图

(引自:高锐,张艳平.病原生物与免疫学基础[M].北京:中国科学技术出版社,2017.)

HIV体外生存能力极差,对物理、化学因素的抵抗力较弱。100℃加热20分钟可灭活液体或10%血清中HIV。常用消毒剂0.5%次氯酸钠、0.1%含氯石灰(漂白粉)、70%乙醇、0.3%过氧化氢、0.5%甲酚皂溶液等室温消毒10～30分钟即可完全灭活HIV。但在20℃～22℃室温液体(如血液)环境中可存活15天,在37℃可存活10～15天。冻干血液制品须68℃加热72小时才能保证灭活病毒。

HIV在攻击人类细胞之前,先吸附于$CD4^+$ T淋巴细胞(免疫反应中的一种重要的白细胞)上,再进入细胞并释放RNA。释放的RNA被HIV携带的反转录酶转录为DNA。HIV的DNA和细胞的DNA整合,整合后的DNA会产生信使RNA,从而产生出新的HIV。

拓展阅读

免疫系统

免疫系统,就是人体的保护系统,由执行免疫功能的组织、器官、细胞和分子构成。

免疫细胞和分子针对外源生物性物质会产生一定反应，这种反应称之为免疫应答。免疫应答又分为固有免疫和适应性免疫两类。

固有免疫又称为非特异性免疫，是机体一种天然免疫防御功能。吞噬细胞是很重要的固有免疫细胞。吞噬细胞可以吞入并杀伤或降解病原微生物。

机体在长期与外源性病原微生物接触过程中，对特定病原微生物产生识别与后续效应，最终将特定病原微生物排出体外的防御功能，称之为适应性免疫，又称获得性免疫或特异性免疫。B淋巴细胞和T淋巴细胞是具有获得性应答能力的淋巴细胞。B淋巴细胞负责生产抗体、消灭病原微生物，T淋巴细胞专门破坏已被感染的体细胞。辅助性T细胞上有一种蛋白质类型的受体，称为CD4。HIV可与CD4特异性结合。

三、艾滋病的传播与流行情况

（一）传染源

艾滋病传染源为艾滋病患者和HIV感染者。HIV主要存在于他们的血液、精液、阴道分泌物、乳汁和伤口渗出液中。

（二）传播途径

▶ 1. 性接触传播

这是目前全球最主要的艾滋病传播途径。HIV感染者的精液或者阴道分泌物中含有大量的HIV，无论同性、异性，只要是性接触都会导致HIV的传播。在性活动时，由于性交部位的摩擦，很容易造成生殖器官黏膜的细微破损，HIV乘机进到对方的血液中。男男同性行为多采用肛交方式，极易引起组织薄弱却血管丰富的直肠黏膜破损，加之频繁更换性伴侣，因此具有更大的风险。近年来，在我国15～24岁群体中，通过性接触传播感染艾滋病者高达96％，其中57％都是由男男同性传播的。

▶ 2. 血液传播

血液传播主要存在以下几种行为中。

第一，输入含有HIV的血液或血液制品。

第二，静脉吸毒者共用受HIV污染的、未经消毒的针头及注射器。

第三，使用被HIV污染的医疗器械、美容刀具，移植被HIV污染的器官、组织或精液。

第四，与感染者共用剃须刀、牙刷等。

▶ 3. 母婴传播

亦称垂直传播，是婴儿和儿童感染HIV的主要途径，新生儿HIV感染约有90％是通过母婴传播而获得的。感染了HIV的母亲在怀孕、分娩过程中及产后，分别通过胎盘、产道、哺乳等将病毒传染给胎/婴儿。

（三）日常生活接触不会传播艾滋病

HIV通过血液或体液向体外排出，它不会通过呼吸道随飞沫呼出，也不会通过消化道从粪便中排出。HIV无法侵入正常的皮肤和黏膜，只有当皮肤和黏膜有破损时，HIV

才可以进入身体。所以，与HIV感染者或艾滋病病人的日常生活和工作接触一般不会被感染。

▶ 1. 蚊子叮咬不传播艾滋病

HIV一旦进入蚊子体内，就无法存活，所以，蚊子在叮咬下一个人的时候不可能把HIV传给此人。

▶ 2. 吃饭、握手、拥抱不传播艾滋病

与HIV感染者或艾滋病患者一起吃饭不会感染HIV。原因是胃肠道里的酸性消化液会很快将HIV杀灭，HIV不会通过消化道进入人的血液中。

与HIV感染者或艾滋病病人礼节性的握手、拥抱，不会涉及血液或体液接触，是安全的，不会传播HIV。

▶ 3. 游泳、公厕不传播艾滋病

与HIV感染者或艾滋病患者在同一个游泳池游泳，不会感染HIV。原因是HIV要进入人体内才会引起感染，而在游泳池游泳，HIV不会穿过正常皮肤进入人体内。而且，游泳池的水含有消毒剂，能很快杀死HIV。即使游泳池水中含有HIV，浓度也很低，并会很快失去活性，不会引起感染。

对于蹲式厕所和小便池，因为没有皮肤直接接触，所以，一般情况下是不会传播HIV的。但是坐式马桶存在一定的危险，因为皮肤与马桶坐圈有直接接触。一旦坐圈上有HIV感染者或艾滋病病人遗留下的精液、月经血或者阴道分泌物，而当其他人接触马桶坐圈的皮肤破损时，HIV就有可能会通过破损的皮肤进入体内。

▶ 4. 共同学习、工作不传播艾滋病

与HIV感染者或艾滋病患者一起工作或学习，不会感染HIV，原因是HIV不会通过空气传播。一般的学习和工作环境不具备HIV传播的条件。

（四）流行情况

艾滋病起源于非洲，后由移民带入美国。自1981年美国首次报告发现艾滋病人以来，艾滋病迅速蔓延到世界各地，成为对人类危害最大的疾病之一。有200多个国家和地区发生本病，75%的感染者集中在南非、埃塞俄比亚、尼日利亚、印度、津巴布韦等15个国家。在WHO和联合国艾滋病规划署的领导下，世界多国大力开展抗击艾滋病工作，经过30余年努力，疫情有了明显遏制。截至2014年底，全球约有3 690万名HIV感染者，1 580万人得到抗病毒治疗；2000—2015年期间，新增HIV感染人数下降了35%，HIV相关病死亡率下降了42%，感染者预期寿命已从2001年的36岁提升至55岁。如今，在艾滋病最为猖獗的非洲国家，新发感染和死亡率均呈下降趋势，但在亚太地区，因人口基数庞大而呈较大幅上升，尤其是印尼、巴基斯坦、柬埔寨、菲律宾等亚洲国家的青少年感染数量快速增加。截至2015年9月底，我国报告现存活的HIV感染者和病人达56.9万例，居亚洲第2位，世界第12位。云南、广西、四川的感染者和病人占全国的45%；青年学生疫情上升明显，2011—2015年，国内15~24岁大中学生HIV感染者年均增长率达35%，65%的学生感染发生在18~22岁的大学期间。预防青年感染和传播艾滋病，是当前我国艾滋病防控的重中之重。

四、艾滋病的临床表现

艾滋病的潜伏期很长,感染病毒后一般需经 6~8 年才会发展为艾滋病。在免疫功能还没有受到严重破坏,尚未出现明显症状前,称为 HIV 感染者。

从感染 HIV 到发病有一个完整的自然过程,根据我国艾滋病的诊断标准和指南,将此过程分为三期:

(一)急性期

是 HIV 初袭人体所引起的刺激性反应时期。通常发生在首次感染 HIV 后 2~4 周,但只有部分人表现出症状,如轻微发热、咽痛、盗汗、乏力、肌肉疼痛、淋巴结肿大等,持续 3~14 天自然消失,容易误为感冒而被忽略。值得重视的是,在 HIV 进入人体的最初 2 周~3 月内,血液中暂时还查不出 HIV 抗体,故将这段时期称为"窗口期",处于窗口期的感染者同样具有传染性。随着感染者血清中 HIV 抗体的逐渐产生直至达到一定的量能被检出,窗口期结束,此后就进入一个相对稳定的无症状阶段。

(二)无症状期

又称潜伏期,平均长达 6~8 年。是人体免疫系统与 HIV 相抗衡时期。感染者除了血清 HIV 抗体阳性以外,没有症状,外表与健康人一样。但潜伏期不是静止的,由于 HIV 在体内持续存在并低水平复制,故对人体的免疫系统产生着缓慢的破坏作用,再因潜伏期漫长又无症状,对早期发现病人及预防也造成较大困难。

(三)艾滋病期

为 HIV 感染的最终阶段。此期病人体内 $CD4^+$ T 淋巴细胞计数显著下降,血浆 HIV 载量明显升高。由于机体免疫功能已全面崩溃,临床出现艾滋病的相关症状(如持续 1 个月以上的发热、盗汗、腹泻、体重减轻、持续性淋巴结肿大等)、各种足以致命的机会性感染(如鹅口疮、卡氏肺囊虫肺炎、肺结核、隐球菌脑膜炎、败血症等)和继发性肿瘤(卡波西肉瘤、淋巴瘤等),如果不经治疗,通常在两年内死亡。

拓展阅读

柏林病人

2007 年,一个身患白血病和艾滋病的美国病人蒂莫西·布朗(Timothy Brown)成为了医学界关注的对象。布朗在柏林上学时感染 HIV,雪上加霜的是 2006 年他又被诊断出患有急性髓系白血病。在寻找干细胞捐赠者时,布朗在柏林大学医院的主治医师杰罗·厄特(Gero Huetter)突破性地提出了一个"一石二鸟"的疗法:让体内存在 CCR5 蛋白突变捐赠者来提供造血干细胞,这样既能治疗白血病,又可能治疗 HIV。经过七个月精心准备,布朗停止 HAART 治疗,在德国柏林接受了一个来自北欧捐助者的骨髓来治疗白血病(异体干细胞移植术)。在第一次骨髓移植之后的第 391 天他又接受了第二次骨髓移植。期间研究小组持续用最精密的检测办法对布朗的 HIV 病情进行检查,每一次的检测都带来了相同的结果：在没有再接受 HAART 治疗的条件下，布朗体内持续检测不到 HIV 病毒，其 $CD4^+T$ 细胞也稳步上升至正常水平。这个轰动的结果被发表在 2008 年的《新英格兰医学期刊》。

直到今天，布朗仍然活着，而且他的艾滋病被医学界普遍认为已经"功能性治愈"。这个神奇的病例是人类历史第一次治愈艾滋病的案例，而蒂莫西·布朗也因此被医学界称为"柏林病人"。

五、艾滋病的预防和治疗

(一) 预防

由于艾滋病的传播途径已很明确，青年学生在生活中应主要从以下方面进行预防：

1. 洁身自爱，恪守性道德，避免不安全的性行为，加强防艾知识学习。
2. 正确使用安全套，此为目前最有效的预防 HIV 传播手段。
3. 献血要到国家正规机构；减少不必要的输血，不注射可用可不用的血制品。
4. 不到非正规医院或诊所打针、输液、针灸、拔牙、文身、穿耳和手术等。
5. 不去卫生条件不好的浴室、游泳池、理发店、旅馆等。
6. 集体宿舍的成员之间，不要互相借用毛巾、剃须刀等。
7. 避免皮肤与病人的血液、分泌物接触，若不慎接触，要立即用肥皂液和流动水冲洗；如皮肤有伤口，应尽量挤出损伤处的血液，冲洗后再涂 75% 酒精或 0.5% 碘伏消毒。
8. 不以任何方式吸毒，远离毒品。

拓展阅读

防艾性 ABC 原则及鸡尾酒疗法

性爱是大自然赐予人类的一件快乐的礼物，是生活的内容之一，但在给人类带来愉悦、帮助繁衍的同时，也增添了许多烦恼，例如艾滋病、乙肝的传播。由此，国外一些性病学专家、防艾工作者在总结预防艾滋病和其他性传播疾病（简称艾性）经验基础上，提出了预防艾性的 ABC 原则：

(一) ABC 原则

A——Abstinence(禁欲)：即婚前禁欲。禁止婚前性行为可以大大减低感染艾性的概率。青少年只有真正了解艾性的危害，学会调节性冲动，遵守社会性道德规范，才能避免轻率地卷入危险性活动而给自己和他人造成痛苦。

B——Be faithful(忠诚)：即忠实于一个性伴侣，夫妻双方或性伴侣双方相互忠诚。与多人发生性行为是艾性传播的重要原因，性伴侣越多，感染概率越大。

C——Condom(安全套)：即性行为中正确使用高质量的安全套。A、B 两点都未能做到的人，一定要使用安全套，此为最后一道保护屏障。

(二) 治疗

了解自己是否感染 HIV，可以预防传播给他人，从而降低 HIV 的新增感染。一般来说，如有以下行为的人，应该立即进行 HIV 检测：与多个性伴侣发生过无保护（未使用安全套）的性行为、男男之间发生过无保护的性行为、与 HIV 感染者或艾滋病患者发生过无保护的性交行为、注射过毒品等。总之，有一切可能获得 HIV 感染的风险行为，都应该立即进行检测。青年学生一旦发生高危行为或怀疑自己受感染时，一定要尽快去当地疾控中心或公共卫生医院咨询和检测 HIV 抗体，以尽早确诊和治疗。

目前，艾滋病尚无有效疫苗和治愈药物，但新的艾滋病药物和鸡尾酒疗法已经使得艾滋病逐渐成为一种慢性病。针对 HIV 感染者和艾滋病患者主要采取的综合措施，包括抗病毒治疗、免疫重建治疗、机会性感染和肿瘤等并发症治疗、中医药治疗以及心理咨询等，其中抗病毒治疗是关键。按照 WHO 艾滋病抗病毒治疗指南和我国艾滋病诊疗指南第三版（2015 版），对于 $CD4^+T$ 淋巴细胞计数≤500/ul 的 HIV 感染者，均建议进行正规抗病毒治疗。目前，国内外已研制出几十种抗反转录病毒药物，感染者只要做到及时并坚持长期服用，就能将体内的 HIV 量抑制在很低的水平，避免 HIV 对自身免疫系统造成攻击，从而预防免疫力严重下降及其由此带来的各种并发症，使生存期大大延长，并像正常人一样学习、工作和生活。从 2004 年起，我国正式实施对艾滋病人和感染者的免费抗病毒治疗。

（三）鸡尾酒疗法

原指"高效抗反转录病毒治疗"（HAART），由美籍华裔科学家何大一于 1996 年提出，是通过三种或三种以上的抗病毒药物联合使用来治疗艾滋病。该疗法的应用可以减少单一用药产生的抗药性，最大限度地抑制病毒的复制，使被破坏的机体免疫功能部分甚至全部恢复，从而延缓病程进展，延长患者生命，提高生活质量。该疗法把蛋白酶抑制剂与多种抗病毒的药物混合使用，从而使艾滋病得到有效的控制。越来越多的科学家相信，混合药物疗法是对付艾滋病的最有效治疗方法，既可以阻止艾滋病病毒繁殖，又可以防止体内产生抗药性的病毒。如今在其他疾病上，也有人将类似的联合用药疗法称为相对应的"鸡尾酒疗法"。

六、法律法规中 HIV 感染者和艾滋病病人的权利

HIV 感染者和艾滋病患者享有跟所有人一样的权利。目前主要关注其在隐私保护、受教育、劳动及婚姻、就医等方面的权利。

▶ 1. HIV 感染者和艾滋病患者的隐私保护权利

1988 年卫生部、外交部等多部门发布并实施的《艾滋病监测管理的若干规定》第二十一条规定，任何单位和个人不得歧视艾滋病病人、HIV 感染者及其家属。不得将病人和感染者的姓名、住址等有关个人情况公布或传播，防止社会歧视。

1999 年卫生部印发的《关于对 HIV 感染者和艾滋病病人的管理意见》规定要严格保密制度，保障个人合法权利，履行社会义务和责任，反对歧视。HIV 感染者和艾滋病病人及其家属不应受歧视，他们享有公民依法享有的权利和社会福利。不能剥夺 HIV 感染者和艾滋病患者工作、学习、享受医疗保健和参加社会活动的权利，也不能剥夺其子女入托、入学、就业等权利。在 2006 年通过的中华人民共和国国务院令（第 457 号）《艾

滋病防治条例》第三十九条规定:"未经本人或者其监护人同意,任何单位或者个人不得公开 HIV 感染者、艾滋病病人及其家属的姓名、住址、工作单位、肖像、病史资料以及其他可能推断出其具体身份的信息。"这是法律中对 HIV 感染者和艾滋病患者的隐私权利的明确规定。

▶ 2. HIV 感染者和艾滋病患者受教育的权利

《中华人民共和国宪法》第四十六条规定中华人民共和国公民有受教育的权利和义务。HIV 感染者和艾滋病患者与其他健康人一样,享有进入各级各类学校接受教育的权利。《艾滋病防治条例》第三条规定:"任何单位和个人不得歧视 HIV 感染者、艾滋病病人及其家属。HIV 感染者、艾滋病病人及其家属享有的婚姻、就业、就医、入学等合法权利受法律保护。"另外,《艾滋病防治条例》第四十五条规定:"生活困难的艾滋病病人遗留的孤儿和感染 HIV 的未成年人接受义务教育的,应当免收杂费、书本费;接受学前教育和高中阶段教育的,应当减免学费等相关费用。"

▶ 3. HIV 感染者和艾滋病患者的劳动、婚姻权利

我国《宪法》和其他法律法规明确规定了公民有工作权。HIV 感染者和艾滋病患者作为公民,法律并没有剥夺他们的工作权利(法律另有规定的除外),只要他们身体条件允许并且自己愿意的话,任何单位、企业或用工部门,都不得歧视或剥夺他们劳动就业权利。

《艾滋病防治条例》第四十七条规定:"县级以上地方人民政府有关部门应当创造条件,扶持有劳动能力的 HIV 感染者和艾滋病病人,从事力所能及的生产和工作。"在《艾滋病防治条例》第三条中,规定了 HIV 感染者和艾滋病患者的婚姻合法权利受到法律保护。

▶ 4. HIV 感染者和艾滋病患者就医的权利

《艾滋病防治条例》第四十一条规定:"医疗机构应当为 HIV 感染者和艾滋病病人提供艾滋病防治咨询、诊断和治疗服务。医疗机构不得因就诊的病人是 HIV 感染者或者艾滋病病人,推诿或者拒绝对其他疾病进行治疗。"

从宏观角度来讲,艾滋病已经不仅仅是一个医学问题或公共卫生问题,而是一个重大社会问题和影响社会发展的紧迫问题。在呼吁消除社会歧视的同时,要构建公正的社会环境。首先,加大公众宣传力度,让更多的普通群众了解艾滋病,消除对艾滋病的恐惧;其次,消除艾滋病患者在就业、工作、就医、教育、婚姻等方面的歧视和限制,从政策方面得以加强和保护。构建公正的社会环境最基本的就是要保护 HIV 感染者和艾滋病患者群体的合法权利,其中最重要的就是要保护他们的隐私权。因此,一方面需要医务人员、科研人员、警察等对艾滋病的认识进一步提高;另一方面就是中国艾滋病的立法之路任重而道远。要保护好 HIV 感染者和艾滋病患者的利益和人格尊严,让 HIV 感染者和艾滋病患者依法享有公民应有的工作、学习、医疗保健和参加社会活动的权利。

第四节　无偿献血

一、什么是无偿献血

无偿献血是指健康适龄公民自愿献出可以再生的少量全血或血液成分，以备急需时能及时挽救危重病人生命的行为。所献血液通常存储在血库中，由医疗单位、血站或红十字会保管，献血者不索取任何报酬。

无偿献血是公益事业，人与人之间爱心的交流，相互扶助的文明体现，已成为衡量一个社会文明程度的标志，各国政府都十分重视和关心无偿献血。世界上很多国家，例如美国、日本、加拿大、德国、澳大利亚等经济发达国家和阿尔及利亚、坦桑尼亚、尼日尔、尼泊尔、缅甸等经济欠发达国家，均实行了无偿献血制度，并做到医疗用血全部来自无偿献血。这些国家的公民把献血看作健康人对社会应尽的义务，是一件很普通而且理所应当的事情，往往在献血后吃几块点心，喝杯饮料，就各自去干自己的工作，从不领取任何报酬。

二、无偿献血相关知识

无偿献血是世界卫生组织、国际红十字会、国际红新月会、国际输血协会推崇的献血形式。一般人可在各地区的固定无偿献血站进行无偿献血，许多无偿献血站会定期派出采血车到学校、机关以及人流密集区采血，或在各地区、街道开展宣传活动时征集献血者。与有偿献血相比较，无偿献血的血液质量可以得到保证，有利于受血者的健康和安全。

（一）血液的基础知识

正常成年人体内的血液总量为 4 000～5 000ml，大约是体重的 1/13，一次献血 200ml 仅占全身血量的 4%。人体内的血液并非都参与血液循环，有 20%～25% 是储存在脾、肝、肺、皮肤等"储血库"内的，只有在应急的情况下，"储血库"的血才会调动出来参加血液循环，以充实循环血量，维持血压的平衡。血液与其他有生命的物质一样，经历着新生、成熟、衰老、死亡的生理过程。人体内每天约有 1/120（20 亿个）的红细胞衰亡，白细胞和血小板的平均寿命也分别只有 9～13 天和 8～9 天。人体骨髓有强大的代偿功能，在一定条件的激发下，骨髓造血功能可增至正常的 6～8 倍，一个健康人每天生成红细胞约 2 000 亿个，血小板 1 200 亿个，即一个健康成人每年新生的血细胞数量相当于人体血细胞的总量。献血 200ml 后机体很快就会得到自然补充，不会影响健康。

血型的分类：血型是人体各种血液成分的遗传多态性标志，分为红细胞血型、白细胞血型及血小板血型。血型的表现型数很多，已知人类的红细胞有 15 个主要血型系统，其中最重要的是 ABO 血型和 Rh 血型。ABO 血型、Rh 血型与输血和妊娠密切相关；白细胞血型主要是 HLA 血型，与器官、骨髓和干细胞移植密切相连。根据人体血液中红细胞表面有无 A、B 凝集原及其种类的不同，可分为 A、B、AB、O 四种血型。血型由遗传决定。

（二）有关献血的规定

我国对于献血的规定是年龄 18～55 周岁；一次献血量 200ml/300ml/400ml，倡导 400ml；两次献血的间隔时间不短于 6 个月（除深圳）。在国外及中国港澳台地区，一般放得较宽，例如年龄规定：美国 17～76 岁，日本 16～69 岁，中国香港 16～60 岁。

一次献血量规定：美国 450ml/500ml，以 500ml 为主，日本 200ml/40ml，澳大利亚 400ml/500ml，中国香港特区 350ml/450ml。两次献血间隔时间规定：日本、韩国、澳大利亚、中国香港、中国台湾地区以及深圳市都是 3 个月，美国为 80 天。

（三）献血对人体健康的影响

健康人按献血规定进行适量献血，非但不会对身体产生不良影响，还可能带来下列益处：

▶ 1. 预防心、脑血管类疾病

现代社会，人们生活条件改善，体力活动减少，血液中积存的脂肪特别是胆固醇越来越多，使得脂肪微粒附着在血管壁上，形成动脉粥样硬化，导致血管变硬、弹性降低和狭窄、供血不足而引发心、脑血管疾病。通过献血活动，可使血液自然稀释，达到血脂降低、血液黏稠度下降、血液流速加快的作用，使全身血管供氧量加大，人感到身体轻松、头脑清醒，对减少动脉硬化、血栓形成和脑血管意外及心肌梗死等疾病的发生有良好的远期影响。

▶ 2. 提高造血功能

随着年龄的增长，人的造血功能和血细胞生成率逐渐下降。献血后，由于血细胞数量减少，对骨髓产生刺激作用，促使骨髓储存的成熟血细胞释放，并刺激骨髓造血组织，促使血细胞的生成，经常按规定期限献血，就可使骨髓保持旺盛的活力。

▶ 3. 防癌作用

当人体内的铁含量超过正常值的 10%，罹患癌症的概率就可能提高。因红细胞中含有大量的铁，所以适量献血，降低血中铁的含量，可以减少癌症发生的机会。这主要是针对男性而言，而女性、儿童体内铁元素含量增高的情况较少见。

▶ 4. 促进心理健康

相关研究资料显示，健康的情绪可通过神经、体液、内分泌系统影响大脑及其他组织器官，使其处于良好状态，有益于人体免疫力的增强。献血是救人一命的高尚品行，在做好事、救助他人的同时，自己获得助人为乐的愉悦，心灵得到慰藉，净化和提升了精神境界，生活会过得更加充实。

三、献血者健康标准

（一）献血者健康检查要求

2012 年 7 月 1 日实施的中华人民共和国国家标准《献血者健康检查要求》中，对献血者的一般检查标准规定如下：

1. 年龄：18～55 周岁，既往无献血反应、符合健康检查要求的多次献血者主动要求再次献血的,年龄可延长至 60 周岁。

2. 体重:男≥50kg,女≥45kg。

3. 血压:收缩压 90~139mmHg,舒张压 60~89mmHg,脉压差≥30mmHg。

4. 脉搏:60~100 次/分,高度耐力的运动员≥50 次/分,节律整齐。

5. 体温正常。

6. 一般健康状况:皮肤、巩膜无黄染,皮肤无创面感染,无大面积皮肤病;四肢无重度及以上残疾,无严重功能性障碍及关节无红肿;双臂静脉穿刺部位无皮肤损伤。无静脉注射药物痕迹。

血液检测标准规定如下:

1. 血型:包括 ABO 血型和 RhD 血型鉴定。

2. 血红蛋白(Hb)测定:男≥120g/L,女≥115g/L。

3. 丙氨酸氨基转移酶(ALT)测定:<50 单位。

4. 乙型肝炎病毒(HBV)、丙型肝炎病毒(HCV)、艾滋病病毒(HIV)检测符合相关要求,梅毒(Syphilis)试验符合相关要求。

注:献血员在采血车/献血屋里只接受血型、Hb、ALT 和 HBsAg 四项初检,结果均符合要求者就能献血。捐献出的血液被送到血液中心现代化的实验室里,再进行上述的乙肝、丙肝、艾滋病、梅毒等病原体检测,合格才能用于临床。

(二) 哪些人暂缓或不能献血

▶ 1. 有下列情况之一者暂时不能献血

有 16 种情况是暂时不能献血的,常见的如:①口腔护理(包括洗牙等)后未满 3 天;拔牙或其他小手术后未满半个月;阑尾切除术、疝修补术及扁桃体手术痊愈后未满 3 个月者。②月经期及前后 3 天,妊娠期及流产后未满 6 个月者。③上呼吸道感染病愈未满 1 周者,肺炎病愈未满 3 个月者。④急性胃肠炎病愈未满 1 周者。⑤急性泌尿道感染病愈未满 1 个月者,急性肾盂肾炎病愈未满 3 个月者,泌尿系统结石发作期。⑥曾与经血液传播疾病高危风险者发生性行为未满 1 年者。

▶ 2. 免疫接种或者接受生物制品治疗后献血的规定

常见的如:①接受灭活疫苗、重组 DNA 疫苗、类毒素注射者,若无病症或不良反应出现,暂缓至接受疫苗 24 小时后献血。上述疫苗包括伤寒疫苗、甲肝灭活疫苗、重组乙肝疫苗、流感全病毒灭活疫苗等。②被动物咬伤后接受狂犬病疫苗注射者,最后一次免疫接种一年后方可献血。

▶ 3. 下列人员不能献血

有 23 种人员是不能献血的,常见的如:①呼吸、循环、消化、泌尿、血液、内分泌免疫系统的较严重疾病患者。②慢性皮肤病患者,特别是传染性、过敏性及炎症性全身皮肤病。③各种恶性肿瘤及影响健康的良性肿瘤患者。④精神疾病患者。⑤传染病患者,如病毒性肝炎患者及感染者,艾滋病患者及 HIV 感染者。⑥具有高危行为者,如静脉药瘾史、男男同性恋、多个性伴侣或性病患者。⑦医务人员认为不能献血的其他疾病患者。

献血者必须清楚，捐献具有传染性的血液会给受血者带来危险，具有高危行为者故意献血，根据规定应承担对受血者的道德责任。造成传染病传播、流行的，依法承担民事责任；构成犯罪的，依法追究刑事责任。

四、无偿献血的流程

（一）献血前的准备

献血前一晚最好洗澡，特别将两肘弯部洗净，换干净内衣，早些就寝，保证充足睡眠。献血前几天应以素食为主，不吃油腻和蛋白质过高的食物，以免血液中出现过敏性物质。献血前一天和当天不要喝酒，献血当天的早餐应为清淡饮食，如稀饭、馒头、面包、鸡蛋等，适当喝水，以使血液不太黏稠。献血前勿剧烈运动，保持心情轻松愉快。

（二）献血程序

▶ 1. 献血登记

公民无论参加由单位组织的献血，还是自行到血站或街上的流动采血车上献血，应出示身份证或驾照、军官证、士兵证、护照等有效身份证件，进行登记。

▶ 2. 填表和接受健康检查

献血者要按要求如实填写知情同意及健康状况征询表、献血者登记表上的各项内容，然后接受医生的病史询问和体检、验血。检查合格者当即可献血。

▶ 3. 采血

采血前按操作规程须回答采血人员所提出的核对性问题，如"您叫什么名字？""您是什么血型？"等，回答无误后即可开始：躺在采血椅上，保持倾斜姿势，消毒，穿刺前握紧拳头。一旦采血针刺入静脉，拳头反复作"握紧—放松"的交替动作，直至采血完毕。

（三）献血后的注意事项

1. 献血完毕，拔出针头后即用消毒棉球加重按压，勿捻动，以防皮下血肿，用弹力绷带包扎，松紧度适中。胶布固定，并用3个手指顺静脉走向压迫针眼5分钟，如穿刺孔部位有出血，应抬高手臂并继续压迫局部。为保护好穿刺孔不受感染，至少在4小时内不要取掉穿刺孔上的敷料。献血后24小时内应注意保持针眼处清洁，以防感染；针眼周围如有青淤现象，是由于少量血液流到血管外的缘故，可于24小时内局部冷敷，24小时后热敷，几天即会消退。针眼处1~2天内不沾水。

2. 有极少数人首次参加献血会发生眩晕反应，表现为心慌、头晕、面色苍白、恶心等，接着出汗，出汗后面色逐渐红润，症状很快消失。发生原因多为对献血缺乏生理知识导致精神紧张，或者看到别人眩晕，自己也因心理暗示而晕倒。其他与睡眠不足、未进早餐、献血前疲劳过度等因素有关。

3. 抽血后勿剧烈活动，献血当天不要从事高空、高温作业，不驾驶车辆，不参加体育比赛和通宵娱乐等活动。

4. 献血后，机体自身很快进行调节，血容量在1~2小时就可从细胞间液中得到补偿。献全血对白细胞和血小板影响很小，但红细胞和血红蛋白一般需要7~10天恢复，因此饮食调节至少也应坚持半个月左右。此期多吃富含造血原料（叶酸、维生素 B_{12}、维生素 C、铁和蛋白质）的食物，如绿叶蔬菜、水果、牛奶、鸡蛋、瘦肉及动物肝、肾等。茶叶中含鞣酸，会影响蛋白质与铁的吸收，故献血后一个月内暂不喝茶。

五、无偿献血者的权利

（一）领取无偿献血证书，享有相关权利

无偿献血证书是具备资质的医疗卫生部门根据《中华人民共和国献血法》第六条规定，颁发给无偿献血者的一种证书。符合要求的健康公民一次性献血量200ml就可以获得。献血证是奉献爱心的证明，同时也可以看成健康储蓄或保险单。一个献血证可免费获得相当于价值1 200元人民币的血液，今后无论献血者本人，还是其配偶、父母、子女在需要用血时，享受免费用血、互助保证金和用血后报销血液成本费，都可以此作为凭证之一。

根据《中华人民共和国献血法》规定，无偿献血者及其配偶和直系亲属享有如下用血权利：

1. 本人有享受免费用血的权利。无偿献血者累计献血量在800ml以下的，按献血量的三倍免费用血；累计献血量在800ml（含800ml）以上的，终身免费用血。无偿献血者的配偶和直系亲属（指父母、子女）临床治疗需要用血的可按献血者实际献血量等量免费用血。

2. 凭献血证可在血源紧张时优先用血。

3. 到外地就医时，凭献血证可享受当地用血待遇。

4. 凭献血证可获得有关单位给予的适当补贴。

成都市《中华人民共和国献血法》实施办法第十三条规定，已在本市无偿献血的公民，其临床用血享受下列优惠：

1. 献血之日起三年内，可免费享用献血量三倍的临床用血；

2. 献血之日起三年后，可免费享用献血量等量的临床用血；

3. 累计献血量800ml以上者，终身免费享用无限量临床用血。

已在本市无偿献血的公民，其父母、配偶、子女、兄弟姐妹、配偶的父母可免费享用与其献血量等量的临床用血，超出部分应当按照国家规定缴纳血液费用。

（二）无偿献血者有受表彰和奖励的权利

献血量的计算方法：全血200ml为一次，400ml按两次计算；成分血每一个机采单位按4次计算。无偿献血40次可获金奖，30次获银奖，20次获铜奖。

无偿献血能拯救生命、延续生命，是一种人道主义的高尚行为。我们每个人的体内都有一条生命之河，血液在里面不停奔流、生生不息。人体因疾病或受伤、手术等发生不同程度的失血，使健康受影响甚至危及生命，就必须依靠他人捐献的血液进行挽救和促进康复。目前，临床医疗中需要的大量用血只能从健康的人体获得，人造血液还无法完全替代。因此积极参与无偿献血行动对救死扶伤，保障人民身体健康、促进社会文明进步很有必要。接受了现代科学与文明熏陶的当代大学生，社会责任感强、血气方刚，身强体健，

理应积极参与到义务献血的善举中，义不容辞地发挥献血主力军的作用，并以此带动全民义务献血，绽放自己如花般灿烂的青春！

课后思考

1. 吸烟和饮酒对个体健康有哪些影响？对这些行为有何看法？
2. 毒品对人体健康和社会的危害有哪些？怎样远离毒品？
3. 艾滋病可以通过哪些途径传播？怎样预防？
4. 如何知道是否受到HIV感染？怎样及时确诊和正确治疗？
5. 献血后有哪些注意事项？

第七章 运动与健康

> **学习目标**
> 1. 了解体育运动对机体的益处，培养热爱体育、终身锻炼的意识
> 2. 掌握体育锻炼的基本原则，积极养成良好的体育锻炼习惯
> 3. 懂得科学安排体育运动，避免健身误区及伤病事故，真正发挥体育运动的正面作用

案例导入

22岁的大学生小严一直是个健身达人，前段时间因为学业繁忙无暇运动，感觉精气神都有所下降，为了找回状态，上周他开始到健身房恢复锻炼。第一天踏上跑步机他就连跑了一个小时，还进行了几组轻器械力量锻炼。当天回来就觉得胳膊没劲、疼痛，睡前感觉胸闷，喝水后稍有好转，便没在意。之后又连续如此跑了3天，每次坚持一个半小时，跑完步会觉得心跳加快，胸前像有口气出不来。第五天人就觉得很不舒服，胳膊都肿了，尿量很少，尿液的颜色也不对了，于是去医院就医。经查，小严肌酶明显增高，被诊断为"横纹肌溶解综合征"，有猝死的可能，经医生安排赶紧住进了医院肾内科接受治疗。经过十多天的住院治疗，小严才痊愈出院。

第一节 体育运动对健康的影响

人体运动的生物学规律表明：任何体育活动，不仅是运动器官在活动，心血管、呼吸、消化、泌尿、内分泌、神经系统以至全身各组织器官都会发生相应的功能变化，使人体各个层面之间的功能得到全面锻炼。大学时期全身各器官系统的功能在总体上已趋向于成熟但仍不平衡，因此，大学生更需要充分的体育运动来促进生理功能的全面发育。

一、体育运动对身体机能的影响

（一）改善运动系统功能

体育运动可加速人体全身血液循环，使骨组织的血液供应得到改善，获得更多的营养物质，从而促进造骨进程。运动过程中，骨所承受的压力对骨形成良好的刺激作用，可加

速骨的生长和增大骨质密度。因此，对于骨骺线未闭合的部分大学生来说，体育运动仍可促其长高。

经常参加体育运动，能促使肌肉内毛细血管数量增加，运动中开放的毛细血管数量也是安静时的15～30倍，肌肉长期供血良好，肌纤维逐渐变粗、弹性增强、有更多的物质储存，因此有更好的肌肉工作能力及耐力，且利于消除多余脂肪，防止肥胖症。

经过锻炼，肌肉纤维与肌腱的联结以及肌腱与骨骼的联结变得更加结实，关节韧带和关节囊也更加坚韧而富有张力，关节活动更加灵活、牢固。

（二）改善循环系统功能

运动时，心脏的工作负荷加大以满足全身血液供应，这一过程心肌强力收缩，同时冠状动脉循环也得到改善，心肌获得充足的营养，长此以往心肌变得发达，心壁增厚，心脏的收缩力量增强，脉搏输出量也随之增加，动脉血管弹性增强，整个循环系统功能发生适应性改善。因此，有心功能障碍的大学生也应该积极地适量运动。

（三）改善呼吸系统功能

运动时，肌肉活动产生更多的二氧化碳，可刺激呼吸中枢使呼吸加深、加快，以满足二氧化碳的排出及氧气的吸入。呼吸系统的加倍工作，促进了呼吸系统的发育及机能水平的提高，表现为呼吸肌变得发达，呼吸深度和肺活量增大以及安静时呼吸频率相应减缓等。呼吸系统机能的改善还对呼吸道疾病起到一定的预防作用，因此易感呼吸道疾病的大学生群体更要经常参与体育运动，以增强免疫预防能力。

（四）改善神经、内分泌系统功能

适量的运动可促进胃肠蠕动，增加消化液的分泌，有利于食物的消化吸收及废物的排泄；愉快的运动体验使机体的内分泌调节功能更加完善；运动过程中的每个动作都以刺激的形式作用于神经系统，使神经系统的兴奋与抑制过程得到增强，提高了反应能力和调控能力，并且利于消除学习过程带来的疲劳，提高学习效率。

拓展阅读

体力活动缺乏综合征

最近在美国的医学及体育研究文献中出现了一个新名词：Sedentary Death Syndrome。此疾病名称直译为"久坐生活方式致死症"，即"体力活动缺乏综合征"，是指由于缺乏体力活动而导致的疾病或者非健康状态。

研究表明，缺乏体力活动至少会引起26种非健康状态或疾病的发生，并大大增加疾病的发生率，包括心绞痛、心肌梗塞、心律失常、关节疼痛、乳腺癌、结肠癌、心力衰竭、忧郁症、消化不良、胆结石、高血脂、高血压、认知能力下降、高密度脂蛋白胆固醇降低、生活质量下降、停经综合征、过度肥胖、骨质疏松、胰腺癌、外周血管疾病、体力不支、早逝、前列腺癌、呼吸不畅、睡眠性呼吸暂停、中风和Ⅱ型糖尿病等。另外，体力活动不足还可以导致以下多种情况引起的残疾的进一步恶化，如化疗、慢性背痛、恶病质、髋骨骨折、体力缺乏、脊髓损伤、中风、椎骨和股骨骨折等。

附注：缺乏体力活动一般是指每天参加中等强度（相当于快走）的运动的时间少于30分钟。

二、体育运动对心理机能的影响

体育运动是积极主动的活动过程，它可有效地塑造人的行为方式，培养自觉性、坚韧性，提高自控能力和超越能力，这些心理素质有利于促进大学生的心理机能健康。

（一）提高认知和记忆能力

任何运动技能的学习和掌握，都是智力和体力活动相结合的过程。国内外不少学者研究体育活动与认知活动之间关系证实：积极参与体育活动对智力和记忆能力有高度的促进作用。如大学生在参与球类运动时，多种感知觉的参与、不停地判断和预测对手意图、与同伴的战术配合等活动，都在不断发展大学生的思维能力。

（二）利于自信心的建立

在心理学上，与自信心关系密切的两个概念是自我概念和自我有效感。其中，身体的自我概念是形成一般自我概念的重要组成部分之一，大学生积极地参与体育运动，有利于改善自身的形体体质，最终形成积极的自我概念。自我有效感是指个体能够成功地进行某一成就行为的主观判断，大学生通过成功地参与一些有规律的体育运动，一次次地证明自己的能力，有利于提高其体育活动能力的有效感。

体育运动通过有效建立大学生的自信心和自尊，最终将提高大学生的心理健康水平。

（三）益于获得良好的情绪体验

大学生在繁杂的社会环境和竞争压力下，往往会产生压抑、忧虑、紧张等不良情绪反应，而体育运动就可以帮助大学生从这样的烦恼和痛苦中摆脱出来，使处理应激情境的能力增强。现代运动心理学的研究也表明：焦虑和紧张的心理状态会随着身体运动的加强而逐渐降低其强度，激烈的情绪状态也在体能的消耗中逐渐减弱，最后会平静下来。再者，适度负荷的体育运动能够促进人体释放一种多肽物质——内啡肽，它能使个体获得愉快、兴奋的情绪体验。因此，参加体育运动，尤其是参加那些自己喜爱和擅长的体育运动，可以使大学生从中得到乐趣，振奋精神，从而产生良好的情绪状态。

（四）有助良好意志品质的形成

意志品质指一个人的自觉性、果断性、坚韧性和自制力，以及勇敢顽强和独立主动的精神，是一个人行为特点的稳定因素的总和。意志品质需要在克服困难的实践过程中培养，而体育运动提供了大学生经历克服困难、竞争、挫折、追求不确定性结果、达到目标等过程，让大学生学会对抗和适应应激刺激，从而提高身心应激能力，有助于形成良好的意志品质。

第二节　体育锻炼的基本原则

体育锻炼是现代生活方式中增强体质、塑造形体、防治慢性病的最有效手段之一，大学生更应积极培养良好的体育锻炼习惯。体育锻炼讲究科学安排，这样才能提高锻炼效果，避免伤病事故，真正发挥体育运动的正面作用。因此，大学生在体育锻炼过程中必须遵循一些基本原则。

一、循序渐进原则

在从事体育锻炼过程中，身体机能的提高需要有一定的过程，因此，运动健身不要急于求成，而是要循序渐进。体育运动的循序渐进即在学习体育技能和安排运动量时，负荷要由小到大，动作要由易到难，技术要由简到繁，逐步进行。

不少大学生在开始进行体育锻炼时兴趣很高，活动量也很大，但坚持了几天便失去锻炼热情。究其原因：①开始活动量就很大，机体无法很快适应，身体出现各种疲劳反应，因受不了而放弃体育锻炼；②期望值过高，认为只要进行体育锻炼就会立显成效，锻炼一段时间未见身体机能明显变化，就对运动健身大失所望；③开始体育锻炼时强度过大，造成运动损伤等。基于上述原因，在开始体育锻炼时，就要先学会将循序渐进原则贯穿整个体育运动过程中。以跑步为例，开始时可先进行快步走等强度不大、量较小的练习，在心理上做好思想准备，活动一周到10天，待身体机能适应后，再进行小强度的慢跑，以后逐渐增加跑步的速度和距离。

二、适宜负荷原则

体育运动对机体是一种刺激，适宜的刺激有利于机体生理功能和形态结构等方面发生适应性变化，而负荷过小不能够引起机体反应，负荷过大则容易导致机体过度疲劳甚至运动损伤。普通大学生衡量运动负荷是否适宜，可从身体反应来评定，比如运动中的最高心率不超过负荷(170－年龄)，运动后10分钟内心率能恢复运动以前的基础水平，身体感觉很舒适，这个运动量即适宜。

另外，注意提高已经适应的运动负荷，从而使体能保持不断增强的趋势。一般应在逐步提高量的基础上，再逐渐增大运动强度，并密切关注身体机能的反应。

拓展阅读

横纹肌溶解综合征

横纹肌溶解综合征是指一系列影响横纹肌细胞膜、膜通道及其能量供应的多种遗传性或获得性疾病导致的横纹肌损伤，使细胞膜完整性改变，细胞内容物（如肌红蛋白、肌酸激酶、小分子物质等）泄漏进入血液循环，严重时伴有代谢紊乱及急性肾功能衰竭危及生命。

临床上可见肌肉的疼痛、压痛、肿胀及无力等肌肉受累的情况，亦可有发热、全身乏力、白细胞和（或）中性粒细胞比例升高等炎症反应的表现，尿外观：呈茶色或红葡萄酒色尿。因本病大约30%会出现急性肾衰竭，当急性肾衰竭病情较重时，可见少尿、无尿及其他氮质血症的表现。

横纹肌溶解在运动员中是很常见的。并不是只有很久不运动的人才容易患横纹肌溶解症，虽然低体能是一个危险因素，但横纹肌溶解症也可能发生在长期锻炼的高体能训练者身上，比如重复不熟悉的动作训练，比如负重训练过量，还有其他很多因素都会让运动更容易触发横纹肌溶解症，包括脱水、湿热、麻黄碱、高剂量的咖啡因、酒精等等。

所以适量运动很重要。如果运动后出现反应能力下降、平衡感降低、肌肉的弹性减小，一到运动场地就头晕恶心，吃不香、睡不好，抑郁、易怒，易感冒等状态时，就说明运动过量了。运动虽好，可不要贪练哦！

三、持之以恒原则

体育锻炼对机体生理功能的良好影响是由日积月累获得的，同时机体产生的良好适应是可逆的，一旦停止体育锻炼，这种良好的影响作用就会逐渐退化。所以，大学生选择运动健身，一定要持之以恒，要使之成为日常生活中不可缺少的重要组成部分。

每天坚持锻炼不容易做到，每周锻炼一次，对大学生来说不能起到健身效果的积累作用，一般说每周有3次以上的中等强度锻炼为佳，并持之以恒。因气候条件不能在室外进行锻炼时，可变换锻炼内容改在室内进行；因学习繁忙而不能按原计划进行，可充分利用零散时间进行体育活动，一天进行几次短时间的体育活动同样会取得较好的效果。

四、全面发展原则

在体育锻炼时，要注意身体各部位、各器官机能的全面、协调发展。如果只单纯发展某一局部的生理机能，不仅运动健身的作用不明显，而且还会对身体产生不利影响。例如，很多男生在进行力量练习时只注意胸腹部力量的发展，而忽视腰背肌的锻炼，长此以往，就会出现弓背现象。再有只注重运动系统机能的提高，而忽视心肺功能的发展，就会造成运动系统机能和心肺功能的不协调，在体育运动过程中，很容易由于心脏不适应运动系统的活动而出现意外事故。因此，大学生应避免单一的锻炼方式，防止身体的畸形发展。

在选择运动项目时，不论男生女生都应注意，不仅要选择健步走、跑步等有氧运动方式发展心肺功能，同时也要选择力量、柔韧性练习使肌肉力量、柔韧和反应能力有所提高。在经常进行以下肢肌肉活动如跑步运动时，也要安排足够的上肢肌肉活动，如打篮球、羽毛球等。在经常进行单侧运动如网球、乒乓球时，也要注意加强对侧肢体的活动，以确保身体的全面发展。

第三节 大学生的运动健身指导

体育锻炼可以促进生长发育，增强体质，提高人体各器官系统的机能，是大学生塑造和改善自我形象，调节情绪，健康生活的重要内容。但是如果缺乏科学、正确的指导，往往事倍功半，甚至事与愿违。因此，大学生有必要掌握一定的体育卫生知识，来更好地指导自己进行正常的体育锻炼。

一、正确判断体重状况

体重是身体发育的重要指标之一，它反映人体肌肉、骨骼发育情况和营养状况。而现代大学生对体重的主观认识与自身客观的身体标准普遍存在较大偏差，以致很多学生采取一些不正确的应对行为，如过度节食、过度减肥、过度锻炼、过度用药等不科学行为，这必将对其身心产生深远影响。下面介绍几种常用体重状况判定方法：

▶ 1. 身体体重指数（BMI）

是目前国际上常用的衡量人体胖瘦程度以及是否健康的一个标准。

计算公式：BMI＝体重(kg)/身高$(m)^2$

例如某人体重68kg，身高1.70m，则其BMI＝$68/1.70^2 \approx 23.0$

评价标准：中国成人BMI在18.5～23.9为健康体重，24～27.9为超重，≥28为肥胖，＜18.5为体重过轻。

▶ 2. 腰围（WC）和腰臀比（WHR）

是用来测定脂肪分布异常的指标。腹部脂肪过度堆积危害性大。

评价标准：中国成年男性WC≤90cm，WHR≤0.9；成年女性WC≤80cm，WHR≤0.8。WC男性＞90cm，女性＞80cm或者WHR男性＞0.9，女性＞0.85诊断为腹型肥胖（中心型肥胖）。

西方人以全身性肥胖常见，而中国人多属于腹型肥胖。研究发现，腹型肥胖者尽管BMI正常，但其危害与BMI超重者一样大。

▶ 3. 体脂率

体脂率是指人体内脂肪重量在人体总重量中所占的比例，又称体脂百分数。它反映人体内脂肪含量的多少。正常男性有2%～4%的体脂是必须脂肪，女性10%～12%的脂肪是必须脂肪。低于这个标准，就会影响健康。

评价标准：成年人的体脂率健康范围分别是女性21%～24%，男性14%～17%。而男性体脂高于25%、女性高于32%则属于肥胖，男性体脂低于8%、女性低于15%则过于偏瘦，两种均不利于身体发育和健康发展。

二、合理制定运动处方

运动处方的完整概念是：康复医师或体疗师对从事体育锻炼者或病人，根据医学检查资料（包括运动试验和体力测验），按其健康、体力以及心血管功能状况，用处方的形式规定运动种类、运动强度、运动时间及运动频率，提出运动中的注意事项。运动处方是指导人们有目的、有计划和科学锻炼的一种方法。运动的总能量消耗是由运动强度和运动持续时间所决定的，既可以通过低强度、长时间的方法获得运动带来的健身益处，也可以利用大强度、短时间的方法提高力量耐力，但是后者容易造成运动损伤，仅适用于体能状态较好的成人个体。对于大学生，可以采用中等强度、较长时间的运动方法。

在运动处方的实施过程中，每一次锻炼都应包括以下三个部分：

1. 准备部分

准备活动的主要作用是，使身体逐渐从安静状态进入工作（运动）状态，逐渐适应运动强度较大的基本部分的运动，避免出现心血管、呼吸等内脏器官系统因突然承受较大运动负荷而引起意外，避免肌肉、韧带、关节等运动器官损伤。

在运动处方的实施中，准备活动部分常采用运动强度小的有氧运动和伸展性体操，如步行、慢跑、徒手操等。准备活动的量可根据主观感受测定，如身体微微出汗、周身温暖、身体轻巧、关节韧带柔韧有度、头脑清醒、感觉清新、对运动从内心角度充满渴望等。

2. 基本部分

运动处方的基本部分是其主要内容，是达到康复或健身目的的主要途径。运动处方基本部分的运动内容、运动强度、运动时间等，应依据运动处方的目标予以制定并及时调整。对于大学生运动健身的目标，运动内容可包含全身性有氧运动（快走、慢跑、跳绳、球类等），结合局部抗阻力量训练（俯卧撑、仰卧起坐、深蹲等），运动强度和时间以中等强度（最大心率的60%～75%）持续30分钟以上为宜，最好每周坚持3～4次的运动频率。

3. 整理部分

整理活动的主要作用是，避免出现因突然停止运动而引起的心血管系统、呼吸系统、植物性神经系统的症状如头晕、恶心、重力性休克等。常用的整理活动有散步、放松体操、自我按摩等。整理活动的时间为5分钟左右。

在运动处方实施的过程中，需要同学们注意的是：

（1）练习前充分做好准备活动。

（2）根据自身的体质情况，选择由易到难、由简到繁的训练内容，运动负荷要逐渐增大，循序渐进，并且在训练中要发扬刻苦锻炼、坚持不懈的精神品质。

（3）针对有危险、有难度的动作要注意保护，防止伤害事故发生。

（4）练习结束后要做好放松整理活动。

（5）要分阶段地进行调整，不断总结训练中的问题，随时加以改正和提高。

4. 运动处方实例，见表7-1和表7-2。

表7-1 大学生健美形体运动处方

运动目的：塑造形体曲线

运动内容：有氧运动如快走、慢跑、跳绳等结合身体各部位抗阻力量练习。

（1）颈部健美：每周2～3次，每次3～5组，每组10～15个。

① 仰卧颈屈伸：仰卧床面或长条凳上，头部置于床或凳顶端外，颈部肌肉放松，后仰下垂，头向前上方运动至下颌尽可能触及锁骨柄，停留片刻，再慢慢还原。抬头时，背部紧贴凳面；还原时，头部必须很缓慢地下降，切勿突然松颈。

② 俯卧颈屈伸：俯卧垫面，两手压在头后，颈部用力把头抬到可能的最高点。颈部放松，让头部徐徐下落到原位置。头部上抬时，目光尽量上视；头部下落时，目光尽量下视。

③ 单手侧压颈屈伸：坐位或站位，一手按头右侧，另一手按在左侧腰间。按在头右侧手用力把头向左侧推压，而颈部则用力顶住，不让其轻易压倒，但逐渐被压倒。然后，颈用力把头向上向右抬起，

续表

而右手则用力压住头部，不让其轻易抬起，但逐渐完全竖直，如此反复多次，直到颈部感到酸胀为止。练完一侧，换练另一侧。一手用力侧压头部时吸气，压到底时呼气。用力不要过大过猛，前几次用力要小些，再逐渐加大，以避免颈部扭伤。切勿让颈部有任何旋转，只做正位屈伸。

(2) 肩部健美：每周 2～3 次，每次 3～5 组，每组 10～15 个。

① 负重耸肩：自然站立，两脚与肩同宽，双手握哑铃或重物，然后两肩尽可能上提，使肩峰尽量触及耳朵，然后在这个位置上慢慢地使两肩向后转，再慢慢由后向下转至两臂下垂的原位。在耸肩过程中，不要屈肘。

② 手臂前平举：自然站立，两脚与肩同宽，双手握哑铃置于大腿前方，挺胸收腹。吸气，直臂前举至双眼水平；呼气，双臂缓慢归位。

③ 哑铃肩上推举：自然站立，两脚与肩同宽，双手持哑铃屈肘置于肩两侧，吸气垂直向上推举，大臂贴耳，呼吸屈臂回落于肩两侧。

(3) 臂部健美：每周 2～3 次，每次 3～5 组，每组 10～15 个。

① 双臂胸前弯举：双脚开步，身体直立，两臂持杠铃下垂，握距同肩宽。屈臂将杠铃弯举至胸前，再慢慢使杠铃还原下垂。完成动作前一定要伸直两臂，身体不要前后摆动，用力上拉时吸气，放下时呼气。

② 小臂前屈攥力：双脚开步，身体直立，两臂自然下垂，然后前屈小臂，使小臂与大臂成直角，掌心向上，五指张开，再用力握拳，反复 25～30 次。

③ 窄距俯卧撑：双手掌贴地，指尖朝前，间距比肩窄，手臂伸直支撑身体，双脚并拢，足趾抓地，挺胸并收紧腰腹部，慢慢屈肘使身体下降至胸部贴近地面，大臂贴近上身，稍作停留，再快速伸直于臂，将身体撑回起始位置，同时换气。新手可以采用跪姿的方式，即双膝跪于垫面完成上述动作，以此降低难度。高手可以将双脚放在平板凳之类的高处，来增加动作难度。

(4) 胸部健美：每周 2～3 次，每次 3～5 组，每组 8～12 个。

① 仰卧推举：仰卧于长凳或专用卧举凳上，两脚踏实地面，双手握杠铃，两臂伸直将杠铃举于胸部上面，然后缓慢屈臂，平稳而有控制地下降杠铃，让杠铃下落触到胸部后再用力上推杠铃。

② 仰卧飞鸟：仰卧于凳上，两腿分开，脚踏地面，两手握哑铃置于胸前。然后两臂伸直与身体垂直，随即两臂缓缓向两侧分开直至肘部低于体侧（扩胸动作），这时胸部要高高挺起，腰部离凳，仅肩背部和臀部着凳，然后胸大肌用力收缩，将微屈而分开的两臂回收至胸前伸直。向下侧分两臂时，肘部要微屈并低于体侧，这样能有效刺激胸大肌。两臂内收时吸气，两臂侧分时呼气。

③ 宽距俯卧撑：双手掌贴地，指尖朝前，间距宽于肩，手臂伸直支撑身体，双脚并拢，足趾抓地，挺胸并收紧腰腹部，然后屈肘让重心下降至胸部贴近地面，稍作停留，再集中胸大肌的力量快速推起。新手可以采用跪姿的方式，即双膝跪于垫面完成上述动作，以此降低难度。高手可以将双脚放在平板凳之类的高处，来增加动作难度。

(5) 腰背部健美：每周 2～3 次，每次 3～5 组，每组 5～20 个。

① 引体向上：两臂悬垂在单杆上，两手宽握距，正手握紧横杆，使腰背以下部位放松，背阔肌充分伸长，两小腿弯曲抬起。吸气，集中背阔肌的收缩力，屈臂牵引身体向上至颈前锁骨处接近或触及单杠，稍停 2～3 秒。然后呼气，以背阔肌的收缩力量控制住，使身体慢慢下降还原。动作过程中身体不要前后摆动利用惯性给予助力；全身下垂时，肩胛部要放松。使背阔肌充分伸长。力争通过每周的练习，次数逐渐增加。

② 俯卧挺身：俯卧垫面，两足固定，两手抱头。吸气，上体慢慢抬起；呼气，身体有控制地还原。在动作过程中，上体始终挺直，不要松腰、含胸、弓背；上体上抬时，切忌突然快速背屈，防止腰背部肌肉拉伤。

③ 俯卧两头起：俯卧于垫面，两臂头顶伸直，双腿伸直，吸气时腰背肌发力，手臂和腿同时向上抬离地面，抬头挺胸，以腹部着地形成身体弓形，稍微控制一下再慢慢呼气放松还原成俯卧姿势。

(6) 腹部健美：每周 2～3 次，每次 3～5 组，每组 15～20 个。

续表

① 卷腹：仰卧于垫面，两腿并拢弯曲，双臂自然屈曲于胸前。吸气利用腹肌收缩力量使上体微微抬起；呼气有控制地还原仰卧位。抬起上身时颈部不可过度屈曲。

② 仰卧起坐并转体：仰卧于垫面，两腿并拢弯曲，利用腹肌收缩使上体迅速抬起，并向左转体，用右肘关节触前屈的左膝，然后慢慢躺下，第二次则向右转体，用左肘触前屈的右膝，如此反复交换。

③ 仰卧举腿：仰卧于垫面，背部与垫子贴紧，两腿并拢伸直。吸气利用腹肌收缩力微微抬起双腿；呼气两腿有控制的慢慢放下。

④ 仰身屈膝触足：仰卧于垫面，两腿并拢弯曲，双臂伸直自然落于身体两侧。吸气微抬上身并利用腹侧肌收缩力转动上身向右，使右手触及右脚足跟，呼吸还原，吸气再换左边。如此反复交换。

(7) 臀部健美：每周2~3次，每次3~5组，每组15~20个。

① 屈膝高抬腿：保持上身挺直，两大腿交替上抬，小腿下垂，落脚交换腿时以前脚掌先触地，大腿上抬高度保持水平面以上，双臂身体两侧自然摆动。

② 深蹲：两脚开步比肩宽，脚尖稍向外展，膝盖与脚尖方向一致，目视前方。呼气使两膝慢慢弯曲至全蹲；吸气还原。在整个下蹲和起立的过程中，保持躯干挺直，膝盖不可超过脚尖，两脚始终平踏地。

③ 弓箭步蹲：双腿并拢站立，保持上身挺直，双手叉腰。右脚向前大跨一步，呼气下蹲至前后脚大腿与小腿间呈现两个90°，膝盖与脚尖方向一致，前脚膝盖不可超过脚尖，吸气起身收回右脚。然后换左脚跨出重复以上动作，如此反复交换。

(8) 腿部健美：每周2~3次，每次3~5组，每组15~20个。

① 负重提踵：肩负杠铃，两脚开步，保持上身挺直。吸气双脚后跟用力充分跷起，稍作停顿，再呼气慢慢还原。

② 脚跟下踢：仰卧垫面，背部与垫子贴紧，双手放在身体两侧，掌心向下稳住上身。双腿膝盖弯曲抬起使大腿与上身成90°，小腿与地面平行，脚背绷直，交替下踢。

③ 跟腱拉伸：双手扶墙，前腿屈曲支撑，另一腿后伸直腿蹬地，弓箭步震颤下压，拉伸后脚跟腱和小腿肌肉。然后换另一条腿后伸重复以上动作。

运动量和运动强度的要求：在以上运动内容中，练习者可以针对自己的薄弱部位，选择几种组合进行练习。首先应进行局部的练习，待局部肌肉有明显效果后再整体联合起来练习。练习方法选择好后，不要轻易改动，应该将你选择的练习动作、次数、组数稳定两周后，再进行适当的调整和变换。颈、背、胸、腿、腹各部位的肌肉，在一周之内至少要有两次以上的锻炼。健美锻炼的量也不是一成不变的，应根据锻炼后的身体变化和反应进行调节，并随着健美锻炼水平的不断提高而变化。如果刚开始塑身锻炼，练习的时间要短，运动量要小些，组数也以少为宜。如果已经进行塑身锻炼多年，也有好的体力，则练习的时间要长些，运动量宜大，组数也宜多。

注意事项：① 练习时动作准确、到位，呼吸顺畅；② 练习前做好准备活动，练习后要拉伸放松。

表7-2 大学生柔软度拉伸运动处方

运动目的：提高身体柔软度，提升关节、肌肉、肌腱的弹性。

运动内容：

(1) 手腕伸展。

① 右手臂成托盘状同时屈肘，掌心向上，指尖向前。

② 用左手拉右手手指的同时，慢慢伸直右臂，直到完全伸展，然后向身体的方向拉伸右手手指。伸展动作和拉伸动作要同时进行。

③ 换另一只手重复上述动作。

(2) 手掌/手臂拉伸。

① 双手五指交叉，掌心向外。
② 在胸前以肩部高度伸直双臂。保持两个肩胛骨内收和下垂，避免含胸。
(3) 祈祷姿势腕部拉伸。
① 将双手并拢成祈祷姿势贴近胸骨，双肘置于胸前。
② 向前旋转双手，指尖朝前并相互挤压。双手掌可略微分离。感觉每一个指尖上的压力，保持肩部下沉、放松。
(4) 十指相扣手臂旋转。
① 双臂伸直于体前，左手置于右手之上交叉双手，掌心相对，五指相扣，肩部下沉。
② 屈臂向胸口方向旋转手臂，直至双臂外翻后重新完全伸直。
③ 将右手置于左手之上重新交叉后重复上述动作。
(5) 单手触摸肩胛骨。
① 将一只手像挠痒一样置于背后。
② 保持肩部的放松和下沉，尽量让这只手触到同一侧的肩胛骨。保持腰部挺直。
③ 换另一只手重复上述动作。
(6) 双手触摸双肩胛骨。
① 将双手置于背后。
② 保持肩部的放松和下沉，腰部挺直，用双手分别触碰同侧肩胛骨。
(7) 双手跨肩背后相扣。
① 将左手放在背后，抬右臂屈肘，跨右肩置于背后。
② 注意不要挺胸也不要含胸，保持背部自然状态，将双手手指相互勾连。如果两手不能接触，就让它们尽可能地相互靠近。
③ 双手互换，重复上述动作。
(8) 背后祈祷式拉伸。
① 将双手置于背后。
② 手掌相对贴紧，指尖向上，形成祈祷手型，避免驼背和含胸，不要弯腰。如果形成祈祷手型有困难，可将双手手掌尽可能地相互靠近。
(9) 单腿站立股四头肌拉伸。
① 站立，双脚与肩同宽。
② 左脚单腿站立，屈曲右腿，右手后伸抓住右脚踝关节外侧。支撑腿（左腿）的踝关节、髋关节、肩关节和耳朵保持在一条直线上。不要挺胸，保持双侧大腿高度一致，右腿在右侧臀部下方。
③ 用右手将右脚拉向右臂。动作要轻柔，不要强迫脚后跟碰到臀部。
④ 换另一条腿重复上述动作。
(10) 站姿前屈体股四头肌拉伸。
① 同单腿站立股四头肌拉伸的开始姿势，右手在身后握紧右脚，用左腿站立保持身体平衡。动作要轻柔，不要强拉脚后跟触碰臀部。
② 向前慢慢屈体，左臂向前伸展，超过肩关节。这时会感到维持平衡的支撑腿负荷加大，在前屈的过程中眼看地面，直到左手在左脚前10cm左右的位置触地。
③ 换另一条腿重复上述动作。
(11) 前弓步拉伸。
① 站立，双脚与肩同宽。
② 右腿向前跨出一大步，后脚脚跟离开地面。
③ 屈前腿，降低身体重心至右大腿与小腿夹角成90°时停止，膝盖不可超过脚尖。
④ 换另一条腿重复上述动作。
(12) 屈体弓步拉伸。

续表

① 直立,双手置于臀部两侧,左腿向前跨出一大步,后脚脚跟离开地面,与弓步压腿一样。
② 将双手置于前腿内侧的地面,屈臂上体下压,尽量用前臂和肘部触地。做这个动作不要操之过急,在身体前屈的过程中,可能需要由单手过渡到双手接触地面,支撑体重,然后慢慢屈臂,尽量用肘部支撑地面。
③ 换另一条腿重复上述动作。

(13) 侧弓步拉伸。
① 先站姿,后俯身,双手触摸地面,然后屈腿成下蹲姿势。
② 移重心放于左腿,同时将右腿向右方伸展蹬直,脚尖向上,脚跟触地。上身向右侧颤压。
③ 移动重心换另一条腿重复上述动作。

(14) 手支撑侧弓步拉伸。
① 呈左腿伸直的侧弓步压腿姿势。
② 上体前屈,手掌置于前方地面。为加强拉伸效果,可将双手触地位置尽量前移。
③ 移重心换另一条腿重复上述动作。

(15) 动态侧弓步拉伸。
① 呈右腿伸直的侧弓步压腿姿势。
② 伸右手触碰右脚,同时转移重心向右膝。
③ 保持正常呼吸。必要时,可伸展左臂使其在左腿内侧触地以维持平衡。
④ 移重心换另一条腿重复上述动作。

(16) 双脚前后相触前屈。
① 两脚前后排列站立,后脚脚尖触碰前脚脚跟。
② 保持双腿伸直,呼气上体前屈,双手触地。
③ 双腿互换位置后重复上述动作。

(17) 双脚前后分立前屈。
① 并脚站立,右脚向前迈一小步,使双脚前后间距在15cm左右。
② 左后脚稍外八并保持双腿伸直,呼气上体前屈,双手触地。
③ 双腿互换位置后重复上述动作。

(18) 单脚勾脚双手触地。
① 并脚站立,右脚向前迈一小步,使双脚前后间距在15cm左右。
② 右脚脚尖抬离地面,保持双腿伸直,上体前屈,双手触地。
③ 双腿互换位置后重复上述动作。

(19) 双脚勾脚双手触地。
① 站立,双脚开步与肩同宽。脚尖抬离地面,体重落在双脚脚跟。
② 上体前屈,双手触地。

(20) 踝关节交叉双手触地。
① 右腿在前,双腿交叉,双脚并列站立。
② 保持双腿伸直,上体前屈,双手触地。
③ 双腿互换位置重复上述动作。

(21) 双脚交叉内翻双手触地。
① 站立,右腿在前,双腿交叉,双脚并列。
② 双脚向内翻转,以脚外缘接触地面。
③ 保持双腿伸直,上体前屈,双手触地。
④ 双腿互换位置重复上述动作。

(22) 单脚内翻双手触地。
① 站立,双脚开步与肩同宽。右脚向前迈一小步,使双脚前后间距为15cm,前脚向外翻转,以

续表

脚外缘接触地面。

② 保持双腿伸直，上体前屈，双手触地。

③ 双腿互换位置重复上述动作。

(23) 双脚内翻双手触地。

① 双脚并列站立，向外翻转双脚，用脚外缘着地。

② 保持双腿伸直，上体前屈，双手触地。

(24) 双手背后相扣前屈体。

① 双脚并拢站立，双臂置于背后，双手手指相扣，双臂自然下垂，这时双手应靠近尾骨。

② 直腿向前屈体，使额头尽量靠近膝盖，双臂随上身自然抬高。

(25) 双脚外展双手触地。

① 站立，双脚脚跟并拢，脚尖向外。双臂自然下垂于体侧。

② 保持双腿伸直，上体前屈，双手触地。

(26) 双脚交叉外展双手触地。

① 站立，将右脚置于左脚前面，双脚脚尖向外，右脚脚跟靠近左脚足弓。双臂自然下垂于体侧。

② 保持双腿伸直，上体前屈，双手触地。

③ 双腿互换位置后重复上述动作。

(27) 手抓踝关节前屈。

① 双脚开步站立，两脚间距大于肩宽，双手自然下垂。

② 上体前屈，双手由外侧抓住双脚踝关节，尽量将头部伸向脚前地面。

(28) 基础原地跳跃。

① 由弹性站姿开始。体重集中在前脚掌，膝关节在脚趾上方，踝关节、髋关节、肩关节和耳朵成一条直线。

② 轻微耸肩助力原地起跳，双脚离地后保持弹性站姿。练习时，想象自己在试图摆脱地球引力，保持身体正直向上。

③ 用前脚掌落地，注意后脚跟始终不要接触地面。

④ 重复跳跃8次，双脚触地时间要短，保持双臂及躯干放松。

(29) 原地跳跃脚跟互碰。

① 弹性站姿站立，双臂自然下垂于身体两侧。

② 轻微耸肩助力原地起跳，在身体腾空最高点，将两脚后跟互碰。

③ 用前脚掌落地，注意后脚跟始终不要接触地面。

④ 重复跳跃8次，双脚触地时间要短，保持双臂及躯干放松。

(30) 横向跳跃。

① 弹性站姿站立，双臂放松自然下垂。

② 轻微伸直左腿，将身体重心集中到右腿上，蹬右腿，跳向左边。不要用力过大，身体上下运动幅度控制在15cm左右。

③ 腾空后，用左脚前脚掌落地，顺势用左腿承担全部体重。

④ 左腿蹬地再跳回右侧，单腿跳跃8次。触地时间要短，脚跟始终不要接触地面。

运动量和强度的要求：30个动作可全部完成一遍，全程控制在8～10分钟内。也可以从踝、下肢、核心、上肢、腕五个部分各选2个动作进行练习，每个动作完成5次即可。每组跳跃练习次数也要逐渐增大，比如从8到10，从10到12，从12到15……

运动频率：3～4次/周

三、避开运动健身误区

误区一：晨练比暮练好

不少同学认为，清晨在校园里锻炼很惬意，空气清新、安静、自由自在，还能呼吸新鲜空气。事实上，经检测发现，一天之中，早晚空气污染较严重，晚上7时至早晨7时为污染高峰期，尤其是大雾天或雾霾天；而且在清晨，植物还未接受阳光照射，其呼吸作用产生的二氧化碳致使树林的空气中氧含量很低；再者，早晨人体内血液凝聚力较高，血栓形成的危险性相对增加，血压较高。而与之相反的是，黄昏时人的心跳、血压最平衡，嗅觉、听觉、视觉、触觉最敏感，应激能力处于一天中的最高峰，所以黄昏是体育锻炼的理想时间。在此特别要提醒大学生注意：在有雾霾的早上最好不要出操跑步和在户外进行其他锻炼，以免将有害雾气吸入体内，刺激呼吸道引起咳嗽、咽喉肿痛、哮喘发作等；临睡前也勿剧烈运动，否则会因精神过度兴奋而引起失眠。

误区二：运动前后的准备活动和整理活动可有可无

由于锻炼时间有限，一些大学生运动前不重视做准备活动，运动后不进行整理活动，认为无关紧要。直接进行大强度的锻炼，容易造成肌肉拉伤，其道理如同汽车猛然起动或突然狠踩一脚油门的道理一样。

锻炼前的准备活动，可使肌肉的代谢速率增加，温度升高，从而降低肌肉的粘滞性，增加肌肉、韧带的伸展性和弹性，减少正式运动时由于肌肉剧烈收缩造成的运动损伤；克服内脏器官的生理惰性，预先动员内脏器官的机能，使之达到较高水平；调整锻炼者的心态，接通各运动中枢间的神经联系，使大脑皮层处于兴奋状态，以适应体育锻炼的情景，达到事半功倍的效果。因此，大学生在正式运动前必须进行准备活动，可根据运动项目选择针对性的关节活动或肌肉伸展性练习，其动作节奏由慢到快，幅度由小到大，拉伸韧带由轻到重，其时间长短、负荷轻重则以身体感到发热，微微出汗为宜。

锻炼后的整理活动能促进肌肉放松、加速乳酸消除，是消除疲劳、促进体力恢复的良好方法，所以也不容忽视。整理活动的内容可与准备活动的内容相似，只是强度应由大到小，尽量使因亢奋而紧绷的肌肉放松。建议大学生在整理活动时特别要做调整呼吸动作和放松动作，以补充锻炼中所消耗的氧气，促进肌肉放松，排出代谢产物，使机体逐渐过渡到相对的安静状态。

误区三：瘦身运动出汗越多效果越好

不少同学在瘦身运动中想方设法让自己大量出汗，以为出汗越多减肥效果越好。这种认识是不正确的，因为锻炼时体温升高，出汗加快散热，是人体维持体温恒定的一种自动冷却反应，而不是锻炼效果的检验标准。大量出汗导致的体重减轻，减下的体重多为水分的重量，而非脂肪的消耗量，一经补水体重即随之恢复。只有将体内多余的脂肪减掉，才能达到良好的瘦身效果。实践证明，中小强度长时间运动消耗的脂肪最多，瘦身效果最好。建议采取运动瘦身的大学生不要轻易选择大运动量的锻炼，而是根据自身情况，坚持每天做中等或中小量的运动，并持之以恒，这是取得效果的关键。除运动外，还应从饮食上合理调控，使减肥效果更佳。

误区四：局部运动可实现局部减脂

大部分学生认为通过局部力量训练就可以消除局部多余的赘肉。想腰腿变细就只做侧踢腿、仰卧屈腿，以达到局部减脂的目的，但效果总是不理想。这是因为，局部运动消耗能量少，且容易疲劳不能持久。脂肪供能是由神经和内分泌系统调节的，这种调节是全身性的，躯体消耗脂肪从脂库中获取，不会从某个特定部位获得。如只做仰卧起坐，只能增强腹部肌肉层紧致度，并不会把腹部多余脂肪减掉。想要减少局部赘肉，必须在全身有氧运动的基础上，增加局部抗阻力量练习，达到全身减脂的同时增加局部肌肉层的紧致度，才能实现局部塑形的视觉效果。

误区五：女生经期不能参加体育锻炼

少数女生对经期参加劳动和体育锻炼心存顾虑，担心引起经量增加、经期延长、痛经等。其实，健康女性在月经期参加适量的文体活动，如体操、跳舞、瑜伽等，非但不妨碍行经和身体健康，还会促进盆腔血液循环，减轻经期盆腔充血，促使经血顺畅排出，起到舒筋、通络、消积、散淤等作用，缓解下腹部不适和腰背酸痛等症状，使人心情愉快。所以女性在月经期间仍有必要进行适当的体育锻炼，即使稍有经量增加等轻微反应，也属于正常现象。

当然，在经期不宜从事重体力劳动、剧烈的对抗性运动、腹部运动以及震动大的跑跳动作，如俯卧撑、仰卧起坐、倒立、跳高、跳远等，以免子宫受压造成经血过多或引起子宫移位。对于月经紊乱以及痛经和患有内生殖器官炎症的女子，月经期应暂停体育活动。

误区六：扭伤后立即按摩

运动不慎造成脚踝扭伤是很常见的。脚踝扭伤后，不少人都习惯于立即进行按摩，唯恐瘀血肿胀，结果却适得其反，不但加重扭伤部位的疼痛，还拖延了康复的时间。这是因为脚踝扭伤时，可引起肌肉、韧带撕裂，导致肌肉间的毛细血管损伤，使血液渗出到组织间隙而引起肿胀。如果此时用力按摩或揉搓，非但起不到治疗作用，反而加重对已损伤毛细血管的破坏，使血液渗出，肿胀加重。

正确的做法是：①尽快用冰块冷敷或凉水冲淋扭伤部位，然后用绷带缠裹压迫，以减少出血、减轻肿胀疼痛和降低活动度；②垫高伤肢，防止血液流到脚部继而从血管破裂处渗出；③24～48小时后，可进行热敷或按摩，以促进局部血液循环，达到消肿、促进瘀血吸收和加快扭伤部位功能恢复的目的；④可酌情外敷或服用活血化瘀、消肿止痛的药物；⑤疼痛剧烈、不能站立或挪步者说明可能扭伤到骨头，应立即去医院拍片诊治。

误区七：剧烈运动后立即冲澡

许多人喜欢在剧烈运动后马上洗个热（冷）水澡，以为这样既可清洗汗水又能消除疲劳。其实不然，运动后不宜立即冲澡，这是因为人体在运动时，流向肌肉和心脏的血液增加，运动停止后，血液的流动和心率虽然放慢，但仍会持续一段时间才能趋于平稳。如果立即冲热水澡，会刺激肌肉和皮肤血管扩张，使流向肌肉和皮肤的血液进一步增加，导致其他器官供血量不足，尤其是心脏和脑部，以致出现头晕眼花、全身无力等症状，严重者还可引起血压下降，虚脱和晕厥。如果运动后马上洗冷水澡，会使皮肤紧缩闭汗，体内产生的大量热能不能正常散发，形成内热外凉，招致感冒、腹泻、哮喘等病症。另外，运动后呼吸还未平稳，立即洗澡，因浴室空气不流通，容易造成大脑缺氧。因此，建议大学生在运动结束后，先用毛巾擦拭身体，休息半小时以上，待身上热量散发后再用温水洗澡。淋浴的时间要短，5～10分钟即可，水温以36～39℃为宜，特别是体质较弱的同学更应注意控制水温，不宜过高过低。

课后思考

1. 体育运动能产生哪些积极的效应？
2. 制订健身计划时应遵循哪些原则？
3. 体育锻炼过程中如何预防运动损伤？

第八章　常见疾病与防治

> **学习目标**
>
> 1. 认识并掌握维持人体正常运行的生命体征及相关意义，学会测量、判断和分析相关指标是否正常以及如何应急处理
> 2. 认识并掌握生活中常见疾病的主要表现和应对方法；掌握传染病防控的基本原则和方法，了解常见传染病和慢性疾病的表现和特点，提高自我保健的意识及预防疾病的能力
> 3. 认识并掌握生活中常见中毒的主要表现和应对措施，提高自我防范的意识和能力

案例导入

男性，19岁。2天前因淋雨受凉后突发寒战、发热、咳嗽，伴有右下胸痛入院治疗，体检：体温39.4℃，脉搏110次/分，呼吸30次/分，血压120/70mmHg，急性病容，神志清楚，面色潮红，口唇干裂，精神不振，食欲差。

第一节　生命体征的观察及护理

生命体征（vital signs）是体温（body temperature，T）、脉搏（pule，P）、呼吸（respiration，R）和血压（blood pressure，BP）的总称，它是机体内在活动的一种客观反映，是衡量机体身心状况的可靠指标。正常人的生命体征相对稳定，在一定范围内波动。各生命体征之间也有内在的相互联系，当机体出现异常时，体温、脉搏、呼吸、血压等生命体征均可发生不同程度的变化。脉搏、呼吸一旦停止，人就可能出现生命活动的中断。通过对生命体征的观察，我们可以了解疾病的发生、发展、转归以及心理状况的变化，为预防、诊断、治疗和护理提供依据。因此，学会正确判断生命体征的正常存在与否，以便在身体出现垂危和异常时能够给予及时的判断和救助。

一、体温

体温也称体核温度（core temperature），是指人体内部胸腔、腹腔和中枢神经的温度，其相对稳定，且比皮肤温度高。由于身体内部的温度不容易测量，所以生活中常以口腔、

腋温和直肠的温度来代表体温。正常的口腔温度为 36.3～37.2℃（平均 37.0℃），放于舌下热窝处测量 3 分钟；腋窝的温度为 36.0～37.0℃（平均 36.5℃），擦干汗液后放于腋下紧贴皮肤测量 10 分钟；直肠的温度为 36.5～37.7℃（平均 37.5℃），插入肛门 3～4cm，测量 3 分钟。其中，直肠温度最接近人体内部的温度，但是测量不方便，所以大多采用腋下和口腔的测量方式。

体温的测量结果可分为体温正常、体温过高（hyperthermia）（又称发热 fever）和体温过低三种情况。一般而言，当腋下温度超过 37℃或口腔温度超过 37.3℃，可称为发热。发热的程度以口腔温度为标准划分为：低热 37.3～38.0℃、中等热 38.1～39.0℃、高热 39.1～41.0℃、超高热 41℃以上。人体能耐受的最高温度为 40.6～41.4℃，直肠温度持续超过 41℃，可引起永久性脑损伤，高热持续 42℃以上 24 小时可导致休克及严重并发症。体温过高主要表现为疲乏无力、畏寒、干燥无汗，甚至寒战、皮肤灼热、颜面潮红、呼吸、脉搏增快、口唇干燥、头晕、头痛、食欲不振、全身不适等。体温过低（hypothermia）是指体温低于 35℃，是一种危险的信号，常常提示疾病的严重程度和不良愈后。主要表现为皮肤苍白、皮温下降、呼吸减慢、心律不齐、脉搏细弱、血压下降、感觉和反应迟钝，严重者可出现昏迷。

一般来说，感染引起的发热比较多见，主要由各种病原体（如细菌、病毒、支原体、寄生虫等）感染引起，如扁桃体炎、阑尾炎、支气管炎、肺炎等。

正常人的体温是保持在相对恒定的状态，机体的产热与散热保持动态平衡。过高或过低都会影响人体的新陈代谢，使细胞、组织和器官的功能紊乱，甚至危及生命。因此，维持体温恒定，维持机体内部环境的稳定，是保证新陈代谢等生命活动正常进行的必要条件。

体温异常的时候要分析原因，严重体温异常者立即就医。体温高于 39℃，应注意休息，可在前额、腹股沟、腋窝放置冰袋（包在布袋里）、冷毛巾，通过热传导散热。退热时，因身体大量出汗，应及时擦干汗液，保持皮肤清洁、干燥。并且鼓励进食高热量、高蛋白、高维生素、易消化的汤汁、稀粥类的食物，少量多餐以补充机体的消耗，提高免疫力。同时鼓励多饮水，补充高热时水分的消耗。及时就医，明确发热原因，在医生的指导下安全用药。

二、脉搏

脉搏是指在每个心动周期中，随着心脏的收缩与舒张，动脉内压力和容积发生周期性变化而导致动脉管壁发生周期性搏动，称为动脉脉搏，简称脉搏（pulse，P）。脉搏搏动沿着动脉管壁向小动脉传播，我们用手指可以在体表触及，触摸动脉搏动有着非常重要的意义。

脉率指每分钟脉搏搏动的次数。正常成人在安静状态下脉率为 60～100 次/分。正常情况下，脉率和心率是一致的。凡是靠近骨骼的表浅大动脉均可作为测量脉搏的部位，最常选择的是桡动脉。测量脉搏时用食指、中指、无名指的指腹按压桡动脉处。某些心血管疾病，脉率小于心率的时候，需要两个人同时分别测量（两人同时开始计数，一人测脉搏一人听心率，听心率者发出"开始"和"停止"的口令），以判断病情。如果成人在安静状态下脉率超过100次/分，称为心动过速（tachycardia）或速脉。常常见于发热、甲状腺功能亢进、心力衰竭、血容量不足、疼痛等病人。一般体温每升高1℃，成人脉率增加约10次/分，儿童增加约15次/分。如果成人在安静状态下脉率低于60次/分，称为心动过缓（bradycardia）或缓脉。常见于颅内压增高、房室传导阻滞、甲状腺功能减退等病人。

正常成年人心率如果小于60次/分或大于100次/分，应加强观察，增加休息的时间，戒烟限酒，保持情绪稳定。如同时有其他感觉异常（如心慌、胸闷、头晕等），需尽快去医院做检查。如患有影响心脏搏动的慢性基础性疾病时，为避免发生严重后果，要坚持治疗，定期复查，直到痊愈为止。当遇到心搏骤停的情况时，应立即进行心肺复苏，同时拨打急救电话，紧急送往医院。

三、呼吸

机体不断地从外界环境中摄取人体新陈代谢所需要的氧气，并排出自身产生的二氧化碳，这种机体与外界环境之间进行气体交换的过程，称为呼吸（respiration，R）。呼吸是维持机体生命活动所必需的基本生理过程之一，呼吸一旦停止，生命便将终结。

呼吸系统是由气体出入的呼吸道和气体交换的肺所组成。参与人体呼吸的肌肉主要是膈肌和肋间肌。正常人的呼吸频率为16～20次/分，节律规则，频率和深度均匀平稳，呼吸运动无声，不费力。男性、儿童以腹式呼吸为主，女性以胸式呼吸为主。呼吸的测量可以直接观察胸部或腹部起伏（一起一伏为一次），由于呼吸受意识控制，故测量时要分散病人注意力，使其呼吸状态自然，测量脉搏的手可保持做诊脉的姿势。危重病人呼吸微弱，可以将少许棉花放于病人鼻孔前，观察棉花纤维被吹动的次数，但不可因为未数清呼吸而耽误抢救。

如成人安静状态下呼吸频率超过24次/分，称为呼吸过速（tachypnea），也称气促。见于发热、疼痛、甲状腺功能亢进等。一般体温每升高1℃，呼吸频率大约增加4次/分。若呼吸频率低于12次/分，称为呼吸过缓（bradypnea）。见于颅内压增高、麻醉剂或镇静剂过量等。呼吸困难是指病人主观上感觉空气不足、胸闷，我们观察到的表现为呼吸费力，烦躁不安，口唇青紫等。

如出现异常呼吸时，应立即拨打急救电话，尽量保持呼吸道通畅，有条件可以给予氧气吸入。及早就医。

四、血压

血管内流动的血液对单位面积血管壁的侧压力称血压（blood pressure，BP）。一般说的血压是指动脉血压，通常指的是上臂测得的肱动脉血压。在一个心动周期中，动脉血压随着心室的收缩和舒张发生规律性的变化。当心室收缩泵血时，动脉内的血液对动脉管壁所形成的最大压力，称为收缩压。当心室舒张时，动脉内的血液对动脉管壁所形成的最小压力称为舒张压。收缩压与舒张压之差称为脉压。人体正常血压是血液循环流动的基础，将足够的血量提供给各组织器官，以维持机体正常新陈代谢所需要的氧气和营养。

常用的血压测量仪有电子血压计和水银血压计。测量血压时应注意安静休息 30 分钟后再进行,血压计"0"点与肱动脉和心脏位于同一水平。电子血压计因有自动传感装置,操作方便,清晰直观,是非医务人员测量血压的首选方法。

人体血压以测量肱动脉为标准。正常成人在安静状态下的血压范围收缩压为 90~139mmHg,舒张压为 60~89mmHg,脉压为 30~40mmHg。高血压应注意休息,调整生活和工作节奏,科学治疗维持正常血压或者避免血压继续上升;当伴有剧烈头痛、头晕、恶心、呕吐时应立即去医院就诊,避免危险发生。血压低于 90/60mmHg,同时有头晕、心慌、出汗、四肢发冷时。应尽快到医院做进一步检查。

第二节 生活中常见症状及处理

疾病和健康是人的生命中两种完全不同的状态,健康不仅是指没有机体的疾病或虚弱,而且还要有良好的身体、心理和社会适应能力。用这个标准去判断一个人是否健康,并不是很容易,因为标准具有抽象性。作为健康的对立面,疾病是具体的、容易被感知的。不仅患者可以感受到疾病的痛苦,医生可以根据患者的主观感受和客观检查到的指标(如体温、血压、脉搏、超声波等)对疾病做出综合判断。

一、症状和体征的概念

(一)症状

症状是指人体因发生疾病而表现出来的主观异常感受,如发热、心前区不适、咳嗽、头痛、头晕、腹胀、腹痛等。受个体差异的影响,症状反映出的轻重程度与疾病的严重程度并不完全一致。

(二)体格检查与体征

体征是指医务人员运用自己的感官或借助听诊器、电筒、体温表、血压计、叩诊锤等简单的辅助工具对被评估者进行细致的观察和系统的检查,以了解其身体状况的最基本的检查方法。通过体格检查所发现的异常征象称为体征,如淋巴结肿大、血压异常、肺部湿啰音和心界扩大等。体征也能够反映疾病的严重程度。

不管是疾病还是健康都是动态的,并且受到很多因素的影响。当感觉身体明显不舒适的时候,也就是出现症状的时候,我们要学会正确分析且正确对待,既不要忧心忡忡、不知所措,也不要置之不理、耽误病情。

(三)正确认识

1. 分析症状呈现的严重程度,机体是否能够耐受。例如,发热在 37.5℃ 左右,自我感觉尚可,可通过休息、饮水和非处方药来解决。如果发热在 38.5℃ 以上,伴有严重的头疼、恶心、胸闷气憋的症状,应立即去医院就诊。

2. 分析症状与身体哪些器官和系统有关,其伴发的症状体征有哪些,可能患了什么疾病。例如，出现咳嗽、咳痰，应考虑与呼吸系统感染有关。如伴有高热、胸疼时，则应考虑出现肺炎的可能性。

3. 检查机体出现症状的同时，是否伴有相应的体征。这些体征常提示疾病的发生和严重程度。例如咳嗽、发热，伴发肺部局部明显的啰音和水泡音可考虑为肺炎；如果肺部听诊没有啰音和水泡音，则应考虑可能是急性咽炎引起的咳嗽。

4. 当自行用药3天以上，症状没有好转，或者出现严重的症状和明显的体征时，应及时去医院找医生诊治。必要时，做相应的实验室检查，如化验、X线检查、B型超声波检查、心电图检查等，以明确诊断。

二、常见症状体征的分析

(一) 咳嗽与咳痰

咳嗽(cough)是机体的防御反射，有利于清除呼吸道分泌物和有害因子。咳嗽反射减弱或消失可引起肺部感染，甚至窒息死亡。但是频繁剧烈的咳嗽也会严重影响生活、工作和社会活动。咳痰(expectoration)是指借助咳嗽将气管、支气管内的分泌物排出。

急性呼吸道炎症者，常咳黏液性白痰；肺水肿时常咳粉红色泡沫痰。咳嗽时伴有痰多，可见于肺炎、慢性支气管炎、肺结核等。咳嗽、咳痰伴发热，多提示呼吸道感染；骤然出现咳嗽，常见于突然吸入刺激性的气体、急性咽喉炎或呼吸道异物；若咳嗽伴胸痛，多提示大叶性肺炎、肺癌和气胸等；如咳嗽伴呼吸困难，提示哮喘、气胸、胸腔积液、肺心病等；若咳嗽、咳痰伴体重减轻，多提示肺结核、肺癌等。长期慢性咳嗽，提示有慢性呼吸系统疾病；咳嗽声音嘶哑，常见于声带或喉部病变；金属音咳嗽，多见于纵隔肿瘤、主动脉瘤、支气管癌、淋巴瘤等压迫器官的疾病；咳嗽声调低微或无声，常由极度虚弱或声带麻痹等所致。

咳嗽、咳痰时保持室内空气清新，注意保暖，避免到空气污染的场所，减少尘埃与烟雾等刺激；注意合理饮食，若病情允许可每天饮水1.5L以上。及时去医院就诊，并做相应的化验和X线检查。

(二) 腹痛

腹痛(abdominal pain)是急诊常见的症状之一。多数由腹部脏器疾病引起，也可由腹腔外疾病及全身疾病引起。

腹痛最先出现或最显著的部位多为病变部位。如胃、十二指肠疾病、急性胰腺炎疼痛多在中上腹部；胆囊炎、胆石症、肝脓肿等疼痛多在右上腹；急性阑尾炎表现为右下腹的转移性腹痛；小肠疾病疼痛多在脐部或脐周；结肠疾病疼痛多在下腹部；膀胱炎、盆腔炎及异位妊娠疼痛亦在下腹部；卵巢滤泡破裂或黄体破裂的腹痛开始于右侧或左侧下腹部并伴有下坠感；弥散性或者位置不确定的疼痛见于急性弥散性腹膜炎、铅中毒、过敏性紫癜等。

伴随症状：腹痛伴发热、寒战者提示有炎症存在；伴黄疸者可能与胆系疾病或胰腺疾病有关；剧烈持续性腹痛伴有恶心、呕吐的女性，考虑卵巢囊肿扭转；伴休克，同时有贫血者可能是腹腔实质性脏器破裂，无贫血可能是空腔脏器破裂、肠扭转等；伴血便可能是绞窄性肠梗阻、急性出血性坏死性肠炎及肠套叠。育龄妇女突然下腹痛，有停经史，伴有不规则阴道出血、晕厥或休克，要考虑宫外孕破裂。另外，一些腹腔外疾病，如急性心肌梗死、肺炎等也可有腹痛与休克的表现，应提高警惕。

腹痛时，千万不要自行服用止痛药止痛，以免掩盖症状、干扰诊断。如果腹痛持续不缓解，并不断加重，伴有呕吐、发烧等，需尽快去医院。就诊前尽量不要吃东西，以免影响检查和治疗。

（三）晕厥

晕厥是常见的临床综合征，具有致残甚至致死的危险。心源性晕厥（cardiac syncope）是指心脏疾病引起的心排血量骤减或中断，使脑组织一时性缺血、缺氧而导致的突发短暂的意识丧失，常伴有肌张力丧失而出现跌倒的临床征象。一般认为，心脏供血暂停2～4秒产生黑蒙，5～10秒出现昏厥，10秒以上除了意识丧失外，出现抽搐，称阿-斯综合征（Adams-stokes syndrome），是病情严重而危险的征兆。因此，我们对晕厥病人不可忽视，应及时救治。晕厥有一定的发病率，甚至在正常人中也可能出现。由于发作多呈间断性，晕厥存在多种潜在病因，同时缺乏统一的诊疗标准，部分晕厥病例不易明确诊断。虽然大多数病人可自然苏醒且无后遗症，但出现晕厥，实际上非常危险，仍应给予足够重视。病人须尽快去医院检查，排除严重疾病（如心脏器质性病变）的发生，有针对性地给予预防，避免再次发作。

（四）便秘

便秘（constipation）是指正常的排便形态改变，排便次数减少，排出过干过硬的粪便，且排便困难。

正常成人的排便频率是每日1～3次，婴儿的排便次数较多，每日约3～5次。平均排便量为100～300g，排便量的多少与食物摄入量、种类、液体摄入量、排便频率与消化器官的功能状态有关。进食粗粮、大量蔬菜者，粪便量大；反之，进食细粮、肉食者，类便量少。

便秘的治疗：应根据自己的实际情况，在医生的指导下，选择药物。

预防：养成良好的按时排便的习惯和每天晨起先喝水的习惯。调整饮食结构多食用粗粮和蔬菜、水果等含高膳食纤维的食物，多饮水，身体状况允许的情况下每日液体摄入量不少于2 000ml；适当食用油脂类食物。少吃油炸和烧烤食物。适当参加运动。

当便秘伴有大便性状改变（如形状改变、便中带血等）时，应尽早去医院检查。

第三节　生活中常见疾病

一、生活中常见的疾病

大学生躯体各系统发育基本成熟，身体各项机能状态达到较高水平。然而，由于种种原因如果不注意身体健康的保护，就会受到各种疾病的侵害，严重影响学习和生活，甚至中断学业。认识并掌握常见的疾病的基本表现和应对措施。从而提高学生预防疾病和自我保健的能力。

（一）急性上呼吸道感染

简称上感，是鼻、咽、喉部急性炎症的概称。急性上呼吸道感染的病原体80%～90%是病毒，20%～30%为细菌。通常病情较轻、病程短、可自愈，预后良好。但是发病率高，不仅影响生活和工作，还会出现严重并发症，甚至威胁生命，应正确认识并且积极预防和治疗。全年均可发病，冬春季节多发。通过含有病毒的飞沫或被污染的手和用具可传播。

普通感冒常常发病急，主要为鼻部的症状，如打喷嚏、鼻塞、流清水样鼻涕，还会出现咳嗽、咽干、咽痒等症状。严重者有发热、轻度畏寒和头痛表现。一般情况下5～7天痊愈。

若出现高热不退、咽痛明显、声音嘶哑、咳嗽剧烈、胸闷、气急等时，必须去医院就诊。此外，上感是一种自限性疾病。不要过于担心，也不要过于轻视。输液不是治疗普通感冒的首选方法。在没有合并细菌感染的前提下不需要抗生素的治疗。

（二）急性气管—支气管炎

是由细菌或病毒引起的气管—支气管黏膜的急性炎症性疾病。如肺炎球菌、流感嗜血杆菌、甲型溶血性链球菌、金黄色葡萄球菌等。除咳嗽、咳痰、胸疼、高烧、呼吸急促等表现外，X线胸部检查是否有异常，也是诊断的重要依据。治疗的最主要环节是针对病因进行抗感染治疗。饮食给予清淡易消化、高热量、低脂肪及富含维生素的食物，鼓励多饮水，避免刺激性食物，忌烟酒。积极参加锻炼，增加机体抵抗力。遵医嘱用药，不要滥用抗菌药物。病程多在7～10天，大多可治愈。

（三）支气管哮喘

简称哮喘，是指由多种炎性细胞（嗜酸性细胞、肥大细胞等）参与的气道的慢性炎症性疾病。多数病人可自行缓解或治疗后缓解。如诊治不及时，随病程的延长产生气道不可逆的狭窄和气道重塑。因此，合理预防和治疗至关重要。

患病者以青壮年和儿童居多。与此病的发生有关的危险因素有遗传、环境因素（比如吸入花粉、尘螨、动物毛屑等变应原，细菌、真菌感染，进食鱼、虾、蟹、蛋类、牛奶，以及气候改变、运动和服用药物如阿司匹林等）。治疗目前主要以平喘、消炎、抗过敏的药物为主。当哮喘呈重度发作或持续状态时，应及时送往有条件的医院救治。

找到和去除过敏原是预防哮喘发作的关键。勤打扫室内积尘，保持房间清洁和空气流通。勤洗晒被褥，减少因尘螨诱发的哮喘。装修的油漆涂料、动物的皮屑分泌物、花粉等也可能是诱发哮喘的变应原，应尽量避免接触。避免摄入可能的过敏性食物，如鱼、虾、蟹、蛋、牛奶、生冷食品及刺激性的食物等。高钠盐饮食也能增加支气管的反应性，切忌吃得过咸。避免接触刺激性的气体，预防呼吸道的感染。避免大笑、大喊、大哭等过度换气的动作。

平时适当的运动可促进机体血液循环及新陈代谢，改善呼吸功能，提高机体对温度和外界环境变化的适应能力。室内要避免潮湿、阴暗，减少细菌的滋生，当到了春季等花粉飘扬的季节时，宜关闭门窗。宿舍内不要喂养各种宠物，要消灭害虫。

（四）病毒性心肌炎

病毒性心肌炎，即由病毒感染引起的心肌炎性病变，多数患者发病前1～3周有发热、咽痛、倦怠、恶心、呕吐等病毒感染的症状，然后病毒侵犯心肌出现心脏受累，表现为心悸、胸闷、呼吸困难、头晕、乏力等症状，严重者出现心律失常、心力衰竭、心源性休克等症状。该病好发于儿童和年轻人。

本病强调充分休息，休息是减轻心脏负荷的最好方法。急性期卧床休息，保持房间安静舒适，直至症状消失，实验室检查和心电图正常后逐渐增加活动量。体力恢复是需要一定的时间，不可操之过急。一般经过休息3～6个月可以逐渐恢复轻体力工作。出院后6个月至1年内避免剧烈运动。

防止病毒的侵入是预防本病的关键，尤其是预防呼吸道和肠道感染。同时注意调节机体免疫功能，增强抗病毒的能力。另外，感冒后要及时休息，多饮水，避免抵抗力下降。如感冒后出现心慌、胸闷、气短、胸痛、面色苍白应及时到医院就医，进行血常规、心肌酶、心电图、超声心动图、病毒分离等检查。

感冒病毒侵犯心脏主要与感染的病毒种类、人体的免疫力以及周围环境有关，但并不是感冒后都会得心肌炎。

（五）慢性胃炎和消化性溃疡

慢性胃炎是指由各种病因引起的胃黏膜慢性炎症。发病率随着年龄的增长而升高，在各种胃病中居首位。消化性溃疡主要是指发生在胃和十二指肠的慢性溃疡，即胃溃疡和十二指肠溃疡，因为溃疡的形成与胃酸/胃蛋白酶的消化作用有关，故又称为消化性溃疡。消化性溃疡的发作有明显的季节性，秋冬和冬春之交发病较常见，十二指肠溃疡比胃溃疡多见。患病与幽门螺旋杆菌感染、精神紧张、工作强度大、进食无规律、饮食结构不合理、吸烟、饮酒等有关。

病人主要为消化不良的表现，如上腹痛或不适、饱胀、食欲减退、反酸、嗳气、恶心等症状。消化性溃疡的疼痛有典型的节律性：十二指肠溃疡的疼痛表现为常发生在两餐之间，至下次进餐后缓解，称"空腹痛"或"夜间痛"。胃溃疡的疼痛表现为常发生在餐后1小时内，经1～2小时后缓解，称"饭后痛"。溃疡疼痛多表现为灼痛、胀痛或饥饿样不适感。溃疡可并发出血、穿孔、幽门梗阻、癌变等并发症。

治疗以生活起居、饮食调理为主，规律进食。疾病活动期少食多餐、定时定量、细嚼慢咽，避免餐间零食和睡前进食。选择营养丰富、清淡易消化的食物，以面食为主，避免刺激性较强的生冷硬食物及粗纤维食物，忌用刺激胃酸分泌的食品和调味品。根除幽门螺旋杆菌以消除病因，适当予以保护胃黏膜、抑制胃酸、促进胃动力等药物为主。

预防最好的方法就是放松精神，养成良好的生活方式、规律生活、适度运动、劳逸结合，避免过度紧张和劳累，建立良好的饮食习惯和饮食结构，戒烟戒酒，避免咖啡、浓茶和辣椒等刺激性饮料及食物，避免油炸的食物，饮食不宜过酸、过甜、过咸，烹调方法以蒸、煮、炖、烩为宜。慎用如阿司匹林等损伤胃黏膜的药物。选择合适的锻炼方式，提高机体免疫力。另外，突发腹痛，在明确诊断前不要盲目使用止痛药，以免掩盖病情。如果胃痛持续不缓解,同时出现大便发黑、体重减轻等,应进一步去医院诊治。

(六)尿路感染

尿路感染是指各种病原微生物在尿路中大量生长、繁殖而引起尿路感染性疾病。根据发生感染部位的不同,又可分为上尿路感染和下尿路感染。上尿路感染主要是肾盂肾炎,下尿路感染主要是膀胱炎、尿道炎。尿路感染可发生于所有人群,但以女性多见。膀胱炎和尿道炎有明显的尿频、尿急、尿痛,伴或不伴肉眼血尿。急性肾盂肾炎有发热、寒战、头痛、腰痛、恶心、食欲减退等,伴有尿频、尿急、尿痛、排尿困难、下腹部疼痛等。

治疗宜早期、合理、彻底。在急性发作期,以抗菌控制感染为主,平时以预防为主。平时宜多饮水、勤排尿,这样能避免细菌在尿路中的停留和繁殖,降低尿路感染的发病率。在疾病的发作期应每天大量饮水,有利于疾病的恢复。保持良好的卫生习惯,女性要做到每日清洗外阴部,月经期间增加清洗外阴次数,保持外阴清洁干燥。男性包皮过长也容易引起感染,必须每日清洗,保持干净。平时多饮水,勤排尿、不憋尿,多运动,劳逸结合。注意营养均衡饮食,增强机体抵抗力。

(七)甲亢

内分泌系统疾病亦属于常见的疾病之一,如糖尿病、甲亢、甲低、尿崩症等,此处简单介绍甲亢。甲状腺功能亢进症简称甲亢,是由多种原因引起的甲状腺激素分泌过多所致的。近年来,甲亢发病率呈现快速上升趋势,男女之比为1∶4~1∶6)。

患者有食欲增加、体重下降、疲乏无力、出汗、情绪不稳、烦躁、心慌、气急、易激动等表现。大便次数增多,女性可有月经紊乱,男性有阳痿等症状。客观检查有心率加快、脖子粗大、眼球突出、手颤抖、目光凝视等表现。

治疗方法有药物治疗、同位素治疗和手术。如甲状腺巨大或有压迫症状者,可以考虑手术治疗。甲亢治疗过程中要注意定期复查甲状腺功能,以便及时调整治疗方案。药物治疗过程至少需要1~2年,甚至更长时间,不可自行停药。抗甲状腺药物都有一定的副作用,故服药期间应定期复查白细胞计数及肝功能。

平时预防应注意休息,保证充足的睡眠,房间安静,通风良好,减少精神紧张。应多吃一些高热量、高蛋白、高维生素的食物,富含矿物质及低纤维素饮食;避免生冷、油腻食物,避免摄入刺激性食物及饮料,如不吸烟,不喝浓茶、咖啡、酒等,以免引起病人精神兴奋,加重症状。忌食含碘量高的食物,特别是海带、紫菜等食品。眼球突出者,睡觉或休息时高枕卧位,外出时戴深色眼镜或眼罩等。上衣的衣领不宜过紧,避免压迫肿大的甲状腺,严禁用手挤压甲状腺以免甲状腺激素分泌过多,加重病情。

(八)偏头痛

偏头痛是临床常见的原发性头痛,其特征为多呈单侧分布、中重度、搏动样疼痛,可伴恶心、呕吐。声、光刺激或日常活动可使疼痛加重,安静环境和休息可使疼痛缓解。偏头痛是一种常见的慢性神经血管性疾病,近年的流行病学资料显示,全球患病率为5%~10%,终生患病率为14%。目前多数学者认为是一种多种环境因素(如饮酒、含咖啡因食物、精神紧张、过度劳累、焦虑等)和遗传因素相互作用的疾病。

有偏头痛病史的人平时应建立健康的生活方式，规律生活，适度运动，劳逸结合，保持情绪稳定和充足睡眠。合理饮食，避免饮食过量或饥饿，忌摄入可诱发头痛发作的食物和药物；注意气候变化，避免闪电、强光、噪声等刺激。长时间看书、学习时，要注意座椅高度及坐姿，注意坚持课间休息，活动肩颈等。女性病人在月经前或月经期，应特别注意避免情绪紧张，以减少发作。遵照医嘱服药，不能自行加大药物剂量和长期用药，防止造成药物依赖。大多数病人预后良好。偏头痛症状可随年龄增长逐渐缓解。

（九）外科急腹症

常见的外科急腹症包括阑尾炎、肠梗阻、胆石症、尿路结石、急性胰腺炎等。特点是起病急、发展快、变化多、病情重，必须立即去医院诊治。

（1）急性阑尾炎是外科最常见的急腹症之一。阑尾位于右下腹部，可以在各个年龄段、不同人群中发病，多发生于青壮年，以 20～30 岁多见，男性发病率高于女性。如处理不当可能发生穿孔等严重后果，甚至危及生命。患者开始时表现为上腹或脐周疼痛，几小时到十几小时后疼痛转移到右下腹部，呈持续性并伴有阵发性疼痛加剧。同时，也可能伴有乏力、厌食、恶心呕吐、低热的表现。客观检查有右下腹固定的压痛、反跳痛及腹壁紧张。血常规可发现白细胞增高及中性粒细胞增多。B超也有助于鉴别诊断。

治疗方面，由医生检查后根据病情决定是否需要手术。保守治疗以抗菌为主，须在医生严密观察下治疗。不可擅自服用止痛药或镇静药，以免掩盖病情，耽误诊治。

（2）泌尿系统结石：主要包括肾结石、输尿管结石、膀胱结石和尿道结石。结石形成的常见病因有身体的代谢异常、尿路梗阻、感染、异物和药物使用等。

疼痛是结石最常见的症状，疼痛的程度取决于结石的大小和位置，肾盂结石可表现为上腹和腰部的钝痛和隐痛。肾内小结石与输尿管结石可引起肾绞痛，常见于结石活动并引起输尿管梗阻的情况。肾绞痛的典型表现为突发性严重疼痛，多在深夜至凌晨发作，可使人从熟睡中痛醒，剧烈难忍。疼痛位于腰部或上腹部，沿输尿管放射至同侧腹股沟，甚至涉及同侧睾丸或阴唇。疼痛持续数分钟至数小时不等。常伴有显微镜下或肉眼血尿。肾结石肾区会有压痛和叩击痛。尿检有大量红细胞，腹部B超可以确诊。

治疗以解痉、排石为主。患者需大量饮水稀释尿液、预防感染、促进排石，服用中药排石汤等。增加一些跳跃运动或经常变换体位，有助于结石的排出。

预防可以根据结石成分、代谢状态调节饮食。含钙结石者应合理摄入钙量；草酸盐结石病人应限制浓茶、菠菜、巧克力、草莓、麦麸、芦笋和各种坚果（松子、核桃、板栗等）；尿酸结石者不宜食用含嘌呤高的食物，如动物内脏，限制各种肉类和鱼虾等高蛋白的食物；对于胱氨酸结石，主要限制富含蛋氨酸的食物，包括蛋、奶、花生等。

（十）外科感染性疾病

外科感染性疾病多指需要手术治疗的感染性疾病和发生在创伤或手术后的感染。主要表现为局部红、肿、热、痛和功能障碍。

（1）疖、痈：疖是指单个毛囊和其周围组织的化脓性感染。好发于头面部、颈项、背部、腋窝及腹股沟等处。开始时呈局部圆锥形红肿、隆起、疼痛的硬结，数日后肿痛范围增大、软化，形成黄色脓栓，与周围皮肤界限清楚。痈是指相邻的多个毛囊及周围组织的急性化脓性感染，也可是多个的疖融合而成。多发生在颈、背部皮肤厚韧的部位。早期局部呈小片状暗红硬肿、热痛，随着病情发展，皮肤硬肿范围扩大，局部疼痛加剧；脓点增大增多，形成蜂窝状排脓口。

早期可以局部涂碘酒，外敷鱼石脂或金黄散，辅以热敷、理疗。疖一般不需要使用抗生素，痈则应该早期应用抗生素。形成脓肿者应切开引流。预防疖、痈应注意个人卫生，勤洗澡、勤换衣，合理饮食。避免挤压未成熟的疖，特别是上唇和鼻三角区的疖，防止向颅内扩散。注意休息，加强营养，鼓励进食高能量、高蛋白、丰富维生素的饮食，提高机体抵抗力。

（2）甲沟炎：是指、趾甲甲沟及其周围组织的感染，由微小刺伤、挫伤、倒刺或指甲的损伤引起。起病时一侧甲沟皮下发生红、肿、热、痛，继之化脓。脓液可蔓延在指甲周围形成半环形脓肿，向甲下扩展。早期局部热敷、理疗，外敷鱼石脂、金黄散，必要时使用抗生素（如青霉素类或磺胺类药物）。发生甲下脓肿时应该拔除指（趾）甲。

平时预防，保持清洁，预防损伤。即不要拔除手上的倒刺，不要穿过紧过硬的鞋。剪指甲时要平剪，不要剪得太短，以免伤及皮肤，引发细菌感染。如有任何微小损伤，伤后应用碘伏消毒，无菌纱布包扎。如有感染，尽早就诊。

（十一）皮肤常见疾病

（1）痤疮：是一种累及毛囊皮脂腺的慢性炎症性皮肤病，好发于皮脂溢出部位。俗称"粉刺""暗疮"或"青春痘"，发病原因复杂，主要与雄激素、皮脂分泌增多、痤疮丙酸杆菌感染等因素有关。多见于15~30岁的青年男女。痤疮好发于颜面部，特别是前额、面颊部，也可见于上胸部及背部。皮损特点是米粒大小的白头或黑头粉刺、丘疹、脓疱、结节及囊肿。一般无明显的自觉症状或轻微痛感。

轻症可不用药物或仅局部用药。重者除局部用药外还须全身用药，中医中药具有一定疗效。平常要注意面部卫生，常用温水、中性或酸性皂清洗，去除皮肤表面油脂、皮屑和细菌的混合物，保持面部清洁，防止发生感染。不用含有激素成分的化妆品和护肤品，以免刺激皮脂腺分泌而诱发痤疮；不宜选择油脂类化妆品以防加重油腻；不宜化妆，以免堵塞毛孔而使皮脂腺分泌受阻而引起毛囊炎。严禁用手挤压、搔抓，防止破溃加重感染而影响愈合，形成色素沉着，甚至瘢痕。特别是面部危险三角区的丘疹挤压后可引起颅内感染而危及生命。饮食清淡，保证睡眠。少吃油腻辛辣刺激性食物，可以适当选用富含维生素A的食物如鱼类、鸡蛋等；富含维生素B族的食品如新鲜蔬菜瓜果；富含锌的食品如芝麻、瘦肉等；以及多吃蔬菜水果及粗纤维食物，多饮水，不饮酒，保持大便通畅。毛巾、枕巾常洗烫、晾晒。如发现伴有发热的脓肿时，要去找医生诊治。

（2）荨麻疹：是由于皮肤、黏膜小血管扩张及渗透性增加而引起的一种局限性水肿反应。病因很复杂，有食物、药物、感染、物理因素、动植物因素、精神因素、内脏和全身性疾病等因素。发病时间超过6周的大多被认为是慢性荨麻疹，反复发作达数月至数年。因不能找到明确病因，疗效欠佳，病情反复。

荨麻疹发作时，皮肤出现形状、大小不一的风团，数目及部位不定，颜色苍白或鲜红，时起时消，消退后不留痕迹。感觉瘙痒难忍，部分患者可有发热、关节肿痛、恶心呕吐、腹痛腹泻、胸闷憋气、呼吸困难、心悸不适等全身症状。

治疗以寻找病因,应用抗组胺药等为主。保持生活规律,忌熬夜、过度劳累,加强锻炼,增强体质,适应环境变化。戒烟酒、浓茶和咖啡,饮食清淡,营养均衡,忌食海鲜和辛辣刺激食物。穿宽松透气、清洁、柔软的棉质衣服。避免各种外界刺激如抓、烫、肥皂擦洗等,以减少创伤、出血及感染,不用热水烫洗,不滥用刺激性强的外用药物。当荨麻疹伴有发烧头痛、关节痛、恶心呕吐、腹痛腹泻、胸闷憋气、呼吸困难时,必须尽快去医院就诊。

(十二)眼科常见疾病

眼科常见的感染性疾病如睑腺炎、急性结膜炎、沙眼、角膜炎等。

(1)睑腺炎:是常见的眼睑腺体的急性化脓性炎症,多由金黄色葡萄球菌引起,俗称"麦粒肿"或"针眼"。多发生于儿童和青少年,患处表现红、肿、热、痛、痒、异物感、烧灼感、分泌物多等。早期可给予局部热敷,每次15~20分钟,每日3~4次,应用抗生素眼药水或眼药膏,必要时可全身应用抗生素;当脓肿形成后,应尽快到医院手术治疗。患眼科感染性疾病时,不要用脏手或不洁手帕揉眼睛;多饮水,宜食清淡食物,多运动,保持大便通畅。在脓肿尚未形成时,不能强行挤压,否则会使感染逆行扩散,引起眼睑蜂窝组织炎,甚至颅内、全身感染而危及生命。

(2)沙眼:是由沙眼衣原体引起的一种慢性传染性结膜角膜炎,因其睑结膜面粗糙不平,形似沙粒,故名沙眼,沙眼是致盲性眼病之一。急性期有异物感、怕光、流泪、少量黏性分泌物。慢性期可无症状或眼部轻微痒感、干涩、异物感。病情严重者可并发上睑下垂、倒睫、角膜混浊等并发症。沙眼具有传染性,呈散发或流行,传播方式是通过被病眼分泌物污染的水或洗脸用具或患者的手指等媒介传染的,所以平时要养成良好的卫生习惯,不要用手揉眼睛,不要与他人共用洗漱用品,防止交叉感染。洗脸毛巾要经常用开水消毒晾晒。

(3)角膜炎:指角膜防御能力减弱,外界或内源性致病因素均可能引起角膜组织的炎症发生。角膜是一层无色透明的膜,就像手表的玻璃壳一样,镶嵌在眼球的最前面,是外界光线入眼的第一道窗口。只要眼睛睁开,它就暴露在外,易受到损伤。轻微的角膜外伤,往往是造成感染的诱因,如隐形眼镜使用不当等。角膜炎的表现有眼睛发红、疼痛、流泪、畏光、视力障碍、异物感等。治疗首先要去除病因,其次酌情选用眼药水点眼。戴隐形眼镜引起的,要立即摘掉隐形眼镜,可选用氯霉素眼药水、氧氟沙星眼药水、红霉素眼膏等。感冒引起的,要选用抗病毒眼药水治疗,同时积极治疗感冒。异物进入眼内引起的,首先要去除角膜异物,而后可用抗生素眼药水滴眼,以防感染。

隐形眼镜是直接接触眼球表面的,故对眼睛的健康状况和镜片的质量要求比较高,所以在选用隐形眼镜时,首先需要检查眼睛的情况。另外,要注重镜片的质量,严格按照说明来使用。平时异物入眼内时,可自己轻轻掂起眼皮,以便让泪水冲出异物。重要的是,不要用力揉眼,以免划伤角膜。外出戴防护眼镜。

拓展阅读

视力矫正及选配眼镜

迄今为止对于真性近视的治疗，真正有效而且安全的方法是佩戴合适的眼镜。

框架式眼镜的选配：对于初次配戴眼镜者应该经过药物散瞳验光。我国对眼镜的质量有明确的检测指标，因此，配戴眼镜要到正规眼镜店。

隐形眼镜的选配：隐形眼镜是一种贴附于角膜表面、随眼球的运动而运动的镜片，主要适用于双眼度数相差过大、高度近视、不规则散光等。因直接接触眼球，故对镜片的质量要求很高。配戴隐形眼镜要注意尽量选用高透氧的隐形眼镜，减少每日佩戴的时间，按照使用周期及时更换镜片；应洗净双手取戴镜片，轻柔操作，以免划伤角膜，引发感染；每晚睡前要取下镜片，不提倡戴镜片睡觉；一旦眼睛出现不适，应立即停用隐形眼镜，到医院就诊，积极治疗。

（十三）耳鼻喉科常见疾病

（1）慢性鼻炎和过敏性鼻炎：慢性鼻炎是鼻腔黏膜和黏膜下层的慢性炎症性疾病。多由急性鼻炎久治不愈而来。过敏性鼻炎是发生在鼻黏膜的过敏性疾病。其表现分别是鼻塞、头疼、张口呼吸和鼻痒、喷嚏、大量水样鼻涕、鼻塞，还可伴有眼痒、结膜充血和不同程度的嗅觉减退。可用抗炎和抗组胺药治疗，并配合全身口服用药，缓解症状，减轻鼻黏膜炎症和水肿。

预防方面，平时须锻炼身体、均衡饮食、劳逸结合、提高体质；其次养成良好的卫生习惯，每日用冷水洗脸、洗鼻，使鼻孔耐受和适应外界寒冷空气的刺激。擤鼻时须左右侧鼻腔分开进行，先紧压一侧鼻翼，轻轻擤出对侧鼻腔的鼻涕，两侧交替进行。在平时的饮食中，应避免摄入可以引起过敏的食物。生活规律，注意劳逸结合，忌烟、酒、辛辣刺激性食物。加强锻炼，增强机体抵抗力，防止感冒。

（2）鼻出血：可单纯由鼻腔、鼻窦疾病引起，也可由某些全身性疾病所致，如鼻外伤、用力擤鼻涕、频繁咳嗽、鼻腔炎症等，以及高烧、高血压、血液病等。对于年轻人来说，最常见的原因是鼻腔黏膜干燥，出血部位多在鼻中隔。

鼻出血以单侧鼻腔出血较为多见，紧急治疗的方法是用手指捏紧两侧鼻翼（压迫鼻中隔前下方）10～15分钟，可同时冷敷前额和后颈，以使血管收缩，减少出血；控制不住的出血或经常不明原因的鼻出血、鼻涕中带血，应及时前往医院诊治。

预防并尽早治疗已有的鼻病，如鼻中隔偏曲、鼻黏膜糜烂等；养成良好卫生习惯，不要用手指挖鼻孔；平时多饮水，进食营养丰富易消化食物，保持大便通畅。

（3）中耳炎：中耳黏膜的化脓性炎症，即为中耳炎。发病季节以冬春季为主，常由上呼吸道感染引发。患者早期多出现耳闷、耳鸣、听力减退等症状。当中耳有积液时，听自己说话声音增强，或摇头时耳内有水声。可有突发耳堵、耳痛，伴发烧，鼓膜穿孔，耳内流出液体后明显缓解。急性发作，若治疗及时可不影响听力，若发展为慢性中耳炎则会影响听力。

治疗以抗炎症为主，如穿孔长期不愈合者可手术治疗。预防方面，以避免感冒为主，一旦感冒应及时休息，多饮水，积极对症治疗；感冒后要正确擤鼻涕，以免诱发中耳炎；鼓膜有穿孔者，应避免外耳道进水，不能游泳、潜水，保持外耳道清洁干燥；耳道有异物时，应及时到医院取出。

（十四）眼的屈光不正

眼球是一个复合光学系统，光线进入眼内，通过各屈光间质后发生折射，在视网膜上形成一个倒立缩小实像的生理功能称为屈光。在眼调节静止时，外界平行光线通过眼的屈光系统后，聚焦在视网膜黄斑中心凹处，这种屈光状态称为正视，此种眼球称为正视眼。若平行光线不能聚焦于黄斑中心回处，则形成的像不清晰，此时的屈光状态为非正视状态，称为屈光不正。屈光不正包括近视、远视和散光。正常视力应在不低于1.0（国际标准视力表）或不低于5.0（对数视力表），视力一旦低于上述标准，即是视力低于正常。

（1）近视指在眼调节静止状态下，外界平行光线经过眼的屈光系统后，聚焦于视网膜之前的一种屈光状态。近视眼常表现出近视力正常，远视力差。病因有遗传因素、发育因素和环境因素。如果注视点过近或时间过长，可造成睫状肌痉挛，表现出一时性的近视现象，如感觉视力疲劳、视物模糊、眼睛发胀干涩等，只要注意休息一会儿或眺望远方，症状可得到缓解。

（2）远视是指在眼调节静止状态下，外界平行光线经过眼的屈光系统后，聚焦于视网膜之后的一种屈光状态，远视病人远点位于视网膜之后。

（3）散光是由于眼球屈光系统各经线的屈光力不同，平行光线进入眼内不能形成焦点的一种屈光状态。

拓展阅读

视力保护应注意的几点

养成良好的用眼习惯。眼睛最放松的状态是看5m外的物体，看近处物体时就需要调节，特别是30cm以内物体时，眼球更需要过度调节。所以，如果长时间持续近距离用眼，应每间隔1小时左右休息约10分钟，或向远方眺望3~5分钟。不要在光线过亮或过暗的地方看书。眼和书本的距离不少于30cm。坚持做眼保健操，增强眼部血液循环，缓解眼肌痉挛，消除眼睛疲劳，有利于保护视力。

注意自己的视力变化。已患近视的同学，可每半年检查一次视力，若发现视力下降明显，经过休息不能缓解者，应尽快到医院检查，不要盲目地换、配眼镜。

饮食多样化，注意摄入与眼睛密切相关的营养素，如维生素A、B_1、B_2、C、D、E及微量元素等，少食甜食。

用计算机时须注意的问题：眼和计算机保持适当的距离：眼与计算机屏幕的距离以66cm左右为宜，距离太近或太远都容易引起眼睛疲劳，并且眼要平视计算机屏幕；计算机屏幕亮度要合适；用计算机时间不宜过长；计算机辐射可导致机体内维生素A和维生素C的减少，因此，要多吃富含维生素的食物和新鲜蔬菜水果等。

（十五）口腔常见疾病

（1）口腔溃疡：又称复发性口疮。此病病因不明，可能与病毒细菌感染、胃肠功能紊乱、内分泌改变、免疫功能低下、精神刺激、睡眠不足、月经周期失调等因素有关。

多发于青年人，症状主要是反复发作的黏膜破溃和疼痛，7~10天可逐渐自行愈合，不留疤痕。

平时预防要寻找和消除可能的致病因素，增强体质，促进溃疡愈合。局部可用口腔溃疡药膜外贴，也可使用含漱剂。中药养阴生肌散、锡类散、西瓜霜等撒于患处。

(2) 龋齿：是在以细菌为主的多种因素影响下牙体硬组织发生慢性进行性破坏的一种疾病。它是现代人类罹患最广泛的口腔疾病之一。牙齿硬组织遭到破坏后，缺乏修复和自愈能力，而在发病初期无明显不适症状，就医时常常已发展到比较严重的程度。病变早期仅出现牙表面釉质破坏而失去固有的色泽，龋损部位色泽变黑的症状。当龋齿由浅入深损及牙本质时，牙齿遇冷、热、酸、甜等刺激会疼痛，食物嵌入牙洞也可引发疼痛。龋齿的早期釉质阶段进行补牙，治疗既简单，也无痛苦；但如果病变损及牙本质深层，治疗不仅复杂且会感觉痛苦。

预防的关键在于保持口腔清洁，正确有效地刷牙，养成良好的卫生习惯。坚持早晚刷牙，每餐饭后或食用零食后立即漱口，尤其是睡前刷牙。建议定期进行口腔检查，做到"无病防病，有病早治"。

(3) 牙龈炎：主要由口腔卫生不良、牙菌斑、牙结石，对于局部牙龈组织的刺激引起。其他常见病因还有食物嵌塞、用口呼吸等。患牙龈炎时，牙龈红肿、增生，刷牙时出血，甚至咀嚼、说话、吮吸时均可发生牙龈出血。牙颈部一般有大量牙结石堆积，口腔有异味。

治疗时，首先应请口腔医生彻底清除菌斑及牙结石，局部予以涂碘制剂治疗。祛除致病因素，严重者可辅以全身药物治疗。

(4) 急性牙髓炎：常见急性牙髓炎大多是慢性牙髓炎急性发作。特点是发病急、疼痛剧烈，温度刺激可诱发或加重疼痛，夜间疼痛较白天更剧烈，影响睡眠，检查时，可见患牙有深洞。

针对急性牙髓炎的剧烈疼痛，应及时给予开髓引流、消炎镇痛等应急处理，待疼痛缓解后再进行相应的牙髓治疗。

(5) 智齿冠周炎：智齿是指口腔两边上下第八颗牙齿，多在18~25岁才萌出。当智齿萌出不全或阻生时，周围软组织发生炎症。患智齿冠周炎时，牙齿局部疼痛、肿胀，咀嚼时加重。炎症继续发展，可有颜面部肿胀，开口受限，进食和说话困难，严重者可伴有畏寒、发热、头痛、颌下淋巴结肿痛等症状。

智齿冠周炎的急性期应以消炎、镇痛为主，以局部处理为重点。根据全身情况可选择抗菌药物并给予支持疗法。大学生基本都是智齿萌出的年龄，如果发现异常，应及时到医院检查。

(6) 牙外伤：指外力作用下发生的牙急性损伤，包括牙震荡、牙脱位和牙折等。牙外伤后，无论当时是否有自觉症状，都应立即找医生就诊，以免贻误病情。保存患牙，"争取时间"是治疗完全脱位牙的原则。因此，牙脱位后应用生理盐水或自来水冲洗，然后放入原位。但不要过度清洗或刷洗。如无法自行复位，可把牙含于口腔中或放于生理盐水或牛奶中，立刻去医院就诊。

二、常见慢性病

"慢性病"或"慢病"不是特指某种疾病，而是一组起病时间长、缺乏明确病因、一旦发病即病情迁延不愈的非传染性疾病的概括性的总称。我们这里主要指心血管疾病（高血压、冠心病）、糖尿病、恶性肿瘤、肾疾病等。这些疾病的特点具有病程长、病因复杂、大多与不良生活方式和习惯有关、无传染性、对个人和社会危害严重等特点。如果预防、治疗不当、不及时很容易造成伤残和死亡，从而增加家庭和社会的负担。是致病、致残的最大病因。他们共同的风险因素有吸烟、酗酒、不健康饮食和缺乏体育锻炼。

（一）高血压病

原发性高血压（primary hypertension）是一种常见的以体循环动脉压升高为主要表现的临床综合征，通常简称为高血压。高血压是最常见的慢性病之一，高血压常与其他心血管病危险因素共存，是心脑血管疾病最重要的危险因素，可损伤心、脑、肾等重要脏器的结构与功能，最终导致这些器官的功能衰竭。在血压升高的病人中，约5%～10%为继发性高血压，继发于某些确定疾病（如肾脏疾病、肾动脉狭窄等）或病因引起的血压升高。

我国原发性高血压发病率低于西方国家，但却呈明显上升趋势。根据我国20世纪50年代以来的3次成人血压普查结果显示，高血压患病率1959年为5.11%，1979年为7.73%，1991年为11.88%，截至2014年，我国高血压病人数已超过2.7亿人。我国高血压患病率、发病率及血压水平随年龄增加而升高，城市高于农村，北方高于南方，沿海高于内地，高原少数民族地区患病率较高。我国高血压病人总体的知晓率、治疗率和控制率较低，分别低于50%、40%和10%。因此，高血压防治工作仍然任重而道远。

（1）分类和定义

目前，我国采用的血压分类和标准，见表8-1。高血压定义为未使用降压药情况下，非同日3次测量，收缩压≥140mmHg和（或）舒张压≥90mmHg，既往有高血压史，现在服降压药，虽血压<140/90mmHg，仍可诊断为高血压。根据血压升高水平，又进一步将高血压分为1、2、3级。

表8-1 血压水平的分类（中国高血压防治指南，2010）

类　　别	收缩压（mmHg）		舒张压（mmHg）
正常血压	<120	和	<80
正常高值	120～139	和（或）	80～89
高血压	≥140	和（或）	≥90
1级高血压（轻度）	140～159	和（或）	90～99
2级高血压（中度）	160～1 179	和（或）	100～109
3级高血压（重度）	≥180	和（或）	≥110
单纯收缩期高血压	≥140	和	<90

注：以上标准适用于≥18岁成人，当收缩压和舒张压分属于不同分级时，以较高的级别作为标准。

拓展阅读

最新高血压诊断标准

目前仍以诊室血压作为高血压的诊断标准，首诊发现收缩压≥140mmHg和（或）舒张压≥90mmHg，建议在4周内复查两次，非同日3次测量均达到上述诊断界值，即可确诊。诊断不确定，有条件的可结合动态血压监测或家庭自测血压辅助诊断。

表 8-2 高血压诊断标准（国家基层高血压防治管理指南，2017）

分类	收缩压（mmHg）		舒张压（mmHg）
诊室	≥140	和（或）	≥90
动态血压监测			
白天	≥135	和（或）	≥85
夜间	≥120	和（或）	≥70
24 小时	≥130	和（或）	≥80
家庭自测血压	≥135	和（或）	≥85

与高血压发病的有关因素有遗传因素（高血压家族史）、环境因素（饮食中盐和脂类的摄入量、从事精神紧张度高的职业和长期生活在噪声环境中、吸烟）、肥胖和睡眠呼吸暂停通气等因素。

（2）高血压的常见症状

大多数起病缓慢，早期常无症状，偶于体检时发现血压升高，少数在发生心、脑、肾等并发症后才被发现。常见的症状为头痛、头晕、眼花、耳鸣、健忘、失眠、乏力等症状，有时会有心前区不适，甚至心绞痛、心悸。症状与血压水平不一定成正比。初期血压仅仅暂时性升高，多在精神紧张或过劳时发生，休息时降至正常。

血压升高到一定程度时，甚至会出现剧烈头痛、恶心、呕吐、心慌、胸闷、眩晕等症状，严重时还会发生意识模糊、抽搐等，并会在短期内导致严重心、脑、肾、血管等器官的损害和病变，如中风、心肌梗死等。此事属于高血压急症，应采取紧急急救措施。

拓展阅读

心血管风险分层根据血压程度分级，结合病人的心血管危险因素和靶器官损害情况进行心血管风险水平分层，标准见表8-3。心血管危险因素包括吸烟、高脂血症、糖尿病、年龄≥55岁（男性）、年龄≥65岁（女性）、男性或绝经后女性、心血管疾病家族史；靶器官损害及合并的临床疾病包括心脏疾病（左心室肥大、心绞痛、心肌梗死、冠状动脉血管重建术、心力衰竭）、脑血管疾病（短暂性脑缺血发作、缺血性脑卒中、脑出血）、肾脏疾病（蛋白尿、血肌酐升高、糖尿病肾病）、血管疾病（周围动脉疾病、重度高血压视网膜病变）和糖尿病等。

表 8-3　高血压病人心血管风险分层(中国高血压防治指南,2010)

其他危险因素和病史	1级高血压	2级高血压	3级高血压
无其他危险因素和病史	低危	中危	高危
有1~2个危险因素	中危	中危	很高危
≥3个危险因素或有靶器官损害	高危	高危	很高危
临床并发症或合并糖尿病	很高危	很高危	很高危

拓展阅读

世界高血压日

高血压是一种全球性的常见病,世界各个国家的高血压患病率高达10%~20%。高血压是心脑血管疾病的危险因素,是最常见的心血管病,也是脑卒中和冠心病发病的最重要危险因素,被称为影响人类健康的"无形杀手"。自20世纪70年代"世界高血压联盟"成立以来,该组织一直致力于高血压的防治工作,推荐了包括"测量腰围""绿色饮食""加强运动"和"减少摄盐"在内的四项措施来促使人们达到体重与血压的双重健康,从而远离心血管疾病,并把每年的5月17日定为"世界高血压日",以更好地在全球范围内唤起人们对高血压防治的重视。

治疗高血压的主要目的是最大限度地降低心脑血管并发症的发生与死亡总体危险。在治疗高血压的同时,应干预所有其他可逆性心血管危险因素、靶器官损害以及各种并存的情况。一般病人在耐受情况下将血压将至140/90mmHg以下。主要是非药物治疗(健康的生活方式)和药物治疗(五大类即利尿药、β受体拮抗剂、钙通道阻滞剂、血管紧张素转换酶抑制剂和血管紧张素Ⅱ受体拮抗剂)。

(3) 护理要点

① 首先对疾病要有足够的重视;定期进行健康体检,坚持长期的饮食、运动、药物治疗;高血压需要坚持长期、终身治疗,将血压控制在正常范围,预防对人体重要靶器官心、脑、肾等人体重要脏器并发症的发生和死亡的危险。

② 控制体重:告知病人高血压与肥胖密切相关。最有效的减重措施是控制能量摄入和增加体力活动。衡量超重和肥胖最简便和常用的生理测量指标是身高体重指数(body mass index, BMI)和腰围。$BMI = 体重(kg)/[身高(m)]^2$,$18.5 \leq BMI < 24.0$ 为正常,$24.0 \leq BMI < 28.0$ 为超重,$BMI \geq 28.0$ 为肥胖;腰围主要反映中心型肥胖的程度,成年人的正常腰围<90/85cm(男/女),腰围≥90/85cm(男/女)需控制体重,腰围≥95/90cm(男/女)需要减重。

③ 饮食方面:低盐饮食,每天钠盐摄入量应低于6g,建议使用可定量的盐勺。减少味精、油等含钠盐调味品的使用量,减少含钠较高的加工食品,如咸菜、火腿等。高血压病人钠摄入量应控制在70~120mmol/d左右,折合食盐为1.5~3.0g/d。中、重度高血压者限制钠盐在50~70mmol/d左右,可明显提高降压的效果,减少降压药的剂量,延缓和

减少各种并发症的发生。限制总热量，尤其要控制油脂类的摄入量。营养均衡，适量补充蛋白质，增加新鲜蔬菜和水果，增加膳食中钙的摄入。戒烟戒酒，被动吸烟也会显著增加心血管疾病的危险。

④ 运动方面：定期体育锻炼可增加能量消耗、降低血压、改善糖代谢等。指导病人根据年龄和血压水平及个人兴趣选择适宜的运动方式，合理安排运动量。建议每周进行3~5次、每次30分钟的有氧运动，如步行、慢跑、骑车、游泳和跳舞等。运动中的心率＝170－年龄，在休息后约10分钟内，锻炼所引起的呼吸频率增加应明显缓解，心率也恢复到正常或接近正常，否则应考虑运动强度过大。

⑤ 定期去医院就诊，遵照医生的医嘱按时按量服药，不能擅自突然停药，如果经治疗血压得到满意控制后，可在医生的指导下逐渐减少剂量。如果突然停药可导致血压突然升高，特别是冠心病病人突然停药可能会诱发心绞痛、心肌梗死等。家庭中可自我监测血压。如有不适尽快去医院进一步检查。

（二）糖尿病

▶ 1. 糖尿病的概念

血糖是维持人体各器官组织细胞发挥正常生理功能所必需的主要能量来源，尤其是大脑和神经细胞所需的能量只能从血液中的葡萄糖代谢而来。

糖尿病(diabetes mellitus，DM)是由遗传和环境因素共同作用而引起的一组以慢性高血糖为特征的代谢性疾病。由于胰岛素分泌缺乏和(或)其作用缺陷导致糖代谢紊乱，同时伴有脂肪蛋白质、水和电解质等代谢障碍。随着病程的延长，出现多系统损害，导致眼、肾、神经、心脏、血管等组织慢性进行性病变，引起功能缺陷及衰竭。重症或应激时，发生酮症酸中毒、高渗高血糖综合征等急性代谢紊乱。

随着人口老龄化、人们生活方式的改变和生活水平的提高，糖尿病患病率正呈逐年上升趋势，根据国际糖尿病联盟(IDF)统计，2000年全球有糖尿病病人1.51亿人；2013年已达3.82亿人，按目前的增长速度，估计到2030年全球将有近5.5亿人患糖尿病。在我国，18岁以上的成年糖尿病患病率为9.7％，成人糖尿病病人总数约为1.14亿，我国已成为糖尿病患病人数最多的国家。因此，糖尿病已成为严重威胁人类健康的世界性公共卫生问题。

糖尿病分为四大类：1型糖尿病、2型糖尿病、妊娠糖尿病和其他特殊类型糖尿病。1型糖尿病、2型糖尿病、妊娠糖尿病是临床常见的，此处我们主要了解1型糖尿病、2型糖尿病。绝大多数1型糖尿病为自身免疫性疾病。发病原因与某些外界环境因素作用于遗传易感个体，激活自身免疫反应有关。2型糖尿病为遗传和环境共同作用的结果，环境因素包括年龄增长、不良生活方式、营养过剩、体力活动不足、化学毒物等以及冠心病、肥胖、高血压、血脂异常等。

多数早期2型糖尿病病人无明显症状。典型病例根据"三多一少"症状，各种急、慢性并发症，结合实验室检查结果即可诊断。有糖尿病家族史、肥胖、高血压与血脂异常等危险因素的病人，单纯空腹血糖正常并不能排除糖尿病的可能时，应监测餐后血糖或进行口服葡萄糖耐量试验。标准为正常的血糖空腹时3.9~6.0mmol/L，餐后2小时<7.8mmol/L，

空腹血糖在 6.1～6.9mmol/L 为空腹血糖受损。餐后 2 小时血糖在 7.8～11.0mmol/L 为糖耐量减退。如果典型糖尿病状加随机血糖≥11.1mmol/L，空腹血糖≥7.0mmol/L，餐后 2 小时血糖≥11.1mmol/L，就可以诊断为糖尿病。

▶ 2. 糖尿病的症状

代谢紊乱症候群主要表现为典型的"三多一少"症状，即多尿、多饮、多食和体重减轻。皮肤瘙痒以及四肢酸痛、麻木、阳痿不育、月经失调、便秘、视力模糊等。

糖尿病若得不到有效的治疗，可引起身体多系统的损害，引起蛋白质、脂肪、水和电解质等一系列代谢紊乱，出现急、慢性并发症。

▶ 3. 糖尿病的并发症

1）急性并发症

（1）糖尿病酮症酸中毒：是由于胰岛素不足和拮抗胰岛素激素过多共同作用所致的严重代谢紊乱综合征，病人以高血糖、酮症和代谢性酸中毒为主要表现。

诱因：1 型糖尿病有自发糖尿病酮症酸中毒的倾向，2 型糖尿病在诱因作用下也可以发生。常见诱因有急性感染、胰岛素不适当减量或突然中断治疗、饮食不当、胃肠疾病、脑卒中、心肌梗死、创伤、手术、妊娠、分娩、精神刺激等。

临床表现：早期出现乏力、三多一少症状加重。随后出现食欲减退、恶心、呕吐，常伴有头痛、烦躁、嗜睡等症状，呼吸深快，有烂苹果味（丙酮味）。病情进一步发展，出现严重失水现象，尿量减少、皮肤弹性差、眼球下陷、脉搏细速、血压下降、四肢厥冷。晚期各种反射迟钝甚至消失，病人出现昏迷。少数为腹痛等急腹症表现，容易误诊。糖尿病酮症酸中毒病人的血糖多为 16.7～33.3mmoL。

（2）高渗高血糖综合征：病人以严重高血糖、高血浆渗透压、脱水为特点，无明显酮症酸中毒，常有不同程度的意识障碍。高渗高血糖综合征的发生率低于糖尿病酮症酸中毒，且多见于老年 2 型糖尿病病人。

诱因包括急性感染、外伤、手术、脑血管意外等应激状态，应用糖皮质激素、利尿药等治疗，水摄入不足或失水等。少数病人因病程早期未确诊糖尿病而输入大量葡萄糖液或饮用大量含糖饮料等诱发。

临床表现：起病缓慢，先有口渴、多尿，多食不明显。失水随病程进展逐渐加重，伴神经精神症状。晚期尿少甚至尿闭，出现嗜睡、幻觉、定向力障碍、偏瘫等，最后陷入昏迷。与糖尿病酮症酸中毒相比，失水更严重，神经精神症状更突出。高渗高血糖综合征病人的血糖多为 33.3～66.6mmol/L。

（3）低血糖症：一般将血糖＜2.8mmol/L 作为低血糖的诊断标准，而接受药物治疗的糖尿病病人只要血糖水平≤3.9mmoL，就属低血糖范畴。

诱因包括应用外源性胰岛素或胰岛素促泌剂、未按时进食或进食过少、运动量增加、酒精摄入尤其是空腹饮酒、胰岛素瘤疾病、胃肠外营养治疗等。

临床表现：与血糖水平及血糖下降速度有关，表现为交感神经兴奋（心悸、焦虑、出汗、饥饿感、肌肉颤抖、软弱无力、面色苍白、四肢冰冷等）和中枢神经症状（头晕、嗜睡、视物不清、步态不稳、思维和语言迟钝，之后出现躁动、易怒、性格改变、认知障碍，严重者出现抽搐和昏迷）。老年病人发生低血糖时，由于自主神经功能紊乱而掩盖交感神经兴奋表现，症状常不明显。有些病人屡发低血糖后，可表现为无先兆症状的低血糖昏迷。

2）慢性并发症：糖尿病的主要危害在于慢性并发症，已经成为糖尿病致残、致死的主要原因。

（1）大血管病变：是糖尿病最严重和突出的并发症，也是糖尿病病人死亡的主要原因之一。与非糖尿病病人相比，患病率高，发病年龄较轻，病情进展快，主要表现为动脉粥样硬化，引起冠心病、缺血性脑血管病、高血压、下肢血管病变等。下肢血管病变大多数无症状，足部动脉搏动明显减弱或消失，后期可出现缺血性静息痛、间歇性跛行等。

（2）微血管病变：是糖尿病的特异性并发症，微循环障碍和微血管基膜增厚是其典型改变。病变可累及全身各组织器官，主要表现为视网膜和肾脏病变。

① 糖尿病视网膜病变：是糖尿病病人失明的主要原因之一，多见于糖尿病病程 10 年以上者，视力改变为糖尿病视网膜病变的主要表现。糖尿病还可引起黄斑病变、白内障、青光眼等。

② 糖尿病肾病：是 1 型糖尿病的主要死因，对 2 型糖尿病而言严重性仅次于心脑血管病变。

（3）神经病变：以周围神经病变最常见。常见类型为远端对称性多发性神经病变，呈手套或袜套式对称分布，下肢比上肢严重。早期表现为肢端感觉异常（麻木烧灼、针刺感或踩棉花感），可伴有痛觉过敏；随后出现肢体疼痛，呈隐痛、刺痛，夜间及寒冷季节加重；后期感觉缺失，累及运动神经。

（4）糖尿病足：指与下肢远端神经异常和不同程度的周围血管病变相关的足部感染、溃疡和（或）深层组织破坏。基本发病因素是神经病变、血管病变和感染。常见诱因为趾间或足部皮肤瘙痒而搔抓致皮肤破溃、修脚损伤、新鞋磨破伤、碰撞伤、烫伤等。轻者表现为足部畸形、皮肤干燥和发凉、酸麻、疼痛等，严重者出现足部溃疡与坏疽。最终截肢，甚至死亡。

▶ 4. 治疗要点

强调早期、长期、综合、全面达标及治疗方法个体化的原则。综合治疗包括两个含义：糖尿病教育、饮食治疗、运动锻炼、药物治疗、自我监测和心理疏导 6 个方面，以及降糖、降压、调脂和改变不良生活习惯 4 项措施。治疗目标是通过纠正病人不良的生活方式和代谢紊乱，防止急性并发症的发生和减低慢性并发症的风险，提高病人生活质量，降低病死率。

（1）健康教育

健康教育是重要的糖尿病基础管理措施。包括病人及其家属和民众的卫生保健教育，糖尿病防治专业人员的培训，医务人员的继续医学教育等。应在各级政府和卫生部门领导下，共同参与糖尿病的预防、治疗、教育、保健计划，以自身保健和社区支持为主要内容。每位糖尿病病人均应接受全面糖尿病教育，充分认识糖尿病并掌握自我管理技能。良好的健康教育能调动病人的主观能动性，使其积极配合治疗，有利于疾病控制达标，防止各种并发症的发生和发展，提高病人的生活质量。

（2）饮食治疗

饮食治疗，是所有糖尿病治疗的基础，预防和控制糖尿病必不可少的措施，也是年长者、肥胖型、少症状轻型病人的主要治疗措施。饮食治疗即调整饮食，并非严格限制饮食品种，而是制订健康的饮食计划。根据病人具体情况，使食谱中总热量和饮食结构更为合理，各种营养成分更加适应生理需要，维持理想体重。

（3）运动治疗

适当的运动有利于减轻体重、提高胰岛素敏感性、改善血糖和脂代谢紊乱，还可减轻病人的压力和紧张情绪。运动治疗的原则是适量、经常性和个体化。应根据病人年龄、性别、体力、病情及有无并发症等安排适宜的活动，循序渐进，并长期坚持。

（4）药物治疗

目前，临床广泛应用的抗糖尿病药物包括胰岛素促泌剂（磺酰脲类药物）、双胍类药物、α-葡萄糖苷酶抑制剂、噻唑烷二酮类、二肽基肽酶-4抑制剂和胰岛素等。胰岛素包括短效、中效和长效，需根据患者本身的情况，如胰岛素分泌情况和肾脏损害的情况，在医生的指导下进行选择。

▶ 5. 常见并发症的护理

（1）低血糖反应的护理

加强预防，监测血糖，发现低血糖后及时处理。①初用各种降糖药时从小剂量开始，根据血糖水平逐步调整药物剂量。②定时、定量进餐，如进餐量减少，则相应减少降糖药物的剂量；容易在后半夜及清晨发生低血糖的病人，晚餐适当增加主食。③乙醇能直接导致低血糖，限制乙醇摄入和避免空腹饮酒。④合理安排运动量，运动量增加时，要减少胰岛素的用量并及时加餐。随身携带糖果、糕点，出现低血糖时停止运动，及时进食。⑤做好血糖监测及记录，以便及时调整胰岛素或降糖药用量。⑥一旦确定低血糖，意识清楚并能吞咽者，口服15~20g糖类食品如含糖饮料或吃块糖、甜点（葡萄糖为佳）等。意识不清者，将病人放平，头偏向一侧，以免误吸呕吐物造成窒息，解开衣领，以保证呼吸道通畅，并立即与急救中心联系，迅速送往医院抢救。需要注意的是，在不清楚患者意识不清原因之前不要随便给病人喂食糖水，以免加重病情，另外，给意识不清的患者喂糖水容易引起呛咳甚至窒息。

（2）糖尿病足的护理

①每天检查双足1次，了解足部有无感觉减退、麻木、刺痛感；检查足部皮肤有无颜色、温度改变及足部动脉搏动情况；观察有无甲沟炎、脚癣、水疱、溃疡、坏死等。②每天清洗足部1次，水温37~40℃；洗后用柔软的浅色干毛巾擦干，尤其是足趾间；足部皮肤干燥可使用油脂类护肤品，足趾间不宜涂擦；修剪趾甲应选在洗脚后，指甲修剪与脚趾平齐，并锉圆边缘尖锐部分。③冬天不宜用热水袋、电热器等物品直接进行足部保暖，避免烫伤；夏天避免赤脚行走，外出时不穿拖鞋。④穿鞋前，检查鞋内有无异物、里衬是否平整；新鞋试穿半小时后，检查足部有无挤压或受摩擦，之后逐渐增加穿鞋时间；不穿过紧或有毛边的袜子或鞋；选择吸水性好、透气的浅色袜子，袜子应每天换洗。⑤指导和协

助病人采用多种方法促进肢体血液循环,如步行和腿部运动等,避免盘腿坐或跷二郎腿。指导病人伤口或局部皮肤有瘀血、红肿、发热时,应尽早就医。

第四节 常见传染病与防控

一、概述

传染病是由于各种病原体感染人体后引起的一组具有传染性的疾病。传染病不仅威胁人类健康,还对经济发展、社会进步产生深刻的影响。传染病的防控不仅需要先进的医学技术,医务人员的专业技能,更需要社会大众拥有防病意识、健康的生活习惯、正确的行为准则和科学有效的防控措施。大学校园是学生学习和生活相对集中的场所,也是传染病容易爆发流行的地方。

(一)感染与免疫

▶ 1. 感染的概念及其表现

感染(infection)是病原体侵入机体后与人体相互作用、相互斗争的过程。病原体可来自宿主体内或体外。在漫长的生物进化过程中,病原体与宿主形成了相互依存、相互斗争的关系。病原体感染人体后的表现主要与病原体的致病力及人体的免疫功能有关,因而产生了感染过程的不同表现。在一定的环境条件影响下,这些表现可以互相转化或移行,呈现动态的变化。感染过程的表现包括:

(1)病原体被清除:病原体进入人体后,人体通过非特异性免疫或特异性免疫将病原体清除,人体不产生病理变化,也不引起任何临床表现。

(2)隐性感染(covert infection):指病原体进入人体后,仅引起机体发生特异性免疫应答,病理变化轻微,无任何症状、体征,甚至生化改变,只有通过免疫学检查才能发现。大多数传染病以隐性感染最常见。隐性感染后可获得对该传染病的特异性免疫力,病原体被清除。少数转变为病原携带状态,病原体持续存在于体内,成为无症状携带者。

(3)显性感染(overt infection):又称临床感染(clinical infection),指病原体进入人体后,不但引起机体发生免疫应答,而且通过病原体的致病作用或机体的变态反应,使机体发生组织损伤,导致病理改变,出现特有的症状、体征。在大多数传染病中,显性感染只占全部受感染者的少部分,少数传染病(如麻疹、水痘)以显性感染多见。显性感染后的结局各异,多数感染者身体内病原体可被完全清除,机体获得特异性免疫力,不易再受感染,如麻疹、甲型肝炎和伤寒等;也有部分感染者由于病后免疫不牢固,可再次发生感染,如细菌性痢疾、阿米巴痢疾等;还有小部分感染者可成为慢性病原携带者。

(4)病原携带状态(carrier state):指病原体侵入人体后,在人体内生长繁殖并不断排出体外,而人体不出现任何疾病表现的状态,因而成为传染病流行的重要传染源。病原携带状态是人体防御能力与病原体处于相持状态的表现。根据携带病原体种类的不同可分为带病毒者、带菌者与带虫者。按其发生在显性感染临床症状出现之前或之后,分别称为潜伏期病原携带者和恢复期病原携带者;若发生于隐性感染之后,则称为无症状病原携带者。携带病原体持续时间短于3个月的称为急性病原携带者,若长于3个月者称为慢性病原携带者。对乙型肝炎病毒感染,超过6个月才算慢性病原携带者。

(5)潜伏性感染(latent infection):又称潜在性感染。病原体感染人体后,寄生在机体某个部位,机体的免疫功能使病原体局限而不引起发病,但又不能将病原体完全清除,病原体潜伏于机体内。当机体免疫功能下降时,可导致机体发病,常见于水痘、结核病、疟疾等。潜伏性感染期间,病原体一般不排出体外,故不会成为传染源,这是与病原携带状态不同之处。

上述5种感染的表现形式可在一定条件下相互转化,在不同的传染病中各有侧重。通常隐性感染最常见,病原携带状态次之,显性感染比例最少,一旦出现,容易识别。

▶ **2. 感染过程中病原体的致病作用**

(1)侵袭力(Invasiveness):指病原体侵入机体并在体内扩散的能力。有些病原体可直接侵入机体,如钩端螺旋体、血吸虫尾蚴等。有些病原体可借其分泌的酶类破坏机体组织,有些细菌的表面成分可抑制机体的吞噬作用而促使病原体扩散。病毒性病原体常通过与细胞表面的受体结合再进入细胞内。

(2)毒力(virulence):包括外毒素和内毒素。外毒素通过与靶细胞的受体结合,从而进入细胞内而起作用;内毒素通过激活单核-吞噬细胞释放细胞因子而起作用。毒力因子包括侵袭能力(痢疾杆菌)、溶组织能力(溶组织阿米巴滋养体)等。许多细菌尚能分泌抑制其他细菌生长的细菌素以利于自身的生长繁殖。

(3)数量:就同一种病原体而言,入侵的数量常与其致病能力成正比,但不同病原体引起机体出现显性感染的最少数量差别较大,如伤寒需10万个菌体,而痢疾仅10个菌体即能致病。

(4)变异:病原体可因遗传或环境等因素而发生变异,通过抗原变异而逃避机体的特异性免疫,从而不断引起疾病发生或使疾病慢性化。

▶ **3. 感染过程中机体的免疫应答的作用**

免疫应答包括非特异性免疫应答和特异性免疫应答。免疫应答可以是保护机体免受病原体入侵、破坏的保护性免疫应答,也可以是促进病理生理过程及组织损伤的变态反应。病原体入侵机体后是否发病,取决于病原体的致病能力和机体免疫应答的综合作用。

(1)非特异性免疫(non-specific immunity):是机体对进入体内异物的一种清除机制,通过遗传获得,无抗原特异性,不牵涉对抗原的识别和二次免疫应答的增强,又称为先天性免疫。包括:

① 天然屏障:外部屏障,如皮肤、黏膜及其分泌物。内部屏障,如血-脑屏障、胎盘屏障等。

② 吞噬作用:单核-吞噬细胞系统包括血液中的游走大单核细胞,肝脾和淋巴结、骨髓中的吞噬细胞,以及各种粒细胞,它们都具有非特异性吞噬功能,可清除机体中的病原体。

③ 体液因子:包括补体、溶菌酶和各种细胞因子,如白细胞介素1~6、肿瘤坏死因子等,可直接或通过免疫调节作用清除病原体。

(2) 特异性免疫(specific immunity)：通过对抗原识别后产生的针对该抗原的特异性免疫应答，是通过后天获得的一种主动免疫，包括由 B 淋巴细胞介导的体液免疫和由 T 淋巴细胞介导的细胞免疫。

(二) 传染病传播的基本条件

流行过程的 3 个基本条件是传染源、传播途径和易感人群，这 3 个条件相互联系、同时存在，使传染病不断传播蔓延。若切断其中任何一个环节，流行即告终止。

(1) 传染源(source of infection)：指病原体已在体内生长繁殖并将其排出体外的人或动物。主要有：

① 病人：是重要的传染源。轻型病人数量多、症状不典型而不易被发现，慢性病人可长期排出病原体，成为长期的传染源。

② 隐性感染者：隐性感染者由于无任何症状、体征而不易被发现。在某些传染病，如脊髓灰质炎、流行性脑脊膜炎等，隐性感染者在病原体被清除前是重要的传染源。

③ 病原携带者：病原携带者(尤其慢性病原携带者)能排出病原体成为传染源，由于不出现症状而不易被识别，对某些传染病(如伤寒、细菌性痢疾)的流行病学有重要意义。

④ 受感染的动物：某些传染病，如鼠疫、狂犬病等，可由动物体内排出病原体导致人类发病，称动物源性传染病。其中，以野生动物为传染源传播疾病又称为自然疫源性传染病。

(2) 传播途径(route of transmission)：指病原体离开传染源后，到达另一个易感染者所经过的途径。同一种传染病可有多种传播途径。包括呼吸道传播：通过讲话、咳嗽、打喷嚏，含病原体的飞沫在空气中飘浮，通过呼吸而感染，如流感、麻疹、结核病、禽流感等，消化道传播：通过进食被病原体污染的水源、食物而感染。如甲肝、菌痢等，接触传播：又称日常生活接触传播，通过污染日常生活用具(如餐具、洗漱用具、玩具)等传播疾病，血液、血制品、体液传播：病原体存在于病人或病原携带者的血液或体液中，通过性交、输血或血制品等传播，如乙型和丙型病毒性肝炎、艾滋病等，虫媒传播：指(如蚊子、跳蚤等)在患病动物与人之间叮咬、吸吮血液传播疾病，如乙脑、斑疹伤寒等，土壤传播：如破伤风、炭疽等，上述途径传播均属于水平传播，母婴传播属于垂直传播，通过母体胎盘传播，如乙肝、艾滋病等。

(3) 人群易感性(susceptibility of the crowd)：对某种传染病缺乏免疫力的人称为易感者(susceptible person)。易感者越多，人群易感性越高，传染病越容易发生流行。普遍推行人工自动免疫，可把人群易感性降到最低，使流行不再发生。

(三) 传染病病人有关知识

▶ 1. 患者和感染者

感染者身体里有病原体但不发病，成为病原携带者；患者不但身体里有病原体，还表现疾病的状况。二者都是传染病的主要传染源。

▶ 2. 疑似病人

疑似病人的临床表现与某种传染病病人有明显的相似之处，则有流行病史，但确诊依据不足，或者怀疑正处于该传染病的潜伏期。

▶ 3. 密切接触人群

密切接触人群指在特定的时间内，与确诊或高度疑似传染病病例有过共同生活或共同工作史。共同生活或共同工作是指直接居住生活或在一起工作的成员。包括办公室的同事，同教室、宿舍的同学等。

▶ 4. 人畜共患传染病

人畜共患传染病指人与脊椎动物共同罹患的传染病，如禽流感、鼠疫、狂犬病、血吸虫病等。

(四) 传染病的预防

做好传染病的预防工作，对减少传染病的发生及流行，最终达到控制和消灭传染病有重要意义。

传染病的预防应针对传染病流行过程的三个环节采取综合措施，并根据各种传染病的特点、传播的主导环节采取相应的措施以终止其继续传播。

▶ 1. 管理传染源

(1) 对传染病病人应尽量做到五早：早发现、早诊断、早报告、早隔离、早治疗。建立健全的医疗卫生防疫机构，开展传染病卫生宣传教育，提高人群对传染病识别能力，比如校园内多人同时出现腹痛、恶心、呕吐、腹泻、发热、咳嗽等；请假和缺勤人数突然增加，并出现相似病情。及时早期发现、早期诊断传染病有重要意义。

拓展阅读

传染病的报告制度是早期发现、控制传染病的重要措施。根据《中华人民共和国传染病防治法》和《突发公共卫生应急事件与传染病监测信息报告》，将法定传染病分为甲、乙、丙3类。①甲类：共2种，包括鼠疫、霍乱；②乙类：包括新型冠状病毒感染的肺炎、传染性非典型肺炎、艾滋病、病毒性肝炎、脊髓灰质炎、人感染高致病性禽流感、麻疹、流行性出血热、狂犬病、流行性乙型脑炎、登革热、炭疽、细菌性和阿米巴性痢疾、肺结核、伤寒和副伤寒、流行性脑脊髓膜炎、百日咳、白喉、新生儿破伤风、猩红热、布鲁氏菌病、淋病、梅毒、钩端螺旋体病、血吸虫病、疟疾；③丙类：为监测管理的传染病，包括流行性感冒(含甲型H_1N_1，流感)流行性腮腺炎、风疹、急性出血性结膜炎、麻风病、流行性和地方性斑疹伤寒、黑热病、包虫病、丝虫病、除霍乱、细菌性和阿米巴性痢疾、伤寒和副伤寒以外的感染性腹泻病、手足口病。

(2) 甲类传染病为强制管理的烈性传染病，发现甲类传染病和乙类传染病中炭疽中的肺炭疽、传染性非典型肺炎、新型冠状病毒感染的肺炎、脊髓灰质炎、人感染高致病性流感的病人或疑似病人时，或发现其他传染病和不明原因疾病暴发时，城镇要求在发现后2小时内通过传染病疫情监测信息系统上报，农村不超过6小时。未实行网络直报的责任报告单位应于2小时内以最快的方式(电话、传真)向当地县级疾病预防控制机构报告，并于2小时内寄送出传染病报告卡。乙类传染病为严格管理的传染病，城镇要求发现后6小时内网络直报，农村不超过12小时。丙类传染病为监测管理的传染病，要求发现后24小时内上报。

（3）对接触者的管理：接触者，可能受到感染而处于疾病的潜伏期，有可能是传染源。对接触者应根据具体情况采取留验、医学观察、隔离和必要的卫生处理等检疫措施，或根据具体情况进行紧急免疫接种或药物预防。检疫期限由最后接触之日算起，至该病最长潜伏期。对病原携带者的管理应做到早期发现。对动物传染源的管理应根据动物的病种和经济价值，予以隔离、治疗或杀灭。

2. 切断传播途径

根据各种传染病的传播途径采取措施。对于消化道传染病，应着重加强饮食卫生、个人卫生及粪便管理，保护水源，消灭苍蝇、蟑螂、老鼠等。对于呼吸道传染病，应着重进行空气消毒，提倡外出时戴口罩，流行期间少到公共场所。不随地吐痰，咳嗽和打喷嚏时要用手帕或纸巾捂住口鼻等。

3. 保护易感人群

注意增强免疫力，保证良好的生活、饮食习惯，保持平和的心态，加强体育锻炼。可通过预防接种获得特异性免疫力。

二、流行性感冒

简称流感，是由流感病毒引起的急性呼吸道传染病，临床主要表现为突发高热、全身酸痛、乏力等显著全身中毒症状，伴相对较轻的呼吸道症状。具有传染性强、传播速度快的特点，可在人群中引起流行。在慢性病和老年人中可引起严重并发症。

流感病毒属正黏液病毒科，是一种RNA病毒，由包膜和核壳体组成。根据流感病毒感染的对象可分为人、猪、马以及禽流感病毒等，其中人类流感病毒根据其NP抗原性分为甲、乙、丙3型，3型之间具有相似的生化和生物学特征。流感病毒的最大特点是极易发生变异，尤以甲型流感病毒最易发生。甲型流感病毒的抗原变异最快，可发生抗原转变和抗原漂移；乙型流感病毒只有抗原漂移，丙型流感病毒尚未发现抗原变异。流感病毒不耐热、酸和乙醚，对甲醛、乙醇与紫外线等均敏感。低温环境下较为稳定，在4℃能存活1个多月。

（一）流行病学

1. 传染源

病人和隐性感染者是本病的主要传染源。自潜伏期末到发病后5天内均可有病毒从鼻涕、唾液、痰液等分泌物排出，传染期约1周，以发病3天内传染性最强。

2. 传播途径

主要通过飞沫经呼吸道空气传播。病毒随咳嗽、打喷嚏、说话所致飞沫传播为主，也可通过病毒污染的茶具、食具、毛巾等间接传播。传播速度和广度与人口密度有关。

3. 人群易感性

普遍易感。感染后对同一抗原型可获得不同程度的免疫力，同型免疫力通常不超过1年，不同亚型间无交叉免疫性。病毒变异后，人群重新易感，故可反复发病。

4. 流行特征

流感常突然发生，迅速蔓延，发病率高和流行过程短是流感的流行特征。流行往往沿交通线传播，从大城市向中小城市、农村扩散。流行以冬春季节为多。大流行的发生与下列4种因素有关：①潜伏期短，仅1~2天；②流感病毒具有较强传染性，易发生变异；③以呼吸道空气飞沫传播为主要方式；④感染后免疫力持续时间短且各型及各亚型之间无交叉免疫性。大流行主要由甲型流感病毒引起。一般每10~15年可发生一次世界性大流行，每2~3年可有一次小流行。乙型流感多呈局部流行或散发，亦可大流行。丙型一般只引起散发。

（二）主要表现

潜伏期1~3天，最短数小时，最长4天。各型流感病毒所致的临床表现虽有轻重不同，但基本表现一致，可分为不同临床类型。

1. 典型流感

此型最常见。全身症状较重，呼吸道症状较轻。急起高热，显著头痛、肌痛、关节痛、乏力、咽干、咽痛及食欲减退等。症状与发热程度有关。部分病人有鼻塞、流涕、干咳、声音嘶哑等。查体可见急性发热面容，面颊潮红，眼结膜及咽部充血，有的病人可出现口腔黏膜疱疹。发热多于1~2天内达高峰，3~4天内退热，其他症状随之缓解，但上呼吸道症状常持续1~2周后才逐渐消失，体力恢复亦较慢。

2. 肺炎型流感

多见于老年人、婴幼儿，患有慢性心、肺、肾等疾患或接受免疫抑制剂治疗者。起病时与典型流感相似，但于发病1~2天内病情迅速加重。出现高热、全身衰竭、烦躁不安、剧烈咳嗽、血性痰液、呼吸急促、发绀。双肺听诊呼吸音粗，满布湿啰音、哮鸣音等。X线胸片显示双肺散在分布的絮状阴影。痰培养无致病菌生长，痰易分离出流感病毒。病程可达3~4周。

3. 轻型流感

在流感流行时，有相当数量的病人以较轻的全身症状和呼吸道症状为主要表现，轻至中度发热、咳嗽、咳少量黏液痰，无明显呼吸困难。病程2~4天。

4. 其他类型

较少见。除了流感的症状、体征，伴有其他肺外表现者。包括：①胃肠型：儿童多见，以恶心、呕吐、腹泻、腹痛为主要症状，一般2~3天可恢复；②脑膜脑炎型：病毒侵入神经系统，出现高热、昏迷、谵妄、抽搐等病毒性脑炎的表现；③肌炎型；④心肌炎型和心包炎型。

治疗宜尽早就医。流行性感冒明确诊断需根据病毒分离结果判断。目前尚无特效的抗病毒药物，强调卧床休息和积极治疗。高热者遵照医嘱物理降温或者药物降温，早期予以抗病毒治疗如金刚烷胺、奥司他韦、三氮唑核酸等，亦可用中草药治疗，比如，金银花、连翘、黄芪等已证实可以提升免疫力兼杀灭病毒和细菌。饮水和早期饮用清热解毒中草药等，进行治疗。

尽管患过流感或接种流感疫苗可使人体获得一定免疫力,但由于流感病毒变异频繁,人体不能产生固定免疫,因此,人一生可多次患病。潜伏期为数小时至数天。

(三)护理要点

流感确诊

病人应接受呼吸道隔离1周或至主要症状基本消失。用药期间注意观察药物疗效及不良反应。急性期应卧床休息,给予易消化、富含维生素、营养丰富的食物,如无心、肾功能障碍,应给与充足的水分。观察咳嗽咳痰的情况。房间应安静、舒适,保持空气清新、洁净,注意通风,室温维持在18~22℃,湿度维持在50%~60%。高热通常予以物理降温的方法,如用冰帽、冰袋冷敷头部或大动脉走行的地方。降温的时候需注意:冷敷时,避免持续长时间冰敷在同一部位,以防止局部冻伤。如果面色苍白,四肢厥冷的病人禁止使用冰敷和酒精擦浴降温。使用药物降温时,不可以在短时间内将体温降得过低,以免降温时大汗引起虚脱。病人大量出汗后,应及时用温水擦拭,更换汗湿的床单、被褥、衣裤,保持皮肤的清洁和干燥,使病人感到舒适。

(四)健康指导

▶ 1. 疾病预防指导

注意锻炼身体,增强机体的抵抗力。根据天气变化及时增减衣服。流感流行时应尽可能减少公众集会,尤其是室内活动,以防止疫情扩散。房间要经常通风换气,保持清洁。

▶ 2. 保护易感人群

接种疫苗是预防流感的基本措施,可获得60%~90%的保护效果。接种应在每年流感流行前的秋季进行,应使用与现行流行株一致的灭活流感疫苗。其中,老人、儿童、免疫抑制的病人以及易出现并发症者,是流感疫苗最合适的接种对象。发热或急性感染期最好推迟接种。对疫苗中成分或鸡蛋过敏者、吉兰-巴雷综合征病人、妊娠3个月以内的孕妇、严重过敏体质者禁忌接种。12岁以下儿童不能使用全病毒灭活疫苗。

▶ 3. 疾病知识指导

病人减少病毒传播的方法,室内每天进行空气消毒或开窗通风换气,病人使用过的食具应煮沸,衣物、手帕等可用含氯消毒液消毒或阳光下曝晒2小时。

(五)预后

据WHO发布的公告,全球每年流感病例为6亿~12亿,死亡人数50万~100万,其中重症流感病例300万~500万,重症流感的病死率为8%~10%。儿童及老年人常并发肺炎,有较高的病死率。

附:

(一)人感染高致病性禽流感

人感染高致病性禽流感(highly pathogenic avian influenza)简称人禽流感,是由甲型流感病毒某些感染禽类的亚型引起的人类急性呼吸道传染病。根据禽流感病毒致病性的不同,分为高致病性禽流感病毒、低致病性禽流感病毒和无致病性禽流感病毒。其中高致病性禽流感病毒感染最为严重,发病率和死亡率高,感染的鸡群死亡率可达100%。

流感病毒属甲型流感病毒。至今由禽鸟传人的流感病毒主要亚型有：H5N1、H5N6、H7N7、H9N2、H7N2、H7N3 及 H7N9 等，其中感染 H5N1、H7N9 和 H5N6 的病人病情重，病死率高。目前禽流感病毒并未出现对人类的大规模侵袭，但是，由于所有甲型流感病毒都容易发生变异，特别是禽流感病毒 H5N1 株变异迅速，一旦禽流感病毒与人流感病毒发生基因重组，含有人流感病毒的基因片段，可转变成一种具有极强传染性和更高致病性的全新的流感病毒。人体对这种新的流感病毒几乎没有任何免疫力，一旦流行可迅速传播，造成极大危害。

禽流感病毒对乙酸、氯仿、丙酮等有机溶剂均敏感。常用消毒剂如氧化剂、稀酸、卤素化合物（如漂白粉和碘剂）等容易将其灭活。禽流感病毒对热敏感，65℃加热30分钟或煮沸（100℃）2分钟以上可灭活。病毒对低温抵抗力较强，在有甘油保护的情况下可保持活力1年以上。病毒在阳光直射下40～48小时即可灭活，如果用紫外线直接照射，可迅速破坏其传染性。

【流行病学】

1. 传染源：主要为患禽流感或携带禽流感病毒的鸡、鸭等禽类，特别是鸡，但不排除其他禽类或猪、猫等作为传染源的可能。病人是否为传染源尚待进一步确定。

2. 传播途径：主要通过呼吸道传播，或直接接触受禽流感病毒感染的家禽及其排泄物、分泌物、组织器官或被带有病毒污染的物品而感染，也可通过眼结膜和破损皮肤引起感染。目前尚无人与人之间传播的确切证据。

3. 人群易感性：人群普遍易感，H5N1 感染者以 12 岁以下儿童发病率较高，病情较重，H7N9 感染者多见于老年人。从事家禽养殖业者，在发病前1周内去过家禽饲养、销售及宰杀等场所者，以及接触禽流感病毒的实验室工作人员都是高危人群。

【主要表现】

不同亚型的禽流感病毒感染人类后可引起不同的临床症状。感染 H9N2 亚型的病人通常仅有轻微的上呼吸道感染症状；感染 H7N7 亚型的病人主要表现为结膜炎；病情严重者多见于 H5N1、H7N9 和 H5N6 亚型感染。H5N1 感染者潜伏期一般为1～7天，起病急，早期类似普通型流感，主要为发热，体温持续在39℃以上，伴有流涕、鼻塞、咳嗽、咽痛、头痛和全身不适。部分人可有恶心、腹痛、腹泻、稀水样便等消化道症状。病情严重者可出现肺炎、急性呼吸窘迫综合征、肺出血、胸腔积液、全血细胞减少、肾衰竭、败血症、休克等多种并发症，可有肺实变体征。根据对感染 H7N9 亚型的调查结果，感染 H7N9 亚型者潜伏期一般为3～4天。早期表现和流行性感冒的症状相似。重症病人病情发展迅速，多在发病3～7天出现重症肺炎，持续高热，体温39℃以上，可出现呼吸困难，伴有咯血痰。病情可快速进展为急性呼吸窘迫综合征、脓毒症、感染性休克，甚至多器官功能障碍，部分病人可出现胸腔积液等表现。

明确诊断要点

1. 医学观察：病例有流行病学特点，1周内出现临床表现者。

2. 疑似病例：符合上述临床表现，甲型流感病毒抗原阳性，或有流行病学特点。

3. 确诊病例：符合上述临床表现，或有流行病学接触史，并且呼吸道分泌物标本中分离出禽流感病毒，或禽流感毒核酸检测阳性，或动态检测双份血清禽流感病毒特异性抗体水平呈4倍或以上升高。

【治疗要点】

治疗原则与普通流行性感冒基本相同。

1. 对疑似和确诊病人进行隔离治疗。
2. 抗流感病毒治疗在使用抗病毒药物之前应留取呼吸道标本。应在发病48小时内使用抗流感病毒药物。常用药物有：

（1）奥司他韦：成人剂量75mg每天2次，疗程5~7天，重症病例剂量可加倍，疗程可延长一倍以上。儿童3mg/kg，分2次口服，疗程5天。对于吞咽胶囊有困难的儿童，可选用奥司他韦混悬液。

（2）帕拉米韦：重症病例或无法口服者可用帕拉米韦氢化钠注射液，成人用量为300~600mg，静脉滴注，每天1次，1~5天，重症病例疗程可适当延长。目前临床应用数据有限，应严密观察不良反应。

（3）扎那米韦：成人及7岁以上青少年每次10mg吸入，每天2次，每次间隔12小时。

3. 离子通道M2阻断药：目前监测资料显示所有H7N9禽流感毒对金刚烷胺和金刚乙胺耐药，不建议使用。

4. 重症病人的处理要点：①加强营养支持；②加强血氧监测和呼吸支持；③防治继发细菌感染及其他并发症；④可短期使用糖皮质激素改善毒血症状及呼吸窘迫。

【隔离措施】

确诊病例可安置于同一房间隔离，疑似病例应安置于单间隔离。限制病人只在病室内活动，原则上禁止探视、不设陪护，与病人相关的诊疗活动尽量在病区内进行。密切监测禽流感密切接触者，包括与禽流感病禽或死禽密切接触者及人禽流感疑似病例或确诊病例的密切接触者，对出现临床表现者，应进行流行病学调查，采集标本送指定实验室检查，以进一步明确传染源，同时应采取相应的隔离和防治措施。

【加强疫情监控】

动物防疫部门一旦发现疑似禽流感疫情，应立即通报当地疾病预防控制机构，指导职业暴露人员做好防护工作。人禽流感实行专病报告管理，已发现人禽流感疑似或确诊病例的县（区），须以县（区）为单位实行人禽流感疫情日报告和"零"报告制度。疫情日报告和"零"报告：指在人禽流感流行期间，根据卫生部要求，每天上午10时前将过去24小时的人禽流感确诊病例、疑似病例发病、转归等情况汇总，以电话或传真方式向当地疾病预防控制机构报告，包括"零"病例的报告。

【禽流感职业暴露人员分级防护原则】

各级医务人员、疾病预防控制机构及其他有关人员在医院或疫点、疫区进行禽流感防治工作时，应遵循以下防护原则。

1. 一级防护：适用范围包括①对禽流感疑似或确诊病例的密切接触者及病死禽的密切接触者进行医学观察和流行病学调查的人员；②对疫点周围3km范围内（疫点

除外)的家禽进行捕杀和无害化处理,以及对禽舍和其他场所进行预防性消毒的人员。防护要求:①戴16层棉纱口罩(使用4小时后,消毒更换),穿工作服,戴工作帽和乳胶手套;②对疫点周围3km范围内的家禽宰杀和无害化处理,进行预防性消毒的人员还应戴防护眼镜、穿长筒胶鞋、戴橡胶手套;③每次实施防治处理后,应立即洗手和消毒。

2. 二级防护:适用范围包括①进入医院污染区的人员;采集疑似病例及确诊病人的咽拭子检查,处理其分泌物、排泄物的人员;处理病人使用过的物品和死亡病人尸体的人员以及转运病人的医务人员和司机。②对禽流感疑似或确诊病例进行流行病学调查的人员。③在疫点内对禽流感染疫动物进行标本采集、捕杀和无害化处理以及进行终末消毒的人员。防护要求:①穿普通工作服、戴工作帽、穿隔离衣、戴防护眼镜和医用防护口罩(离开污染区后更换),戴乳胶手套、穿鞋套。进行家禽的宰杀和处理时,应戴橡胶手套,穿长筒胶鞋。②每次实施防治处理后,应立即洗手和消毒。

3. 三级防护:适用范围是确定禽流感可由人传染人时,对病人实施近距离治疗操作,例如气管插管、气管切开的医务人员。防护要求:除按二级防护要求外,穿一次性医用防护服、戴防护面罩、医用防护口罩或将口罩、防护目镜换为全面型呼吸防护器。

【健康指导】

1. 疾病预防指导:根据禽流感职业暴露人员防护指导原则规定做好职业安全防护。加强检测标本和实验室禽流感毒株的管理。严格执行操作规范,防止实验室的感染及传播。对病、死禽密切接触者及现场处理疫情的工作人员,可预防性服用药物。公众应避免与禽、鸟类及其排泄物接触,尤其是与病、死禽类的接触。不吃未经煮熟的禽肉及蛋类食品。勤洗手,养成良好的个人卫生习惯。

2. 健康指导参见本节"流行性感冒"。

【预后】

人禽流感的预后与感染的病毒亚型有关,感染H7N7、H9N2两者大多预后良好,而感染H5N1者预后较差,影响预后的因素包括病人年龄、是否有基础疾病、治疗是否及时以及是否出现并发症等。

(二)传染性非典型肺炎

传染性非典型肺炎(infectious atypical pneumonia)又称严重急性呼吸综合征(severe acute respiratory syndrome,SARS),是一种因感染SARS相关冠状病毒而导致的急性传染病。以急起发热、头痛、肌肉酸痛、乏力、干咳、胸闷、腹泻和白细胞减少为特征,严重者出现快速进展的呼吸功能衰竭。本病是一种新的呼吸道传染病,其临床表现与其他非典型肺炎相似,但传染性强、病情进展快、病死率高是此病的主要特点。

SARS相关冠状病毒,简称SARS病毒,属于冠状病毒科,是一种单股正链RNA病毒。其基因和蛋白与已知的人类和动物冠状病毒差异较大,是一类新的冠状病毒。SARS病毒对外界环境的抵抗力较其他冠状病毒强。在干燥物体表面或腹泻病人便中可存活4天,在4℃培养可存活21天,−80℃可长期保存。但对乙醚、氯仿、甲醛等常用的消毒剂敏感,加热至56℃,15分钟即可杀灭。

【流行病学】

1. 传染源：病人是最重要的传染源。传染性主要在急性期，尤其发病初期。部分病人频繁咳嗽，呼吸道分泌物多，因呼吸衰竭需要气管插管，此时传染性最强。个别病人造成数十人甚至上百人感染，被称为"超级传播者"。潜伏期病人传染性低，作为传染源的意义不大；康复病人无传染性。隐性感染者是否存在及其作为传染源的意义尚未确定。从果子狸等野生动物体内可分离出与人SARS相关病毒基因序列高度同源的冠状病毒，是否为本病的贮存宿主和传染源仍有待确定。

2. 传播途径：①飞沫传播。近距离飞沫传播是本病最主要的传播途径。病人咳嗽、大声讲话、打喷嚏形成气溶胶颗粒，喷出后被易感者吸入而感染，但飞沫在空气中停留的时间短，移动距离仅为1m。②接触传播。通过直接接触病人的呼吸道分泌物、消化道排泄物或其他体液，或间接接触被病人污染的物品，可导致感染，实验室研究者在接触或处理病人标本或病毒株时，如防护不足亦可造成感染。③有证据显示急性期病人可通过粪便排出病毒，污染住宅的排污系统。若出现污水和废气反流，可能会造成局部环境污染，引起传播。

3. 人群易感性：普遍易感，各年龄组人群均可发病，但病人的密切接触者如家庭成员、同房的病人、医护人员和探视者等具有较高的危险性。

4. 流行特征：本病于2002年11月在我国广东省首先出现，随后蔓延至山西、北京、内蒙古、天津、河北等地。2003年2月下旬开始在我国香港流行，并波及越南、加拿大、新加坡、中国台湾等国家和地区。本次流行发生于冬末春初。男女之间发病无差别，各年龄组均可发病，但以青壮年(20~49岁)为主(约占80%)。死亡病例中，老年人较多(60岁以上者约占41%)。在家庭和医院有聚集发病现象，社区以散发为主。

【主要表现】

潜伏期约为1~16天，通常在3~5天。典型病人分3期。

1. 早期：一般为病初1~7天。起病急，通常以发热为首发症状，体温常超过38℃，可伴有畏寒、乏力、头痛、畏食等中毒症状；部分病人可有干咳、胸痛、腹泻等不适，常无流涕、咽痛等上呼吸道卡他症状。3~7天后出现干咳、少痰，偶有痰中带血丝，可有胸闷。肺部体征不明显，部分病人可闻少许湿啰音，或有肺实变的体征。

2. 进展期：病情多于10~14天达到高峰，感染中毒症状加重，并出现频繁干咳、气短或呼吸急促、呼吸困难，活动力下降，肺实变体征进一步加重，被迫卧床休息。少数病人可因出现急性呼吸窘迫综合征(ARDS)而危及生命。此期易继发呼吸道感染。

3. 恢复期：病程2~3周后，随着发热减退，其他症状体征也逐渐缓解、消失，但肺部炎症的吸收和恢复需在体温正常后2周。

【诊断要点】

明确是患病需要参考的因素有流行病学史、症状与体征、实验室检查、胸部X线检查和抗菌药物治疗无明显效果等。其中肺部影像学检查是诊断传染性非典型肺炎的必要指标之一。但是，如果与传染性非典型肺炎病例有密切接触后2周内出现发热、咳嗽等症状，即使是肺部影像学检查正常，也应作为疑似病例进行隔离治疗。

1. 流行病学史：发病前2周内曾密切接触过同类病人（与SARS病人共同生活，照顾SARS病人，或曾经接触SARS病人的排泄物，尤其是气道分泌物）；或属于受传染的群体发病者之一；或者有明确的传染给他人的证据；生活在流行区或发病前2周到过本病正在流行的地区。

2. 起病急：以发热为首发症状，体温>38℃，伴有头痛、全身酸痛、乏力、腹泻；咳嗽无痰、呼吸急促；呼吸窘迫综合征；肺部啰音或有肺实变体征。

3. 实验室检查：血白细胞计数不升高或降低，淋巴细胞计数减低。

4. 影像学检查：肺部不同程度的片状、斑片状浸润性阴影或呈网状样改变。部分病人进展迅速，呈大片状阴影；常为多叶或双改变，阴影吸收消散慢；肺部阴影与症状体征可不一致。

5. 抗菌药物治疗无明显效果。

【治疗要点】

早发现、早诊断、及时治疗有助于控制病情发展，减少对生命的威胁。主要的治疗措施包括以下几方面。

1. 一般治疗方式为加强休息，适当补充液体及维生素。

2. 对症治疗

（1）体温超过38.5℃者，医生指导下可使用解热镇痛药。高热者给予冰敷、酒精擦浴等物理降温。儿童忌用阿司匹林。咳嗽、咳痰者给予镇咳、祛痰药。缺氧及早给予持续鼻导管吸氧。遵照医嘱使用药物治疗。重症病人可使用已康复的传染性非典型肺炎病人的血清进行治疗，亦可使用免疫增强药物如胸腺素和免疫球蛋白。

【隔离措施】

1. 疫情报告：传染性非典型肺炎已列入《中华人民共和国传染病防治法》法定乙类传染病范畴，但按甲类传染病进行隔离治疗和管理。发现或怀疑本病时，应尽快向卫生防疫机构报告，做到早发现、早隔离、早治疗。

2. 设立发热门诊：医院应设立发热门诊，建立专门通道对发热病人进行预检、筛查。发热门诊和隔离留观室的出入口要设置显著标识，要与其他门诊和病区相隔离，防止人流、物流交叉，保持通风良好。对发热病人就诊和留观病人进行有效管理和引导。

3. 隔离：发现疫情就地实施呼吸道隔离，防止疫情蔓延。收治传染性非典型肺炎病人的医院要设立隔离病区，病区内要区分清洁区、半污染区、污染区，疑似病例与确诊病例分开收治，应住单人房间。避免使用中央空调。住院病人均需严格隔离，不得离开病区。严格规定探视制度，不设陪护，不得探视；如出现病人病情危重等特殊情况，确需探视的，探视者必须按规定做好个人防护。工作人员进入隔离病室必须做好个人防护，须戴12层棉纱口罩或N95口罩，戴帽子、防护眼罩及手套、鞋套等，穿隔离衣，以保证无体表暴露于空气中。房间定期、定时用含氯消毒剂或0.5%过氧乙酸溶液擦拭消毒。对病人的呕吐物、分泌物、排泄物用含250~500mg/L有效氯的消毒剂溶液浸泡30分钟后排入下水道。接触过病人或其他被污染物品后，应用消毒剂消毒手，包括0.5%碘伏溶液涂擦1~3分钟；用75%酒精或0.2%过氧乙酸溶液浸泡1~3分钟。

4. 隔离观察密切接触者：密切接触者应主动与疾病预防与控制中心联系，暂时留在家中自我隔离，每天测量体温，避免与家人密切接触。隔离地应注意通风。如条件许可，应在由卫生防疫部门指定的地点接受为期14天的隔离观察，如发现符合疑似或临床诊断标准时，立即以专门的交通工具送往指定医院。

【健康指导】

1. 疾病预防指导：本病尚无效果肯定的预防药物，灭活疫苗尚在研制中。管理传染源、切断传播途径是预防本病传播的关键。主要措施包括：流行期间减少大型群众性集会或活动，避免去人多或相对密闭的地方；不随地吐痰，避免在人前打喷嚏、咳嗽，清洁鼻子后应洗手；勤洗手；保持公共场所空气流通；排除住宅建筑污水排放系统淤阻隐患；对病人的物品、住所及逗留过的公共场所进行充分消毒；如有咳嗽、咽痛等呼吸道症状或必须到医院以及其他人多的场所时，应注意戴口罩；保持乐观稳定的心态，饮食均衡，注意保暖，避免疲劳，保证充足睡眠，适量运动等。对临床诊断病例和疑似病例应在指定医院实施隔离治疗，同时具备下列3个条件方可出院：①体温正常7天以上；②呼吸系统症状明显改善；③胸部影像学显示有明显吸收。

2. 疾病知识指导：①定期随访：病人了解疾病特点以及随访要求，使其能在出院后定期检查肺、心、肝、肾及关节等功能，若发现异常，应及时治疗；②合理饮食：病后初愈者体质仍较虚弱，出院后应注意均衡饮食，补充足够的营养素；③适当锻炼：康复期可练习太极拳等有利于心肺功能康复的运动项目，但避免过于疲劳。

【预后】

本病为自限性疾病。大部分病人经综合性治疗后痊愈。个别病情恶化，可进展至ARDS甚至死亡。重症、患有其他基础疾病以及老年病人死亡率较高。根据我国卫生部公布的资料，我国的传染性非典型肺炎病人死亡率约7%；根据WHO公布的材料，全球平均死亡率约11%。病死率与病毒感染途径、病毒剂量，个人因素如年龄、是否同时患有其他疾病以及医疗救治是否及时有关。少数重症病例出院后随访发现肺部有不同程度的纤维化，少数病例愈后发生骨坏死现象。至今尚没有出院后复发的报道。

三、肺结核

肺结核是由结核分枝杆菌侵入人体肺部引起的慢性肺部传染性疾病。本病传染源主要是痰中带菌的肺结核病人，痰涂片阳性属于大量排菌，传染性强。经过呼吸道传播为最常见。病人在咳嗽、打喷嚏时排出的结核菌悬浮在空气中，易感人群吸入后附着于肺泡上皮引起肺部感染。结核菌量越大，接触时间越长，感染概率越大。一旦有人患了肺结核，极易引发同寝室或密切接触者感染和发病，也易引起校园里的暴发流行。

病人主要表现为午后低热、盗汗、消瘦、乏力等全身症状和咳嗽、咳痰伴咯血（多为痰中带血或少量咯血）等呼吸系统症状。病变范围广泛或有大量胸腔积液时，可出现呼吸困难。通过痰结核分枝杆菌检查、胸部X线检查等可确诊。

抗结核治愈的关键在于合理的抗结核化学药物治疗（简称化疗）。化疗的主要作用在于迅速杀灭病灶中的大量结核分枝杆菌，使病人由传染性转为非传染性，达到治愈目的。遵循的化疗原则为早期、联合、适量、规律、全程。常用的药物有异烟肼、利福平、链霉素、乙胺丁醇等。服药期间应注意观察药物的不良反应，定期复查，尤其注意肝、肾功能等。

结核杆菌能耐寒、耐干燥、耐潮湿、耐酸碱，在干燥环境中存活数月或数年，在阴暗潮湿处可生存数月。但是对热、光照、紫外线照射敏感。餐具煮沸5分钟后再洗涤；被褥、书籍烈日下暴晒至少2小时。常用的杀菌剂中，70%酒精为最佳，接触2分钟即可杀菌。

四、病毒性肝炎

病毒性肝炎(viral hepatitis)是由多种肝炎病毒引起的以肝脏损害为主的一组传染病。目前确定的肝炎病毒有甲型、乙型、丙型、丁型及戊型，各型病原不同，但临床表现基本相似，以疲乏、食欲减退、肝大、肝功能异常为主要表现，部分病例出现黄疸。甲型及戊型主要表现为急性肝炎，乙型、丙型及丁型可转化为慢性肝炎并可发展为肝硬化，且与肝癌的发生有密切的关系。

1. 甲型肝炎：传染源主要是急性期病人和甲肝病毒(HAV)隐性感染者，尤其以隐性感染者多见，因其数量多，又不易识别，是最重要的传染源。甲型肝炎无病毒携带状态。病人在发病前2周和起病后1周，从粪便中排出病毒的数量最多，此时传染性最强。病毒经污染的水源、食物和日常生活密切接触传播。

2. 乙型肝炎：传染源为急、慢性乙型肝炎病人和病毒携带者，慢性病人和乙肝病毒(HBV)携带者是乙型肝炎最主要的传染源。传播途径为①血液传播：是主要的传播方式，包括不洁注射(如静脉药瘾者共用注射器)针刺、静脉输注含肝炎病毒的血液和血制品、手术、拔牙、血液透析、器官移植等。②母婴传播：主要经胎盘、产道分娩、哺乳和喂养等方式传播。③性接触传播：与HBV阳性者发生无防护的性接触，特别是有多个性伴侣者，其感染HBV的危险性增高。④生活密切接触传播：通过唾液、汗液、精液等生活中的"密切接触"可能是由于微小创伤所致的一种特殊的经血液传播的形式。日常学习、工作或生活接触，如同一办公室工作(包括共用计算机等办公用品)、握手、拥抱、同住一宿舍、同一餐厅用餐和共用厕所等无血液暴露的接触，不会传染HBV。

3. 丙型肝炎：传染源为急、慢性病人和丙肝病毒(HCV)携带者，尤以病毒携带者有重要的意义。传播途径与乙型肝炎相似。①血液传播；②性传播；③母婴传播。各个年龄均普遍易感。

4. 丁型肝炎：传染源和传播途径与乙型肝炎相似。人类对丁肝病毒(HDV)普遍易感。

5. 戊型肝炎：传染源和传播途径与甲肝相似。病人或戊肝病毒(HEV)隐性感染者是主要传染源，主要经消化道粪口传播。暴发流行均由粪便污染水源所致。

【预防措施】

甲型和戊型肝炎应预防消化道传播，重点在于加强粪便管理，保护水源，严格饮用水的消毒，加强食品卫生和食具消毒。乙、丙、丁型肝炎预防重点则在于防止通过血液和体液传播。注意个人卫生，不和任何人共用剃须刀和牙具等用品。若性伴侣为HBsAg阳性者，应接种乙型肝炎疫苗或采用安全套；在性伴侣健康状况不明的情况下，一定要使用安全套以预防乙型肝炎及其他血源性或性传播疾病。甲型肝炎流行期间，易感者可接种甲型肝炎减毒活疫苗。乙型肝炎疫苗全程需接种3针，按照0、1、6个月程序，即接种第1针疫苗后，间隔1个月及6个月注射第2及第3针疫苗。新生儿接种乙型肝炎疫苗要求在出生后24小时内接种，越早越好。母亲HBsAg阳性者，新生儿应在出生后立即注射高效抗HBV-IgG及乙肝疫苗。

慢性病人和无症状病毒携带者应做到：①正确对待疾病，保持乐观情绪；②生活规律，劳逸结合；③加强营养，适当增加蛋白质摄入，但要避免长期高热量、高脂肪饮食，戒烟酒；④不滥用药物，如吗啡、苯巴比妥类、磺胺类及氯丙嗪等药物，以免加重肝损害；⑤病人的食具、用具和洗漱用品应专人专用，家中密切接触者可行预防接种。

第五节　急性中毒处理

某些物质接触或进入人体后，在一定条件下，与体液相互作用，损害组织，破坏身体的调节功能，使其正常的生理功能发生障碍，出现一系列症状和体征，称为中毒（poisoning）。引起中毒的物质称为毒物。有毒的化学物质短时间内或一次超量进入人体而造成组织、器官器质性或功能性损害，称为急性中毒（acute poisoning）。急性中毒发病急剧，症状凶险，变化迅速，如不及时救治，会危及生命。那么，预防和早期急救就显得格外重要。

一、急性一氧化碳中毒

一氧化碳（carbon monoxide，CO）为含碳物质不完全燃烧所产生的一种无色、无臭、无味、无刺激性的气体。吸入过量CO引起的中毒称一氧化碳中毒（carbonmonoxide poisoning），俗称煤气中毒。

中毒原因：生活中当通风不良时，家庭用煤炉、燃气热水器所产生的CO以及煤气泄漏或在密闭空调车内滞留时间过长等均可引起CO中毒。失火现场空气中CO浓度可高达10%，也可引起CO中毒。煤矿瓦斯爆炸时亦有大量CO产生，容易发生CO中毒。

一氧化碳经呼吸道吸入后，立即与血红蛋白（Hb）结合形成稳定的碳氧血红蛋白（COHb）。COHb不仅不能携带氧，而且还影响氧和血红蛋白的解离，阻碍氧的释放和传递，导致组织缺氧，脑缺氧。

主要表现为①轻度中毒时表现为不同程度头痛、头晕、乏力、恶心、呕吐、心悸、四肢无力甚至晕厥等。患者如能及时脱离中毒环境，吸入新鲜空气或氧疗，症状一般很快消失。②中度中毒时除上述症状外，可出现胸闷、呼吸困难、脉速、多汗、烦躁、谵妄、视物不清、运动失调、腱反射减弱、嗜睡、浅昏迷等，口唇黏膜可呈樱桃红色，瞳孔对光反射、角膜反射可迟钝。患者经积极治疗可以恢复正常，且无明显并发症。③重度中毒时患者迅速出现昏迷、呼吸抑制、肺水肿、心律失常、心力衰竭，各种反射消失。还可发生脑水肿伴惊厥，上消化道出血、吸入性肺炎等。部分患者出现急性肾小管坏死和肾衰竭。患者死亡率高，抢救存活后多有不同程度的后遗症。

1. 救治原则：首先现场迅速脱离中毒环境，保持呼吸道通畅，如发生心搏、呼吸骤停，应立即进行心肺脑复苏。昏迷并高热和抽搐患者，降温的同时应注意保暖，防止自伤和坠伤。尽早给予吸氧或高压氧治疗。及时送医治疗。

2. 预防：居室内火炉要安装管道、烟囱，室内防止泄漏，室外结构要通风良好。厂矿使用煤气或产生煤的车间、厂房要加强通风，配备一氧化碳浓度监测、报警设施。进入高浓度一氧化碳环境内执行紧急任务时，要戴好特制的一氧化碳防毒面具，系好安全带。

二、急性酒精中毒

酒精，又称乙醇，是无色、易燃、易挥发的液体，具有醇香气味，能与水或其他有机溶剂混溶。急性酒精中毒（acute ethanol poisoning）或急性乙醇中毒（acute alcohol poisoning）是指一次过量饮入酒精或酒类饮料，引起兴奋继而抑制的状态。

急性酒精中毒主要是因过量饮酒所致。主要表现与饮酒量及个人耐受性有关，分为三期：

1. 兴奋期：血乙醇浓度＞500mg/L，有欣快感、兴奋、多语、情绪不稳、喜怒无常，可有粗鲁行为或攻击行为，也可沉默、孤僻，颜面潮红或苍白，呼出气带酒味。

2. 共济失调期：血乙醇浓度＞1 500mg/L，表现为肌肉运动不协调，行动笨拙、步态不稳，言语含糊不清、眼球震颤、视物模糊、复视、恶心、呕吐、嗜睡等。

3. 昏迷期：血乙醇浓度＞2 500mg/L，患者进入昏迷状态，颜面苍白、皮肤湿冷、体温降低、心率快、血压下降、瞳孔散大、口唇微绀，呼吸慢而有鼾声，严重者可发生呼吸、循环衰竭而危及生命。也可因咽部反射减弱，饱餐后呕吐，导致吸入性肺炎或窒息而死亡。偶见患者在酒醒后发现肌肉突然肿胀、疼痛，可伴有肌球蛋白尿，甚至出现急性肾衰竭。

救治原则：

一般轻症患者无须特殊治疗，卧床休息，注意保暖，可自行恢复。兴奋躁动患者应予适当约束，共济失调者应严格限制其活动，以免摔伤或撞伤。昏迷患者应注意维持气道通畅。及时送医院治疗。

三、急性镇静催眠药中毒

镇静催眠药是中枢神经系统抑制药，具有镇静和催眠作用，小剂量时可使人处于安静或嗜睡状态，大剂量可麻醉全身，包括延髓中枢。一次大剂量服用可引起急性镇静催眠药中毒。

过量服用是镇静催眠药中毒的主要病因。主要表现为嗜睡、注意力不集中、记忆力减退、言语不清，甚至昏睡或浅昏迷、呼吸浅而慢；重者表现为深昏迷，呼吸浅慢甚至停止，血压下降甚至休克、体温不升可并发肺炎、肺水肿、脑水肿、急性肾衰竭而威胁生命。

救治原则:

保持呼吸道通畅,仰卧位时头偏向一侧,可防止呕吐物或痰液阻塞气道;及时吸出痰液,并给予持续氧气吸入,防止脑组织因缺氧而加重脑损伤。迅速清除毒物,口服中毒者早期用清水洗胃,服药量大者即使服药超过6小时仍需洗胃。硫酸钠导泻,一般不用硫酸镁导泻等。

对镇静催眠药处方的使用、保管应严加控制,特别是对情绪不稳定或精神不正常者,均需在医生的指导下慎重用药。要防止药物的依赖性。

拓展阅读

"摇头丸"中毒

"摇头丸"是一种具有致幻作用的苯丙胺类兴奋剂,单次剂量使用即可产生"急性强化效应"而致成瘾。轻度中毒:表现为兴奋、好动多语、呼吸加快但神志清楚;中度中毒:表现为发热伴神志恍惚、精神紧张、头痛、胸痛、运动不能;重度中毒:表现为发热伴神志不清或昏迷、抽搐、瞳孔散大、牙关紧闭、衰竭状态。致死的原因主要有:高热综合征、弥散性血管内凝血(DIC)、急性肾衰竭、呼吸衰竭、肝功能衰竭、休克、心室颤动。中毒时主要救治原则为:保持呼吸道通畅和给氧、清除毒物、促进毒物排泄、镇静、改善心肌缺血、对症支持治疗及必要时血液净化治疗等。

毒草中毒

毒草又称毒蘑菇。毒草中毒常由采食毒性较小但烹调不当的草类或误食外观与无毒草相似的毒草所致。一般人以不随便采摘、食用野草为要。中毒时临床表现为:胃肠炎型、神经精神型、溶血型和肝炎型。以后者最为严重,常可导致多系统器官衰竭。中毒时主要救治原则为:清除毒物、应用解毒药、对症支持治疗等。

鱼胆中毒

民间流传鱼胆有"明目止咳、清热解毒"作用,时有被生食或和酒吞服,屡有鱼胆中毒事件发生。中毒后病情的轻重与服鱼胆数量有关。首发症状为恶心、呕吐、腹痛、腹泻等消化道症状。患者可因发生肝、肾、心等多脏器功能衰竭而死亡。鱼胆中毒无特效解毒剂,主要救治原则为:清除毒物、对症支持治疗。早期应用透析治疗或预防性透析治疗,可明显改善预后。预防鱼胆中毒,应加强宣传教育,不盲目服用鱼胆。

第六节 日常生活中的安全用药

一、给药的小常识

药物是我们日常生活中最常用的物品之一,不管是居家生活,还是外出旅游,或是异乡求学,大家都或多或少的准备一些常用药物放在身边以备急用。同时"三分治,七分养",精心护理可以减少疾病的危害,促进疾病的康复有重要作用。因此,如何做到合理用药,掌握正确给药的方法,精心护理,确保用药安全是我们必须了解和掌握的基本知识。

（一）药物的概念

药物是指用于预防、治疗、诊断人的疾病，有目的地调节人的生理功能并规定有适应证或者主要治疗功能、用法和用量的物质。药品具有两面性，既可以驱除病魔、造福人类，也可以对人的健康产生毒副作用，同时滥用药品还可能会给人体造成更大的伤害。合理用药就是以当代药物和疾病的系统知识和理论为基础，安全、有效、经济、适当地使用药物。

（二）药物不良反应

药物作用于机体，除了发挥治疗功效外，有时还会由于种种原因而产生某些与药物治疗目的无关并对人体有害的反应，这就是药物的不良反应。药物的不良反应一般可分为副作用、毒性反应、过敏反应和继发感染（也称二重感染）等几类。不良反应有大小和轻重之分，它可以使人感到不适、病情恶化、引发新的疾病，甚至导致死亡。因此，应最大限度地发挥药物疗效并减少药物的不良反应。

现实生活中，由于大家对药物不良反应缺乏正确的认识，往往会产生一些错误的理解，如把药物不良反应与药品质量问题等同起来；或认为中药和滋补品安全，不良反应少；进口药比国产药不良反应少或非处方药不会出现不良反应等，这些理解都是不科学的。实际上，药品不良反应的发生率是相当高的，特别是在长期使用或用药量较大时，出现不良反应，甚至是严重的毒副反应的情况可能更为严重。但是，只要合理使用药物，就能避免或使其危害降低到最低限度。这就要求人们在用药前全面了解该药的药理性质，严格掌握药品的适应证，明确药品的配伍禁忌，选用适当的剂量和疗程。同时，在用药过程中还应密切观察病情的变化，及时发现药品产生的不良反应并妥善加以处理，尽量避免引起不良的后果。对于一些新药，由于临床经验不足，对其毒副作用的观察及了解不够，在使用时就更应十分慎重。

（三）药物的副作用

一种药品往往具有多种作用，当人们利用其中某一作用时，其余的作用便称为副作用。药品的副作用是指在使用治疗剂量的药品时所出现的与用药目的无关的其他作用。药品的治疗作用与副作用都是药物本身所固有的药理特性，它们是相对而言的，随着治疗疾病的目的而改变。例如，麻黄碱具有兴奋中枢神经系统和收缩血管、升高血压的作用，如用其治疗低血压，那么兴奋中枢神经系统引起的失眠就是副作用；反之，如果用于治疗精神抑郁疾病，那么引起血压升高就是副作用了。

药品的副作用涉及面比较广，在一定意义上讲，用药过程中出现一些副作用是在所难免的。如服用抗过敏药马来酸氯苯那敏易出现嗜睡、困乏等症状，服用解痉药颠茄片后引起口干等。但如果副作用较猛烈或由于副作用可能导致病人其他疾病或病情加重时，就应考虑停药或换药，也可以有针对性地服用一些能削弱或抵消副作用的药品。

（四）阅读药品使用说明书

药品使用说明书主要包括以下内容：

(1) 药品名称：可分为商品名或通用名、化学名。通用名和化学名世界通用，任何教科书或文章上出现的应是同一名称，一般以英文和译文表示。通用名相同的药品，可因生产企业不同有很多个商品名。不同的商品名，意味不同厂家的产品，也意味不同的品质。用药时要认准通用名或者化学名，避免重复服药，导致过量中毒。

(2) 药品的批准文号：药品生产必须经国务院药品监督管理部门批准并发给生产文号，通常以"国药准字(生产年份)第××××××××"表示。生产批号则表示该药的生产日期，通常印在包装盒或标签说明上。

(3) 药品有效期、保质期或失效期：药品均注明有效期，药品超过有效期或达到失效期后则为过期失效，过期药物绝对不能服用。

(4) 适应证或作用与用途：根据药品的药理作用及临床应用情况，将使用本品确有疗效的疾病列入适应证范围。此项在中成药说明书中常用"功能与主治"表示。服药一定要在适应证范围内，尤其是非处方药物，应按照适应证服用，避免错服。

(5) 不良反应及注意事项：为了安全使用药物，通常都会列出该药的适用、忌用和禁用对象，以及药品在使用过程中可能出现的不良反应。注意事项还包括孕妇、哺乳期、慢性病等特殊患者应注意的内容。有禁忌证的人，绝对不能使用相应的药物，慎用的药物要在医生指导下使用。认真阅读不良反应及注意事项，加强用药的自我监测，有助于在出现不良反应时及时采取措施。

(6) 药品规格：是指该药每片或每支的含量。

(7) 药品的用法与用量：药品的用法是指根据该药的剂型和特性注明的服用方法，如口服、肌内注射、饭前服、饭后服等。如果没有特别说明，一般标明的剂量为成年人的常用剂量，并以药品的含量为单位标明。若小儿或老人使用还需按要求折算。

(8) 贮藏：不同药品对储存的条件要求不同，多数药品均需避光、密闭并在阴凉干燥处保存。生物制品大多需冷藏或低温保存。应严格按照说明书注明的方法进行药品贮藏。

拓展阅读

什么是"OTC"药品

"OTC"药品是非处方药(Over the Counter)的英文缩写，我国实行处方药和非处方药的分类管理制度。非处方药就是指那些不需要凭执业医师或执业助理医师处方，消费者按药品说明书自行判断，直接从药店购买和使用的药品；而处方药则是必须凭执业医师或执业助理医师处方才能调配、购买使用的药品。实行药品分类管理是国际上通行的管理办法。既保证安全有效又方便群众用药。

(五) 选购药品注意事项

(1) 购药时必须从药品监督管理部门批准的有资质的零售药店购买，以保证所购药品的质量和得到必要的药学服务。普通商业超市、宾馆等经批准也可以销售乙类非处方药，但这些地方不能销售甲类非处方药和处方药。

(2) 购买处方药时，必须凭执业医师和执业助理医师处方才可购买和使用。

(3) 选购非处方药品前，一定要对自身疾病和身体状况有明确的了解，如以前是否发生过此类疾病，曾用过什么药品，用药的效果如何，有无过敏史等。仔细阅读药品说明书，以便做到合理用药。如果自己对上述情况不清楚，最好请医生诊断后再用药或在执业药师指导下购买和使用。

（4）购药时应注意查看药品包装上有无批准文号、生产厂家、生产批号、有效期、适应证、剂量和用法等，以防伪劣药品危害健康。

（5）注意索要和保留购药凭证。一旦发现所购药品有质量问题，消费者可以凭有关购药凭证进行维权。

（六）药品的保存

药品存放不当或过久，会变质失效，产生毒性，因此不建议学生自备药品，但对于患病后剩余的药品可以参考以下办法存放。

（1）做好明确标记：药品说明书不能与药品分开，包装完好的药品，可原封不动地保存；散装药应在药瓶（盒）贴上醒目标签，写清楚药物名称、规格、用法与用量、失效或有效期对标签脱落不能辨认或模糊不清的，禁止使用。

（2）避光防潮保存：药品会吸收空气中的水分而潮解。潮解后的药品可出现溶化、发霉、发酵、粘连等现象，不能使用。而有些药品在光线作用下会发生变质或毒性增强，所以药品应放置在阴凉干燥避光处保存，包装要严密，以防吸潮变质。对某些容易挥发的药品如酒精、碘酒及乙醇制剂，要注意严密加盖保存，使用后及时封好。

（3）内服药、外用药须分开存放：外用药多具刺激性、腐蚀性和毒性，将外用药当内服药误服，会造成不良后果。因此，两种药物要用不同标签或不同颜色以示区别，避免用错。

（4）注意失效期：贮藏备用的药品再次使用时，要认真查看药品是否超过有效期或变质，过期或失效药品严禁使用。

（七）禁止超剂量服药

药物用量是经过严格的科学实验和大量的临床观察而确定的。药物用量超出治疗剂量范围，轻则产生毒副反应，损害人体健康，重则危及生命。同时，一般药物的疗效不会因为剂量增加而提高，相反还会明显增加肝肾功能的负担，导致脏器功能受损。因此，临床上无论是西药还是中成药，应用时都应严格掌握药物的适应证，按常规剂量或遵医嘱使用，既保证药物发挥应有的作用，又能保证用药安全。

（八）临床用药原则

临床用药遵循的原则是：能不用就不用、能少用就不多用，能口服不肌注、能肌注不输液。现实中不少患者认为打针比服药效果好、见效快，主动向医生要求点滴输液。其实，这是一个认识上的误区。静脉注射给药时，药物直接进入血液循环，不需要经过口服药物的溶解、吸收等过程，是所有给药途径中最快产生药效的一种，但是所带来的风险也比较高。原因是人体有一套自身保护系统，血管就像一道天然屏障，可以将有害物质阻挡在外面。当静脉输液时，这个天然屏障被打破，就很容易发生问题。另外，在输液的过程中，液体和药品本身就可能产生一些微小的不溶性颗粒，同时在配伍操作过程中也不可避免地产生一些微小颗粒而进入体内，这些微粒不能被代谢或排出体外，可以在体内长期存在，也可以引发静脉炎、血管栓塞、热源性反应等。如果输液用的器械灭菌达不到要求，或药品存在质量问题等，就可能会产生更多的不溶颗粒，还可能导致严重的输液反应。同时，药物刺激也可能发生静脉炎、组织水肿等不良情况。因此，患者用药要尊重医生的建议，选择疗效好、更安全、副作用小的治疗手段和给药途径，千万不能盲目输液，以免发生不良后果。服药时注意核对，确认无误后再服用，服药后要随时观察治疗效果及不良反应，若发现异常，应及时和医生联系，紧急处理。

（九）上呼吸道感染时是否需要应用抗生素

上呼吸道感染简称上感，多是由病毒引起的急性感染性疾病，多呈自限性，但发生率较高。主要表现为鼻部症状，如喷嚏、鼻塞、流清水样鼻涕，也可表现为咳嗽、咽干、咽痒或灼热感。很多人患感冒后，为尽快消除症状，常常服用一些抗生素，其实这是完全没有必要的，因为抗生素对各种病毒感染均无作用。不但如此，不合理地滥用抗生素，还会破坏肠道内的正常菌群，甚至导致二重感染，反而有利于细菌繁殖。所以我们应当避免滥用抗生素。当血液白细胞增高或有其他并发症时，可在医生指导下酌情使用抗生素。

二、生活中常用的护理技能

（一）滴眼药

用滴管或眼药滴瓶将药液滴入眼结膜囊，以达到消炎杀菌、收敛、麻醉、散瞳缩瞳等治疗作用，也可做某些诊断检查。

操作前认真核对药名，洗净双手，取仰卧位或坐位，头略后仰，用干棉签拭去眼部分泌物，病人眼睛向上注视。左手取一根干棉球放于病人下眼睑处，并用食指固定上眼睑，拇指将下眼睑向下牵拉，让其头后仰、眼向上看；右手持滴管或滴瓶，在距离眼睑1～2cm处，将1～2滴药液滴入结膜下穹隆中央。嘱其轻轻闭上眼睛。如果涂眼药膏，则将眼药膏挤入下穹隆部，1cm左右长度即可。

操作时应严格无菌操作，滴管开口避免接触眼睛及睫毛，预防交叉感染。认真核对，注意检查眼药水的质量和药液的性质。滴药时，一般先左后右，防止遗漏和差错。滴药的动作要轻柔，以防伤及眼球。

（二）耳道滴药

将药液滴入耳道，以达到清洁消炎的目的。

耳道滴药时取侧卧位，患耳向上，用棉签清洁耳道。操作者一手持干棉球，向上向后轻拉病人耳郭，使耳道变直。另一手持滴管，将药液沿外耳孔顺耳后壁滴入3～5滴，并轻提耳郭或在耳屏上加压，使气体排出，药液容易流入；将干棉球塞入外耳道。

滴管口不可触及病人皮肤，防止交叉感染。滴入的药液温度要适宜，以免刺激内耳引起眩晕。如果昆虫类进入耳道，可选用油剂药液，滴药后2～3分钟便可取出。清除耳内耵聍滴入软化剂后可有胀感，耵聍取出后胀感即消失，不必紧张。

（三）鼻腔滴药

通过从鼻腔滴入药物，治疗副鼻窦炎；滴入血管收缩剂，减少分泌，减轻鼻塞症状。

滴药时首先排出鼻腔分泌物并清洁鼻腔，取仰卧位或侧卧位，操作者一手持一干棉球，并轻推鼻尖，暴露鼻腔。另一手持滴瓶距离鼻孔 2cm 处滴入药液，每侧滴入 2~3 滴。轻捏鼻翼或患者将头部向两侧轻轻晃动，促使药液均匀分布到鼻窦口，提高药液效果。

操作时，注意观察病人用药后是否出现黏膜充血加剧。血管收缩剂连续使用时间不可过长。

（四）插入给药

插入给药法包括直肠给药和阴道给药，常用栓剂进行插入给药。栓剂是药物与相适应的基质制成的固体制剂，专用于腔道给药。栓剂的熔点是 37℃左右，进入体腔后能缓慢融化而产生疗效。

1. 直肠栓剂插入法：将栓剂插入直肠，产生局部或全身治疗作用。

给药时可深呼吸，降低腹部压力。戴上指套或手套，将栓剂插入病人肛门，并用食指将栓剂沿直肠壁轻轻推入 6~7cm，保持侧卧势，15 分钟后方可改变体位。

操作时注意保护隐私。动作轻柔，减少不良刺激。塞药前先排净大便，药物与肠黏膜充分接触，增强吸收效果。

2. 阴道栓剂插入法：将消炎、抗菌栓剂插入阴道，促进阴道、宫颈炎症的吸收，达到局部治疗作用。

给药时可一手戴指套或手套，以食指或置入器将栓剂以向下向前的方式，置入阴道内 5cm 以上，并将体位改变为仰卧位，尽量仰卧 15 分钟以上，方可改变体位。

操作时注意保护病人隐私，准确判断阴道口位置，必须置入足够深度。为延长药物作用时间，尽量晚上用药。注意治疗期间避免性生活及盆浴，保持内裤清洁。阴道出血和月经期禁用。

（五）皮肤给药

皮肤给药是将药物直接涂于皮肤，起到局部治疗作用。常用于皮肤的药物有溶液、软膏、糊剂等多种剂型。

1. 溶液类可用于急性皮炎伴有大量渗液或脓液的病人，在患处下方垫塑料布，用蘸湿药液的棉签，涂抹于患处直至局部皮肤清洁后用干棉球擦干。

2. 软膏类可用棉签将软膏涂于患处，不宜涂药过厚，一般不需要包扎。局部有溃疡或大片糜烂时涂药后应包扎。

3. 糊剂类可用棉签将药液直接涂于患处，不宜涂药过厚，影响药物吸收；还可将药物涂于无菌纱布上，贴于受损皮肤处，并包扎固定。主要用于亚急性皮炎，有少量渗液或轻度糜烂的病人。

给药前了解局部用药的情况。注意观察用药后局部皮肤反应情况。动态地评价用药效果。

（六）冷热疗法

冷、热疗法是临床上常用的物理治疗方法，是利用低于或高于人体温度的物质作用于人体表面，通过神经传导引起皮肤和内脏器官血管的收缩或扩张，而改变机体各系统体液循环和代谢活动，达到治疗的目的。

1. 冷疗法（cryotherapy）是用低于人体温度的物质，作用于机体的局部或全身，以达到止血、止痛、消炎和退热的治疗方法。常用的冷疗法有局部放置冰袋、冰囊、冰帽、冰槽、冷湿敷和化学制冷袋等；有乙醇擦浴、温水擦浴等。

在炎症早期冷疗，如鼻部软组织发炎早期，可给予鼻部冰敷，以达到控制炎症扩散的目的；在软组织损伤早期及体表组织早期用冷，如鼻出血等可以使毛细血管收缩，减轻局部组织的充血和水肿；还可以使血流减慢，血液粘稠度增加，促进血液凝固而控制出血；在牙痛、烫伤及急性损伤初期（48小时内），如踝关节扭伤48小时内用冷湿敷，可以减轻踝关节软组织出血和疼痛；高热或中暑的时候用冷，可以降低体温，提高脑组织对缺氧的耐受性，减少脑细胞的损害。

冷疗时注意观察局部皮肤变化，每10分钟查看一次局部皮肤颜色，如有苍白、青紫、麻木等情况立即停止用冷。枕后、耳郭、阴囊禁忌用冷，防止冻伤；心前区禁忌用冷，以防止反射性心率减慢；腹部禁忌用冷，防止腹泻、腹痛；足底禁忌用冷，防止引起一过性冠状动脉收缩出现心肌的缺血缺氧。用冷时注意时间，最长不超过30分钟，需长时间用冷时，应休息1小时后再重复使用。

2. 热疗法（thermotherapy）是一种利用高于人体温度的物质，作用于机体的局部或全身，以达到促进血液循环、消炎、解痉和缓解疲劳的治疗方法。常用的方法有使用热水袋、烤灯等；还有热湿敷、热水坐浴、局部温水浸泡等。

热可扩张局部血管，促进血液循环，增强新陈代谢和白细胞的吞噬功能。炎症时早期用热，可以促进炎性渗出物的吸收与消散；炎症后期用热，可以促使白细胞释放蛋白溶解酶，溶解坏死组织，促进炎症局限，如踝关节扭伤48小时后，用热湿敷促进踝关节软组织瘀血的吸收和消散。热可以使体表血管扩张，血流量增加，使全身循环血量重新分布，深部组织血流量减少，达到减轻深部组织充血的目的。热可以降低痛觉神经的兴奋性，提高疼痛阈值；热还可以改善血液循环加速致痛物质排出及炎性渗出物的吸收，解除对神经末梢的刺激和压迫，达到减轻疼痛的目的。另外，热能使肌肉松弛，结缔组织伸展性增强，关节的活动范围增加，减轻肌肉痉挛僵硬及关节强直引起的疼痛。热可以使局部血管扩张，促进血液循环，使病人感到温暖、舒适。可用于年老体弱、早产儿等的保暖。

热疗时，热水袋的水温控制在60℃～70℃为宜，热水袋外用毛巾包裹；热湿敷时控制在50℃～60℃为宜。

热疗时，需注意经常观察病人皮肤颜色，如发现皮肤潮红、疼痛，应立即停止使用，并在局部涂上凡士林以保护皮肤。婴幼儿，老年人、昏迷、肢体麻痹的病人使用热水袋时，温度应在50℃以内，以防烫伤。若要持续使用热水袋时，应每30分钟检查水温一次，及时更换热水，并严密观察。

注意下列情况禁忌用热：

（1）急性炎症。如牙龈炎、中耳炎、结膜炎等，在急性炎症反应期使用热疗，可因局部温度升高，循环血量增加，有利于细菌的生长、繁殖，反而使病情加重。

（2）面部危险三角区感染。面部"危险三角区"血管丰富，无静脉瓣，且与颅内海绵窦相通。用热可使该处血流量增多，细菌及其毒素易扩散至颅内，造成颅内感染和败血症。

（3）各种脏器出血。热可使脏器的血流量增加，血管的通透性增强，加重脏器出血。

（4）急腹症未明确诊断前。对原因不明的急性腹痛病人用热时，可因疼痛被缓解而掩盖病情真相，贻误疾病的诊断和治疗。

（5）软组织损伤48小时内。在软组织损伤早期（48小时内）使用热疗，可因局部血管扩张，通透性增加而加重软组织出血、肿胀和疼痛。

（6）恶性肿瘤部位。热可使血管扩张，血流量增加，有助于细胞的生长及新陈代谢。在恶性肿瘤部位使用热疗，可加速肿瘤细胞的生长、转移和扩散，使病情加重。

（7）感觉功能损伤、意识不清的病人慎用。用热可能会造成烫伤，这类病人应在严密监视下使用热疗。

课后思考

1. 在大学生中引起角膜炎常见的病因是由使用隐形眼镜不当引起的，在佩戴隐形眼镜时应注意些什么呢？
2. 外伤后完全脱位的牙应该怎样处置呢？
3. 感冒流鼻涕多时，为了避免中耳炎的发生，不能用力擤鼻，什么才是正确擤鼻的方法呢？
4. 大学生发生于面颈部的疖、痈可否用手挤压，为什么？
5. 慢性病多见于中老年人，疾病的发展是长期的过程，积极预防从什么时候开始呢？预防有哪些事项需要注意呢？
6. 某学生在高考复习阶段，常感到头痛、头晕、乏力，多次测量血压为140/90mmHg。请问该学生可以诊断为高血压吗？应该如何做呢？
7. 传染病流行的基本条件是什么？切断任何一个环节都有助于控制传染病的流行。请思考怎样才能做到控制传染源、切断传播途径和保护易感人群呢？
8. 请思考，我们应该怎样用药才是安全的呢？

第九章 意外伤害与急救

学习目标

1. 了解院外急救的意义和原则,掌握院外急救中应该注意哪些事项
2. 掌握处理突发事件和现场急救的方法,提高应对意外事件和现场急救的能力

案例导入

患者,男,38岁,3米高处坠落,伤员神志淡漠,面色苍白,呼之不应,全身多处外伤。

随着人类活动范围的不断扩大、生活节奏的加快、现代化程度的提高及交通运输方式的多样化。我们无时无刻不面临着各种意外和风险,如何增强自我保护意识,掌握一些自我保护的知识,提高自我保护能力,更好地珍惜生命、尊重生命、享受生命、超越生命。

在人们的社会生活中突然发生的、对人们生活具有巨大威胁的紧急事件,它使个体在威胁性的刺激情境中,产生巨大的心理压力,处于身心紧张的应激状态称为突发事件。

突发事件发生后,它对人体产生的危害和消极影响是不可避免的,给身心带来不良影响,甚至有可能影响到世界观、人生观和价值观的形成,但是我们可以采取积极措施将这种影响降到最低程度,甚至可以将部分消极影响转化为积极影响。因此,高校应注意加强对大学生应对突发事件能力的培养,而学生本人也要积极参与,加强安全防范,提高个人的心理承受能力和应对处置能力。

学校应积极开展应对突发事件的训练,而大学生则应通过培训学会在事件发生时如何分析自己的处境,调节和控制自己的情绪和心理状态,积极寻求解决问题的办法,从而获得应对经验,掌握应对策略,进而提高应对突发事件的认知和行为能力。作为学校,在突发事件发生时,要及时让学生在第一时间全面地了解真实信息,同时鼓励学生表达自己的关注、担忧、要求和建议等,通过交流沟通,加强相互理解、相互信赖和相互支持,共同应对危机难关。作为大学生,应该主动参与,通过开展心理训练、角色扮演、心理游戏辅导等活动,逐渐培养大学生应对突发事件的敏锐观察力、果断处置能力、良好的自控力和顽强的意志,将消极影响转化为积极的促进作用。在参与提高应对突发事件的能力培训的同时,树立积极的人生态度,建立符合客观实际的理性信念,从而在面对突发事件时,才能表现出乐观的态度、坚强的意志和较强的承受挫折的能力。平时还要注意建立和谐的人际关系,加强与老师、同学、朋友、家人的交流与沟通,拓展自己良好的社会支持系统。

最后，在此过程中，感受社会责任感和牺牲精神的伟大，明白团结合作的价值，培养自己在突发事件中的团队合作精神、互助互救意识及社会责任感，进而树立正确的人生观和价值观。

第一节 急救特点及原则

一、院前急救概念及原则

院前急救（prehospital emergency care），也称院外急救（outhospital emergency care），是指在医院之外的环境中对各种危及生命的急症、创伤、中毒、灾害事故等伤病者进行现场救护、转运及途中救护的统称，即从患者发病或受伤开始到医院就医之前这一阶段的救护。广义是指医疗人员或目击者在伤病现场对伤员进行的相关急救，维持生命体征，减轻痛苦的医疗行为。及时有效的院前急救，对于维持患者生命、防止再损伤、减轻患者痛苦，提高抢救成功率，减少致残率，具有极其重要的意义。

院前急救是急救医疗服务体系（EMSS）的首要环节，是在灾害事故中伤病患者获得救助并减少并发症的基本保证，是医院抢救治疗的基础。而现场第一目击者是否掌握急救知识和技能，是否把握住急症和创伤的最佳抢救时间等都是挽救患者生命极其重要的因素。

拓展阅读

急救医疗服务体系（emergency medical service system，EMSS）是必须具有较强的受理应答呼救能力的专业通讯指挥、承担院外急救的机构。同时迅速地派出救护力量，到达现场处理急危重症病人。为了缩短救护时间，急救系统应该有一个统一的电话号码，如美国家喻户晓的"911"、法国的"15"、日本的"119"、德国的"112"以及中国香港特别行政区的"999"。1986年，我国将"120"定为医疗急救电话。近年来，部分城市开通了红十字会系统设立的"999"急救电话。

（一）院前急救的原则

现场急救的目的是及时采取有效的措施和技术，最大限度地挽救病人的生命，降低致残率，减少死亡率，为安全转送至医院打好基础。作为施救者应沉着冷静大胆，细心观察评估现场，科学理智做出判断，确保自身及伤病员的安全。施救者可因地制宜，就地取材，充分利用现场一切可利用的人力和物力，执行院前急救总的原则："先救命后治病，先重后轻。"具体原则如下：

▶ 1. 立即使伤（病）员脱离危险区

救护人员在伤病现场实施救护前应先对周围环境进行评估，同时做好自我防护，要先确保救护者的安全再实施救护。

（1）先复苏后固定。遇有心脏搏动呼吸骤停合并骨折者，应首先用心肺复苏术对伤病员进行心肺复苏，直至心跳、呼吸恢复，伤病员基本生命体征趋向平稳后，再固定骨折部位。

(2) 先止血后包扎。遇有大出血合并创口者,首先用直接压迫或间接压迫进行止血,防止因持续性失血而导致失血性休克,然后再进行消毒、包扎创口。

(3) 先重伤后轻伤。遇到群伤事故时,救护人员应分清缓急轻重,优先抢救急、危、重病员,后抢救伤势较轻的病员,总的来说遵循"先急后缓、先重后轻、先近后远"的原则。

▶ 2. 先救命后治病,先救治后运送

在伤病现场,应先争取时间现场挽救伤病员的生命,待病情稍稳定后再进行运送。在运送途中,不能停止对伤病员的抢救,要继续密切观察其病情变化;注意路途的选择,途中应尽可能减少颠簸,必要时注意保暖,确保伤病员平安抵达目的地。

▶ 3. 急救与呼救同时进行

面对大批伤病员时,在有多人在现场的情况下,要具备良好的心理素质,运用急救技能,做到忙而不乱、紧张而有序地分工合作,急救和呼救相结合,以更快地争取到急救外援;在只有一人在场的情况下,应先进行紧急施救,而后在短时间内进行电话呼救。

▶ 4. 争分夺秒,就地取材

大量的实践证明,救护人员越早接近伤病员,越快采取急救措施,伤病员的存活率也就越高。这就要求救护人员在到达现场的第一时间快速反应,就地取材,实施综合的急救措施,争分夺秒地开展一系列的救治工作。

▶ 5. 保留离断肢体和器官

如断肢、断指、牙齿等。发生断肢后,尽快使伤者连同伤肢(指)离开现场,以抢救生命为主。准确记录断肢(指)的时间和伤后处理情况,了解致伤原因及损伤程度。

(二) 要点提示

现场急救应先排除救护者可能存在的危险再实施救护,遵循先复苏后固定、先止血后包扎、先重伤后轻伤、先救命后治病,先救治后运送,急救与呼救同时进行,争分夺秒、就地取材,保留离断肢体和器官的原则。

二、心搏骤停的抢救

心搏骤停(sudden cardiac arrest,SCA)是临床上最危急的重症,如果不及时救治,可迅速导致死亡。心搏骤停发生后立即实施胸外心脏按压和电击除颤等心肺复苏措施,对提高患者的存活机会和改善复苏后生活质量具有重要的意义。

(一) 心搏骤停概述

心搏骤停是指心脏在严重致病因素的作用下突然停止跳动而不能排出足够的血液,引起全身缺血、缺氧。心搏骤停会导致意外性非预期猝死,如及时采取有效的复苏措施,仍能挽救生命,应积极组织抢救。心搏骤停后,心脏泵血功能丧失,血流停止,血液中氧浓度显著降低,全身组织器官均出现缺血缺氧,但体内各脏器对缺血缺氧的耐受能力是不同的。正常体温时,中枢神经系统对缺血、缺氧的耐受程度最差,所以在缺血、缺氧时,最先受到损害的是脑组织。一般心搏骤停3～5秒，病人即可出现头晕、黑蒙；停搏10秒左右可引起晕厥，随即意识丧失，或发生阿-斯综合征，伴全身性抽搐，由于尿道括约肌和肛门括约肌松弛，可同时出现大小便失禁；心搏骤停发生20～30s，由于脑中尚存的少量含氧血液可短暂刺激呼吸中枢，呼吸可呈断续或无效呼吸状态，伴颜面苍白或发绀；停搏60s左右可出现瞳孔散大；停搏4～6min，脑组织即可发生不可逆的损害，数分钟后即可从临床死亡过渡到生物学死亡。

(二) 心搏骤停常见原因

心搏骤停的原因分为心源性和非心源性两类。

▶ **1. 心源性心搏骤停**

心源性心搏骤停是因心脏本身的病变所致。冠心病是导致成人猝死的最主要原因，约80%心源性猝死是由冠心病及其并发症引起，而这些冠心病患者中约75%有急性心肌梗死病史。急性病毒性心肌炎和原发性心肌病、先天性心脏病、风湿性心脏病以及危险性心律失常也常导致心搏骤停。

▶ **2. 非心源性心搏骤停**

非心源性心搏骤停是因其他疾患或因素影响到心脏所致，如各种原因所致呼吸停止，严重的电解质与酸碱平衡失调，各种严重创伤，各种药物中毒或过敏反应，麻醉、手术意外，电击雷击和溺水等意外伤害，均有可能造成心搏骤停。

不论是何种原因，最终都直接或间接影响心脏电活动和生理功能，或引起心肌收缩力减弱，心排血量降低，或引起冠状动脉灌注不足，或导致心律失常，成为导致心搏骤停的基础。

(三) 心搏骤停的临床表现

▶ **1. 心搏骤停的临床表现**

心搏骤停后，血流立即停止，脑血流急剧减少，可引起明显的神经系统和循环系统症状。具体可表现为：① 意识突然丧失；② 听诊心音消失，血压测不出，颈动脉搏动摸不到；③ 呼吸停止；④ 皮肤苍白或青紫；⑤ 双侧瞳孔散大。

▶ **2. 判断心搏骤停的方法**

判断心搏骤停时，最可靠的临床表现是意识丧失，伴大动脉搏动消失、呼吸停止。检查大动脉搏动时，通常成人检查颈动脉，婴儿检查肱动脉。

拓展阅读

心肺复苏（cardiopulmonary resuscitation，CPR）是针对心搏、呼吸骤停所采取的急救措施，包括胸外心脏按压或其他方法形成暂时的人工循环并最终恢复心脏自主搏动，用人工呼吸代替自主呼吸并最终恢复自主呼吸，达到挽救生命的目的。使心搏、呼吸骤停的病人迅速恢复循环、呼吸和脑功能的抢救措施称为心肺脑复苏（cardio pulmonary cerebral resuscitation，CPCR）。脑复苏是心肺功能恢复后，针对保护和恢复中枢神经系统功能的治疗，加强对脑细胞损伤的防治和促进脑功能的恢复，脑功能的恢复程度决定病人的生存质量。完整的 CPCR 包括3个阶段：基础生命支持(basic life support，BLS)、高级心血管生命支持(advanced cardiovascular life support，ACLS)和心搏骤停后的综合治疗。成功挽救心搏骤停病人的生命，需要很多环节紧紧相扣。

三、现场心肺复苏

(一)现场心肺复苏的基本程序

心肺复苏的基本程序是 C－A－B，分别指胸外按压、开放气道、人工呼吸。基础生命支持(BLS)具体的操作流程如下：

▶ 1. 快速判断

在评估环境安全、做好自我防护的情况下，快速识别和判断心搏骤停。

(1) 综合分析判断环境：在眼睛看、耳朵听、鼻子闻等综合分析的基础上，判断环境是否安全。环境安全可以进入现场救人；若环境不安全，先解除不安全因素或将病人脱离危险环境，同时根据现场条件尽可能做好自身的防护。

(2) 成人及儿童通过"轻拍重喊"判断病人反应：采取轻拍病人双肩，靠近耳边大声呼叫(注意两侧耳边分别呼叫)，观察病人有无反应以判断意识；婴儿通过拍击足底判断反应。

(3) 启动急救反应系统：若病人无反应需立即启动急救反应系统，向他人快速求救拨打急救电话或者协助抢救，拨打电话时注意描述清楚事件发生所处位置或者周围特征性的标志物，发生原因，患病或受伤人数，伤员情况，有无做处理，留下联系电话等。

(4) 置病人于复苏体位，即仰卧于硬质平面上，头、颈部应与躯干保持在同一轴面上，将双上肢放置在身体两侧，解开衣服，暴露胸壁。急救人员位于病人的一侧，近胸部部位。

(5) 同时判断大动脉搏动和呼吸：成人检查颈动脉，方法是并拢右手的食指和中指，从病人的气管正中部位向旁滑移2～3m，在胸锁乳突肌内侧轻触颈动脉搏动，见图9-1。儿童可检查股动脉，婴儿可检查肱动脉或股动脉。在触摸大动脉搏动的同时，通过观察口唇、鼻翼和胸腹部起伏等情况判断有无呼吸或是否为无效呼吸，时间控制在5～10s。评估后如果不能触及大动脉搏动，确定呼吸停止或无效呼吸则立即实施 CPR。

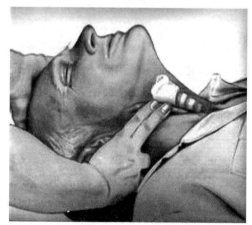

图 9-1 成人颈动脉检查
(引自：胡爱招，王明弘. 急危重症护理学[M].
人民卫生出版社，2018.)

▶ 2. 循环支持(circulation，C)

是指用人工的方法挤压心脏产生血液流动，目的是为心脏、脑和其他重要器官提供血液灌注。

胸外心脏按压：是对胸骨下段有节律地按压，产生血流能为大脑和心肌输送少量但至关重要的氧气和营养物质。

(1) 胸外按压的部位：成人胸外按压的部位是在胸部正中，胸骨的下半部，两乳头连线中点的胸骨处。婴儿按压部位在两乳头连线之间稍下方的胸骨处。

(2) 胸外按压方法：操作者一只手的掌根部紧贴病人两乳头连线中点胸骨处，另一只手掌根叠放其上，两手手指交叉相扣，手指尽量向上，避免触及胸壁和肋骨，按压者身体稍前倾，双肩在病人胸骨正上方，肩、肘、腕关节呈一条直线，按压时以髋关节为支点，应用上半身的力量垂直向下用力快速按压。儿童可用单手按压，婴儿用两个手指进行按压。

(3) 按压的频率和深度：成人按压频率每分钟100~120次，胸骨下陷5~6cm，儿童及婴儿按压深度达到胸廓前后径的1/3，儿童大约为5cm，婴儿大约4cm，按压频率和成人一样，为每分钟100~120次。

(4) 按压和放松时间：按压和放松所需时间相等，要保证每次按压后胸部回弹到正常位置，按压者不能倚靠在病人身上，且手掌根部不能离开胸壁。按压时应高声匀速计数。

(5) 尽量减少胸外按压间断，或尽可能将中断控制在10s以内。

(6) 在现场连续给予30次胸外按压后进入下一环节开放气道。

▶ 3. 开放气道（airway，A）

首先检查并清除口腔中分泌物、呕吐物、固体异物、义齿等，然后按照以下手法打开气道：

(1) 仰头抬颏/颌法（head tilt- chin tilt）：适于没有头和颈部创伤的病人。方法是将左手肘关节着地，小鱼际置于病人前额，使头后仰；右手的食指与中指置于下颌角处，抬起下颏（颌），使下颌角和耳垂的连线与地面成一定角度，成人90°，儿童60°，婴儿30°。

(2) 托下颌法（jaw thrust）：此法用于怀疑头、颈部有创伤者，操作者站在病人头部，肘部放置在病人头部两侧，双手同时将病人两侧下颌角托起，将下颌骨前移，使其头后仰。

▶ 4. 人工呼吸（breathing，B）

如果病人没有呼吸或无效呼吸，应立即做口对口（或口对鼻）人工呼吸。使胸廓明显隆起，保证有足够的气体进入肺部。

口对口（鼻）人工呼吸：①采取口对口人工呼吸时，注意应用合适的通气防护装置，既能保证通气效果又能有效保护施救者；②施救者用按于前额一手的拇指和食指，捏紧病人的鼻孔，另一手在下颌角处，抬起病人的头部保持气道通畅；③施救者张开口紧贴病人口部，以封闭病人的口周围（婴幼儿可连同鼻一块包住，不能漏气）；④正常呼吸1次，缓慢吹气2次，不必深呼吸，每次吹气至病人胸部上抬后，即与病人口部脱离，轻轻抬起头部，同时放松捏紧病人鼻部的手指，让病人胸廓依其弹性而回缩导致气体呼出；⑤当病人口周外伤或牙关紧闭、张口困难者可用口对鼻呼吸，吹气时要使上下唇合拢。

《2015美国心脏协会心肺复苏及心血管急救指南》中指出，单人心肺复苏时成人、儿童和婴儿胸外心脏按压和人工呼吸的比例为30∶2（即按压30次、吹气2次为1个循环）；

如果有 2 名人员配合施救时成人比例仍为 30∶2，儿童和婴儿比例为 15∶2，持续完成 5 个循环或 2 分钟后检查伤病员脉搏及呼吸，判断复苏效果。

▶ 5. 早期除颤(defibrillation，D)

发生院外心搏骤停且现场有 AED，施救者应从胸外按压开始心肺复苏，并尽快在 3~5min 内使用 AED，在等待除颤仪过程中持续进行心肺复苏。AED 是一种便携医疗设备，它可以诊断特定的心律失常，并且给予电击除颤，是可被非专业人员使用的用于抢救心源性猝死病人的医疗设备。AED 的使用步骤包括：

（1）打开电源开关，按语音提示操作。

（2）AED 电极片安置部位：心尖部电极安放在左腋前线第五肋间外侧，心底部电极放置胸骨右缘，锁骨之下。婴儿及儿童使用 AED 时应采取具有特殊电极片的 AED，安放电极片的部位可同成人，也可在胸前正中及背后左肩胛处。电极片安放时避开皮肤破损处、皮下起搏器等，如病人胸毛过多导致电极片不能和皮肤紧密贴合时则需先去毛。

（3）救护员用语言告知周边人员不要接触病人，等候 AED 分析心律是否需要电除颤。

（4）救护员得到除颤信息后，等待充电，确定所有人员未接触病人，且病人胸前两电极片之间无汗水，则准备除颤。

（5）按键钮电击除颤。电极片在除颤后不去除，直至送到医院。

（6）继续 CPR 2 分钟后，AED 将再次自动分析心律，医护人员可根据 AED 上显示的心电图决定下一步操作。

（二）心肺复苏效果的判断

（1）神志。复苏有效时，可见病人有眼球运动，睫毛反射与对光反射出现，甚至手脚开始抽动，发出呻吟等。

（2）面色及口唇。复苏有效时，可见面色及口唇由发绀转为红润。如若变为灰白，则说明复苏无效。

（3）颈动脉搏动。按压有效时，每一次按压可以产生一次搏动，若停止按压，搏动亦消失，此时应继续进行心脏按压。若停止按压后，脉搏仍然存在，说明病人已恢复心跳。

（4）瞳孔。复苏有效时，可见瞳孔由大变小，同时出现对光反应。若瞳孔由小变大、固定，则说明复苏无效。

（5）自主呼吸出现。病人出现较强的自主呼吸，说明复苏有效，但如果自主呼吸微弱，仍应坚持人工辅助呼吸。

（三）注意事项

▶ 1. 按压者的更换

多个按压者，可每 2 分钟更换一次，换人时间应在 5 秒内完成，尽量减少按压中断的时间，对于没有高级气道接受心肺复苏的心脏骤停病人，要提高心脏按压在整个复苏中的比例，目标为至少 60%。

▶ 2. 预防胃胀气

防止胃胀气的发生，吹气时间要长，气流速度要慢，从而降低最大吸气压。如果病人已发生胃胀气，施救者可用手轻按上腹部，以利于胃内气体的排出，如有反流或呕吐，要将病人头部偏向一侧防止呕吐物误吸。也可放置鼻胃管，抽出胃内气体。

▶ 3. 院前心肺复苏终止条件，参考如下：

（1）伤病员已经恢复有效的自主呼吸和自助循环。

（2）有更专业的医务人员接替抢救工作。

（3）医务人员确定被救者已经死亡，临床死亡判断的标准为：①病人无任何刺激反应；②无自主呼吸；③无循环特征，无脉搏，血压测不出；④心肺复苏30分钟后心脏自主循环仍未回复，心电图呈现一条直线。

（4）施救者如果继续心肺复苏将对自身产生危险或将其他人员置于危险境地时。

（四）高质量CPR的要点

高质量心肺复苏的要点包括准确判断并尽早启动应急反应系统，已足够的速率和幅度进行按压，保证每次按压后胸廓完全回弹，尽可能减少按压中断并避免过度通气等。

第二节 气道异物梗阻的急救

一、气道异物概述

气道异物阻塞在日常生活中非常多见，常发生于进食时。异物进入呼吸道后，停滞在气道内，堵塞气道，严重的，因为缺氧导致发绀，最终出现意识丧失、呼吸和心搏骤停。早期识别气道梗阻是气道异物阻塞抢救成功的关键，如超过4分钟就会危及生命，即使抢救成功，也常因为大脑缺氧过久而出现智力障碍等后遗症。

（一）气道梗阻的原因

生活中常见的异物有花生、糖果、果冻、药片、纽扣等。常见的原因有：

1. 饮食不慎：婴幼儿和儿童，会厌软骨发育不完善，防御咳嗽能力弱，常常边吃东西边嬉戏打闹和有口含异物的习惯，容易将口腔中的物品误吸入呼吸道出现梗阻。成人大多发生在进餐时，进食急促，特别是大块的硬质食物，同时大笑或说话，食物团块易滑入呼吸道引起梗阻。部分老年人咳嗽吞咽功能差等，稍有不慎易发生呼吸道梗阻情况。

2. 酗酒：大量饮酒后，血液中乙醇浓度升高，咽部肌肉松弛，食物团块易滑入呼吸道。

3. 其他：昏迷的病人因舌根后坠，胃内容物反流入咽部，误吸入呼吸道。自杀或精神病病人。

（二）主要症状

1. 意识清楚者：进食时，突然强力咳嗽，呼吸困难，或无法说话和咳嗽，出现痛苦表情和用手掐住自己的颈部（不由自主一手呈V状紧贴颈前咽喉部），以示痛苦和求救。此时应立即询问"你卡着了吗？"如患者点头表示肯定，即可确定发生了呼吸道异物阻塞。

2. 亲眼看见异物被吸入，或者观察到患者具有不能说话或呼吸，面色、口唇青紫，失去知觉等征象,亦可判断为呼吸道异物阻塞。

二、现场急救

气道梗阻发病突然,病情危重,现场条件往往缺乏必要的抢救器械,徒手抢救法是现场抢救的主要措施。现场抢救的时间、方法及程序正确与否,是挽救患者生命的关键。急救原则是立即解除气道梗阻,保持呼吸道通畅。

Heimlich 手法是一种简便有效的抢救食物、异物卡喉所致窒息的抢救方法。通过给膈肌下以突然向上的压力,驱使肺内残留的空气气流快速进入气管,达到驱出堵在气管口的食物或异物的目的。

(一) 自救法

主要是用于神志清楚的成人。

(1) 咳嗽法:适用于异物仅造成不完全性呼吸道阻塞,患者尚能发声、说话、有呼吸和咳嗽时。可鼓励患者自行咳嗽和尽力呼吸,做促进异物排出的任何动作。自主咳嗽所产生的气流压力比人工咳嗽高 4~8 倍,可用于排出呼吸道异物。通常用此方法排除呼吸道异物的效果比较好。

(2) 腹部手拳冲击法:让患者一手握拳置于上腹部,相当于脐和剑突之间,另一手紧握该拳,用力向内、向上作 4~6 次快速连续冲击。

(3) 上腹部倾压椅背法:患者将上腹部迅速倾压于椅背、桌角、扶手铁杆和其他硬物上,然后做迅猛向前倾压的动作,以造成人工咳嗽,重复动作,直至异物排出。

(二) 他救法

(1) 神志清楚的成人:采取以下步骤可安全而迅速地解除异物卡喉引起的呼吸道阻塞:患者取立位或坐位,施救者站于患者身后,用双臂环抱其腰部。手握拳以拇指侧对腹部,放于剑突下和脐上的腹部。另一手紧握该拳,快速向内、向上冲压腹部 6~8 次,以此造成人工咳嗽。注意施力方向,不要挤压胸廓,冲击力仅限于手上,防止胸部和腹内脏器损伤。重复冲击,直到异物排出。

(2) 神志昏迷者:将患者放置于仰卧位,使头后仰,开放气道。施救者以双膝骑跨在其髋部,用一只手的掌根置于剑突下与脐上的腹部,另一只手交叉重叠之上,借助身体的重量,向上快速冲击腹部 6~8 次,重复冲击,直至异物排出。切勿偏斜或移动,以免损伤肝、脾等脏器。

(3) 婴幼儿:①胸部手指冲击法:使患儿平卧、颜面向上,躺在硬板床或地面上,施救者立于一旁或立于足侧,用中指和食指,放在患儿的剑突下和脐上的腹部,快速向上冲击压迫,重复冲压,直至异物排出。②婴幼儿倒提拍背法:将患儿骑跨并俯卧于施救者的上臂,头低于躯干,手握住其下颌固定头部,并将上肢放在施救者的大腿上,然后用另一手的掌根部用力拍击患儿两肩胛骨之间的背部 4~6 次。使呼吸道内压力骤然升高,促进异物松动和排出体外。③意识丧失的患儿:可以按照心肺复苏流程操作,但每次给予人工呼吸前,需要检查口腔,看有无可见异物,直至异物排出。

(三)注意事项

1. 尽快识别气道梗阻是抢救成功的关键。

2. 施行海氏急救操作时应突然用力才有效,用力方向和位置一定要正确,否则有可能造成肝、脾损伤或骨折。

3. 饱餐后的病人实施海氏急救时可能会出现胃内容物反流,应及时清理口腔,防止误吸。

4. 抢救的同时应及时呼叫"120"求助,或请别人给予帮助,配合抢救。

5. 各种手法无效时,应根据现场的条件采用合适的方式先开放气道,现场可采用环甲膜穿刺或采用气管切开后再用小管(如饮料吸管、笔帽等)插入呼吸道紧急解决通气障碍,并尽快送往医院。

6. 应密切注意病人的意识、面色、瞳孔等变化,如病人由意识清楚转为昏迷或面色发绀、颈动脉搏动消失、心跳呼吸停止,应停止排除异物而迅速采用心肺复苏术。

鉴于本病发生突然,病情复杂,在特殊情况下,可灵活运用各种方法和程序。

第三节 创伤的急救

一、创伤的概述

随着社会的不断发展,创伤日益增多,威胁着人类健康,我国交通等意外事故造成的死亡率远高于西方发达国家,提高创伤急救水平和规范救治是降低死亡率的关键。

目前认为创伤的死亡有3个高峰时间:第一个高峰为伤后数分钟内,主要死亡原因为脑或脑干损伤、大出血等。第二个高峰为伤后6~8小时内,死因主要有颅内血肿、血气胸、肝脾破裂、骨盆骨折伴大出血等。第三个高峰为伤后数天至数周。主因严重感染和多器官功能不全。把握伤后1小时挽救生命,减少伤残的"黄金时间"非常重要。

创伤的原因包括:交通伤、坠落伤、机械伤(绞伤、挤压伤)、锐器伤、跌伤等。妥善的现场救护是挽救各种类型创伤病人生命的重要保证,为进一步救治奠定基础。急救措施包括复苏、通气、止血、包扎、固定等,应优先解决危及生命的紧急问题,并将病人迅速安全运送至医院。

二、创伤的急救处理

1. 抢救生命:在现场予以简单的评估,找出危及生命的紧迫问题,立即就地救护。必须优先抢救的急症主要包括心跳和(或)呼吸骤停、窒息、大出血、开放性或张力性气胸、休克等。

其措施主要包括:①心肺复苏:一经确诊为心跳、呼吸骤停,应立即采取胸外心脏按压及人工呼吸;②保持呼吸道通畅:立即解开病人衣领,清理口鼻腔,头偏向一侧,根据条件给予吸氧等;③止血:采用手指压迫、加压包扎、扎止血带等迅速控制伤口大出血。止血是外出血的急救技术,凡是出血的伤口均需止血。常用方法为直接压迫止血法,是可以用于大部分外出血的止血法，是最直接最有效最快速和安全的止血法。是指用手指、手掌或拳头压迫伤口近心端动脉经过骨骼表面的部位，阻断血液流通，达到临时止血的目的。在为伤员止血时要做好自我的防护，比如戴手套、口罩等。④观察生命体征：现场救护中，应时刻注意观察脉搏、呼吸、能不能唤醒等变化。

2. 包扎：目的是保护伤口、减少污染、压迫止血、固定骨折和减轻疼痛。一般用无菌敷料或清洁布料包扎，如有腹腔内脏脱出，应先用干净器皿保护后再包扎，勿轻易还纳，以防污染。

3. 固定：肢体骨折或脱位可使用夹板、就地取材或利用自身肢体、躯干进行固定，以减轻疼痛，防止再损伤，方便搬运。较重的软组织损伤也应局部固定且勿随意搬动。

4. 搬运：如需搬运时，正确的搬运可减少伤员痛苦，避免继发损伤。经过现场初步处理后迅速、安全、平稳地转送伤员。多用担架或徒手搬运。搬运脊柱损伤者应保持伤处稳定，勿弯曲或扭动，以免加重损伤；搬运昏迷病人应将头偏向一侧，或采取半卧位/侧卧位，以保持呼吸道通畅。

三、生活中常见损伤

1. 皮肤擦伤

皮肤擦伤较为常见，肉眼可见皮肤表面受损、出血，患者感觉受损部位疼痛。浅的伤口可用生理盐水或冷开水洗净，然后进行表面消毒，几天就可愈合。单纯的皮肤擦伤第二天通常不会感到疼痛。如果第二天受伤部位仍然感到疼痛，应考虑可能还有其他组织损伤如血肿、骨折等，应该去医院就诊。如果受伤部位数日后仍有出血、红肿、流脓的症状，则提示伤口有细菌感染应接受医生治疗。表浅的皮肤擦伤愈合之后不留疤痕。

2. 肌肉拉伤和关节扭伤

是运动中最常见的一种损伤。相关的因素有：准备活动不充分；体质较弱，肌力较差；姿势不正确，动作不协调，用力过猛；气温过低，湿度太高或者场地太硬等。较轻患者感觉疼痛、肿胀、肌肉关节发硬。活动或压迫受伤部位后，会加重疼痛。严重的损伤会有皮下出血、肢体活动障碍等。轻者用制动、冷敷、加压包扎和抬高患肢方法治疗。重度肌肉拉伤和关节扭伤应进行冷敷并送医院进行加压包扎、手术和功能位固定。疼痛剧烈者可口服止痛药，48小时后可进行热敷、理疗，配以舒筋活血药物治疗。48小时内用冷湿敷，以减轻踝关节软组织出血和疼痛。

早期冷敷、制动是处理的关键。反复拉伤和扭伤者平时应使用关节护具，如护膝、护腕、护肘等。剧烈运动前应进行准备活动，伤后应注意休息、减少运动，否则会造成再度拉伤，甚至骨折。

拓展阅读

损伤自救"大米"(RICE)公式

Rest(休息)＋Ice(冷敷)＋Compression(加压包扎)＋Elevation(抬高患处)。

第四节 动物咬伤的急救

自然界中的动物，如蛇、狗、毒蜘蛛、蝎、蜂、蜈蚣、蚂蟥等，常常利用其齿、爪、刺、角等对人类进行袭击，造成咬伤、蜇（刺）伤，严重者可致残或致死。最常见的是犬咬伤和蛇咬伤。

一、犬咬伤

随着家养宠物数量的增多，犬咬伤的发生率也相应增加。被病犬咬伤后，其唾液中携有病毒，可以引发狂犬病（rabies）。狂犬病又称恐水症，是由狂犬病病毒引起的一种人畜共患的中枢神经系统急性传染病，多见于犬、狼、猫等食肉动物咬伤。狂犬病目前尚无有效的治疗方法，一旦发病，死亡率近乎100%，因此预防狂犬病的发生尤其重要。

狂犬病病毒主要存在于病畜的脑组织及脊髓中，其涎腺和涎液中也含有大量病毒，并随涎液向体外排出。故被病犬咬、抓后，病毒可经唾液—伤口的途径进入人体导致感染。狂犬病病毒对神经组织具有强大的亲和力，在伤口入侵处及其附近的组织细胞内可停留1～2周，并生长繁殖，如果未被迅速灭活，病毒会沿周围组织传入神经上行到达中枢神经系统，引发狂犬病。

（一）主要表现

感染病毒后是否发病与潜伏期的长短、咬伤的部位、入侵病毒的数量、毒力及人体机体抵抗力有关。潜伏期可以10日到数月，一般为30～60日。咬伤越深、部位越接近头面部，其潜伏期越短、发病率越高。

（1）发病最初时伤口周围麻木、疼痛，逐渐扩散到整个肢体；继之出现发热、烦躁、乏力、恐水、怕风、咽喉痉挛；最后导致肌瘫痪、昏迷、循环衰竭甚至死亡。

（2）有利齿造成的深而窄的伤口，出血，伤口周围组织水肿。

（二）处理原则

（1）局部处理：咬伤后迅速彻底清洗伤口极为重要。立即用肥皂水或清水冲洗伤口至少15分钟。浅小伤口用2%碘酊和75%乙醇溶液常规消毒处理；深大伤口需立即彻底清创，用大量生理盐水、稀释的碘伏冲洗伤口后再用0.1%苯扎溴铵或3%过化氢溶液充分清洗，伤口应开放引流，不予缝合或包扎。

（2）免疫治疗：及时就医，于伤后第1、3、7、14、28日各注射1剂狂犬病疫苗。严重咬伤如头、面、颈、上肢等，经彻底清创后，在伤口底部及其四周注射抗狂犬病免疫血清或狂犬病免疫球蛋白，同时按上述方法全程免疫接种狂犬病疫苗。可联合使用干扰素，以增强保护效果。同时防止伤口感染。

（3）防控感染。常规使用破伤风抗毒素，必要时使用抗生素防止伤口感染。

（三）健康教育

（1）宣传狂犬病的预防措施，加强对犬的管理。

(2) 教育儿童等不要接近、抚摸或挑逗猫、犬等动物，以防发生意外。若是被犬抓伤但伤痕不明显，或被犬舔已经破损的皮肤，或与病犬有密切接触者，应尽早注射狂犬病疫苗。

(3) 被犬或其他动物咬伤后，尽早彻底进行伤口处理及注射狂犬病疫苗。

二、蛇咬伤

蛇咬伤(snake bite)以南方为多，多发生于夏、秋两季。蛇分为无毒蛇和毒蛇两类。无毒蛇咬伤只在局部皮肤留下两排对称的细小齿痕，轻度刺痛，无生命危险。毒蛇咬伤后伤口局部常有一大而深的牙痕，蛇毒注入体内，引起严重的全身中毒症状，甚至危及生命。此处仅介绍毒蛇咬伤。

(一) 病情评估

(1) 怀疑有被蛇咬伤的经历，在现场不管是无毒蛇还是有毒蛇，先按毒蛇咬伤处理。

(2) 局部表现：局部伤处疼痛，肿胀蔓延迅速，淋巴结肿大，皮肤出现血疱、瘀斑，甚至局部组织坏死。

(3) 全身表现：全身虚弱，口周感觉异常，肌肉震颤，或发热恶寒、烦躁不安、头晕目眩、言语不清、恶心呕吐、吞咽困难、肢体瘫痪、腱反射消失、呼吸抑制，最后导致循环呼吸衰竭。部分病人伤后可因广泛的毛细血管渗漏引起肺水肿、低血压、心律失常；皮肤黏膜及伤口出血，血尿、尿少，出现肾功能不全以及多器官功能衰竭。

(二) 急救护理

(1) 伤肢绑扎：蛇咬伤后不要惊慌，不要大声呼叫，切忌奔跑，受伤肢体制动、放低伤口位置，立即用布带或其他材料等在伤肢的近心端伤口上方绑扎，以阻断淋巴、静脉血回流为度。注意松紧合适，以能够放入一指为宜，以达到降低淋巴、静脉血液回流速度，减慢毒素扩散的作用。每15～30分钟要松开1～2分钟，以免发生肢体缺血缺氧。

(2) 伤口排毒：现场用大量清水或肥皂水冲洗伤口及其周围皮肤，挤出毒液。局部冷敷可以减轻疼痛，减慢毒素吸收，降低毒素中酶的活性。将伤肢浸入4～7℃冷水中，3～4小时后改用冰袋冷敷，持续24～36小时。将受伤肢体置于低垂位置并制动，避免伤口高于心脏，保持创面清洁和伤口引流通畅。注意观察伤口渗血、渗液的情况，有无继续坏死或脓性分泌物等。

(3) 尽早就医，建立静脉通道，遵医嘱尽早使用抗蛇毒血清、利尿药、快速大量输液等治疗以中和毒素，促进毒素排出。注意观察体温、脉搏、呼吸、意识、面色等的变化；观察心、肺功能；观察有无畏寒、发热、胸闷、气促、腹痛不适、皮疹等使用抗蛇毒血清的过敏症状。

(4) 稳定情绪，减轻恐惧，积极配合治疗。

(5) 健康宣教：宣传毒蛇咬伤的相关知识，强化自我防范意识。在野外作业的时候，做好自我防护，如戴帽子、穿长衣长裤、穿雨靴、戴橡胶手套等，随身携带解蛇毒药片，以备急用。勿轻易尝试抓蛇或者玩蛇。露营时选择空旷干燥地面，晚上在营帐周围点燃火焰。

三、其他所致咬伤

(一) 虫咬伤

（1）蚊：有刺吸型口器，雌蚊吸血的同时分泌能防止血液凝固并可使局部皮肤过敏的唾液。

（2）蠓：比蚊小，呈黑褐色，夏秋季节多见，成群飞舞于草丛、树林及农舍附近。

叮咬后因人而异，叮咬处出现针尖至针帽大小的红斑疹或瘀点，也可表现为水肿性红斑、丘疹、风团，自觉瘙痒。个别被叮咬后可出现血管性水肿。

蚊、蠓叮咬后可外用1%薄荷或炉甘石洗剂、樟脑搽剂，瘙痒明显可口服抗组胺药。

(二) 蜂蜇伤

蜂：常见蜇人的蜂类有蜜蜂、黄蜂和土蜂等，蜂尾毒刺蜇入皮肤，多数蜂毒汁为酸性，主要成分为蚁酸、盐酸、正磷酸，而胡蜂毒汁为碱性，含有组胺、5-羟色胺、缓激肽、磷脂酶A、透明质酸酶、神经毒素等物质。

蜇伤后可引起局部与全身症状。蜂蜇伤后立即有刺痛、灼痒感，局部红肿，中央有一瘀点，可出现水疱、眼周或口唇的高度水肿。严重者出现畏寒、发热、头痛、恶心、呕吐等全身症状或抽搐、昏迷、休克甚至死亡。

处理原则：

① 局部处理：用小刀片或针头将刺挑除，用水冲洗后局部以弱碱液(2%～3%碳酸氢钠、肥皂水等)冷湿敷，并及时就医，遵医嘱用抗组胺药等。若眼睛周围蜇伤可能伤及角膜或巩膜，应请眼科医生处理。② 全身处理：全身症状重时，尽早就医。过敏性休克者抗休克治疗。

(三) 蝎蜇伤

蝎：有尾部弯钩，即刺蜇器，蜇人时将含神经性毒素、溶血毒素、抗凝素等的强酸性毒液注入皮肤，引起皮炎或全身中毒症状。

蝎蜇伤后局部立即剧烈疼痛，溶血性毒素引起明显的水肿性红斑、水疱或瘀斑、坏死，甚至引起淋巴管炎。神经毒素作用于中枢神经系统和心血管系统，病人出现不同程度的全身症状如头痛、头晕、恶心、呕吐、流涎、心悸、嗜睡、喉头水肿等，甚至呼吸麻痹而死亡。

处理原则：

蝎蜇伤后立即用止血带扎紧被蜇部位的近心端或放置冰袋并尽量将毒汁吸出，用碱性液体如肥皂水、稀氨水冲洗，再用碳酸氢钠溶液冷湿敷以中和酸性毒汁。尽早就医，可用2%利多卡因于蜇伤部位的近心端及伤口周围皮下注射，可迅速止痛消肿。全身症状明显时及时抢救。

(四) 健康教育

宣传本病的防治常识：① 注意环境卫生，吃剩的食物勿乱丢弃，夜间关好门窗、挂好蚊帐，熄灯睡觉，防止昆虫飞入。② 选用对人无害的杀虫喷雾喷洒等。③ 注意清洗、消毒已接触过皮损的毛巾或衣服。④户外活动时加强防护，尽量避免穿花色鲜亮的衣服，勿擦香水、发胶。⑤发现周围有蜂围绕时，切忌跑、动、打，先静止不动再慢慢退回，等蜂飞回去时赶快撤离。如遇蜂群，保持冷静，慢慢移动，避免拍打或快速移动。如无法逃离，就地趴下并用手抱住头部加以保护。

第五节 环境及理化因素损伤的急救

一、淹溺

淹溺（drowning）又称溺水，是人淹没于水或其他液体中，由于液体、污泥、杂草等物堵塞呼吸道和肺泡，或因咽喉、气管发生反射性痉挛，引起窒息和缺氧，肺泡失去通气、换气功能，使机体处于危急状态。淹溺后暂时性窒息尚有大动脉搏动则称近乎溺死（near drowning），如窒息且合并心脏停搏者称为溺死（drown）。淹溺是意外死亡的常见原因之一。在我国，淹溺是伤害致死的第三位原因。约90%淹溺者发生于淡水，其中大约50%发生在游泳池。

淹溺多见于儿童、青少年和老年人，常见的原因有误落水、意外事故如遇洪水灾害等，偶有投水自杀者。人淹没于水中后，本能地出现反射性屏气和挣扎，避免水进入呼吸道。但由于缺氧，被迫深呼吸，从而使大量水进入呼吸道和肺泡，阻滞气体交换，加重缺氧和二氧化碳潴留，造成严重缺氧、高碳酸血症和代谢性酸中毒。

施救时，先了解淹溺发生的时间、地点和水源性质以及现场情况，以指导急救。淹溺者表现为神志丧失、呼吸停止及大动脉搏动消失、皮肤发绀，颜面肿胀，球结膜充血，口鼻充满泡沫或泥污，处于临床死亡状态。近乎淹溺者可有头痛或视觉障碍、剧烈咳嗽、胸痛、呼吸困难、咳粉红色泡沫样痰。海水淹溺者口渴感明显，最初数小时可有寒战、发热。常出现精神状态改变，烦躁不安，抽搐、昏迷和肌张力增加。腹部膨隆，四肢厥冷。有时可伴头、颈部损伤。

现场救护：

缺氧时间和程度是决定淹溺预后最重要的因素。如果现场无有效的复苏，由于组织缺氧将导致心搏呼吸骤停和多器官功能障碍。因此，快速、有效的现场救护，尽快对淹溺者进行通气和供氧是最重要的紧急抢救措施。

1. 迅速将淹溺者救出水面。施救者应镇静，尽可能脱去衣裤，尤其要脱去鞋靴，迅速游到淹溺者附近。施救者应从淹溺者背后接近，一手托着他的头颈，将面部托出水面，或抓住腋窝仰游，将淹溺者救上岸。救护时应防止被淹溺者紧紧抱住。

2. 保持呼吸道通畅。淹溺者一旦从水中救出，应迅速清除口、鼻腔的污物、污水、分泌物及其他异物，有义齿取出义齿，并将舌拉出。松解衣领和紧裹的内衣和腰带，使呼吸道保持通畅，快速判断意识、呼吸和心跳等。

3. 心肺复苏。对无反应和无呼吸的淹溺者应立即实施心肺复苏，特别是呼吸支持。可用倒水处理迅速倒出淹溺者呼吸道、胃内积水。注意应尽量避免因倒水时间过长而延误心肺复苏等措施的进行。倒水时注意使淹溺者头胸部保持下垂位置，以利积水流出。

4. 如溺水者有呼吸心跳、意识不清，则采取侧卧位，使口鼻自动排出液体，同时做好保暖，预防低体温。

5. 迅速转运。呼叫120或者迅速转送医院，途中不断救护，运送过程中注意有无头、颈部损伤和其他严重创伤，怀疑颈部损伤者做好颈部保护如颈托等。

二、电击伤

电击伤(electrical injury)，俗称触电，是指一定量的电流通过人体引起全身或局部的组织损伤和功能障碍，甚至发生心搏呼吸骤停。心搏骤停是电击伤后立即死亡的主要原因。因此，及时有效的心肺复苏、心脏除颤是抢救成功的关键。

雷击也是一种电击伤，强大的电流可使人的心跳和呼吸骤停并且造成严重的烧伤。人体作为导电体，在接触电流时，即成为电路中的一部分。电击通过产热和电化学作用引起人体器官生理功能障碍(如抽搐、心室颤动、呼吸中枢麻痹或呼吸停止等)和组织损伤。电击伤对人体的危害与接触电压高低、电流强弱、电流类型、频率高低、通电时间、接触部位、电流方向和所在环境的气象条件都有密切关系。

主要表现：触电后，轻型表现为痛性肌肉收缩、惊恐、面色苍白、四肢软弱、表情呆滞、呼吸及心跳加速，头痛、头晕、心悸等，皮肤灼伤处疼痛。敏感者可发生晕厥、短暂意识丧失。重型表现为神志清醒患者有恐惧、心悸和呼吸频率快；昏迷表现为肌肉抽搐、血压下降、心律失常，很快出现心搏骤停。高压电击时，常发生神志丧失，心脏搏动和呼吸骤停。昏迷或心搏呼吸骤停，如不及时复苏则会发生死亡。

救护原则：迅速脱离电源，争分夺秒地实施有效的心肺复苏。

1. 现场救护

(1) 迅速脱离电源：根据触电现场情况，采用最安全、最迅速的办法脱离电源。

① 切断电源：拔除电源插头或拉开电源刀。

② 挑开电线：应用绝缘物或干燥的木棒、竹竿、扁担等将电线挑开。

③ 拉开触电者：急救者可穿胶鞋，站在木凳上，用干燥的绳子、围巾或干衣服等拧成条状套在触电者身上拉开触电者。

④ 切断电线：如在野外或远离电源闸以及存在电磁场效应的触电现场，施救者不能接近触电者，不便将电线挑开时，可用干燥绝缘的木柄刀、斧或锄头等物将电线斩断，中断电流，并妥善处理残端。在使触电者脱离电源的抢救过程中，应注意：避免给触电者造成其他伤害。如人在高处触电时，应采取适当的安全措施，防止脱离电源后，从高处坠下骨折或死亡；抢救者必须注意自身安全，严格保持自己与触电者的绝缘，未断离电源前绝不能用手牵拉触电者。脚下垫放干燥的木块、厚塑料块等绝缘物品，使自己与地面绝缘。

(2) 防止感染：保护好烧伤创面，防止感染。

(3) 轻型触电者：就地观察及休息1~2小时，以减轻心脏负荷，促进恢复。

(4) 重型触电者：对心搏骤停或呼吸停止者，应立即行心肺复苏术，不能轻易终止复苏。

(5) 及时送医：观察有无合并伤如颅脑损伤、气胸、四肢骨折等，迅速评估且做好急救措施。搬运过程中注意保护颈部、脊柱和骨折处。严密观察病情如脉搏、呼吸等。

三、中暑

中暑（heat illness）是指在暑热天气、湿度大和无风的高温环境下，由于体温调节中枢功能障碍、汗腺功能衰竭和水电解质丧失过多而引起的以中枢神经和（或）心血管功能障碍为主要表现的急性疾病，又称急性热致疾患（acute heat illness, heat emer-geny, heat injury）。临床上依照症状轻、重分为先兆中暑、轻度中暑和重度中暑。

（一）中暑的原因

▶ 1. 机体产热增加

在高温或在强热辐射下从事长时间劳动，机体产热增加，容易发生热蓄积，如果没有足够的防暑降温措施，就容易发生中暑。

▶ 2. 机体散热减少

在湿度较高和通风不良的环境下从事重体力劳动也可发生中暑。

▶ 3. 机体热适应能力下降

热负荷增加时，机体会产生应激反应，通过神经内分泌的各种反射调节来适应环境变化，维持正常的生命活动，当机体这种调节能力下降时，对热的适应能力下降，机体容易发生代谢紊乱而发生中暑。

拓展阅读

正常人体在下丘脑体温调节中枢的控制下，体内产热与散热处于动态平衡，体温维持在37℃左右。当环境温度在35℃以下时，通过辐射、传导与对流途径散发的热量约占人体总散热量70%。当空气干燥、气温超过35℃时，蒸发散热几乎成为机体最重要也是唯一的散热方式。当机体产热大于散热或散热受阻，则体内就有过量热蓄积，产生高热，引起组织损害和器官功能障碍。

当外界环境温度增高时，机体大量出汗，引起失水、失盐。当机体以失盐为主或仅补充大量水而补盐不足造成低钠、低氯血症，导致肌肉痉挛，发生热痉挛；大量液体丧失会导致失水、血液浓缩、血容量不足，若同时发生血管舒缩功能障碍，则易发生外周循环衰竭。当外界环境增高，机体散热绝对或相对不足，汗腺疲劳，引起体温调节中枢功能障碍，致体温急剧增高，产生严重的生理和生化异常而发生热射病。实验证明，体温达42℃以上可使蛋白质变性，体温超过50℃数分钟细胞即死亡。

（二）主要症状

1. 先兆中暑：在高温环境下工作一段时间后，出现大汗、口渴、头晕、头痛、注意力不集中、眼花、耳鸣、胸闷、心悸、恶心、四肢无力、体温正常或略升高。如及时将患者转移到阴凉通风处安静休息，补充水、盐，短时间即可恢复。

2. 轻度中暑：除上述先兆中暑症状加重外，体温至38℃以上，出现面色潮红，大量出汗、皮肤灼热等表现；或出现面色苍白、皮肤四肢湿冷、血压下降、脉搏增快等虚脱表现。如进行及时有效处理，常常于数小时内恢复。

3. 重度中暑：包括热痉挛、热衰竭和热射病三种热型。

（1）热痉挛：多见于健康青壮年人。在高温环境下进行剧烈劳动，大量出汗后发生在四肢肌肉、咀嚼肌、腹直肌，最常见于小腿腓肠肌。出现肌肉痉挛性、对称性和阵发性疼痛，持续约3分钟后缓解，常在活动停止后发生。

（2）热衰竭：此型最常见，多见于老年、儿童和慢性疾病患者。在严重热应激时，由于体液和体内钠丢失过多、补充不足所致。表现为多汗、疲乏、无力、眩晕、恶心、呕吐、头痛等。可有明显脱水征，如心动过速、直立性低血压或晕厥。可出现呼吸增快、肌痉挛。体温可轻度升高。

（3）热射病：是一种致命性急症，主要表现为高热（直肠温度≥41℃）和神志障碍。早期受影响的器官依次为脑、肝、肾和心脏。表现为皮肤干热和发红，84%～100%患者无汗，直肠温度常在41℃以上，最高可达46.5℃。严重者可出现休克、心力衰竭、肺水肿、脑水肿、急性肾衰竭、急性肝衰竭、多脏器功能衰竭，甚至死亡。热射病是中暑最严重的类型，其病死率与温度的上升相关，老年人和有基础疾病的患者病死率高于普通人群。

（三）现场救护

急救原则为尽快使患者脱离高温环境，迅速降温和保护重要脏器功能。

1. 脱离高温环境：迅速将患者转移到通风良好的阴凉处或20～25℃房间内平卧休息，帮助患者松解或脱去外衣。

2. 降温：轻症患者可反复用冷水擦拭全身，直至体温低于38℃；可应用扇子电风扇或空调帮助降温。用冰袋和冰帽帮助头部降温。口服含盐清凉饮料或淡盐水。降温以患者感到凉爽舒适为宜。一般先兆中暑和轻度中暑的患者经现场救护后均可恢复正常，但对疑为重度中暑者，应立即转送医院。

四、烧伤

烧伤（burn）指由于热力（火焰、热水、蒸汽、高温金属等）、电流、化学物质、激光、放射线等作用于人体所引起的局部或全身损害，其中以热力烧伤最为常见。

（一）原因

热力烧伤取决于温度和作用时间，同时烧伤的发生发展与个体条件有关。烧伤的主要致死原因有窒息、烧伤败血症和多系统器官功能衰竭。

呼吸道烧伤是较为严重的部位烧伤，死亡率较高。颜面部、手、生殖器或关节烧伤，即使面积不大，也应考虑其严重性。同时了解是否有骨折、软组织损伤，内脏器官的损伤。小儿、老人、孕妇及偏瘫等人群对烧伤的机体反应差，是平时发生烧伤的高危人群。此外，消防设施和意识薄弱的某些厂矿、商场等，也是引起烧伤的常见社会、环境因素。

（二）烧伤分度

1. 按组织损伤的层次，按国际通用的三度四分法将烧伤分为Ⅰ度、浅Ⅱ度、深Ⅱ度和Ⅲ度烧伤。Ⅰ度、浅Ⅱ度属浅度烧伤；深Ⅱ度和Ⅲ度属深度烧伤。

（1）Ⅰ度烧伤：又称红斑烧伤，仅伤及表皮浅层。表面红斑状、干燥、烧痛，无水疱，3～7日脱屑痊愈，不留瘢痕。

（2）浅Ⅱ度烧伤：伤及表皮全层及真皮浅层。局部红肿明显，疼痛剧烈，有大小不一的水疱，疱壁较薄，创面基底潮红。1～2周愈合，多有色素沉着，无瘢痕形成。

（3）深Ⅱ度烧伤：伤及真皮层，水肿明显，痛觉迟钝，可有小水疱，疱壁较厚、基底苍白或红白相间，3～4周愈合，愈后留瘢痕和色素沉着，皮肤功能基本保存。

（4）Ⅲ度烧伤：伤及皮肤全层，甚至达到皮下、肌肉及骨骼。痛觉消失，创面无水疱，呈白或焦黄色甚至炭化成焦痂，痂下水肿并可显树枝状栓塞的血管。因皮肤及其附件已全部烧毁，无上皮再生来源，必须靠植皮而愈合。只有很局限的小面积Ⅲ度烧伤，有可能靠周围健康皮肤的上皮爬行而收缩愈合。3～4周焦痂自然脱落，愈后留有瘢痕或畸形。

2. 吸入性损伤

又称"呼吸道烧伤"，常与头面部烧伤同时发生，系吸入浓烟、火焰、蒸汽、热气或吸入有毒、刺激性气体所致。可表现为呛咳、声嘶、吞咽疼痛、呼吸困难、发绀等，易发生窒息或肺部感染。

(三) 现场救护

现场救护原则在于尽快使病人消除致伤原因，脱离现场和进行急救；对于轻症进行妥善的创面处理，对于重症做好转运前的准备并及时转送。

▶ 1. 迅速脱离热源

如火焰烧伤应尽快脱离火场，脱去燃烧衣物，就地翻滚或跳入水池，熄灭火焰，以阻止高温继续向深部组织渗透，并减轻创面疼痛。互救者可就近用棉被或毛毯覆盖，隔绝灭火。切忌奔跑和用手扑打火焰，以免增加损伤。热液浸渍的衣裤，可冷水冲淋后剪开取下，以免强力剥脱而撕脱水疱皮。小面积烧伤立即用清水连续冲洗或浸泡，既可止痛，又可带走余热。酸、碱烧伤，即刻脱去或剪开沾有酸、碱的衣服，以大量清水冲洗为首选，且冲洗时间宜适当延长。如是生石灰烧伤，可先去除石灰粉粒，再用清水长时间冲洗，以避免石灰遇水产热加重损伤。磷烧伤时立即将烧伤部位浸入水中或用大量清水冲洗，同时在水中拭去磷颗粒；不可将创面暴露在空气中，避免剩余磷继续燃烧。创面注意忌用油质敷料，以免磷在油中溶解而被吸收中毒。电击伤时迅速使病人脱离电源，呼吸心跳停止者，立即行口对口人工呼吸和胸外心脏按压等复苏措施。

▶ 2. 抢救生命

是急救的首要原则，先要配合保持口、鼻腔的通畅，防止心搏骤停、大出血等的情况。

▶ 3. 稳定患者情绪

若病情平稳，口渴者可以口服淡盐水，但是注意不能饮白开水。

▶ 4. 保护创面

暴露的体表和创面，用无菌敷料或干净床单覆盖包裹，并且避免创面受压。寒冷环境中用冷水处理创面易发生寒战反应，需要注意保暖，适当增加被盖。尽早送医院处理。

课后思考

1. 每个公民都应该树立急救意识，普及急救知识和技能，参与自救和互救，掌握正确急救知识，避免造成二次损伤。对此，你怎样理解呢？生活中如果遇到突发意外你愿意伸出援手吗？我们又该怎样正确施救呢？

2. 48岁的李先生，在生日宴上与亲朋好友边吃边聊天，气氛热烈。突然，李先生左手捏着自己的喉咙，剧烈咳嗽说不出话来。大家发现，李先生呼吸困难，脸色发青。你知道李先生发生了什么吗？如果你在现场该怎么做呢？

3. 18岁的小张，男，于1小时前洗澡，家人发现其倒在卫生间里，意识模糊。查体：体温38.0℃，脉搏100次/分，呼吸14次/分，血压130/75mmHg，昏迷，口唇樱桃红色，肺部听诊有湿啰音。如果你在现场应该采取哪些措施？怎样预防此类事件的发生？

参考文献

[1] 季成叶. 中国城市青少年健康危险行为调查报告(2005年)[M]. 北京：北京大学医学出版社，2007.

[2] 王培玉. 健康管理学[M]. 北京：北京大学医学出版社，2012.

[3] 吕姿之. 健康教育与健康促进[M]. 2版. 北京：北京医科大学出版社，2002.

[4] 张芯，余小鸣. 学校健康教育实践与理论[M]. 北京：北京大学医学出版社，2011.

[5] 中国营养学会. 中国居民膳食指南(2007)[M]. 拉萨：西藏人民出版社，2009.

[6] 中华人民共和国卫生部疾病控制局. 中国成人超重和肥胖症预防控制指南[M]. 北京：人民卫生出版社，2006.

[7] 宋逸，马军. 儿童青少年体育课和课外体育活动指导[M]. 北京：北京大学医学出版社，2013.

[8] 董晓红，郭海英. 实用运动处方[M]. 杭州：浙江大学出版社，2008.

[9] 王正珍. ACSM运动测试与运动处方指南[M]. 8版. 北京：人民卫生出版社，2010.

[10] 张全成. 大学生慢性病潜在危险因素分析[J]. 中国学校卫生. 2013，34(9)：1099-1101.

[11] 宋逸，张芯，杨土保，等. 2010年全国中小学生体育锻炼行为现状及原因分析[J]. 北京大学学报(医学版)，2012，4(3)：347-354.

[12] 李晓薇，潘亚姝，朱丽芬. 大学生心理健康教育[M]. 北京：北京师范大学出版社，2017.

[13] 余小鸣. 大学生健康教育[M]. 北京：高等教育出版社，2018.

[14] 李宏伟，王筱鹏. 大学生心理健康教育与心理咨询经典案例[M]. 西安：西安电子科技大学出版社，2019.

[15] 黄雪薇. 心灵解惑——大学生心理健康教程[M]. 2版. 北京：科学出版社，2016.

[16] 张斌. 中国失眠障碍诊断和治疗指南[M]. 北京：人民卫生出版社，2016.

[17] 姚鸿恩. 体育保健学第四版[M]. 北京：高等教育出版社，2006.

[18] 田麦久. 运动训练学[M]. 北京：高等教育出版社，2007.

[19] 吴纪饶. 大学生健康教育[M]. 北京：高等教育出版社，2005.

[20] 黄玉山. 运动处方理论与应用[M]. 桂林：广西师范大学出版社，2005.

[21] 胡玉明. 当代大学生健康教育教程[M]. 北京：北京师范大学出版社，2007.

[22] 王文锦，赵敬国. 当代女大学生运动塑身认知探析[J]. 当代体育科技，2015.

[23] 谯兴，李晨阳，任占川. 人体解剖学[M]. 北京：中国科学技术出版社，2017.

[24] 钱兴勇. 正常人体结构与功能[M]. 北京：中国科学技术出版社，2017.

[25] 高锐，张艳平. 病原生物与免疫学基础[M]. 北京：中国科学技术出版社，2017.

[26] 丽华，史铁英. 内科护理学[M]. 4版. 北京：人民卫生出版社，2018.

[27] 李乐之，路潜. 外科护理学[M]. 6版. 北京：人民卫生出版社，2017.

[28] 李小寒，尚少梅. 基础护理学[M]. 6版. 北京：人民卫生出版社，2017.

[29] 尤黎明，吴英. 内科护理学[M]. 6版. 北京：人民卫生出版社，2017.

[30] 张波，桂莉. 急危重症护理学[M]. 4版. 北京：人民卫生出版社，2017.

[31] 胡爱招，王明弘. 急危重症护理学[M]. 4版. 北京：人民卫生出版社，2018.

[32] 熊云新，叶国英. 外科护理学[M]. 4版. 北京：人民卫生出版社，2018.

[33] 葛均波，徐永健，王辰. 内科学[M]. 9版. 北京：人民卫生出版社，2019.

[34] 张友菊. 大学生健康教育[M]. 北京：中国人民大学出版社，2015.

后 记

《大学生健康教育教程》是我校近年出版的又一本通识教育教材,主要介绍现代健康观念、营养与健康、睡眠与健康、心理健康、生殖健康与性健康、物质滥用与艾滋病、运动与健康、常见疾病与防治、意外伤害与急救等知识,以帮助大学生提高健康素养,树立正确的健康观念,将所学到的健康知识内化于心、外化于行,在日常生活中增强健康意识、强身健体、心态积极,在遇到意外伤害和应激事件时,能够助人和自救。

成都文理学院体育与医护学院院长张培峰教授和基础护理教研室教师刘原嫒为本书主编,严小欧、潘海霞、张娜娜为本书副主编,徐艳、周康梅、袁久斌、邓晓明、李林、朱姗、冯府龙、孟祥龙、张觅、王东、黄顺俊参加编写。本书由张培峰、刘原嫒统改、定稿。

上述编写人员,均是长期在高校一线担任临床或健康教育课程教学的教师,他们将多年的教学积累和长期面对学生健康问题处理的经验,汇集成这本教材,为学生提供学习参考。但是,大学生健康教育是一门实用性非常强的通识课程,融合了预防医学、临床医学、心理学、教育学、体育运动学等多门学科的知识,涉及面广,加之编者水平有限,疏漏难免出现,期望各位专家、同行和广大师生给予批评指正。

成都文理学院董事长刘学民、党委书记高华锦、校长唐小林审阅了书稿,张友菊老师在知识点梳理上给予了不少的指点和帮助。在我们编写的过程中,广泛参考国内外同行专家学者的大量相关文献资料,借鉴、吸收了相关科研成果,引用了大量世界卫生组织(简称WHO)公布的数据。谨此一并表达最诚挚的谢意!

编 者
2020 年 4 月